Señales de identidad
Antología literaria de España y Latinoamérica

Revised First Edition

Edited by

Marian Ortuño

Baylor University

This book was created with the help of Professors Guillermo García-Corales, Baudelio Garza, Sharon Johnson, and Deborah Van Damme of the Baylor University Department of Modern Foreign Languages.

The McGraw-Hill Companies, Inc.
Primis Custom Publishing

New York St. Louis San Francisco Auckland Bogotá
Caracas Lisbon London Madrid Mexico Milan Montreal
New Delhi Paris San Juan Singapore Sydney Tokyo Toronto

McGraw-Hill Higher Education

A Division of The **McGraw-Hill** *Companies*

Señales de identidad
Antología literaria de España y Latinoamérica

4 5 6 7 8 9 0   TGX TGX   0 9 8 7 6 5 4 3 2 1 0

ISBN 0-07-428932-2

Editor: Sharon Noble
Page Layout : Wendy Smith
Cover Image: Andrea Ortuño
Cover Design: Joshua B. Staudinger
Printer/Binder: TechniGraphix

Señales de identidad
Antología literaria de España y Latinoamérica

Revised First Edition

Edited by
Marian Ortuño
Baylor University

This book was created with the help of Professors Guillermo García-Corales, Baudelio Garza, Sharon Johnson, and Deborah Van Damme of the Baylor University Department of Modern Foreign Languages.

The McGraw-Hill Companies, Inc.
Primis Custom Publishing

New York   St. Louis   San Francisco   Auckland   Bogotá
Caracas   Lisbon   London   Madrid   Mexico   Milan   Montreal
New Delhi   Paris   San Juan   Singapore   Sydney   Tokyo   Toronto

McGraw·Hill

A Division of The McGraw·Hill Companies

Señales de identidad
Antología literaria de España y Latinoamérica

Copyright © 1998, by The McGraw-Hill Companies, Inc. All rights reserved. Printed in the United States of America. Except as permitted under the United States Copyright Act of 1976, no part of this publication may be reproduced or distributed in any form or by any means, or stored in a data base retrieval system, without prior written permission of the publisher.

McGraw-Hill's Primis Custom Series consists of products that are produced from camera-ready copy. Peer review, class testing, and accuracy are primarily the responsibility of the author(s).

3 4 5 6 7 8 9 0 XRC XRC 9 0 9 8

ISBN 0-07-428932-2

Editor: Sharon Noble
Page Layout : Wendy Smith
Cover Image: Andrea Ortuño
Cover Design: Joshua B. Staudinger
Printer/Binder: Xerographic Reproduction Center

Señales de identidad: Antología literaria de España y las Américas
Custom-Published Test for 2302

Preface

The goal of our 2302 custom-published text–Señales de identidad: Antología literaria de España y las Américas–is to give students a wider, global view of the Spanish language and the diversity of Hispanic culture as expressed through the literature of Spain and the Americas. We have attempted to do this through the careful selection of works which correspond to specific, theme-based chapter headings. These chapter headings identify universal issues, problems, and interests common to all humanity, like "La identidad étnica," "La religión," "El ser humano, la naturaleza y la tecnología," "Lo masculino y lo femenino," etc. Each chapter develops an aspect of human identity–identity for persons as individuals, and as members of a larger group, or groups. The groups are ethnic, religious, political, gender-based or universal, as is the case with humans as a group confronting the forces of nature, or attempting to cope with the problems imposed by technology. One chapter deals with the problems of identity and the conflicts which arise when certain individuals do not conform to the norms and expectations of a particular group.

The specific works we have selected cut across time periods and genres from the Middle Ages to the twentieth century. They include plays, essays, short stories, and poems, and provide a cross section of writings by male and female authors from Spain and the Americas. These authors, with their varied backgrounds, naturally espouse a broad range of philosophical viewpoints. These differing perspectives, in turn, mirror both the diversity, on one hand, and the shared values, on the other, of Spanish-speakers across the centuries and throughout the world. We hope the multi-faceted topics and the works we have selected will stimulate intellectual curiosity among our students and will inspire them to continue their study of Spanish language, literature, and cultures.

Each of the works within each chapter has a certain profile, and as such, represents a particular aspect or facet of the issue outlined in the chapter heading. We have tried to select the most representative titles for each facet, given the constraints placed upon us–cost factors, level of language and comprehension difficulty for students, and difficulties in the acquisition of permissions. There will be, inevitably, some thematic overlap from chapter to chapter. For instance, since no work is unidimensional, a particular writing might fit as comfortably in one chapter as in another. What is most important is that each work express first, a certain universality in its commentary on a life problem, and second, a certain specificity as a reflection of Hispanic culture. For example, in the chapter on death, many of the ideas put forth in the selections are universal commentaries on an event which affects all humans. Some of the authors' remarks, however, or perhaps the manner of presentation, will point to a uniquely Hispanic cultural point of view.

Whoever uses this text to teach a course can proceed from one chapter to the next according to his or her personal approach. The instructor will be free to choose how many, or how few of the works to read. The instructor could also follow an organizational system of his or her choice–perhaps one based on chronology, or genre, skipping from one chapter to the next. We have envisioned this work to function in the way that is best suited to each individual instructor and each group of students. With continued input from colleagues, works can be added or removed, and the text will remain vital and continue to grow and develop according to our needs and those of our students.

Marian M. Ortuño &
Members of the 2302 Text Committee,
Baylor University Department of
    Modern Foreign Languages,
Guillermo García-Corales
Baudelio Garza
Sharon Johnson
Deborah Van Damme

<u>Contents</u>

6. La vida social y política

7. La familia

8. El paso del tiempo y la muerte

9. Problemas de identidad

10. Lo fantástico

Appendix

<u>Literary Credits</u>

"Yo soy Joaquín" by Rodolfo "Corky" Gonzales © 1967.

<u>La venda</u> by Miguel de Unamuno: from <u>Modern Spanish Prose</u> © Gustave W. Adrian, 1969, The Macmillan Company.

"La oración del ateo" by Miguel de Unamuno. Reprinted by permission, Agengia Literaria Ute Korner, Barcelona, Spain.

"El Evangelio según Marcos" by Jorge Luis Borges © 1970. Reprinted by permission, Wylie Agency, UK, Ltd.

"Me llamo Rigoberta Menchú y así me nació la conciencia–La naturaleza. La tierra madre del hombre. El sol, el copal, el fuego, el agua." by Rigoberta Menchú. Reprinted by permission, Siglo Veintiuno Editores, México, D.F.

"La cámara oscura" by Angélica Gorodischer. Reprinted by permission: <u>La pluma mágica: Cuentos de América Latina</u>. Heinle & Heinle Publishers, Boston, MA.

"Hombre pequeñito" by Alfonsina Storni.

"Oración por Marilyn Monroe" by Ernesto Cardenal.

"Valium 10" by Rosario Castellanos.

"La chusma" by Ana María Matute. Reprinted by permission, Ediciones Destino, S.L. Barcelona.

<u>El delantal blanco</u> by Sergio Vodanovič.

"Oye Señor mi justa causa" y "Sus acciones son como el heno de los campos" by Ernesto Cardenal. Reprinted by permission of the author.

"Las medias rojas" by Emilia Pardo Bazán.

"La muñeca negra" by José Martí.

"Coplas por la muerte de su padre" by Jorge Manrique.

"Al niño enfermo" by Miguel de Unamuno.

"El viaje definitivo" by Juan Ramón Jiménez.

<u>Laberinto de la soledad</u> by Octavio Paz © 1950, Fondo de Cultura Económica.

"La sombra" by Pío Caro Baroja. Reprinted by permission of the author, Madrid, Spain.

Capítulo 1

La identidad étnica

El eclipse

Augusto Monterroso (1921–   ) is a Guatemalan humorist and writer of short fiction who has resided in Mexico since 1944. He writes in the satirical vein of Marco Denevi. The story included here is from his first collection of short fiction, *Obras completas y otros cuentos* (1959). Reading the story today, following the 500th anniversary of the arrival of the Spaniards in the Americas, seems to heighten the irony implicit in Monterroso's unique vision of the meeting of the indigenous American and Western European cultures.

Antes de leer

Palabras importantes y modismos

al + *infinitivo*	upon, on (*doing something*)
confiar en	to trust
disponerse a + *infinitivo*	to get ready to (*do something*)
engañar	to deceive, fool
fijo/a en	fixed on
mientras	while
sentirse (ie) perdido/a	to feel lost
una vez	once
valerse de	to make use of

Repaso de verbos

A. Complete las oraciones con el presente del subjuntivo.

1. Aquí no hay nadie que _sepa_ (saber) el idioma de los indios.
2. Dudo que él _termine_ (terminar) antes de las ocho.
3. Es posible que el español _sepa_ (saber) dónde está el templo.
4. Espero que tú no _pierdas_ (perder) la vida.
5. Es mejor que Ud. la _muestre_ (mostrar) a alguien.

B. Complete las oraciones con el imperfecto del subjuntivo.

1. Si el rey _____ (saber) quién había perdido el libro, se lo devolvería.
2. No había nadie que le _____ (decir) la verdad.
3. Ellos querían que yo les _enseñara_ (enseñar) la luna.
4. Fray Bartolomé llegó antes de que los indígenas _salieran_ (salir) a saludarlo.
5. Él habla como si no _entendiera_ (entender) el idioma de los indígenas.

Estrategias para leer

Scanning for Specific Information

Up to this point, you have practiced techniques that help you read for the general idea of a text, that is, you have *skimmed* the text looking over everything quickly to get the gist and general direction of the reading. Sometimes you will also want to read for specific information. When you read the index of a book, for example, or an ad in a newspaper, you are interested in locating specific information. For this reason, you let your eye pass over or *scan* the text very quickly until you find exactly what you are looking for.

Scan the story for the following information.

1. ¿Quién está perdido?
2. ¿Dónde está ahora?
3. ¿De qué país ha venido?
4. ¿Quiénes lo rodean?
5. ¿Quién muere?
6. ¿Qué recitaba uno de los indígenas mientras se moría el hombre sacrificado?

El eclipse

CUANDO FRAY BARTOLOMÉ Arrazola se sintió perdido, aceptó que ya nada podría salvarlo. La selva poderosa de Guatemala lo había apresado, implacable y definitiva.[1] Ante su ignorancia topográfica se sentó con tranquilidad a esperar la muerte. Quiso morir allí sin ninguna esperanza, aislado,
5 con el pensamiento fijo en la España distante, particularmente en el convento de Los Abrojos, donde Carlos Quinto[2] condescendiera una vez a bajar de su eminencia para decirle que confiaba en el celo religioso de su labor redentora.[3]

Al despertar se encontró rodeado por un grupo de indígenas de rostro impasible[4] que se disponían a sacrificarlo ante un altar, un altar que a Bartolomé le
10 pareció como el lecho[5] en que descansaría, al fin, de sus temores, de su destino, de sí mismo.

Tres años en el país le habían conferido un mediano dominio[6] de las lenguas nativas. Intentó algo. Dijo algunas palabras que fueron comprendidas.

Entonces floreció en él una idea que tuvo por digna de su talento y de su
15 cultura universal y de su arduo conocimiento de Aristóteles.[7] Recordó que para ese día se esperaba un eclipse total de sol. Y dispuso, en lo más íntimo, valerse de aquel conocimiento para engañar a sus opresores y salvar la vida.

—Si me matáis —les dijo—, puedo hacer que el sol se oscurezca en su altura.

Los indígenas lo miraron fijamente y Bartolomé sorprendió la incredulidad en
20 sus ojos. Vio que se produjo un pequeño consejo, y esperó confiado, no sin cierto desdén.

Dos horas después el corazón de fray Bartolomé Arrazola chorreaba[8] su sangre vehemente sobre la piedra de los sacrificios (brillante bajo la opaca luz de un sol eclipsado), mientras uno de los indígenas recitaba sin ninguna inflexión de voz, sin
25 prisa, una por una, las infinitas fechas en que se producirían eclipses solares y lunares, que los astrónomos de la comunidad maya habían previsto y anotado en sus códices[9] sin la valiosa ayuda de Aristóteles.

[1]*lo... had inexorably and definitively trapped him* [2]*Carlos... Charles V, grandson of Ferdinand and Isabella; king of Spain from 1516–1556.* [3]*redemptive* [4]*expressionless* [5]*bed* [6]*le... had given him an average grasp* [7]*Aristotle, Greek philosopher (384–322 B.C.)* [8]*gushed* [9]*codices, i.e., a manuscript book*

Source: Augusto Monterroso, "El eclipse." From *Obras completas y otros cuentos* by Augusto Monterroso (Barcelona: Seix Barral).

$\mathcal{D}$ESPUÉS DE LEER

CUESTIONARIO

1. ¿Dónde se perdió fray Bartolomé Arrazola?
2. ¿Cuál es su actitud hacia la muerte?
   ¿De qué país es fray Bartolomé y cómo sabemos esto?
4. ¿Qué querían hacer los indios con fray Bartolomé?
5. ¿Cuántos años había vivido fray Bartolomé en Guatemala?
6. ¿Entendía fray Bartolomé las lenguas nativas? ¿Cuál es el significado de esto para el cuento?
7. ¿Qué idea se le ocurrió a fray Bartolomé y qué tiene que ver con Aristóteles?
8. ¿A quiénes trató de engañar fray Bartolomé? ¿Tuvo éxito?
9. ¿Qué le pasó a fray Bartolomé?
10. ¿Por qué es irónica la última frase del cuento?

ESTUDIO DE PALABRAS

A. Complete las oraciones con palabras o expresiones de **Palabras importantes y modismos.**

1. Fray Bartolomé _____ en la densa selva tropical.
2. _____ despertar, fray Bartolomé se encontró rodeado por un grupo de indios.
3. _____ un indio recitaba las infinitas fechas en que se producirían eclipses solares, el corazón de fray Bartolomé chorreaba sangre.
4. Bartolomé no podía _____ a sus opresores. Ellos sabían mucho de la astronomía.
5. Quiero _____ mis conocimientos de la lengua española para trabajar en España.
6. _____ hace años, Carlos Quinto condescendió a bajar de su trono para saludar a sus súbditos.
7. Carlos Quinto le dijo que _____ el celo religioso de su labor.
8. Los indios _____ sacrificarlo ante un altar, cuando hubo eclipse total del sol.
9. Fray Bartolomé mantenía la vista _____ la España distante tratando de recordar su juventud.

B. Prefixes are easy to recognize in Spanish because they are similar to the Latin prefixes that are used in English. Being able to recognize them will help in word-guessing. The following is a list of common prefixes and examples of each.

1. a-   *not:* amoral
2. des-   *take away:* desprestigio
3. en-, em-   *to put into; to attach:* encarcelar
4. in-, im-   *the opposite:* imposible, intolerable
5. re-   *to do again:* rehacer

Give an English equivalent for each of the following.

1. anormal
2. embotellar
3. renacer
4. empaquetar
5. desconfiar
6. reincorporar
7. inútil
8. descargar
9. incómodo
10. repintar

VOCABULARIO—"El eclipse"

SUSTANTIVOS		**VERBOS**	
el astrónomo	*astronomer*	oscurecerse	*to grow dark*
el conocimiento	*knowledge*	sacrificar	*to sacrifice*
el desdén	*disdain, scorn*	salvar	*to save*
los indígenas	*natives*		
los mayas	*Mayans*		
el sacrificio	*sacrifice*		
la sangre	*blood*		
la selva	*jungle*		

Rodolfo "Corky" Gonzales

Rodolfo "Corky" Gonzales (1938–) nació en Denver y es hijo de obreros migratorios. Ha trabajado como boxeador, obrero agrícola y comerciante. Se ha dedicado al movimiento en pro de los derechos de los chicanos y, en 1969, fundó en Denver la Escuela Tlatelolco, la primera escuela para chicanos en los Estados Unidos. Es también autor de varias obras de teatro y diversos poemas. El poema «I am Joaquín/Yo soy Joaquín» fue publicado en 1967 en una versión bilingüe.

Yo soy Joaquín

Yo soy Joaquín,
perdido en un mundo de confusión,
enganchado[1] en el remolino[2] de una
        sociedad gringa,
confundido por las reglas,
despreciado por las actitudes,
sofocado por manipulaciones,
y destrozado por la sociedad moderna.
Mis padres
        perdieron la batalla económica
y conquistaron
        la lucha de supervivencia cultural.
Y ¡ahora!
      yo tengo que escoger
                en medio
      de la paradoja de
      triunfo del espíritu,
a despecho de[3] hambre física,
       o
existir en la empuñada[4]
de la neurosis social americana,
      esterilización del alma
      y un estómago repleto.[5]
Sí,
vine de muy lejos a ninguna parte,
desinclinadamente[6] arrastrado por ese
      gigante, monstruoso, técnico, e
      industrial llamado

---

[1] hooked, harnessed
[2] whirlpool
[3] a… despite
[4] grasp
[5] lleno
[6] unwillingly

                    Progreso
30   y éxito angloamericano...
            Yo mismo me miro.
                  Observo a mis hermanos.
                        Lloro lágrimas de desgracia.
            Siembro[7] semillas de odio.
35   Me retiro a la seguridad dentro del
            círculo de vida—

                    MI RAZA.   race

            ....

                    Mis rodillas están costradas[8] con barro.[9]
            Mis manos ampolladas del azadón.[10]
40   Yo he hecho al gringo rico,
                        aún
                  igualdad es solamente una palabra—
                        el Tratado de Hidalgo* ha sido roto
                  es solamente otra promesa traicionera.
45   Mi tierra está perdida
                        y robada.
            Mi cultura ha sido desflorada.[11]
                  Alargo
            la fila en la puerta del beneficio[12]
50   lleno las cárceles con crimen.
                  Estos son
            pues los regalos
                  que esta sociedad tiene
            para hijos de jefes
55   y reyes
                        y revolucionarios sanguinosos,[13]
            quienes
            dieron a gente ajena
            todas sus habilidades e ingeniosidad
60   para adoquinar[14] la vía con sesos y sangre
            para
            esas hordas[15] de extranjeros hambrientos
                        por oro,
            quienes

---

[7] I sow
[8] caked
[9] mud
[10] ampollasdas… calloused from the hoe
[11] raped
[12] welfare
[13] bloody
[14] to pave
[15] hordes, masses

65 cambiaron nuestro idioma
plagiaron nuestros hechos
como acciones de valor
de ellos mismos.

Desaprobaron de nuestro modo de vivir
70 y tomaron lo que podían usar.
Nuestro arte,
nuestra literatura,
nuestra música, ignoraron—
así dejaron las cosas de valor verdadero
75 arrebataron[16] a su misma destrucción
con su gula y avaricia.
Disimularon[17] aquella fontana purificadora
de naturaleza y hermandad
la cual es Joaquín.
80 El arte de nuestros señores excelentes.
Diego Rivera.
Siqueiros,
Orozco,** es solamente
otro acto de revolución para
85 la salvación del género humano.
Música de mariachi, el
corazón y el alma
de la gente de la tierra,
la vida de niño
90 la alegría del amor.

*Tratado de Guadalupe Hidalgo (1848), según el cual México cedió a los Estados Unidos el derecho a los territorios que hoy incluyen los estados de Arizona, California, Nuevo México, Utah, Nevada y parte de Colorado. México también aceptó la anexión de Texas a los Estados Unidos y reconoció el Río Grande como la frontera oficial entre las dos naciones. A cambio de estas concesiones, México recibió 15 millones de dólares y garantías de que los residentes de las áreas cedidas se convertirían en ciudadanos norteamericanos y gozarían de los derechos y beneficios que dicho estatus otorga (da).

**Rivera, Siqueiros, Orozco: artistas mexicanos famosos por sus murales.

VOCABULARIO
SUSTANTIVOS
el alma	*soul*
las cárceles	*jails*
la fila	*line*
el gringo	*Yankee*
la gula	*gluttony*

[16] grabbed
[17] They overlooked

la raza	*race*
la rodilla	*knee*
la semilla	*seed*
los sesos	*brains*
la supervivencia	*survival*

VERBOS

arrastrar	*to drag*
desaprobar	*to disapprove*
despreciar	*to disdain*
retirarse	*to withdraw*

ADJETIVOS

| ajeno/a | *foreign* |

COMPRENSIÓN

A. Haga una lista de los adjetivos y los sustantivos que Joaquín aplica a la sociedad chicana y otra lista de los que aplica a la sociedad angloamericana. ¿Qué revelan estas listas sobre la visión que tiene Joaquín de las dos sociedades?

B. ¿Qué batalla lucharon los padres de Joaquín? ¿La perdieron o la ganaron?

C. ¿Qué motivó a Joaquín a venir a los Estados Unidos?

D. ¿Cómo describe la raza Joaquín?

E. ¿Qué contraste hace Joaquín entre el chicano del presente y el de las generaciones anteriores? ¿Cómo se explica la diferencia entre estas descripciones?

INTERPRETACIÓN

A. ¿Quién es Joaquín? ¿Es un individuo o representa un grupo? ¿Cómo se siente él en la sociedad chicana y en la sociedad angloamericana? ¿Qué alternativas tiene para el futuro? ¿Por qué considera que esta alternativa es una paradoja? ¿Qué valores gobiernan la consideración del camino que debe seguir?

B. ¿Por qué dice Joaquín que los extranjeros «dejaron las cosas de valor verdadero»?

C. ¡Necesito compañero! Contesten las siguientes preguntas y luego compartan sus respuestas con el resto de la clase.
   1. ¿Qué connotaciones tienen las siguientes palabras dentro del poema?
      el progreso   el arte   el mariachi
   2. ¿Qué símbolos serían (*would be*) los más adecuados para representar la visión que Joaquín tiene de las dos culturas? Expliquen.

APLICACIÓN

A. ¿Cuáles son las acusaciones que hace Rodolfo Gonzales contra la sociedad mayoritaria de los Estados Unidos? ¿Está Ud. de acuerdo con su crítica? ¿Qué defensa puede Ud. utilizar contra esas acusaciones?

B. En «Yo soy Joaquín», Gonzales resume la historia de los chicanos en los Estados Unidos. Si Ud. decidiera escribir un poema que ofreciera una visión totalizadora de la historia y la cultura de los Estados Unidos, ¿qué nombres e incidentes históricos citaría (*would you cite*)?

C. ¿Hay otros grupos minoritarios en los Estados Unidos que viven y sufren en circunstancias similares a las de los chicanos? ¿Cómo se diferencia su situación de la de los chicanos?

Capítulo 2

La religión

A Cristo crucificado
Anónimo

In sixteenth-century Spain, during the reign of the Hapsburg monarchs, the ideal of religious perfection becomes a national goal. This is reflected in the large number of religious, moral, and didactic works produced by ascetic and mystic writers such as Fray Luis de Granada (1504-1580), Santa Teresa de Jesús (1515-1582), Fray Luis de León (1527-1591), San Juan de la Cruz (1542-1591), and others. The same humanistic ideals of the Renaissance, such as the exaltation of personal human emotion, which influenced secular literature of the period, are presented within a Christian context, as seen in this carefully crafted sonnet. Despite the fact that its author remains anonymous, the poet's sincerity, humility, and depth of devotion—expressed so simply, yet so beautifully—have made this work one of the best known poems in the Spanish language.

No me mueve, mi Dios, para quererte
el cielo que me tienes prometido;
ni me mueve el infierno tan temido
para dejar[1] por eso de ofenderte.

5

Tú me mueves, Señor; muéveme el verte
clavado en una cruz y escarnecido;[2]
muéveme ver tu cuerpo tan herido;
muévenme tus afrentas[3] y tu muerte.

Muéveme, en fin, tu amor, y en tal manera
que, aunque no hubiera cielo, yo te amara,
y, aunque no hubiera infierno, te temiera.

10

No tienes que me dar por qué te quiera;[4]
pues, aunque cuanto[5] espero no esperara,
lo mismo que te quiero te quisiera.

VOCABULARIO

el cielo	*heaven*
clavado	*nailed*
la cruz	*cross*
herido	*wounded*
mover	*to move*
querer	*to love*
tal	*such*
temer	*to fear*

---

[1] to stop (offending you)
[2] mocked
[3] humiliation
[4] No... You don't have to give me a reason to love you
[5] all that (I hope for)

PREGUNTAS

1. ¿Dónde está el hablante lírico y que está mirando?
2. ¿De qué se queja el hablante lírico en el primer cuarteto? ¿Cuáles son los contrastes que se establecen?
3. ¿Qué efecto tiene en el hablante lírico lo que puede ver? ¿Cuál es la palabra que se repite tantas veces? ¿Por qué necesita la ayuda de Dios?
4. En el primer terceto, ¿qué pide el hablante lírico?
5. ¿Qué anuncia el hablante lírico en el último terceto?
6. ¿Qué tipo de relación quiere tener el hablante lírico con Cristo? Tomando en cuenta su meditación sobre un icono de la crucifixión, ¿cómo le ayudará eso a conseguir lo que desea?

Miguel de Unamuno 1864—1936

For many critics Miguel de Unamuno is the major Spanish literary figure of the twentieth century. The one word which most faithfully characterizes the man and his works is passion, or, as he preferred to call it, agony. No matter what we read of his vast literary production—which includes all genres: the novel, the short story, the drama, the essay, poetry— we are struck by the anguish and the torment of his soul as it struggles to find an answer for his chief philosophical preoccupation: man and his destiny. Man, for Unamuno, is viewed not as an abstract entity, but as the man of flesh and blood (el hombre de carne y hueso). *The best exposition of this human problem is to be found in Unamuno's famous work* Del sentimiento trágico de la vida, *1912.*

Unamuno was almost literally torn by the constant battle within him between faith, which strengthened his belief in immortality, and reason, which opposed it. "I need," he says, "the immortality of the soul, of my individual soul. Without faith in it I cannot live, and the doubt of reaching it torments me. And since I need it, my passion leads me to affirm it, even against reason."

A Basque like Pío Baroja, Unamuno was born in Bilbao, but most of his adult life was centered around the University of Salamanca, where he was appointed professor of Greek at the age of twenty-seven, and rector ten years later. A man of extraordinary erudition, he was well versed not only in the classical languages and Romance philology, but also in German, English, and Danish. Early in his career he viewed with concern the contemporary decadence of Spain, like the other writers of the Generation of '98, and with the same fervor he displayed in pursuing answers to religious questions.

Unamuno's whole preoccupation is projected into his fictional characters (whom he called his "agonists") and into the structure and style of his works. Antithesis, paradox, the coining of words, inversion, are all characteristic of his style.

In the play La venda *that follows, Unamuno typically concentrates upon the intense emotional experience, the passion, of his protagonist María; everything else is subordinated, with the result that the other characters, instead of being developed, are like spectators. Unamuno's deeply religious preoccupation is evident throughout the play, and you will note also the effective use of paradox so typical of the author: María can "see" only when her eyes are blindfolded. The contrast of light and darkness, reason and faith, is introduced first by a dialogue, and then developed as the play begins.*

La venda

Drama En Un Acto Y Dos Cuadros

Personajes:
DON PEDRO
DON JUAN
MARÍA
SEÑORA EUGENIA
EL PADRE
MARTA
JOSÉ
CRIADA

CUADRO PRIMERO

En una calle de una vieja ciudad provinciana.

DON PEDRO. ¡Pues lo dicho[1], no, nada de ilusiones! Al pueblo debemos darle siempre la verdad, toda la verdad, la pura verdad, y sea luego lo que fuere.[2]

DON JUAN. ¿Y si la verdad le[3] mata y la ilusión le vivifica?

5   DON PEDRO. Aun así. El que a manos de la verdad muere, bien muerto está, créemelo.

DON JUAN. Pero es que hay que vivir...

DON PEDRO. ¡Para conocer la verdad y servirla! La verdad es vida.

DON JUAN. Digamos más bien: la vida es verdad.

10   DON PEDRO. Mira, Juan, que estás jugando con las palabras...

DON JUAN. Y con los sentimientos tú, Pedro.

DON PEDRO. ¿Para qué se nos dio[4] la razón, dime?

DON JUAN. Tal vez para luchar contra ella y así merecer la vida...

DON PEDRO. ¡Qué enormidad![5] No, sino más bien para luchar en la

15   vida y así merecer la verdad.

DON JUAN. ¡Qué atrocidad![6] Tal vez nos sucede con la verdad lo que, según las Sagradas Letras,[7] nos sucede con Dios, y es que quien le ve se muere...

DON PEDRO. ¡Qué hermosa muerte! ¡Morir de haber visto la verdad!

20   ¿Puede apetecerse[8] otra cosa?

DON JUAN. ¡La fe, la fe es la que nos da vida; por la fe vivimos, la fe nos da el sentido de la vida, nos da a Dios!

DON PEDRO. Se vive por la razón, amigo Juan; la razón nos revela el secreto del mundo, la razón nos hace obrar...

25   DON JUAN. (*Reparando en MARÍA.*) ¿Qué le pasará[9] a esa mujer? (*Se acerca MARÍA como despavorida y quien no sabe dónde anda. Las manos extendidas, palpando el aire.*)

MARÍA. ¡Un bastón, por favor! Lo olvidé en casa.

[1] lo dicho: just what I said.
[2] sea luego lo que fuere: come what may. The future subjunctive (fuere) is rarely used today.
[3] le: i.e., el pueblo
[4] dio with se, the passive voice in English, was given
[5] ¡Qué enormidad! Nonsense!
[6] ¡Qué atrocidad! That's ridiculous!
[7] Sagradas Letras: Holy Scriptures
[8] apetecer: to long for
[9] ¿Qué le pasará? I wonder what can be the matter with...

DON JUAN. ¿Un bastón? ¡Ahí va! (*Se lo da. MARÍA lo coge.*)

30 MARÍA. ¿Dónde estoy? (*Mira en derredor.*) ¿Cuál es el camino? Estoy perdida. ¿Qué es esto? ¿Cuál es el camino? Tome, tome; espere. (*Le devuelve el bastón. MARÍA saca un pañuelo y se venda con él los ojos.*)

DON PEDRO. Pero, ¿qué está usted haciendo, mujer de Dios?[10]

35 MARÍA. Es para mejor ver el camino.

DON PEDRO. ¿Para mejor ver el camino taparse los ojos? ¡Pues no lo comprendo!

MARÍA. ¡Usted no, pero yo sí!

DON PEDRO. (*A DON JUAN, aparte.*) Parece loca.

40 MARÍA. ¿Loca? ¡No, no! Acaso no fuera peor.[11] ¡Oh, qué desgracia, Dios mío, qué desgracia! ¡Pobre padre! ¡Pobre padre! Vaya, adiós y dispénsenme.

DON PEDRO. (*A DON JUAN.*) Lo dicho, loca.

DON JUAN. (*Deteniéndola.*) Pero ¿qué le pasa, buena mujer?

45 MARÍA. (*Vendada ya.*) Déme ahora el bastón, y dispénsenme.

DON JUAN. Pero antes explíquese...

MARÍA. (*Tomando el bastón.*) Dejémonos[12] de explicaciones, que se muere mi padre. Adiós. Dispénsenme. (*Lo toma.*) Mi pobre padre se está muriendo y quiero verle; quiero verle antes que se

50 muera. ¡Pobre padre! ¡Pobre padre! (*Toca con el bastón en los muros de las casas y parte.*)

DON PEDRO. (*Adelantándose.[13]*) Hay que detenerla; se va a matar. ¿Dónde irá así?

DON JUAN. (*Deteniéndole.*) Esperemos a ver. Mira qué segura va,

55 con qué paso tan firme. ¡Extraña locura!...

DON PEDRO. Pero si es que está loca...

DON JUAN. Aunque así sea. ¿Piensas con[14] detenerla, curarla? ¡Déjala!

DON PEDRO. (*A la SEÑORA EUGENIA, que pasa.*) Loca, ¿no es verdad?

60 SEÑORA EUGENIA. ¿Loca? No, ciega.

DON PEDRO. ¿Ciega?

SEÑORA EUGENIA. Ciega, sí. Recorre así, con su bastón, la ciudad toda y jamás se pierde. Conoce sus callejas y rincones todos. Se casó hará cosa de un año,[15] y casi todos los días va a ver a su

65 padre, que vive en un barrio de las afueras.[16] Pero ¿es que ustedes no son de la ciudad?

DON JUAN. No, señora; somos forasteros.[17]

SEÑORA EUGENIA. Bien se conoce.

DON JUAN. Pero diga, buena mujer, si es ciega, ¿para qué se venda así

70 los ojos?

SEÑORA EUGENIA. (*Encogiéndose[18] de hombros.*) Pues si he de decirles a ustedes la verdad, no lo sé. Es la primera vez que le[19] veo hacerlo. Acaso la luz le ofenda...

DON JUAN. ¿Si no ve, cómo va a dañarle la luz?

[10] mujer de Dios: my good woman
[11] Acaso no fuera peor: Perhaps it might not be worse; i.e., madness could not be worse than my father's death
[12] dejarse de: to put aside
[13] adelantarse: to move ahead
[14] Piensas con: do you think you can.
[15] hará cosa de un año: it must be about a year ago.
[16] afueras: outskirts
[17] forastero: outsider, stranger
[18] encoger: to shrug
[19] le: her. Compare the next sentence.

75 DON PEDRO. Puede la luz dañar a los ciegos...
    DON JUAN. ¡Más nos daña a los que vemos!

(La CRIADA, saliendo de la casa y dirigiéndose a la SEÑORA
    EUGENIA.)

    CRIADA. ¿Ha visto a mi señorita,[20] señora Eugenia?
80 SEÑORA EUGENIA. Sí; por allá abajo[21] va. Debe de estar ya en la
        calle del Crucero.
    CRIADA. ¡Qué compromiso,[22] Dios mío, qué compromiso!
    DON PEDRO. (A la CRIADA.) Pero dime, muchacha: ¿tu señora está
        ciega?
85 CRIADA. No, señor; lo estaba.
    DON PEDRO. ¿Cómo que[23] lo estaba?
    CRIADA. Sí; ahora ve ya.
    SEÑORA EUGENIA. ¿Que ve?... ¿Cómo..., cómo es eso? ¿Qué es eso
        de[24] que ve ahora? Cuenta, cuenta.
90 CRIADA. Sí, ve.
    DON JUAN. A ver,[25] a ver eso.
    CRLADA. Mi señorita era ciega, ciega de nacimiento, cuando se casó
        con mi amo, hará cosa de un año; pero hace cosa de un mes vino
        un médico que dijo podía dársele la vista, y le operó y le hizo
95   ver. Y ahora ve.
    SEÑORA EUGENIA. Pues nada de eso sabía yo...
    CRIADA. Y está aprendiendo a ver y conocer las cosas. Las toca
        cerrando los ojos y despés los abre y vuelve a tocarlas y las
        mira. Le mandó el médico que no saliera a la calle hasta conocer
100   bien la casa y lo de[26] la casa, y que no saliera sola, claro está. Y
        ahora ha venido no sé quién a decirle que su padre está muy
        malo, muy malo, muriéndose, y se empeñaba[27] en ir a verle.
        Quería que le acompañase yo, y es natural, me he negado[28] a
        ello. He querido impedírselo,[29] pero se me ha escapado. ¡Vaya
105   un compromiso![22]
    DON JUAN. (A DON PEDRO.) Mira, mira lo de[30] la venda; ahora me
        lo explico. Se encontró en un mundo que no conocía de vista.
        Para ir a su padre no sabía otro camino que el de las tinieblas. darkness
        ¡Qué razón tenía al decir que se vendaba los ojos para mejor ver su
110   camino! Y ahora volvamos a lo de la ilusión y la verdad pura, a lo
        de la razón y la fe. (Se van.)
    DON PEDRO. (Al irse.) A pesar de todo, Juan, a pesar de todo... (No se
        les oye.)
    SEÑORA EUGENIA. Qué cosas tan raras dicen estos señores, y dime: ¿y
115   qué va a pasar?
    CRIADA. ¡Yo qué sé! A mí me dejó encargado[31] el amo, cuando salió a
        ver al abuelo—me parece que de ésta[32] se muere—que no se le
        dijese a ella nada, y no sé por quién lo ha sabido...

[20] señorita: mistress. Servants use the diminutive form of señor and señora to refer to master and mistress.
[21] por allá abajo: down that way
[22] comprommiso: situation
[23] ¿Cómo que? What do you mean?
[24] eso de: this business of (her seeing now)
[25] a ver: Let's see; here, tell us
[26] lo de: everything in
[27] empeñarse en: to insist on
[28] negarse a: to refuse
[29] impedir: to prevent; the person involved (her) is indirect object (le>se).
[30] lo de: like eso de (this matter of, this business of)
[31] me dejó encargado: made me promise (that no se le dijes a ella nada, below) that nothing be told to her.
[32] de ésta: this time

SEÑORA EUGENIA. ¿Conque dices que ve ya?

120 CRIADA. Sí; ya ve.

SEÑORA EUGENIA. ¡Quién lo diría, mujer, quién lo diría, despúes que una la ha conocido así toda la vida, cieguecita[33] la pobre! ¡Bendito sea Dios! Lo que somos, mujer, lo que somos. Nadie puede decir "de esta agua no beberé". Pero dime: ¿así que[34]

125 cobró vista, qué fue lo primero que hizo?

CRIADA. Lo primero, luego que[34] se le pasó el primer mareo, pedir un espejo.

SEÑORA EUGENIA. Es natural...

CRIADA. Y estando mirándose en el espejo, como una boba,[35] sintió

130 rebullir[36] al niño, y tirando el espejo se volvió a él, a verlo, a tocarlo...

SEÑORA EUGENIA. Sí; me han dicho que tiene ya un hijo...

CRIADA. Y hermosísimo... ¡Qué rico![37] Fue apenas se repuso[38] del parto cuando le dieron vista. Y hay que verla con el niño. ¡Qué

135 cosa hizo cuando le vio primero! Se quedó mirándole mucho, mucho, mucho tiempo y se echó a llorar. "¿Es esto mi hijo?", decía. "¿Esto?" Y cuando le da de mamar[39] le toca y cierra los ojos para tocarle, y luego los abre y le miras y le besa y le mira a los ojos para ver si le ve, y le dice: "¿Me ves, ángel? ¿Me ves,

140 cielo?" Y así...

SEÑORA EUGENIA. ¡Pobrecilla! Bien merece la vista. Sí, bien la merece, cuando hay por ahí tantas pendengonas[40] que nada se perdería aunque ellas no viesen ni las viese nadie. Tan buena, tan guapa... ¡Bendito sea Dios!

145 CRIADA. Sí, como buena, no puede ser mejor...

SEÑORA EUGENIA. ¡Dios se la conserve! ¿Y no ha visto aún a su padre?

CRIADA. ¿Al abuelo? ¡Ella no! Al que lo ha llevado a que lo vea[41] es al niño. Y cuando volvió le llenó de besos, y le decía:

150 "¡Tú, tú le has visto, y yo no! ¡Yo no he visto nunca a mi padre!"

SEÑORA EUGENIA. ¡Qué cosas pasan en el mundo!... ¿Qué le vamos a hacer, hija?... Dejarlo.

CRIADA. Sí, así es. Pero ahora ¿qué hago yo?

SEÑORA EUGENIA. Pues dejarlo.

155 CRIADA. Es verdad.

SEÑORA EUGENIA. ¡Qué mundo, hija, qué mundo!

CUADRO SEGUNDO

Interior de casa de familia clase media.

EL PADRE. Esto se acaba. Siento que la vida se me va por momentos. He vivido bastante y poca guerra[42] os daré yo.

---

[33] cieguecita: diminutive of ciega (to poor) dear blind woman

[34] así que and luego que: as soon as

[35] boba: simpleton

[36] rebullir: to stir

[37] ¡Qué rico! How precious!

[38] Fue apenas se repuso: She had scarcely recovered

[39] le da de mamar: she nurses him

[40] pendengona: busybody

[41] Al que lo ha llevado a que lo vea: The one whom she took to see him

[42] guerra: trouble; dar guerra: to annoy; to be troublesome

MARTA. ¿Quién habla de dar guerras, padre? No diga esas cosas;
160   cualquiera creería...

EL PADRE. Ahora estoy bien; pero cuando menos lo espere volverá el
    ahogo[43] y en una de éstas...[44]

MARTA. Dios aprieta, pero no ahoga, padre.

EL PADRE. ¡Así dicen!... Pero ésos son dichos,[45] hija. Los hombres se
165   pasan la vida inventando dichos. Pero muero tranquilo, porque
    os veo a vosotras, a mis hijas, amparadas[46] ya en la vida. Y Dios
    ha oído mis ruegos y me ha concedido que mi María, cuya
    ceguera fue la constante espina[47] de mi corazón, cobre la vista
    antes de yo morirme. Ahora puedo morir en paz.

170 MARTA. (*Llevándole una taza de caldo.*[48]) Vamos, padre, tome, que
    hoy está muy débil; tome.

EL PADRE. No se cura con caldos mi debilidad, Marta. Es incurable.
    Pero trae, te daré gusto. (*Toma el caldo.*) Todo esto es inútil ya.

MARTA. ¿Inútil? No tal.[49] Esas son aprensiones, padre, nada más que
175   aprensiones. No es sino debilidad. El médico dice que se ha
    iniciado una franca[50] mejoría.

EL PADRE. Sí, es la frase consagrada.[51] ¿El médico? El médico y tú,
    Marta, no hacéis sino tratar de engañarme. Sí, sí, ya sé que es
    con buena intención, por piedad, hija, por piedad; pero ochenta
180   años resisten a todo engaño.

MARTA. ¿Ochenta? ¡Bah! ¡Hay quien vive ciento!

EL PADRE. Sí, y quien se muere de veinte.

MARTA. ¿Quién habla de morirse, padre?

EL PADRE. Yo, hija; yo hablo de morirme.

185 MARTA. Hay que ser razonable...

EL PADRE. Sí, te entiendo, Marta. Y dime: tu marido, ¿dónde anda tu
    marido?

MARTA. Hoy le tocan trabajos de campo. Salió muy de mañana.

EL PADRE. ¿Y volverá hoy?

190 MARTA. ¿Hoy? ¡Lo dudo! Tiene mucho que hacer, tarea[52] para unos
    días.

EL PADRE. ¿Y si no vuelvo a verle?

MARTA. ¿Pues no ha de volver a verle, padre?

EL PADRE. ¿Y si no vuelvo a verle? Digo...

195 MARTA. ¿Qué le vamos a hacer?... Está ganándose nuestro pan.

EL PADRE. Y no puedes decir el pan de nuestros hijos, Marta.

MARTA. ¿Es un reproche, padre?

EL PADRE. ¿Un reproche? No..., no..., no...

MARTA. Sí; con frecuencia habla de un modo que parece como si me
200   inculpara[53] nuestra falta de hijos... Y acaso debería regocijarse[54]
    por ello...

EL PADRE. ¿Regocijarme? ¿Por qué, por qué, Marta?...

MARTA. Porque así puedo yo atenderle mejor.

[43] ahogo: suffocation, shortness of breath
[44] éstas: i.e., times or occasions
[45] dicho: saying
[46] amparar: to protect; to shelter
[47] espina: thorn
[48] caldo broth
[49] No tal: No, not at all
[50] franca: clear, evident
[51] consagrada: sacred, time-honored
[52] tarea: job, work
[53] inculpar: to blame
[54] regocijarse: to rejoice; acaso debería regocijarse por ello: and perhaps you are even glad bout it

EL PADRE. Vamos sí, que yo, tu padre, hago para ti las veces de[55] hijo...
205   Claro, estoy en la segunda infancia..., cada vez más niño...; pronto
     voy a desnacer...[56]

MARTA. (*Dándole un beso.*) Vamos, padre, déjese de esas cosas...

EL PADRE. Sí, mis cosas, las que me dieron fama de raro... Tú siempre
     tan razonable, tan juiciosa,[57] Marta. No creas que me molestan tus
210   reprimendas...

MARTA. ¿Reprimendas, yo? ¿Y a usted, padre?

EL PADRE. Sí, Marta, sí; aunque con respeto, me tratas como a un
     chiquillo antojadizo.[58] Es natural... (*Aparte.*) Lo mismo hice con
     mi padre yo. Mira: que Dios os dé ventura, y si ha de seros para
215   bien, que os dé también hijos. Siento morirme sin haber conocido
     un nieto que me venga de ti.

MARTA. Ahí está el de mi hermana María.

EL PADRE. ¡Hijo mío! ¡Qué encanto de chiquillo! ¡Qué flor de carne![59]
     ¡Tiene los ojos mismos de su madre..., los mismos! Pero el niño ve,
220   ¿no es verdad, Marta? El niño ve...

MARTA. Sí, ve... ¡parece que ve...

EL PADRE. Parece...

MARTA. Es tan pequeñito, aún...

EL PADRE. ¡Y ve ella, ve ya ella, ve mi María! ¡Gracias, Dios mío,
225   gracias! Ve mi María... Cuando yo ya había perdido toda
     esperanza... No debe desesperarse nunca, nunca...

MARTA. Y progresa de día en día. Maravillas hace hoy la ciencia...

EL PADRE. ¡Milagro eterno es la obra de Dios!

MARTA. Ella está deseando venir a verle, pero...

230 EL PADRE. Pues yo quiero que venga, que venga en seguida, en seguida,
     que la vea yo, que me vea ella, y que le[60] vea como me ve. Quiero
     tener antes de morirme el consuelo de que mi hija ciega me vea por
     primera, tal vez por última vez...

MARTA. Pero, padre, eso no puede ser ahora. Ya la verá usted y le verá
235   ella cuando se ponga mejor...

EL PADRE. ¿Quién? ¿Yo? ¿Cuando me ponga yo mejor?

MARTA. Sí, y cuando ella pueda salir de casa.

EL PADRE. ¿Es que no puede salir ahora?

MARTA. No, todavía no; se lo ha prohibido el médico.

240 EL PADRE. El médico..., el médico..., siempre el médico... Pues yo
     quiero que venga. Ya que he visto, aunque sólo sea un momento, a
     su hijo, a mi nietecillo, quiero antes de morir ver que ella me ve
     con sus hermosos ojos...

(*Entra JOSÉ.*)

245 EL PADRE. Hola, José, ¿tu mujer?

JOSÉ. María, padre, no puede venir. Ya se la traeré cuando pasen unos
     días.

[55] hacer las veces de: to serve as; to substitute

[56] desnacer: to get or become unborn. This kind of antithetical word coining is characteristic of Unamuno.

[57] juiciosa: wise, judicious

[58] antojadizo: capricious

[59] ¡Qué flor de carne! What smooth skin!

[60] le: her

EL PADRE. Es que cuando pasen unos días habré yo ya pasado.

250 MARTA. No le hagas caso; ahora le ha entrado la manía de que tiene que morirse.

EL PADRE. ¿Manía? *(resy?)*

JOSÉ. (*Tomándole el pulso.*) Hoy está mejor el pulso, parece.

MARTA. (*A JOSÉ, aparte.*) Así; hay que engañarle.

JOSÉ. Sí, que se muera sin saberlo.

255 MARTA. Lo cual no es morir.

EL PADRE. ¿Y el niño, José?

JOSÉ. Bien, muy bien, viviendo.

EL PADRE. ¡Pobrecillo! Y ella loca de contenta con eso de ver a su hijo...

JOSÉ. Figúrese, padre.

260 EL PADRE. Tenéis que traérmelo otra vez, pero pronto, muy pronto. Quiero volver a verle. Como que me rejuvenece. Si le viese aquí, en mis brazos, tal vez todavía resistiese[61] para algún tiempo más.

JOSÉ. Pero no puede separársele mucho tiempo de su madre.

EL PADRE. Pues que me le traiga ella.

265 JOSÉ. ¿Ella?

EL PADRE. Ella, sí; que venga con el niño. Quiero verla con el niño y con vista y que me vean los dos...

JOSÉ. Pero es que ella... (*EL PADRE sufre un ahogo.*)

JOSÉ. (*A MARTA.*) ¿Cómo va?

270 MARTA. Mal, muy mal. Cosas del corazón...

JOSÉ. Sí, muere por lo que ha vivido; muere de haber vivido.[62]

MARTA. Está, como ves, a ratos tal cual.[63] Estos ahogos se le pasan pronto, y luego está tranquilo, sosegado, habla bien, discurre bien... El médico dice que cuando menos lo pensemos se nos quedará

275 muerto, y que sobre todo hay que evitarle las emociones fuertes. Por eso creo que no debe venir tu mujer; sería matarle...

JOSÉ. ¡Claro está!

EL PADRE. Pues, sí, yo quiero que venga. (*Entra MARÍA vendada.*)

JOSÉ. Pero mujer, ¿qué es esto?

280 MARTA. (*Intentando detenerla.*) ¿Te has vuelto loca, hermana?

MARÍA. Déjame, Marta.

MARTA. Pero ¿a qué vienes?

MARÍA. ¿A qué? ¿Y me lo preguntas, tú, tú, Marta? A ver al padre antes que se muera...

285 MARTA. ¿Morirse?

MARÍA. Sí; sé que se está muriendo. No trates de engañarme.

MARTA. ¿Engañarte yo?

MARÍA. Sí, tú. No temo a la verdad.

MARTA. Pero no es por ti, es por él, por nuestro padre. Esto puede

290 precipitarle su fin...

MARÍA. Ya que ha de morir, que muera conmigo.

MARTA. Pero... ¿qué es eso? (*Señalando la venda.*) ¡Quítatelo!

MARÍA. No, no, no me la quito; dejadme. Yo sé lo que me hago.

[61] resistiese: More common as a substitute for the conditional tense is the subjunctive in –ra.

[62] Sí, muere… vivido: Another typical example of Unamuno's style.

[63] a ratos tal cual: from time to time like this

MARTA. (*Aparte.*) ¡Siempre lo mismo!

295 EL PADRE. (*Observando la presencia de MARÍA.*) ¿Qué es eso? ¿Quién anda ahí? ¿Con quién hablas? ¿Es María? ¡Sí, es María! ¡María! ¡María! ¡Gracias a Dios que has venido!

(*Se adelanta MARÍA, deja el bastón y sin desvendarse se arrodilla al pie de su padre, a quien acaricia.*)

300 MARÍA. Padre, padre; ya me tienes[64] aquí, contigo.

EL PADRE. ¡Gracias a Dios, hija! Por fin tengo el consuelo de verse antes de morirme. Porque yo me muero...

MARÍA. No, todavía no, que estoy yo aquí.

EL PADRE. Sí, me muero.

305 MARÍA. No; tú no puedes morirte, padre.

EL PADRE. Todo nacido muere...

MARÍA. ¡No, tú no! Tú...

EL PADRE. ¿Qué? ¿Que no nací? No me viste tú nacer, de cierto, hija. Pero nací... y muero...

310 MARÍA. ¡Pues yo no quiero que te mueras, padre!

MARTA. No digáis bobadas. (*A JOSÉ.*) No se debe hablar de la muerte, y menos a moribundos.

JOSÉ. Sí, con el silencio de la conjura.[65]

EL PADRE. (*A MARÍA.*) Acércate, hija, que no te veo bien; quiero que me

315 veas antes de yo morirme, quiero tener el consuelo de morir después de haber visto que tus hermosos ojos me vieron. Pero, ¿qué es eso? ¿Qué es eso que tienes, ahí, María?

MARÍA. Ha sido para ver el camino.

EL PADRE. ¿Para ver el camino?

320 MARÍA. Sí; no lo conocía.

EL PADRE. (*Recapacitando.*[66]) Es verdad; pero ahora que has llegado a mí, quítatelo. Quítate eso. Quiero verse los ojos; quiero que me veas; quiero que me conozcas...

MARÍA. ¿Conocerte? Te conozco bien, muy bien, padre.

325 (*Acariciándole.*) Éste es mi padre, éste, éste y no otro. Éste es el que sembró[67] de besos mis ojos ciegos, besos que al fin, gracias a Dios, han florecido; el que me enseñó a ver lo invisible y me llenó de Dios el alma. (*Le besa en los ojos.*) Tú viste por mí, padre, y mejor que yo. Tus ojos fueron míos. (*Besándole en la mano.*)

330 Esta mano, esta santa mano, me guió por los caminos de tinieblas de mi vida. (*Besándole en la boca.*) De esta boca partieron[68] a mi corazón las palabras que enseñan lo que en la vida no vemos. Te conozco, padre, te conozco; te veo, te veo muy bien, te veo con el corazón. (*Le abraza.*) ¡Éste, éste es mi padre y no otro! Éste,

335 éste, éste...

JOSÉ. ¡María!

MARÍA. (*Volviéndose.*) ¿Qué?

[64] tienes: (Note that María uses tú with her father, unlike Marta, who uses usted.)
[65] conjura: conspiracy
[66] recapacitar: to run over in one's mind
[67] sembrar: to seed; to sow
[68] partieron (a): penetrated

MARTA. Sí, con esas cosas le estás haciendo daño. Así se le excita...

MARÍA. ¡Bueno, dejadnos! ¿No nos dejaréis aprovechar la vida que nos resta?[69] ¿No nos dejaréis vivir?

JOSÉ. Es que eso...

MARÍA. Sí, esto es vivir, eso. (*Volviéndose a su padre.*) Esto es vivir, padre, esto es vivir.

EL PADRE. Sí, esto es vivir; tienes razón, hija mía.

MARTA. (*Llevando una medicina.*) Vamos, padre, es la hora; a tomar[70] esto. Es la medicina...

EL PADRE. ¿Medicina? ¿Para qué?

MARTA. Para sanarse.

EL PADRE. Mi medicina (*señalando a MARÍA*) es ésta. María, hija mía, hija de mis entrañas...[71]

MARTA. Sí, ¿y la otra?

EL PADRE. Tú viste siempre, Marta. No seas envidiosa.

MARTA. (*Aparte.*) Sí, ella ha explotado su desgracia.

EL PADRE. ¿Qué rezongas[72] ahí tú, la juiciosa?

MARÍA. No la reprendas,[73] padre. Marta es muy buena. Sin ella, ¿qué hubiéramos hecho nosotros? ¿Vivir de besos? ven, hermana, ven. (*MARTA se acerca, y las dos hermanas se abrazan y besan.*) Tú, Marta, naciste con vista; has gozado siempre de la luz. Pero déjame a mí, que no tuve otro consuelo que las caricias de mi padre.

MARTA. Sí, sí, es verdad.

MARÍA. ¿Lo ves, Marta, lo ves? Si tú tienes que comprenderlo (*La acaricia.*)

MARTA. Sí, sí; pero...

MARÍA. Deja los peros,[74] hermana. Tú eres la de los peros... ¿Y qué tal? ¿Cómo va padre?

MARTA. Acabando...

MARÍA. Pero...

MARTA. No hay pero que valga.[75] Se le va la vida por momentos.

MARÍA. Pero con la alegría de mi curación, con la de ver al nieto. Yo creo...

MARTA. Tú siempre tan crédula y confiada, María. Pero no, se muere, y acaso sea mejor. Porque esto no es vida. Sufre y nos hace sufrir a todos. Sea lo que haya de ser, pero que no sufra...

MARÍA. Tú siempre tan razonable, Marta.

MARTA.   Vaya, hermana, conformémonos[76] con lo inevitable. (*Abrázanse.*) Pero quítate eso,[77] por Dios. (*Intenta quitárselo.*)

MARÍA. No, no, déjamela...[78] Conformémonos, hermana.

MARTA. (*A JOSÉ.*) Así acaban siempre estas trifulcas[79] entre nosotras.

JOSÉ. Para volver a empezar.

MARTA. ¡Es claro! Es nuestra manera de querernos...

EL PADRE. (*Llamando.*) María, ven. ¡Y quítate esa venda, quítatela! ¿Por qué te la has puesto? ¿Es que la luz te daña?

[69] restar: to remain
[70] a tomar: let's take
[71] entrañas: heart
[72] rezongar: to grumble; to mutter
[73] reprender: to scold; to reproach
[74] peros: referring to pero, above but's.
[75] No hay pero que valga: no but about it
[76] conformarse (con): to resign oneself (to)
[77] eso: i.e., the handkerchief over her eyes
[78] déhamela: refers to la venda
[79] trifulca: squabble, row

80 dolorosamente: sorrowfully
81 a: on
82 Yendo a su encuentro: going over to (meet) her
83 regazo: lap
84 que es: that this means

MARÍA. Ya te he dicho que fue para ver el camino al venir a verse.

385 EL PADRE. Quítatela; quiero que me veas a mí, que no soy el camino.

MARÍA. Es que te veo. Mi padre es éste y no otro. (*EL PADRE intenta quitársela y ella le retiene las manos.*) No, no; así, así.

EL PADRE. Por lo menos que te vea los ojos, esos hermosos ojos que nadaban en tinieblas, esos ojos en los que tantas veces me vi mientras tú no me veías con ellos. Cuántas veces me quedé

390 extasiado contemplándotelos, mirándome dolorosamente[80] en ellos y diciendo: "¿Para qué tan hermosos si no ven?"

MARÍA. Para que tú, padre, te vieras en ellos; para ser tu espejo, un espejo vivo.

395 EL PADRE. ¡Hija mía! ¡Hija mía! Más de una vez mirando así yo tus ojos sin vista, cayeron a[81] ellos desde los míos lágrimas de dolorosa resignación...

MARÍA. Y yo las lloré luego, tus lágrimas, padre.

EL PADRE. Por esas lágrimas, hija, por esas lágrimas, mírame ahora

400 con tus ojos; quiero que me veas...

MARÍA. (*Arrodillada al pie de su padre.*) Pero sí te veo, padre, sí te veo...

CRIADA. (*Desde dentro, llamando.*) ¡Señorito!

JOSÉ. (*Yendo a su encuentro.*[82]) ¿Qué hay?

405 CRIADA. (*Entra llevando al niño.*) Suponiendo que no volverían y como empezó a llorar, lo he traído; pero ahora está dormido...

JOSÉ. Mejor; déjalo; llévalo.

MARÍA. (*Reparando.*) ¡Ah! ¡Es el niño! Tráelo, tráelo, José.

EL PADRE. ¿El niño? ¡Sí, traédmelo!

410 MARTA. ¡Pero, por Dios!...

(*La CRIADA trae al niño; lo toma MARÍA, lo besa y se lo pone delante al abuelo.*)

MARÍA. Aquí lo tienes, padre. (*Se lo pone en el regazo.*[83])

EL PADRE. ¡Hijo mío! Mira cómo sonríe en sueños. Dicen que es[84] que

415 está conversando con los ángeles... ¿Y ve, María, ve?

MARÍA. Ve sí, padre, ve.

EL PADRE. Y tiene tus ojos, tus mismos ojos... A ver, a ver, que los abra...

MARÍA. No, padre, no; déjale que duerma. No se debe despertar a los

420 niños cuando duermen. Ahora está en el cielo. Está mejor dormido.

EL PADRE. Pero tú ábrelos..., quítate eso..., mírame...; quiero que me veas y que te veas aquí, ahora, quiero ver que me ves..., quítate eso. Tú me ves acaso, pero yo no veo que me ves, y quiero ver que

425 me ves; quítate eso...

MARTA. ¡Bueno, basta de estas cosas! ¡Ha de ser el último![85] ¡Hay que dar ese consuelo al padre! (*Quitándole la venda.*) ¡Ahí tienes a nuestro padre, hermana!

MARÍA. ¡Padre! (*Se queda como despavorida mirándole. Se frota los*
430   *ojos, los cierra, etc. EL PADRE lo mismo.*)

JOSÉ. (*A MARTA.*) Me parece demasiado fuerte la emoción. Temo que su corazón no la resista.

MARTA. Fue una locura esta venida de tu mujer...

JOSÉ. Estuviste algo brutal...

435 MARTA. ¡Hay que ser así con ella!

(*EL PADRE coge la mano de MARTA y se deja caer en el sillón, exánime.[86] MARTA le besa en la frente y se enjuga[87] los ojos. Al poco rato, MARÍA le toca la otra mano, la siente fría.*)

MARÍA. ¡Oh, fría, fría!... Ha muerto... ¡Padre! ¡Padre! No me oye... ni
440   me ve... ¡Padre! ¡Hijo, voy,[88] no llores!... ¡Padre!... ¡La venda, la venda otra vez! ¡No quiero volver a ver!

[85] el último: i.e., consuelo or favor
[86] exánime: lifeless
[87] enjugar: to dry; to wipe
[88] voy: I'm coming

VOCABULARIO

SUSTANTIVOS

el ahogo	*suffocation, shortness of breath*
el bastón	*cane*
la fe	*faith*
el forastero	*stranger, outsider*
la razón	*reason*
la venda	*blindfold, bandage*

VERBOS

curar	*to cure*
dañar	*to injure, hurt*
empeñarse en	*to insist upon*
mamar	*to nurse (baby)*
reprender	*to scold, reproach*

ADJETIVOS

ciego(a)	*blind*
juicioso(a)	*wise, judicious*

EXPRESIONES Y CONCEPTOS

dar guerra	*to annoy, be troublesome*
recobrar la vista	*to recover one's sight*
vendar(se) los ojos	*to blindfold (self)*

EXERCISES (cuadro primero)

I. Cuestionario.
1. ¿Sobre qué disputan don Pedro y don Juan?
2. ¿Para qué sirve el diálogo entre los dos hombres?
3. ¿Quién se acerca a los dos señores? Describa Ud. esta persona.
4. ¿Qué hace ella con un pañuelo?
5. ¿Por qué cree don Pedro que María está loca?
6. Señora Eugenia dice que María está ciega. ¿Es verdad?
7. ¿Qué es un forastero?
8. ¿Cómo recobró María la vista?
9. Así que cobró la vista, ¿qué fue lo primero que hizo?
10. ¿A dónde va María? ¿Por qué?

II. Fill in the blanks in the sentences below with an appropriate word from the following list.

camino	médico	forastero
conocer	vender	tapar
ciego	bastón	morir
barrio	extranjero	bendito

1. María pide a los hombres un _____.
2. Estoy perdida. ¿Cuál es el _____?
3. Me _____ los ojos para mejor ver el camino.
4. Quiero ver a mi padre antes que se _____.
5. Su padre vive en un _____ de las afueras.
6. No soy de la ciudad; soy _____.
7. Mi señora no está _____; lo estaba.
8. Hace un mes vino un _____ que le operó y le hizo ver.
9. María está aprendiendo a ver y a _____ las cosas.
10. Bien merece la vista. ¡_____ sea Dios!

III.
A. Substitute for *creer*, in the following command, the verbs in parentheses. Then give the forms in the negative: *créemelo (decir, mandar, poner, dar, escribir).*

B. Give the appropriate form of the verb in parentheses.
1. Nada se perdería aunque ellas no (*ver*).
2. Su padre mandó que María (*quitarse*) la venda.
3. ¡Dios se la (*conservar*)!
4. Cuando (*volver*), le llenó de besos.
5. Mi señora quería que la (*acompañar*) yo.
6. Quiero verle antes que (*irse*).

C. Offer original sentences in Spanish using the following idioms.

tener razón	a pesar de
haber de + *infinitive*	volver a + *infinitive*
lo de *or* eso de	empeñarse en

IV.

IV. Translate the following sentences into Spanish.
1. Tell me, good woman, why do you cover your eyes?
2. She must be mad.
3. The doctor ordered her not to go out into the street.
4. In spite of her blindness [*ceguera*], she knows the whole city better than I.
5. I don't understand this matter of the bandage.
6. She insists on seeing her father before he dies.
7. One lives for truth.
8. The best thing is that she can now see her child.

EXERCISES *(cuadro segundo)*

I. Cuestionario
1. ¿Cómo trata Marta a su padre?
2. ¿Qué piensa el padre del médico?
3. ¿Es María "tan juiciosa" como Marta? *No.*
4. ¿Tiene el viejo la misma fe en la ciencia que Marta? *No*
5. ¿Por qué no quiere Marta que venga María a casa del padre?
6. ¿Cómo indica Unamuno estilísticamente [*stylistically*] que la relación entre el padre y María es más estrecha que la de él y Marta?
7. ¿Por qué no se ha quitado María la venda?
8. ¿Qué fue el padre para María?
9. ¿Qué es la mejor medicina para el padre?
10. ¿Es envidiosa Marta?
11. ¿Cuál es la mayor preocupación del padre por su nietecillo?
12. ¿Quién le quita a María la venda?
13. ¿Es lógico que sea esta persona quien lo hace?
14. Al morirse su padre, ¿quiere María volver a ver?

II. Translate the words in parentheses into Spanish.
1. No quiere ir (*with me*).
2. El padre quiere más (*Mary*), (*whose*) ceguera fue la espina de su corazón.
3. Esas son aprensiones, nada (*but*) aprensiones.
4. Mi marido no vuelve porque tiene *mucho (to do)*.
5. No tengo hijo, pero ahí está (*my sister's*).
6. Que se muera sin saberlo, (*which*) no es morir.
7. Éste es mi padre, (*the one who*) me enseñó a ver (*that. which is invisible*).
8. Tus ojos fueron (*mine*).
9. ¡(*What a*) niño tan hermoso!
10. Hice (*the same thing*) con mi padre.

III. Select the appropriate verb form in parentheses.
1. Dios me ha concedido que María (*cobra, cobre, cobrase*) la vista.
2. Parece como si usted me (*inculpara, inculpe*) nuestra falta de hijos.
3. La verá usted cuando (*se pone, se ponga, se pondrá*) mejor.
4. No se debe despertar a los niños cuando (*duermen, duerman*).

5. El médico dice que cuando menos lo (*pensamos, pensemos, pensábamos*) se nos quedará muerto.
6. A ver al padre antes que (*se muera, se muere, morirse*).
7. Si (*está, esté, estuviese*) el niño aquí, tráemelo.
8. Quiero tener antes de (*me muera, me muere, morirme*) el consuelo de ver a mi hija.
9. Si (*viese, veía, vería*) al chiquillo aquí, resistiría para algún tiempo más.
10. No toques al niño; déjale que (*dormir, duerma, duerme*).

IV. Substitute object pronouns for the nouns in the following sentences.

Recall that the indirect precedes the direct object pronoun, and that when two third person pronouns come together, the indirect (le, les) becomes se.

1. Quieren quitar a María la venda.
2. No me traiga al niño.
3. Siempre digo la verdad a mis padres.
4. Déle a él el bastón.
5. Está enseñando el coche a su hijo.
6. No, padre, no me quito la venda.

V. Review the following idioms, and translate the sentences below.

Hacer caso a   ¿qué hay?
dar guerra   muy de mañana

1. My husband left very early.
2. I doubt that he will return tonight.
3. He has too much to do.
4. Did you call me? What's the matter?
5. He says that he is going to die, but don't mind him.
6. I know that I have been troublesome to you.

La oración del ateo
por Miguel de Unamuno

Oye mi ruego Tú, Dios que no existes,
y en tu nada recoge estas mis quejas,
Tú que a los pobres hombres nunca dejas
sin consuelo de engaño. No resistes

5   a nuestro ruego y nuestro anhelo vistes.
Cuando Tú de mi mente más te alejas,
más recuerdo las plácidas consejas
con que mi ama endulzóme noches tristes.

¡Qué grande eres, mi Dios! Eres tan grande
10   que no eres sino Idea; es muy angosta
la realidad por mucho que se expande

para abarcarte. Sufro yo a tu costa,
Dios no existente, pues si Tú existieras
existiría yo también de veras.

VOCABULARIO

SUSTANTIVOS

el anhelo	*yearning, longing*
el(la) ateo(a)	*atheist*
las consejas	*tales, fables*
el consuelo	*comfort*
el engaño	*deception*
la oración	*prayer*
el ruego	*request*

VERBOS

abarcar	*to embrace, take in*
alejarse	*to move away, withdraw, retreat*
existir	*to exist*

ADJETIVOS

angosto(a)	*narrow*

EJERCICIOS

1. ¿A quién le habla el poeta en este soneto?
2. Haga Ud. una lista de las expresiones negativas empleadas por el poeta. ¿Para qué las usa?
3. ¿Qué es Dios? ¿Cómo podría existir el poeta?
4. Discuta Ud. el uso de la paradoja en el poema.

Jorge Luis Borges

*J*orge Luis Borges (1899-1987), escritor argentino que ha sido comparado con Kafka, Poe y Wells, crea en sus obras literarias un mundo fantástico e imaginario, independiente de un tiempo o un espacio específicos. Borges ha dicho que necesita alejar sus cuentos, situarlos en tiempos y espacios algo lejanos para liberar su imaginación y obrar con mayor libertad. Es un hombre sumamente intelectual para quien las ideas tienen vida y son capaces de provocar d asombro y el deleite del rector a través de sus ficciones.

Borges nació en Buenos Aires, de padres intelectuales de la clase media. Educado en la capital y en Ginebra, pasa luego tres años en España antes de regresar a Buenos Aires en 1921. En los años siguientes se distingue como poeta, pero es probable que la verdadera originalidad de Borges no esté ni en las poesías ni en la crítica literaria que publica en esos años, sino en las breves narraciones que aparecen en los años siguientes—entre 1930 y 1955—, especialmente en dos colecciones: Ficciones y El Aleph. Aunque en aquellos años los dos tomos no atrajeron mucha atención, después gozaron de fama mundial y situaron a Borges entre los escritores más importantes de nuestro tiempo.

En los cuentos de esa época Borges explore los temas que, según él, son básicos en toda literatura fantástica: la obra dentro de la obra, la contaminación de la realidad por el sueño, el viaje a través del tiempo y el concepto del doble. En ellos el orden se encuentra en la mente humana, mientras que la realidad exterior tiene cualidades caóticas y peligrosas. También se manifiesta, en esos cuentos, la condición absurda y tal vez heroica del hombre que lucha por imponer orden sobre el caos del mundo físico que lo rodea.

En este capítulo se presenta «El Evangelio según Marcos», cuento que, según Borges, se debe a un sueño y, como toda literatura, es un «sueño dirgido». En este caso, el sueño se basa en un pasaje de la Biblia, y en la narración que allí se hace del sacrificio de Cristo en la cruz, acto que asegura la salvación del alma del creyente y que se ha establecido como parte de la «intrahistoria» de los pueblos occidentales . Es un cuento que debe leerse con cuidado . Sólo el rector cuidadoso y detallista tendrá el placer de anticipar el fin dramático e inevitable que el autor ha preparado mediante la acumulación de indicios.

El Evangelio según Marcos

El hecho sucedió[1] en la estancia La Colorada en el partido[2] de Junín, hacia el sur en los últimos días del mes de marzo de 1928. Su protagonista fue un estudiante de medicina, Baltasar Espinosa. Podemos definirlo por ahora como uno de tantos muchachos porteños,[3] sin otros rasgos[4] dignos
5 de nota que esa facultad oratoria que le había hecho merecer más de un premio en el colegio inglés de Ramos Mejía y que una casi ilimitada bondad. No le gustaba discutir;[5] prefería que el interlocutor tuviera razón y no él. Aunque los azares[6] del juego le interesaban, era un mal jugador, porque le desagradaba ganar. Su abierta inteligencia era perezosa;[7] a los
10 treinta y tres años le faltaba rendir una materia[8] para graduarse, la que más lo atraía. Su padre, que era librepensador, como todos los señores de su

[1] sucedió: took place
[2] partida: township
[3] porteños: from Buenos Aires
[4] rasgos: characteristics
[5] discutir: to argue
[6] azares: risks
[7] perezosa: lazy (undirected)
[8] rendir una materia: to take an exam on a course

época, lo había instruido en la doctrina de Herbert Spencer,‡ pero su madre, antes de un viaje a Montevideo, le pidió que todas las noches rezara el Padrenuestro e hiciera la señal de la cruz. A lo largo de los años

15 no había quebrado nunca esa promesa. No carecía de coraje;[9] una mañana había cambiado, con más indiferencia que ira,[10] dos o tres puñetazos[11] con un grupo de compañeros que querían forzarlo a participar en una huelga universitaria. Abundaba, por espíritu de aquiescencia, en[12] opiniones o hábitos discutibles;[13] el país le importaba menos que el riesgo de que en

20 otras partes creyeran que usamos plumas;[14] veneraba a Francia pero menospreciaba[15] a los franceses; tenía en poco[16] a los americanos, pero aprobaba el hecho de que hubiera rascacielos en Buenos Aires; creía que los gauchos de la llanura son mejores jinetes[17] que los de las cuchillas[18] o los cerros. Cuando Daniel, su primo, le propuso veranear en La Colorada,

25 dijo inmediatamente que sí, no porque le gustara el campo sino por natural complacencia y porque no buscó razones válidas para decir que no.§

El casco[19] de la estancia era grande y un poco abandonado; las dependencias[20] del capataz,[21] que se llamaba Gutre, estaban muy cerca. Los Gutres eran tres: el padre, el hijo, que era singularmente tosco,[22] y una

30 muchacha de incierta paternidad. Eran altos, fuertes, huesudos,[23] de pelo que tiraba a rojizo[24] y de caras aindiadas.[25] Casi no hablaban. La mujer del capataz había muerto hace años.

Espinosa, en el campo, fue aprendiendo cosas que no sabía y que no sospechaba. Por ejemplo, que no hay que galopar cuando uno se está

35 acercando a las casas y que nadie sale a andar a caballo sino para cumplir con una tarea. Con el tiempo llegaría a distinguir los pájaros por el grito.[26]

A los pocos días, Daniel tuvo que ausentarse a la capital para cerrar una operación[27] de animales. A lo sumo,[28] el negocio le tomaría una semana. Espinosa, que ya estaba un poco harto[29] de las *bonnes*

40 *fortunes*[30] de su primo y de su infatigable interés por las variaciones de la sastería,[31] prefirió quedarse en la estancia, con sus libros de texto. El calor apretaba[32] y ni siquiera la noche traía un alivio.[33] En el alba, los truenos lo despertaron. El viento zamarreaba las casuarinas.[34] Espinosa oyó las primeras gotas y dio gracias a Dios. El aire frío vino de golpe.[35] Esa

45 tarde, el Salado[36] se desbordó.[37]

Al otro día, Baltasar Espinosa, mirando desde la galería los campos anegados,[38] pensó que la metáfora que equipara[39] la pampa** con el mar

[9] No… coraje: He was not lacking in courage
[10] ira: anger
[11] puñetazos: punches
[12] Abundaba… en: He was full of
[13] discutibles: questionable
[14] usamos plumas: we wear feathers (we are Indians)
[15] menospreciaba: he scorned
[16] tenía en poco: he despised, thought little of
[17] jinetes: riders
[18] cuchillas: mountains
[19] casco: main house
[20] dependencias: quarters
[21] capataz: foreman
[22] tosco: uncouth
[23] huesudos: bony, big-boned
[24] que… rojizo: which had a reddish tinge
[25] aindiadas: Indian-looking
[26] grito: cry, call
[27] operación: deal
[28] A lo sumo: At most
[29] harto: tired, fed-up
[30] bonnes fortunes: good fortune (with women)
[31] sastrería: men's fashions
[32] apretaba: was oppressive
[33] alivio: respite, relief
[34] zamarreaba las casuarinas: shook the Australian pines
[35] de golpe: suddenly
[36] Salado: the Salado ("Salty") River
[37] se desbordó: overflowed
[38] anegados: flooded
[39] equipara: compares

‡ Herbert Spencer (1820-1903), filósofo inglés, fundador de la filosofía evolucionista. Postuló el concepto del darwinismo social, la sobrevivencia del más apto. Influido por Spencer, el filósofo francés Henri Bergson sugiere que ciertos mitos o ideas pueden perdurar en la sangre, en la raza. El hecho de que el fanatismo calvinista perdura en la sangre de los Gutres confirma las ideas de Bergson.

§ Normalmente los dueños de las grandes estancias viven en Buenos Aires y visitan sus estancias sólo de vez en cuando. Aparentemente Daniel y Baltasar tenían esa costumbre.

** La pampa es un llano enorme, parecida a los «Great Plains» de los Estados Unidos. El gaucho se parece al «cowboy» norteamericano.

no era por lo menos esa mañana, del todo falsa, aunque Hudson[††] había dejado escrito que el mar nos parece más grande, porque lo vemos desde la cubierta[40] del barco y no desde el caballo o desde nuestra altura. La lluvia no cejaba;[41] los Gutres, ayudados o incomodados por el pueblero,[42] salvaron buena parte de la hacienda,[43] aunque hubo muchos animales ahogados.[44] Los caminos para llegar a La Colorada eran cuatro: a todos los cubrieron las aguas. Al tercer día, una gotera[45] amenazó la casa del capataz; Espinosa les dio una habitación que quedaba en el fondo, al lado del galpón de las herramientas.[46] La mudanza los fue acercando;[47] comían juntos en el gran comedor. El diálogo resultaba difícil; los Gutres, que sabían tantas cosas en materia de campo, no sabían explicarlas. Una noche, Espinosa les preguntó si la gente guardaba[48] algún recuerdo de los malones,[49] cuando la comandancia[50] estaba en Junín. Le dijeron que sí, pero lo mismo hubieran contestado a una pregunta sobre la ejecución de Carlos Primero. Espinosa recordó que su padre solía decir que casi todos los casos de longevidad que se dan en el campo son casos de mala memoria o de un concepto vago de las fechas. Los gauchos suelen ignorar por igual el año en que nacieron y el nombre de quien los engendró.

En toda la casa no había otros libros que una serie de la revista *La Chacra*,[51] un manual de veterinaria, un ejemplar de lujo[52] de *Tabaré*, una *Historia del Shorthorn en la Argentina*, unos cuantos relatos eróticos o policiales y una novela reciente: *Don Segundo Sombra*.[‡‡] Espinosa, para distraer de algún modo la sobremesa[53] inevitable, leyó un par de capítulos a los Gutres, que eran analfabetos.[54] Desgraciadamente, el capataz había sido tropero[55] y no le podían importar las andanzas[56] de otro. Dijo que ese trabajo era liviano, que llevaban siempre un carguero[57] con todo lo que se precisa y que, de no haber sido tropero, no habría llegado nunca hasta la Laguna de Gómez, hasta el Bragado y hasta los campos de los Núñez, en Chacabuco. En la cocina había una guitarra; los peones, antes de los hechos que narro, se sentaban en rueda;[58] alguien la templaba[59] y no llegaba nunca a tocar. Esto se llamaba una guitarreada.[60]

Espinosa, que se había dejado crecer la barba, solía demorarse[61] ante el espejo para mirar su cara cambiada y sonreía al pensar que en Buenos Aires aburriría a los muchachos con el relato de la inundación del Salado. Curiosamente, extrañaba lugares a los que no iba nunca y no iría: una esquina de la calle Cabrera en la que hay un buzón, unos leones de mampostería[62] en un portón[63] de la calle Jujuy, a unas cuadras del Once, un almacén[64] con piso de baldosa[65] que no sabía muy bien donde estaba.

[40] cubierta: deck
[41] cejaba: let up
[42] pueblero: city man
[43] hacienda: herd
[44] ahogados: drowned
[45] gotera: leak
[46] galpón de las herramientos: tool shed
[47] La… acercando: The move brought them closer together
[48] guardaba: held, kept
[49] malones: Indian raids
[50] comandancia: frontier command
[51] chacra: farm
[52] de lujo: deluxe
[53] sobremesa: after-dinner conversation
[54] analfabetos: illiterate
[55] tropero: cattle driver
[56] andanzas: doings, activities
[57] carguero: packhorse
[58] en rueda: in a circle
[59] templaba: tuned
[60] guitarreada: guitarfest
[61] demorarse: linger, stop
[62] mampostería: concrete
[63] portán: gateway
[64] almacén: store
[65] baldosa: tile

[††] William Henry Hudson (1840-1922) escribió su obra en inglés, pero es famoso en la Argentina por la evocación nostálgica de la pampa bonaerense, escenario de los relatos y las obras autobiográficas del autor. Hudson nació en la pampa y pasó su infancia y adolescencia allí.

[‡‡] Esta lista de obras es típica de la técnica de Borges de vincular la «realidad» de la trama con la del mundo de las ideas. Cinco de las obras se relacionan con el ambiente de la pampa y la estancia, y reflejan varias actitudes hacia ese ambiente: la revista *La Chacra* refleja las actitudes y preocupaciones del estanciero; el manual de veterinaria, las actitudes de los científicos; *Tabaré* de Juan Zorrilla de San Martín, el punto de vista romántico, con su característico fatalismo; la *Historia del Shorthorn en la Argentina*, la perspectiva de los historiadores; y *Don Segundo Sombra* de Ricardo Güiraldes, la evocación del gaucho ideal.

En cuanto a sus hermanos y a su padre, ya sabrían por Daniel que estaba aislado—la palabra, etimológicamente, era justa[§§]—por la creciente.[66]

Explorando la casa, siempre cercada por las aguas, dio con[67] una Biblia en inglés. En las páginas finales los Guthrie—tal era su nombre genuino—habían dejado escrita su historia. Eran oriundos[68] de Inverness, habían arribado a este continente, sin duda como peones, a principios del siglo diecinueve, y se habían cruzado con indios. La crónica cesaba hacia mil ochocientos setenta y tantos; ya no sabían escribir. Al cabo de[69] unas pocas generaciones habían olvidado el inglés; el castellano, cuando Espinosa los conoció, les daba trabajo. Carecían de fe, pero en su sangre perduraban,[70] como rastros oscuros, el duro fanatismo del calvinista[***] y las supersticiones del pampa.[71] Espinosa les habló de su hallazgo y casi no escucharon.

Hojeó[72] el volumen y sus dedos lo abrieron en el comienzo del Evangelio según Marcos. Para ejercitarse en la traducción y acaso para ver si entendían algo, decidió leerles ese texto después de la comida. Le sorprendió que lo escucharan con atención y luego con callado interés. Acaso la presencia de las letras de oro en la tapa[73] le diera más autoridad. Lo llevan en la sangre, pensó. También se le ocurrió que los hombres, a lo largo del[74] tiempo, han repetido siempre dos historias: la de un bajel[75] perdido que busca por los mares mediterráneos una isla querida, y la de un dios que se hace crucificar en Gólgota.[†††] Recordó las clases de elocución en Ramos Mejía y se ponía de pie para predicar las parábolas.[76]

Los Gutres despachaban[77] la carne asada y las sardinas para no demorar el Evangelio.

Una corderita[78] que la muchacha mimaba[79] y adornaba con una cintita celeste[80] se lastimó con un alambrado de púa.[81] Para parar la sangre, querían ponerle una telaraña;[82] Espinosa la curó con unas pastillas.[83] La gratitud que esa curación despertó no dejó de asombrarlo. Al principio, había desconfiado[84] de los Gutres y había escondido en uno de sus libros los doscientos cuarenta pesos que llevaba consigo; ahora, ausente el patrón, él había tomado su lugar y daba órdenes tímidas, que eran inmediatamente acatadas.[85] Los Gutres lo seguían por las piezas y por el corredor, como si anduvieran perdidos. Mientras leía, notó que le retiraban las migas[86] que él había dejado sobre la mesa. Una tarde los sorprendió hablando de él con respeto y pocas palabras. Concluido el Evangelio según Marcos, quiso leer otro de los tres que faltaban; el padre

[66]	creciente: floodwaters
[67]	dio con: he came across
[68]	oriundos: natives
[69]	Al cabo de: after
[70]	perduraban: survived, remained
[71]	pampa (m.): pampa Indian
[72]	Hojeó: He leafed through
[73]	tapa: cover
[74]	a lo largo del: throughout
[75]	bajel: ship
[76]	predicar las parábolas: preach the parables
[77]	despachaban: gulped down, dispatched
[78]	corderita: lamb
[79]	mimaba: pampered
[80]	cintita celeste: light blue ribbon
[81]	un… púa: strand of barbed wire
[82]	telaraña: cobweb
[83]	pastillas: pills
[84]	desconfiado: distrusted
[85]	acatadas: obeyed
[86]	migas: crumbs

[§§] La etimología de «aislado» sugiere la idea de «isla» y describe el estado del casco de la estancia después del diluvio.

[***] Calvinista es el que acepta la teología de Jean Calvin (1509-1564), teólogo francés que mantuvo que la Biblia es la única fuente verdadera de la ley de Dios y que el deber del hombre es interpretarla y mantener el orden en el mundo. Según Calvin, sólo los elegidos de Dios pueden redimirse: la redención no puede ganarse por buenas obras. En el cuento, los Gutres aceptan al pie de la letra lo que dice la Biblia y creen que Espinosa es un elegido de Dios.

[†††] Las dos historias son: la *Odisea* de Homero, modelo de toda la poesía épica posterior, que sugiere la idea de la búsqueda del hombre; y la historia de Cristo, que se hace crucificar en el monte Gólgota para redimir a la humanidad, y que constituye, desde entonces, el ejemplo y prototipo ideal del hombre que se sacrifica por los demás.

le pidió que repitiera el que ya había leído, para entenderlo bien. Espinosa sintió que eran como niños, a quienes la repetición les agrada más que la variación o la novedad. Una noche soñó con el Diluvio,[87] lo cual no es de extrañar;[88] los martillazos[89] de la fabricación del arca lo despertaron y pensó que acaso[90] eran truenos. En efecto, la lluvia, que había amainado,[91] volvió a recrudecer.[92] El frío era intenso. Le dijeron que el temporal había roto el techo del galpón de las herramientas y que iban a mostrárselo cuando estuvieran arregladas[93] las vigas.[94] Ya no era un forastero[95] y todos lo trataban con atención y casi lo mimaban. A ninguno le gustaba el café, pero había siempre una tacita para él, que colmaban de[96] azúcar.

El temporal ocurrió un martes. El jueves a la noche lo recordó[97] un golpecito suave en la puerta que, por las dudas, él siempre cerraba con llave. Se levantó y abrió: era la muchacha. En la oscuridad no la vio, pero por los pasos[98] notó que estaba descalza y después, en el lecho,[99] que había venido desde el fondo,[100] desnuda. No lo abrazó, no dijo una sola palabra; se tendió junto a él y estaba temblando. Era la primera vez que conocía a un hombre. Cuando se fue, no le dio un beso; Espinosa pensó que ni siquiera sabía cómo se llamaba. Urgido[101] por una íntima razón que no trató de averiguar, juró que en Buenos Aires no le contaría a nadie esa historia.

El día siguiente comenzó como los anteriores, salvo que el padre habló con Espinosa y le preguntó si Cristo se dejó matar para salvar a todos los hombres. Espinosa, que era librepensador pero que se vio obligado a justificar lo que les había leído, le contestó:

—Sí. Para salvar a todos del infierno.

Gutre le dijo entonces:

—¿Qué es el infierno?

—Un lugar bajo tierra donde las ánimas[102] arderán[103] y arderán.

—¿Y también se salvaron los que le clavaron los clavos?[104]

—Sí—replicó Espinosa, cuya teología era incierta.

Había temido que el capataz le exigiera cuentas de lo ocurrido[105] anoche con su hija. Después del almuerzo, le pidieron que releyera los últimos capítulos.

Espinosa durmió una siesta larga, un leve sueño interrumpido por persistentes martillos y por vagas premoniciones. Hacia el atardecer se levantó y salió al corredor. Dijo como si pensara en voz alta:

—Las aguas están bajas. Ya falta poco.

—Ya falta poco[106]—repitió Gutre, como un eco.

Los tres lo habían seguido. Hincados[107] en el piso de piedra le pidieron la bendición. Después lo maldijeron, lo escupieron y lo empujaron[108] hasta el fondo. La muchacha lloraba. Espinosa entendió lo que le esperaba del otro lado de la puerta. Cuando la abrieron, vio el firmamento. Un pájaro gritó; pensó: Es un jilguero.[109] El galpón[110] estaba sin techo; habían arrancado[111] las vigas para construir la Cruz.

El informe de Brodie, 1970.

---

[87] el Diluvio: the (biblical) Flood
[88] no es de extrañar: is not surprising
[89] martillazos: hammer blows
[90] acaso: maybe
[91] amainado: let up
[92] recrudecer: fall harder
[93] arregladas: fixed
[94] vigas: beams
[95] forastero: stranger
[96] colmaban de: (they) heaped with
[97] recordó: awakened
[98] pasos: footsteps
[99] lecho: bed
[100] fondo: back (of the house)
[101] Urgido: Motivated
[102] ánimas: souls
[103] arderán: will burn
[104] le… clavos: hammered in the nails
[105] le… ocurrido: would demand an accounting from him of what had taken place
[106] Ya falta poco: It won't be long now
[107] Hincados: Kneeling
[108] lo… empujaron: they cursed him, spat on him and shoved him
[109] jilguero: goldfinch
[110] galpón: shed
[111] arrancado: pulled down

VOCABULARIO—"El Evangelio según Marcos"

SUSTANTIVOS

la bendición	*blessing*
la Biblia	*Bible*
la bondad	*goodness*
el capataz	*foreman*
el clavo	*nail*
el coraje	*courage*
la corderita	*lamb*
la cruz	*cross*
la estancia	*ranch*
el galpón de las herramientas	*toolshed*
el hecho	*event*
el infierno	*hell*
la inundación/el diluvio	*flood*
las migas	*crumbs*
el rasgo	*characteristic, trait*
el techo	*roof*
el temporal	*storm*
el trueno	*thunder*
las vigas	*beams*

VERBOS

abrazar	*to embrace*
carecer	*to lack*
clavar	*to hammer in (nails)*
crucificar	*to crucify*
curar	*to cure*
dar con	*to come across*
empujar	*to push*
escupir	*to spit*
lastimarse	*to hurt oneself*
maldecir	*to curse*
mimar	*to spoil, pamper*
perdurar	*to remain*
predicar	*to preach*
rezar	*to pray*
salvar	*to save*

ADJETIVOS

analfabeto(a)	*illiterate*
aislado(a)	*isolated*
callado(a)	*quiet*
desnudo(a)	*nude*
huesudo(a)	*bony, big-boned*

Capítulo 3

El honor, el sacrificio y la venganza

Los dos reyes y los dos laberintos

Jorge Luis Borges (1899–1986) is one of the greatest writers of the Spanish language. In "Los dos reyes y los dos laberintos," a quasi-biblical parable, he has elevated the Latin-American short story from a purely regional level to one of universal human concerns.

Antes de leer

PALABRAS IMPORTANTES Y MODISMOS

aventurarsea + *infinitivo*	to risk (*doing something*)
dar a conocer	to show
dar con	to find, come upon
en medio de	in the middle of
hacer burla de	to make fun of
juntar	to bring together
propio	typical, characteristic
vagar	to wander

REPASO DE VERBOS

Complete las oraciones con la forma apropiada de **ser** o **haber.**

1. Cuenten los hombres dignos de fe que en los primeros días _____ un rey que congregó a sus arquitectos y magos y les mandó construir un laberinto.
2. Esa obra _____ un escándalo.
3. La confusión y la maravilla _____ operaciones propias de Dios.
4. Le dijo al rey de Babilonia que él en Arabia tenía un laberinto mejor y que, si Dios _____ servido, se lo daría a conocer algún día.
5. El Poderoso ha tenido a bien que te muestre mi laberinto donde no _____ escaleras que subir, ni puertas que forzar.

ESTRATEGIAS PARA LEER

Making an Outline

One effective means of making sure you have a clear understanding of the material you read is to organize it in an outline. The extra effort can be a time saver, helping you to remember pertinent information without having to reread the selection. Outline preparation can be particularly useful in mapping out stories whose plots and characters are not easily discerned the first time through the story.

An outline can be set up in different ways, depending on the organization, length, complexity, and type of material with which you are dealing. In "Los dos reyes y los dos laberintos," the title itself suggests a structure for an outline of this particular story. You might begin by making headings for each of the two kings with subheadings for their actions and for the characteristics of the labyrinth associated with each. Then you could fill in the details under the subheadings as you read the story. Try referring to your outline rather than to the story when answering the questions that follow the reading.

Los dos reyes y los dos laberintos

CUENTAN LOS HOMBRES dignos de fe (pero Alá[1] sabe más) que en los primeros días hubo un rey de las islas de Babilonia que congregó[2] a sus arquitectos y magos y les mandó construir un laberinto tan perplejo y sutil que los varones más prudentes no se aventuraban a entrar, y los que entraban se
5 perdían. Esa obra era un escándalo, porque la confusión y la maravilla son operaciones propias de Dios y no de los hombres. Con el andar del tiempo[3] vino a su corte un rey de los árabes, y el rey de Babilonia (para hacer burla de la simplicidad de su huésped) lo hizo penetrar en el laberinto, donde vagó afrentado[4] y confundido hasta la declinación de la tarde. Entonces imploró socorro divino[5] y dio con la
10 puerta. Sus labios no profirieron[6] queja ninguna, pero le dijo al rey de Babilonia que él en Arabia tenía un laberinto mejor y que, si Dios era servido, se lo daría a conocer algún día. Luego regresó a Arabia, juntó sus capitanes y sus alcaides[7] y estragó[8] los reinos de Babilonia con tan venturosa fortuna que derribó sus castillos, rompió sus gentes e hizo cautivo al mismo rey. Lo amarró encima de un camello
15 veloz y lo llevó al desierto. Cabalgaron tres días, y le dijo: —¡Oh, rey del tiempo y substancia y cifra del siglo!, en Babilonia me quisiste perder[9] en un laberinto de bronce con muchas escaleras, puertas y muros; ahora el Poderoso ha tenido a bien que te muestre el mío,[10] donde no hay escaleras que subir, ni puertas que forzar, ni fatigosas galerías que recorrer, ni muros que te veden el paso.[11]
20   Luego le desató las ligaduras y lo abandonó en mitad del desierto, donde murió de hambre y de sed. La gloria sea con Aquel que no muere.

[1]*Allah* [2]*gathered together* [3]*Con... With the passage of time* [4]*ashamed* [5]*Entonces... Then he asked for divine help* [6]*no... didn't utter* [7]*special guards* [8]*he laid waste to* [9]*me... you tried to make me lose my way* [10]*ahora... now God has seen fit to show you mine* [11]*que te ... that keep you from going*

DESPUÉS DE LEER

CUESTIONARIO

1. ¿De qué islas era el primer rey?
2. ¿Qué orden le dio este rey a sus arquitectos y magos?
3. ¿Qué les pasaba a los hombres que entraban en el laberinto?
4. ¿Quién era el rey que vino a la corte del primer rey?
5. ¿Qué hizo el rey de Babilonia para hacer burla de su huésped?
6. ¿Qué hizo el rey de Arabia al volver a su tierra?
7. ¿A quién tomó cautivo el rey de Arabia?
8. ¿Dónde estaba el laberinto del rey de Arabia?
9. ¿Dónde abandonó el rey de Arabia al rey de Babilonia?
10. ¿Qué le pasó al rey de Babilonia?

ESTUDIO DE PALABRAS

A. Complete las oraciones con palabras o expresiones de **Palabras importantes y modismos**.

1. Les mandó construir un laberinto tan perplejo y sutil que los varones más prudentes no _____ entrar.
2. La confusión y la maravilla son operaciones _____ de Dios y no de los hombres.

3. El rey de Babilonia (para _____ la simplicidad de su huésped) lo hizo penetrar en el laberinto donde _____ hasta la declinación de la tarde.
4. Entonces imploró socorro divino y _____ la puerta.
5. En Arabia él tenía un laberinto mejor y se lo _____ algún día.
6. Luego regresó a Arabia, _____ sus capitanes y sus alcaides y estragó los reinos de Babilonia con tan venturosa fortuna que derribó sus castillos.
7. Luego le desató las ligaduras y lo abandonó _____ desierto, donde murió de hambre y de sed.

B. Empareje las palabras con sus sinónimos.

1. _____ socorro
2. _____ regresar
3. _____ vedar
4. __a__ prudente
5. _____ declinación
6. _____ varón
7. __l__ huésped
8. _____ mandar
9. _____ proferir
10. _____ veloz
11. _____ implorar
12. _____ juntar

a. sabio
b. pedir
c. ordenar
d. rápido
e. invitado
f. ayuda
g. congregar
h. volver
i. caída
j. pronunciar
k. prohibir
l. hombre

C. Indique la forma adverbial de los adjetivos que siguen.

1. divino
2. veloz
3. primero
4. sutil
5. venturoso

VOCABULARIO—"Los dos reyes y los dos laberintos"

SUSTANTIVOS

Alá	*Allah*
el árabe	*Arab*
el arquitecto	*architect*
el camello	*camel*
el cautivo	*captive*
el desierto	*desert*
el huésped	*guest*
el laberinto	*labyrinth*
el mago	*magician*
el muro	*wall*
el socorro	*help*

ADJETIVOS

confundido(a)	*confused*
digno(a)	*worthy*
poderoso(a)	*powerful*

Ricardo Palma

Ricardo Palma (1833–1919) nació en Lima, Perú, y fue director de la Biblioteca Nacional que él hizo reconstruir tras la guerra entre su país y Chile–la llamada Guerra Pacífico (1879–1883). Durante el período en que desempeñó ese cargo, Palma logró recobrar muchos de los manuscritos que se había librado del fuego y del saqueo de las tropas chilenas y los coleccionó, conservando así el pasado histórico y cultural de su tierra. El renombre de Palma en las letras hispánicas se debe especialmente a sus Tradiciones peruanas (1875-1883) en las que se notan elementos de la sátira social. Con la tradición, *relato en que se funden anécdota, documento histórico, cuadro de costumbres y pura ficción, inaugura Palma un nuevo género narrativo. Sus características incluyen una estructura que varía mucho en la extensión de las obras, así como en el asunto tratado, pero que depende del humorismo, de un suspenso sostenido y de un desenlace sorpresivo. Los personajes comprenden la gama entera de tipos sociales y, en cuanto a temas, las fuentes pueden ser tanto n acontecimiento histórico, como un simple refrán popular, según lo demuestra* «La camisa de Margarita».

La camisa de Margarita

Probable es que algunos de mis lectores hayan iodo decir a las viejas de Lima, cuando quieren ponderar lo subido de precio de un artículo:

—¡Que! Si esto es más caro que la camisa de Margarita Pareja.

Habríame quedado con la curiosidad de saber quién fue esa
5 Margarita, cuya camisa anda en lenguas, si en *La América*, de Madrid, no hubiera tropezado con[1] un artículo firmado por don Ildefonso Antonio Bermejo (autor de un notable libro sobre el Paraguay), quien, aunque muy a la ligera,[2] habla de la niña y de su camisa, me puso en vía de desenredar el ovillo,[3] alcanzando a sacar en limpio la historia que van ustedes a leer.

I

10 Margarita Pareja era (por los años de 1765) la hija más mimada[4] de don Raimundo Pareja, caballero de Santiago y colector general del Callao.

La muchacha era una de esas limeñitas[5] que, por su belleza, cautivan al mismo diablo y lo hacen persignarse[6] y tirar piedras. Lucía un par de ojos negros que eran como dos torpedos cargados con dinamita y
15 que hacían explosión sobre las entretelas[7] del alma de los galanes[8] limeños.

Llegó por entonces de España un arrogante mancebo, hijo de la coronada villa del oso y del madroño,[9] llamado don Luis Alcázar. Tenía éste en Lima un tío solterón y acaudalado,[10] aragonés[11] rancio[12] y
20 linajudo,[13] y que gastaba más orgullo que los hijos del rey Fruela.[14]

Por supuesto que, mientras le llegaba la ocasión de heredar al tío, vivía nuestro don Luis tan pelado[15] como una rata y pasando la pena

---

[1] tropezado… hallado por casualidad
[2] a… sin profundizar
[3] (fig.) cosa compleja
[4] tratada con cuidado excesivo
[5] señoritas de la ciudad de Lima
[6] hacerse la señal de la cruz
[7] las… (fig.) lo íntimo de corazón
[8] señores jóvenes y elegantes
[9] la… Madrid, ciudad en cuyo escudo se ve un oso al lado de un árbol llamado madroño
[10] rico
[11] de Aragón, región de España
[12] de familia antigua
[13] aristócrata
[14] antigua rey de Asturias, región del norte de España caracterizada por el orgullo de sus habitantes
[15] (fig.) pobre

negra.   Con decir que hasta sus trapicheos[16] eran al fiado y para pagar cuando mejorase de fortuna, creo que digo lo preciso.

25   En la procesión de Santa Rosa conoció Alcázar a la linda Margarita.   La muchacha le llenó el ojo y le flechó el corazón.   La echó flores,[17] y aunque ella no le contestó ni sí ni no, dio a entender con sonrisitas y demás armas del arsenal femenino que el galán era plato muy de su gusto.   La verdad, como si me estuviera confesando, es que se

30   enamoraron hasta la raíz pelo.

Como los amantes olvidan que existe la aritmética, creyó don Luis que para el logro de sus amores no sería obstáculo su presente pobreza, y fue al padre de Margarita y, sin muchos perfiles,[18] le pidió la mano de su hija.

35   A don Raimundo no le cayó en gracia la petición, y cortésmente despidió al postulante, diciéndole que Margarita era aún muy niña para tomar marido, pues, a pesar de sus diez y ocho mayos, todavía jugaba a las muñecas.

Pero no era ésta la verdadera madre del ternero.[19]   La negativa

40   nacía de que don Raimundo no quería ser suegro de un pobretón; y así hubo de decirlo en confianza a sus amigos, uno de los que fue con el chisme a don Honorato, que así se llamaba el tío aragonés.   Este, que era más altivo que el Cid,[20] trinó[21] de rabia y dijo:

—¡Cómo se entiende!   ¡Desairar[22] a mi sobrino!   Muchos se darían

45   con un canto en el pecho[23] por emparentar con el muchacho, que no le hay más gallardo en todo Lima.   ¡Habráse visto insolencia de la laya![24]   Pero ¿adónde ha de ir conmigo ese colectorcito de mala muerte?

Margarita, que se anticipaba a su siglo, pues era nerviosa como una damisela de hoy, gimoteó,[25] y se arrancó el pelo, y tuvo pataleta,[26] y si no

50   amenazó con envenenarse fue porque todavía no se habían inventado los fósforos.

Margarita perdía colores y carnes, se desmejoraba a vista de ojos, hablaba de meterse monja y no hacía nada en concierto.

—¡O de Luis o de Dios!—gritaba cada vez que los nervios se le

55   sublevaban, lo que acontecía una hora sí y otra también.

Alarmóse el caballero santiagués,[27] llamó físicos y curanderas, y todos declararon que la niña tiraba a tísica[28] y que la única melecina[29] salvadora no se vendía en la botica.

O casarla con el varón de su gusto, o encerrarla en el cajón de

60   palma y corona.[30]   Tal fue el *ultimátum* médico.

Don Raimundo (¡al fin padre!), olvidándose de coger capa y bastón, se encaminó como loco a casa de don Honorato, y le dijo:

—Vengo a que consienta usted en que mañana mismo se case su sobrino con Margarita, porque si no la muchacha se nos va por la posta.[31]

65   —No puede ser—contestó con desabrimiento[32] el tío—.   Mi sobrino es un pobretón, y lo que usted debe buscar para su hija es un hombre que varee[33] la plata.

[16] medios de buscar recursos
[17] flattering compliments
[18] sin... without beating around the bush
[19] la... the true mother of the calf; (fig.) la verdadera razón de la decisión
[20] Rodrigo Díaz de Vivar (siglo XI), héroe nacional de España y protagonista del poema épico nacional, el *Poema del Cid*
[21] se enfureció
[22] Despreciar
[23] se... harían cualquier cosa
[24] de... de este tipo
[25] gimió, lloró
[26] convulsión (por la general fingida)
[27] de la orden militar de Santiago, fundada en el siglo XII
[28] tiraba... tenía propensión a la tuberculosis
[29] forma vulgar de *medicina*
[30] cajón... coffin
[31] se... se nos muere
[32] falta de interés
[33] (inf.: varear) measures out

El diálogo fue borrascoso.[34] Mientras más rogaba don Raimundo,
más se subía el aragonés a la parra,[35] y ya aquél iba a retirarse
70 desahuciado,[36] cuando don Luis, terciando[37] en la cuestión, dijo:

—Pero, tío, no es de cristianos que matemos a quien no tiene la
culpa.

—¿Tú te das por satisfecho?

—De todo corazón, tío y señor.

75 —Pues bien, muchacho, consiento en darte gusto; pero con una
condición, y es ésta: don Raimundo me ha de jurar ante la Hostia[38]
consagrada que no regalará un ochavo[39] a su hija ni la dejará un real[40] en
la herencia.

Aquí se entabló[41] nuevo y más agitado litigio.

80 —Pero, hombre—arguyó don Raimundo—, mi hija tiene veinte
mil duros[42] de dote.[43]

—Renunciamos a la dote. La niña vendrá a casa de su marido
nada más que con lo encapillado.[44]

—Concédame usted entonces obsequiarla los muebles y el ajuar[45]
85 de novia.

—Ni un alfiler. Si no acomoda,[46] dejarlo y que se muera la chica.

—Sea usted razonable, don Honorato. Mi hija necesita llevar
siquiera una camisa para reemplazar la puesta.

—Bien; paso por esa funda para que no me acuse de obstinado.
90 Consiento en que le regale la camisa de novia, y san se acabó.[47]

Al día siguiente don Raimundo y don Honorato se dirigieron muy
de mañana a San Francisco, arrodillándose para oír misa, y, según lo
pactado, en el momento en que el sacerdote elevaba la Hostia divina, dijo
el padre de Margarita:

95 —Juro no dar a mi hija más que la camisa de novia. Así Dios me
condene si perjurare.

II

Y don Raimundo Pareja cumplió *ad pedem litterae*[48] su juramento,
porque ni en vida ni en muerte dio después a su hija cosa que valiera un
maravedí.

100 Los encajes[49] de Flandes que adornaban la camisa de la novia
costaron dos mil setecientos duros, según lo afirma Bermejo, quien parece
copió este dato de las *Relaciones secretas* de Ulloa y don Jorge Juan.[50]

Item, el cordoncillo que ajustaba al cuello era una cadeneta de
brillantes, valorizada en treinta mil morlacos.[51]

105 Los recién casados hicieron creer al tío aragonés que la camisa a lo
más valdría una onza;[52] porque don Honorato era tan testarudo,[53] que, a
saber lo cierto, habría forzado al sobrino a divorciarse.

Convengamos en que fue muy merecida la fama que alcanzó la
camisa nupcial de Margarita Pareja.

34 violento
35 se... se obstinaba
36 sin esperanza
37 metiéndose
38 Eucharistic bread
39 moneda antigua
40 moneda española
equivalente a 25
centavos
41 se... empezó
42 monedas españolas
equivalentes a
cinco pesetas
43 dowry
44 lo... la ropa que
lleva puesta
45 conjunto de joyas,
ropa, etcétera, que
lleva la novia al
matrimonio
46 Si... Si no está de
acuerdo
47 san... eso de todo
48 ad... al pie de la
letra (latín)
49 lace
50 Relaciones... dos
comentarios sobre
la América del
siglo SVIII
51 monedas de plata
52 moneda antigua
53 terco, obstinado

VOCABULARIO—"La camisa de Margarita"

SUSTANTIVOS

el alfiler	*pin*	el mancebo	*youngster*
el caballero	*gentleman*	la monja	*nun*
el chisme	*gossip*	la muñeca	*doll*
el condorcillo	*little strand*	la novia	*fiancée*
el diablo	*devil*	el orgullo	*pride*
el dote	*dowry*	el precio	*price*
la fortuna	*fortune*	el suegro	*father-in-law*
la hostia	*host*		

VERBOS

desenredar	*to disentangle*
envenenar	*to poison*
heredar	*to inherit*

ADVERBIOS

altivo	*proud*
gallardo	*gallant*
obstinado	*obstinate*

CUESTIONARIO

1. ¿A qué se refiere el título de este cuento?
2. ¿Quién es y cómo es Margarita?
3. ¿Qué espera recibir don Luis de su tío?
4. ¿Dónde conoció don Luis a Margarita?
5. ¿Cómo reaccionó don Raimundo cuando don Luis le pidió la mano de Margarita? ¿Por qué reaccionó así?
6. ¿Por qué se enfermó Margarita?
7. ¿Qué hace don Raimundo al enterarse de la opinión de las curanderas con respecto a Margarita?
8. ¿Cuál fue la condición que puso don Honorato para el casamiento de Margarita y don Luis?
9. ¿Cómo respondió finalmente el padre de Margarita frente a esa condición?

IDENTIFICACIONES

1. limeño
2. «la villa del oso y del madroño»
3. «más orgulloso que los hijos del rey Fruela»
4. don Honorato
5. dote

TEMAS

1. La presentación de los personajes del cuento
2. El tema del amor frente al orgullo
3. La ironía del cuento
4. Los elementos socio-históricos de este ejemplo de las *Tradiciones peruanas*

Ana María Matute

A na María Matute (1926–   ) is a Spanish novelist and short story writer who has in recent years gained international recognition for her stark yet poetic portraits of life in post-civil war Spain. Among her most important novels are Los Abel *(1948),* En esta tierra *(1955), and* Primera Memoria *(1960), for which she won the Premio Nadal, a prestigious Spanish literary award. Her latest works include* La torre vigía *(1971) and* El río *(1973).*

One of the most important features of Matute's work is her ability to explore the world of childhood with unusual sensitivity. It is often through the eyes of young children and adolescents that she evokes vivid portraits of life in rural Spain. Her characters, often estranged and alienated from the society in which they live, can be seen as symbols of the political and intellectual isolation Spain experienced after the civil war.

Pecado de omisión

While both "El árbol de oro" and "Pecado de omisión" deal with the lives of children, they are very different stories. In the latter, Matute treats two of her recurrent themes: solitude and violence. When a village mayor takes in an orphaned distant cousin and then condemns him to the utter solitude of a shepherd's life, the result is a shattering finale of suddenly unleashed violence. As you read the story, look for the psychological elements that precipitate its emotional climax.

Antes de leer

PALABRAS IMPORTANTES Y MODISMOS

acudir a	to go or to come to
a gatas	crawling, on all fours
a la zaga	behind
darse cuenta de	to realize
darse media vuelta	to turn halfway around
de prisa	hurriedly
de un lado para otro	from one place to another
echarse una copa	to have a drink
irse de	to go away to work as
llevarse bien con	to get along with
ni siquiera	not even
ser listo/a	to be smart
soler (ue) + *infinitivo*	to be used to, be in the habit of (*doing something*)

ESTRATEGIAS PARA LEER

Understanding Titles (títulos)

The title of a story is presented out of context for the reader, for it refers to and introduces events that have yet to be read and understood. A title could, as in the case of Edgar Allan Poe's "The Purloined Letter," appear to be completely referential, alluding to an object or perhaps a name that will then prove to be important to the reader. On the other hand, with Matute's "Pecado de omisión" (*"Sin of Omission"*), the meaning of the title could be problematic to decipher. This can be a source of tension, as the reader will want to make sense of the title and, in turn, will want to understand the relationship that is given to exist between title and story. Although it may not be as clearly referential as the title of the famous story by Poe, the title to Ana María Matute's story offers the following implications to the reader: (1) **omisión** clearly suggests a failure to do or include something (whether an object, action, or person); (2) **pecado** is a rather severe and unequivocal judgment of this particular act of **omisión**. The title suggests a failure of tremendous proportions.

Before reading "Pecado de omisión" for the first time, scan the first paragraph and the lines of ensuing dialog, carefully marking any words or phrases that seem to offer an explanation of the title itself. After you have read the entire story, it will prove helpful during your second reading to mark the passages that you feel clarify the title, for the events that unfold will require the reader to reconsider the implications and consequences of the title.

Pecado de omisión

A LOS TRECE años se le murió la madre, que era lo último que le quedaba. Al quedar huérfano[1] ya hacía lo menos tres años que no acudía a la escuela, pues tenía que buscarse el jornal[2] de un lado para otro. Su único pariente era un primo de su padre, llamado Emeterio Ruiz Heredia. Emeterio
5 era el alcalde y tenía una casa de dos pisos asomada a[3] la plaza del pueblo, redonda y rojiza bajo el sol de agosto. Emeterio tenía doscientas cabezas de ganado[4] paciendo por las laderas de Sagrado, y una hija moza, bordeando[5] los veinte, morena, robusta, riente y algo necia. Su mujer, flaca y dura como un chopo, no era de buena lengua[6] y sabía mandar. Emeterio Ruiz no se llevaba bien con aquel primo lejano, y
10 a su viuda, por cumplir, la ayudó buscándole jornales extraordinarios. Luego, al chico, aunque lo recogió una vez huérfano, sin herencia ni oficio, no le miró a derechas.[7] Y como él los de su casa.[8]

La primera noche que Lope durmió en casa de Emeterio lo hizo debajo del granero.[9] Se le dio cena y un vaso de vino. Al otro día, mientras Emeterio se metía la
15 camisa dentro del pantalón, apenas apuntando el sol en el canto de los gallos, le llamó por el hueco de la escalera, espantando a las gallinas que dormían entre los huecos:

—¡Lope!

Lope bajó descalzo,[10] con los ojos pegados de legañas.[11] Estaba poco crecido
20 para sus trece años y tenía la cabeza grande, rapada.[12]

—Te vas de pastor a Sagrado.

Lope buscó las botas y se las calzó. En la cocina, Francisca, la hija, había calentado patatas con pimentón.[13] Lope las engulló[14] de prisa, con la cuchara de aluminio goteando a cada bocado.
25 —Tú ya conoces el oficio. Creo que anduviste una primavera por las lomas[15] de Santa Áurea, con las cabras del Aurelio Bernal.

—Sí, señor.

—No irás solo. Por allí anda Roque el Mediano. Iréis juntos.

—Sí, señor.
30 Francisca le metió una hogaza[16] en el zurrón,[17] un cuartillo de aluminio, sebo de cabra y cecina.[18]

—Andando— dijo Emeterio Ruiz Heredia.

Lope le miró. Lope tenía los ojos negros y redondos, brillantes.

—¿Qué miras? ¡Arreando!
35 Lope salió, zurrón al hombro. Antes, recogió el cayado,[19] grueso y brillante por el uso, que aguardaba, como un perro, apoyado en la pared.

---

[1]*an orphan* [2]*day's wages* [3]*asomada… facing* [4]*livestock* [5]*bordering on* [6]*no… had a sharp tongue* [7]*a… justly* [8]*Y… And neither did his (Ruiz's) family.* [9]*barn* [10]*barefoot* [11]*sleep (secretions of the eye)* [12]*shaven* [13]*ground pepper* [14]*devoured* [15]*hills* [16]*loaf of bread* [17]*shepherd's bag* [18]*un… an aluminum jug, goat suet, and dried beef* [19]*staff*

Source: Ana María Matute, "Pecado de omisión." Reprinted with permission of Ediciones Destino, S.A., Barcelona.

Cuando iba ya trepando por la loma de Sagrado, lo vio don Lorenzo, el maestro. A la tarde, en la taberna, don Lorenzo lió un cigarrillo junto a Emeterio, que fue a echarse una copa de anís.

40 —He visto al Lope— dijo. —Subía para Sagrado. Lástima de chico.

—Sí— dijo Emeterio, limpiándose los labios con el dorso de la mano. —Va de pastor. Ya sabe: hay que ganarse el currusco.[20] La vida está mala. El «esgraciao» del[21] Pericote no le dejó ni una tapia en que apoyarse y reventar.[22]

—Lo malo —dijo don Lorenzo, rascándose la oreja con su uña larga y amari-
45 llenta— es que el chico vale. Si tuviera medios podría sacarse partido de[23] él. Es listo. Muy listo. En la escuela...

Emeterio le cortó, con la mano frente a los ojos:

—¡Bueno, bueno! Yo no digo que no. Pero hay que ganarse el currusco. La vida está peor cada día que pasa.

50 Pidió otra de anís. El maestro dijo que sí, con la cabeza.

Lope llegó a Sagrado, y voceando encontró a Roque el Mediano. Roque era algo retrasado y hacía unos quince años que pastoreaba para Emeterio. Tendría cerca de cincuenta años y no hablaba casi nunca. Durmieron en el mismo chozo de barro, bajo los robles, aprovechando el abrazo de las raíces. En el chozo sólo
55 cabían echados y tenían que entrar a gatas, medio arrastrándose. Pero se estaba fresco en el verano y bastante abrigado en el invierno.

El verano pasó. Luego el otoño y el invierno. Los pastores no bajaban al pueblo, excepto el día de la fiesta. Cada quince días un zagal[24] les subía la «co-
llera»,[25] pan, cecina, sebo, ajos. A veces, una bota de vino. Las cumbres de Sagrado
60 eran hermosas, de un azul profundo, terrible, ciego. El sol, alto y redondo, como una pupila impertérrita,[26] reinaba allí. En la neblina del amanecer, cuando aún no se oía el zumbar de las moscas ni crujido alguno, Lope solía despertar, con la techumbre de barro encima de los ojos. Se quedaba quieto un rato, sintiendo en el costado el cuerpo de Roque el Mediano, como un bulto alentante.[27] Luego, arras-
65 trándose, salía para el cerradero. En el cielo, cruzados como estrellas fugitivas, los gritos se perdían, inútiles y grandes. Sabía Dios hacia qué parte caerían. Como las piedras. Como los años. Un año, dos, cinco.

Cinco años más tarde, una vez, Emeterio le mandó llamar, por el zagal. Hizo reconocer a Lope por el médico, y vio que estaba sano y fuerte, crecido como un
70 árbol.

—¡Vaya roble!— dijo el médico, que era nuevo. Lope enrojeció y no supo qué contestar.

Francisca se había casado y tenía tres hijos pequeños, que jugaban en el portal de la plaza. Un perro se le acercó, con la lengua colgando. Tal vez le recordaba.
75 Entonces vio a Manuel Enríquez, el compañero de la escuela que siempre le iba a la zaga. Manuel vestía un traje gris y llevaba corbata. Pasó a su lado y les saludó con la mano.

Francisca comentó:

—Buena carrera, ése. Su padre lo mandó estudiar y ya va para abogado.
80 Al llegar a la fuente volvió a encontrarlo. De pronto, quiso llamarle. Pero se le quedó el grito detenido, como una bola, en la garganta.

—¡Eh!— dijo solamente. O algo parecido.

Manuel se volvió a mirarle, y le conoció. Parecía mentira: le conoció. Sonreía.

—¡Lope! ¡Hombre, Lope... !

[20]hay... *one has to earn a living* [21]«esgraciao»... *worthless* [22]ni... *not even a fence to lean on and die* [23]sacarse... *make use of* [24]*young shepherd* [25]*provisions* [26]*intrepid* [27]bulto... *breathing mass*

85 ¿Quién podía entender lo que decía? ¡Qué acento tan extraño tienen los hombres, qué raras palabras salen por los oscuros agujeros de sus bocas! Una sangre espesa iba llenándole las venas, mientras oía a Manuel Enríquez.

Manuel abrió una cajita plana,[28] de color de plata, con los cigarrillos más blancos, más perfectos que vio en su vida. Manuel se la tendió, sonriendo.

90 Lope avanzó su mano. Entonces se dio cuenta de que era áspera, gruesa. Como un trozo de cecina. Los dedos no tenían flexibilidad, no hacían el juego. Qué rara mano la de aquel otro: una mano fina, con dedos como gusanos grandes, ágiles, blancos, flexibles. Qué mano aquélla, de color de cera, con las uñas brillantes, pulidas. Qué mano extraña: ni las mujeres la tenían igual. La mano de Lope rebus-

95 có, torpe. Al fin, cogió el cigarrillo, blanco y frágil, extraño, en sus dedos amazacotados:[29] inútil, absurdo, en sus dedos. La sangre de Lope se le detuvo entre las cejas. Tenía una bola de sangre agolpada,[30] quieta, fermentando entre las cejas. Aplastó el cigarrillo con los dedos y se dio media vuelta. No podía detenerse, ni ante la sorpresa de Manuelito, que seguía llamándole:

100 —¡Lope! ¡Lope!

Emeterio estaba sentado en el porche, en mangas de camisa, mirando a sus nietos. Sonreía viendo a su nieto mayor, y descansando de la labor, con la bota de vino al alcance de la mano. Lope fue directo a Emeterio y vio sus ojos interrogantes y grises.

105 —Anda, muchacho, vuelve a Sagrado, que ya es hora...

En la plaza había una piedra cuadrada, rojiza. Una de esas piedras grandes como melones que los muchachos transportan desde alguna pared derruida.[31] Lentamente, Lope la cogió entre sus manos. Emeterio le miraba, reposado, con una leve curiosidad. Tenía la mano derecha metida entre la faja[32] y el estómago. Ni

110 siquiera le dio tiempo de sacarla: el golpe sordo, el salpicar[33] de su propia sangre en el pecho, la muerte y la sorpresa, como dos hermanas, subieron hasta él, así, sin más.

Cuando se lo llevaron esposado,[34] Lope lloraba. Y cuando las mujeres, aullando como lobas, le querían pegar e iban tras él, con los mantos alzados sobre las

115 cabezas, en señal de duelo, de indignación:

«Dios mío, él, que le había recogido. Dios mío, él, que le hizo hombre. Dios mío, se habría muerto de hambre si él no le recoge...» Lope sólo lloraba y decía:

—Sí, sí, sí...

[28] *flat* [29] *rough* [30] *built up* [31] *ruined* [32] *belt* [33] *splashing* [34] *handcuffed*

*D*ESPUÉS DE LEER

CUESTIONARIO

1. ¿Cuántos años tenía Lope cuando se le murió la madre?
2. ¿Con quién se fue a vivir?
3. ¿Dónde durmió la primera noche?
4. ¿Adónde mandó Emeterio Ruiz a su primo?
5. ¿Qué opinó don Lorenzo, el maestro de Lope?
6. ¿Dónde en Sagrado vivían Lope y Roque el Mediano?
7. ¿Cuántos años habían pasado cuando Emeterio le mandó llamar por el zagal?
8. ¿Quién era Manuel Enríquez?
9. ¿De qué se dio cuenta Lope cuando Manuel le ofreció un cigarrillo?
10. ¿Qué hizo Lope al final del cuento?

ESTUDIO DE PALABRAS

Complete las oraciones con palabras o expresiones de **Palabras importantes y modismos.**

1. El chico tenía prisa pero el maestro _____ le dio tiempo de sacar la llave.
2. Emeterio _____ despertarse a las seis de la mañana.
3. Manuel era ese compañero de clase que siempre le iba _____.
4. Lope devoró las patatas _____ con la cuchara.
5. Lope _____ pastor. Ya sabe: hay que ganarse el pan.
6. En la taberna don Lorenzo lió (*to roll*) un cigarrillo junto a Emeterio, que fue a _____ de anís.
7. Hacía cinco años que el chico no _____ la escuela.
8. Ellos no cabían en el chozo (*hut*) y por eso tenían que entrar _____.
9. Emeterio Ruiz no _____ con Lope.
10. Lope _____ para irse.
11. El chico vale; _____.
12. Entonces él _____ que sus manos eran ásperas, gruesas.
13. El huérfano tenía que buscarse empleo _____.

CONSIDERACIONES

1. ¿Cómo se caracteriza a Emeterio Ruiz al principio del relato? Describa también a su familia y las cosas que él posee.
2. Cuando Lope vivía con su madre, ¿por qué no asistía a la escuela?
3. Desde que Lope llega a la casa de Emeterio, la relación entre ellos no es buena. Busque las partes del texto que muestran el modo en que Emeterio trata a Lope.
4. ¿En qué sentido se puede decir que, para Emeterio, Lope no forma parte de la familia de Emeterio? Dé ejemplos.
5. Cuando el maestro don Lorenzo y Emeterio se encuentran en la taberna, hablan de Lope. Los dos tienen opiniones diferentes sobre lo que Lope debe hacer. Explique brevemente estas opiniones.
6. ¿En qué sentido es inmensa la naturaleza que se ve en Sagrado? ¿Qué les pasa a los pastores que se encuentran en Sagrado?
7. El lugar donde viven los pastores en Sagrado muestra la dureza de su vida. ¿Qué adjetivos y expresiones se utilizan en el cuento para describir el chozo de los pastores?
8. Después de pasar cinco años en Sagrado, Lope vuelve al pueblo. ¿Cuáles son las diferencias que se ven en él y en las personas que antes conocía?
9. ¿A qué se refiere el título?
10. ¿Qué adjetivos se utilizan en el cuento para describir la mano de Manuel Enríquez? Observe también cómo se describe la mano de Lope. ¿Qué trata de subrayar la autora por medio de esa comparación?

ANÁLISIS DEL TEXTO

1. Caracterice el tono evocado por la autora en los primeros párrafos del cuento. ¿Cree Ud. que es serio, poético, hiperbólico, etcétera?
2. ¿Cuál es el punto de vista narrativo predominante en este cuento?
3. Caracterice el estilo que Matute emplea en este cuento. ¿Es difícil, directo, sencillo, etcétera?

4. ¿Dónde se encuentra el clímax emocional de este cuento?
5. En líneas generales, ¿cómo son los personajes de este cuento?
6. ¿Se nota la influencia de la Biblia en este cuento?

PERSPECTIVA PERSONAL

1. ¿Por qué cree Ud. que Lope mató a Emeterio Ruiz?
2. ¿Cree Ud. que se puede justificar la muerte de Emeterio Ruiz?
3. ¿Qué hubiera hecho Ud. en las mismas circunstancias?

BIBLIOGRAFÍA

Díaz, Janet W. *Ana María Matute*. New York: Twayne Publishers, 1971.

Jones, Margaret E. W. *The Literary World of Ana María Matute*. Lexington: University of Kentucky, 1970.

VOCABULARIO—"Pecado de omisión"

SUSTANTIVOS

el alcalde	*mayor*
el cayado	*staff*
el cigarrillo	*cigarette*
el chozo	*hut*
el ganado	*livestock*
el golpe	*blow*
el huérfano	*orphan*
el oficio	*trade, job*
el pastor	*shepherd*
el pecado	*sin*

VERBOS

enrojecer (zc)	*to blush*
espantar	*to frighten*
recoger	*to take in; to gather*
trepar	*to climb*

ADJETIVOS

áspero(a)	*rough*
abrigado(a)	*protected, warm*
descalzo(a)	*barefoot*
echado(a)	*stretched out*
esposado(a)	*handcuffed*
grueso(a)	*thick*
necio(a)	*stupid*
retrasado(a)	*backward*
riente	*smiling*

La Tísica

The works of Javier de Viana (1868–1926) are an excellent example of Latin American Realism/Naturalism. Viana was raised on a ranch in rural Uruguay. He studied medicine in the capital city, Montevideo, then entered politics briefly, and ultimately became a journalist, earning his livelihood through writing. Viana's early experience in rural Uruguay was to become the touchstone for most of his work. In contrast to the earlier Romantic writers, who had exalted provincial and rural life and had ennobled Latin America's indigenous populations, Viana saw in the rural gaucho a throwback to primitive man. Echoing the ideology developed by Domingo Faustino Sarmiento (1811–1888) in his famous *Civilización y barbarie: Vida de Juan Facundo Quiroga* (1845), Viana described rural life as an essentially destructive, negative force in Latin American society.

Writing as he did for newspapers and pulp magazines, Viana's output was prodigious but often marred by a tone of excessive pessimism and by imperfections in style. His short pieces appeared in three principal collections: *Campo* (1898), *Leña seca* (1911), and *Yuyos* (1912). He also wrote novels. One in particular, *Gaucha* (1899), a brutal tale of rape and repression in the provinces, has been widely read.

The story included here shows Viana's interest in both the description of local customs and the relationship between physical disease and behavior—two classic characteristics of Realism and Naturalism. This short tale of the love of a young doctor for a young woman suffering from tuberculosis, "La Tísica," builds gradually to a dramatic conclusion. As you read the story, pay special attention to the way in which others treat **"La Tísica"** and to the possible implications such treatment could have on her personality and behavior.

Antes de leer

Palabras importantes y modismos

a fin de que	so that
a la vez	at the same time
al cabo de	after
andar + *gerundio*	to keep (*doing something*)
arrepentirse (ie) de	to regret
a un tiempo	at the same time
dirigirle la palabra a alguien	to speak to someone
el ocio	leisure
para que	so that
tenerle miedo a alguien	to be afraid of someone
la venganza	revenge

La Tísica[1]

 YO LA QUERÍA, la quería mucho a mi princesita gaucha, de rostro color de trigo, de ojos color de pena,[2] de labios color de pitanga marchita.[3]

---

[1] *Person afflicted with tuberculosis* [2] color... *sorrowful-looking* [3] pitanga... *faded cherry*

Tenía una cara pequeña, pequeña y afilada como la de un cuzco;[4] era toda

5   pequeña y humilde. Bajo el batón de percal,[5] su cuerpo de virgen apenas acusaba curvas ligerísimas: un pobre cuerpo de chicuela anémica. Sus pies aparecían diminutos, aun dentro de las burdas alpargatas;[6] sus manos desaparecían en el exceso de manga de la tosca[7] camiseta de algodón.

A veces, cuando se levantaba a ordeñar,[8] en las madrugadas crudas, tosía.

10 Sobre todo, tosía cuando se enojaba haciendo inútiles esfuerzos para separar de la ubre[9] el ternero[10] grande, en el «apoyo».[11] Era la tisis que andaba rondando[12] sobre sus pulmoncitos indefensos. Todavía no era tísica. Médico yo, lo había constatado.[13]

Hablaba raras veces y con una voz extremadamente dulce. Los peones[14] no le

15 dirigían la palabra sino para ofenderla y empurpurarla[15] con alguna obscenidad repulsiva. Los patrones mismos —buenas gentes, sin embargo— la estimaban poco, considerándola máquina animal de escaso rendimiento.

Para todos era «La Tísica».

Era linda, pero su belleza enfermiza, sin los atributos incitantes de la mujer, no

20 despertaba codicias.[16] Y las gentes de la estancia, brutales, casi la odiaban por eso: el yaribá, el caraguatá, todas esas plantas que dan frutos incomestibles, estaban en su caso.[17]

Ella conocía tal inquina[18] y, lejos de ofenderse, pagaba con un jarro de «apoyo» a quien más cruelmente la había herido. Ante los insultos y las ofensas no tenía más

25 venganza que la mirada tristísima de sus ojos, muy grandes, de pupilas muy negras, nadando en unas córneas de un blanco azulado que le servían de marco admirable. Jamás había una lágrima en esos ojos que parecían llorar siempre.

Exponiéndose a un rezongo[19] de la patrona, ella apartaba la olla del fuego para que calentase una caldera para el mate[20] amargo el peón recién venido del campo;

30 o distraía brasas al asado a fin de que otro tostase un choclo[21]... ¡Y no la querían los peones!

—La Tísica tiene más veneno que un alacrán[22] —oí decir a uno. Y a otro que salía envolviendo en el poncho el primer pan del amasijo,[23] que ella le había alcanzado a hurtadillas:[24]

35 —La Tísica se parece al camaleón: es el animal más chiquito y más peligroso.

A estas injusticias de los hombres se unían otras injusticias del destino para amargar la existencia de la pobre chicuela. Llevada de su buen corazón, recogía pichones de «benteveo» y de «pirincho» y hasta «horneros» a quienes los chicos habían destruido sus palacios de barro.[25] Con santa paciencia los atendía en sus

40 escasos momentos de ocio; y todos los pájaros morían, más tarde o más temprano, no se sabe por qué extraño maleficio.[26]

Cuidaba los corderos guachos[27] que crecían, engordaban y se presentaban rozagantes[28] para aparecer una mañana muertos, la panza hinchada, las patas rígidas.

45 Una vez pude presenciar esta escena.

Anochecía. Se había carneado[29] tarde. Media res de capón asábase[30] apresuradamente al calor de una leña verde que se «emperraba»[31] sin hacer brasas. Llega un peón:

---

[4]*small dog* [5]*batón... percale (cotton) robe* [6]*burdas... crude hemp sandals* [7]*coarse* [8]*milk* [9]*udder* [10]*calf* [11]*first rich milk taken from a cow* [12]*hovering* [13]*verified* [14]*laborers, workers* [15]*embarrass her* [16]*desire* [17]*estaban... were just like her (i.e., asexual)* [18]*hatred* [19]*Exponiéndose... Risking the griping* [20]*Argentine tea* [21]*distraía... she would get red-hot coals for the barbecue so that others might toast their ears of corn* [22]*scorpion* [23]*kneading* [24]*le... she had secretly acquired for him* [25]*Llevada... Out of the goodness of her heart, she would gather together the benteveo, pirincho, and even the* homero *birds, whose dirt palaces the children had destroyed.* [26]*curse* [27]*corderos... orphaned lambs* [28]*splendid-looking* [29]*slaughtered* [30]*Media... Half a side of beef was roasting* [31]*se... was smoldering*

—¡Hágame un lugarcito para la caldera![32]

50 —¿Pero no ve que no hay fuego?

—¡Un pedacito!

—¡Bueno, traiga, aunque después me llueva un aguacero de retos[33] de la patrona!

Se sacrifican algunos tizones.[34] El agua comienza a hervir en la pava.[35] La Tísica,

55 tosiendo, ahogada[36] por el humo de la leña verde, se inclina para cogerla. El peón la detiene.

—Deje —dice —, no se acerque.[37]

—¿No me acerque?... ¿por qué, Sebastián? —balbucea la infeliz, lagrimeando.[38]

—Porque... sabe... para ofensa no es... pero... ¡le tengo miedo cuando se

60 arrima![39]...

—¿Me tiene miedo a mí?...

—¡Más miedo que al cielo cuando refucila![40]...

El peón tomó la caldera y se fue sin volver la vista. Yo entré en ese momento y vi a la chicuela muy afanada[41] en el cuidado del costillar,[42] el rostro inmutable,

65 siempre la misma palidez en sus mejillas, siempre idéntica tristeza en sus enormes ojos negros, pero sin una lágrima, sin otra manifestación de pena que la que diariamente reflejaba su semblante.[43]

—¿La hacen sufrir mucho, mi princesita? —dije por decir algo y tratando de ocultar mi indignación.

70 Ella rió, con una risa incolora, fría, mala, a fuerza de ser buena, y dijo con incomparable dulzura:

—No, señor. Ellos son así, pero son buenos... Y después... para mí to...

Un acceso de tos le cortó la palabra.

Yo no pude contenerme. Corrí. La sostuve[44] en mis brazos entre los cuales se

75 estremecía[45] su cuerpecito, mientras sus ojos, sus ojos de crepúsculo[46] de invierno, sus ojos áridos inmensamente negros, se fijaban en los míos con extraña expresión, con una expresión que no era de agradecimiento, ni de simpatía, ni de cariño. Aquella mirada me desconcertó por completo. Era la misma mirada, la misma, de una víbora de la Cruz[47] con la cual, en circunstancia inolvidable, me encontré

80 frente a frente cierta vez.

Helado de espanto, abrí los brazos. Y antes que me arrepintiese de mi acción cobarde, cuando creía ver a la Tísica tumbada,[48] falta de mi apoyo, la contemplé muy firme, muy segura, arrimando tranquilamente brasas al asado, siempre pálida, siempre serena, la misma tristeza resignada en el fondo de sus pupilas sombrías.

85 Turbado en extremo, sin saber qué hacer, sin saber qué decir, abandoné la cocina, salí al patio y en el patio encontré al peón de la caldera que me dijo respetuosamente:

—Vaya con cuidado, doctor. Yo le tengo mucho miedo a las víboras; pero, caso obligado,[49] preferiría acostarme a dormir con una víbora crucera y no con la Tísica.

90 Intrigado[50] e indignado a un tiempo lo tomé por un brazo, lo zamarreé[51] gritando:

—¿Que sabe usted?

Él, muy tranquilo, me respondió:

—No sé nada. Nadie sabe nada. Colijo.[52]

95 —¡Pero es una infamia presumir de ese modo! —respondí con violencia.

—¿Qué ha hecho esta pobre muchacha para que la traten así, para que la supon-

---

[32]¡Hágame... *Make some room for the kettle!* [33]aguacero... *shower of reprimands* [34]*half-burned pieces of wood* [35]*kettle* [36]*choked* [37]*no... don't come near* [38]balbucea... *the unfortunate girl stammered tearfully* [39]se... *you come near* [40]*it lightnings* [41]*zealous* [42]*ribs* [43]*face* [44]*I held* [45]*se... trembled* [46]*dusk* [47]víbora... *extremely poisonous viper (snake)* [48]*fallen down* [49]*caso... if I had to choose* [50]*Puzzled* [51]*I shook* [52]*I deduce.*

gan capaz de malas acciones, cuando toda ella es bondad, cuando no hace otra cosa que pagar con bondades las ofensas que ustedes le infieren a diario?

100 —Oiga, don... Decir una cosa de la Tísica, yo no puedo decir. Tampoco puedo decir que el camaleón mata picando,[53] porque no lo he visto picar a nadie... Puede ser, puede ser, pero le tengo miedo... Y a la Tísica es lo mismo... Yo le tengo miedo, todos le tenemos miedo... Mire, doctor: a esos bichos chiquitos como el alacrán, como la mosca mala, hay que tenerles miedo...

Calló el paisano. Yo nada repliqué.

105 Pocos días después partí de la estancia y al cabo de cuatro o cinco meses leí de un diario este breve despacho telegráfico:

«En la estancia X... han perecido,[54] envenenados[55] con pasteles que contenían arsénico, el dueño Z... , su esposa, su hija, el capataz y toda la servidumbre, excepto una peona conocida por el sobrenombre de la Tísica.»

[53]*by stinging* [54]*perished* [55]*poisoned*

$\mathcal{D}$espués de leer

Cuestionario

1. ¿De qué enfermedad padece la protagonista del cuento?
2. ¿Qué aspecto físico tiene la Tísica?
3. ¿Qué trabajos hace ella?
4. ¿Por qué la gente odia tanto a la Tísica?
5. ¿Por que el peón de la caldera no quiere que la Tísica se acerque?
6. ¿Por qué se asusta el médico cuando sostiene a la Tísica en sus brazos?
7. ¿Qué advertencia le hace el peón de la caldera al médico?
8. ¿Quiénes mueren al final del cuento? ¿Cómo mueren?

Estudio de palabras

Complete las oraciones con palabras o expresiones de **Palabras importantes y modismos.**

1. Los peones no le _____ sino para ofenderla y empurpurarla con alguna obscenidad repulsiva.
2. Ante los insultos y las ofensas no tenía más _____ que la mirada tristísima de sus ojos.
3. Era la tisis que _____ rondando sobre sus pulmoncitos indefensos.
4. Con santa paciencia los atendía en sus escasos momentos de _____
5. —No se acerque.
   —¿No me acerque?... ¿Por qué, Sebastián?
   —Porque yo le _____ cuando se acerca.
6. Helado de espanto, abrí los brazos. Y antes que me _____ de mi acción cobarde, la contemplé muy firme, muy segura.
7. Intrigado e indignado _____ lo tomé por un brazo y le grité: —¿Qué sabe usted?
8. Pocos días después partí de la estancia y _____ cuatro o cinco meses leí de un diario un breve despacho telegráfico.

CONSIDERACIONES

1. ¿Qué palabras (adjetivos, sustantivos, adverbios, etcétera) usa el autor de «La Tísica» para dar énfasis a la idea naturalista de que una persona «mala» del cuerpo (un cuerpo enfermo) también será «mala» del alma (su carácter y sus acciones)?
2. Busque elementos que justifican la acción de la Tísica al final del cuento.
3. En la introducción dice que Viana vio al gaucho uruguayo como un atavismo, algo parecido al hombre primitivo. Trate de justificar esta observación con una descripción de los personajes presentados en «La Tísica».

ANÁLISIS DE TEXTO

1. ¿Qué anécdotas del cuento prefiguran el desenlace?
2. ¿Con qué animales o bichos se compara a la Tísica? ¿Cómo contribuyen esas comparaciones al cuento?
3. ¿En qué momento del cuento empieza a cambiar la actitud del médico hacia la Tísica?
4. Simbólicamente, ¿qué representan la víbora y el camaleón?

PERSPECTIVA PERSONAL

1. ¿Qué sabe Ud. de los gauchos de Argentina y Uruguay?
2. ¿Qué opina Ud. de la idea naturalista de que las circunstancias de la vida de una persona determinan cómo será esta persona? Justifique sus ideas.

BIBLIOGRAFÍA

Garganigo, John F. *Javier de Viana*. New York: Twayne Publishers Inc., 1972. See especially 84–87.

VOCABULARIO—"La tísica"

SUSTANTIVOS

el alacrán	*scorpion*
el arsénico	*arsenic*
el bicho	*bug; beast*
la caldera	*kettle*
el camaleón	*chameleon*
el cordero	*lamb*
la estancia	*ranch*
el gaucho	*Argentine cowboy*
el mate	*Argentine tea*
la mirada	*look*
el peón	*laborer*
el pulmón	*lung*
el sobrenombre	*nickname*
la tisis	*tuberculosis, consumption*
el veneno	*venom, poison*
la víbora	*viper*

VERBOS

constatar	*to verify*
odiar	*to hate*
ofender	*to offend*
perecer (zc)	*to perish, die*
picar	*to sting, bite*
toser	*to cough*

ADJETIVOS

envenenado(a)	*poisoned*
tísico(a)	*consumptive, having tuberculosis*

Espuma y nada más

One of the masters of Latin American short fiction, Hernando Téllez (1908–1966) was born in Bogotá, Colombia. In the course of a distinguished career as a writer, journalist, and diplomat, he spent three years in the Colombian embassy in Marseilles, France, and also served as a senator. His career as a creative writer began rather late: in 1950, he published his first collection of stories, titled *Cenizas para el viento y otras historias*. In his essays as well as in his short stories, Téllez revealed a profound interest in the destiny of Latin America. In his essay "La novela en Latinoamérica," he indicated that the short story writer should turn from description of the landscape to the study of human psychology.

The story anthologized here has become a classic of Latin American literature and to some extent served as a prototype for another well-known story, Gabriel García Márquez's "Un día de éstos." "Espuma y nada más" takes as its background the civil war—"La Violencia"—that began in Colombia in 1948 and extended well into the 1960s, when the country was divided into two warring factions: the conservatives and the liberals. In this tale, a barber who is a member of a liberal guerrilla band finds himself having to shave the soldier responsible for the death of many of his fellow partisans. Téllez masterfully captures the reader's attention in this cat-and-mouse game, which comes to a dramatic conclusion. "Espuma y nada más" is told almost entirely in the words of the barber and is a story not merely about war but about human psychology as well.

Antes de leer

PALABRAS IMPORTANTES Y MODISMOS

cuidar de	to make sure
cumplir con	to carry out
de buena gana	with pleasure
dejar caer (algo)	to drop (*something*)
el dorso	back side
echarse para atrás	to lean back
palparse	to feel
ponerse a + *infinitivo*	to begin to (*do something*)
quedarle bien a alguien	to suit someone, look good on someone

Espuma y nada más

NO SALUDÓ AL entrar. Yo estaba repasando sobre una badana la mejor de mis navajas.[1] Y cuando lo reconocí me puse a temblar. Pero él no se dio cuenta. Para disimular continué repasando la hoja.[2] La probé luego sobre la yema del dedo gordo[3] y volví a mirarla contra la luz. En ese instante se
5   quitaba el cinturón ribeteado de balas de donde pendía la funda de la pistola.[4] Lo colgó de uno de los clavos del ropero y encima colocó el kepis.[5] Volvió completamente el cuerpo para hablarme y, deshaciendo el nudo[6] de la corbata, me dijo:

---

[1]Yo... *I was sharpening my best razor on a leather strap.* [2]*blade* [3]yema... *tip of my thumb*
[4]cinturón... *bullet-filled belt from which his holster was dangling* [5]*military cap* [6]*knot*

«Hace un calor de todos los demonios. Aféiteme». Y se sentó en la silla. Le calculé cuatro días de barba. Los cuatro días de la última excursión en busca de los nues-
10 tros. El rostro aparecía quemado, curtido[7] por el sol. Me puse a preparar minucio-
samente el jabón. Corté unas rebanadas de la pasta,[8] dejándolas caer en el reci-
piente, mezclé un poco de agua tibia y con la brocha empecé a revolver. Pronto subió la espuma.[9] «Los muchachos de la tropa deben tener tanta barba como yo.» Seguí batiendo[10] la espuma. «Pero nos fue bien, ¿sabe? Pescamos a los princi-
15 pales.[11] Unos vienen muertos y otros todavía viven. Pero pronto estarán todos muertos.» «¿Cuántos cogieron?» pregunté. «Catorce. Tuvimos que internarnos bas-
tante para dar con ellos.[12] Pero ya la están pagando. Y no se salvará ni uno, ni uno.» Se echó para atrás en la silla al verme con la brocha en la mano, rebosante de espuma. Faltaba ponerle la sábana. Ciertamente yo estaba aturdido.[13] Extraje del
20 cajón una sábana y la anudé al cuello de mi cliente. Él no cesaba de hablar. Suponía que yo era uno de los partidarios del orden. «El pueblo habrá escarmentado con lo del otro día»,[14] dijo. «Sí», repuse mientras concluía de hacer el nudo sobre la oscura nuca, olorosa a sudor.[15] «¿Estuvo bueno, verdad?» «Muy bueno», contesté mientras regresaba a la brocha. El hombre cerró los ojos con un gesto de fatiga y esperó así
25 la fresca caricia[16] del jabón. Jamás lo había tenido tan cerca de mí. El día en que ordenó que el pueblo desfilara[17] por el patio de la Escuela para ver a los cuatro rebeldes allí colgados,[18] me crucé con él un instante. Pero el espectáculo de los cuerpos mutilados me impedía fijarme en el rostro del hombre que lo dirigía todo y que ahora iba a tomar en mis manos. No era un rostro desagradable, ciertamente. Y
30 la barba, envejeciéndolo un poco, no le caía mal.[19] Se llamaba Torres. El capitán Torres. Un hombre con imaginación, porque ¿a quién se le había ocurrido antes colgar a los rebeldes desnudos y luego ensayar sobre determinados sitios del cuerpo una mutilación a bala?[20] Empecé a extender la primera capa[21] de jabón. Él seguía con los ojos cerrados. «De buena gana me iría a dormir un poco», dijo, «pero
35 esta tarde hay mucho que hacer.» Retiré la brocha y pregunté con aire falsamente desinteresado: «¿Fusilamiento?» «Algo por el estilo, pero más lento», respondió. «¿Todos?» «No. Unos cuantos apenas.» Reanudé[22] de nuevo la tarea de enjabonarle la barba. Otra vez me temblaban las manos. El hombre no podía darse cuenta de ello y ésa era mi ventaja. Pero yo hubiera querido que él no viniera. Probablemente
40 muchos de los nuestros lo habrían visto entrar. Y el enemigo en la casa impone condiciones. Yo tendría que afeitar esa barba como cualquiera[23] otra, con cuidado, con esmero,[24] como la de un buen parroquiano,[25] cuidando de que ni por un solo poro fuese a brotar una gota de sangre.[26] Cuidando de que en los pequeños remo-
linos[27] no se desviara[28] la hoja. Cuidando de que la piel quedara limpia, templada,
45 pulida,[29] y de que al pasar el dorso de mi mano por ella, sintiera la superficie sin un pelo. Sí. Yo era un revolucionario clandestino, pero era también un barbero de conciencia, orgulloso de la pulcritud[30] en su oficio. Y esa barba de cuatro días se prestaba para una buena faena.[31]

Tomé la navaja, levanté en ángulo oblicuo las dos cachas,[32] dejé libre la hoja y
50 empecé la tarea, de una de las patillas[33] hacia abajo. La hoja respondía a la perfec-
ción. El pelo se presentaba indócil y duro, no muy crecido, pero compacto. La piel iba apareciendo poco a poco. Sonaba la hoja con su ruido característico, y sobre

---

[7]*tanned* [8]*rebanadas... slivers of the bar* [9]*lather* [10]*beating* [11]*Pescamos... We caught the lead-*
ers. [12]*Tuvimos... We had to go into the woods to find them.* [13]*upset* [14]*habrá... must have learned a*
lesson from what we did the other day [15]*oscura... dark nape, reeking of sweat* [16]*caress*
[17]*march* [18]*hung* [19]*no... looked good on him* [20]*ensayar... taking target practice on specific parts of*
their bodies [21]*layer* [22]*I resumed* [23]*any* [24]*skill* [25]*customer* [26]*ni... not a drop of blood gushed*
from a single pore [27]*swirls* [28]*se... swerve* [29]*templada... soft, smooth* [30]*perfection* [31]*se... lent*
itself to a fine job [32]*levanté... I raised the handle* [33]*sideburns*

ella crecían los grumos de jabón mezclados con trocitos de pelo.[34] Hice una pausa para limpiarla, tomé la badana de nuevo y me puse a asentar el acero,[35] porque yo
55 soy un barbero que hace bien sus cosas. El hombre que había mantenido los ojos cerrados, los abrió, sacó una de las manos por encima de la sábana, se palpó la zona del rostro que empezaba a quedar libre de jabón, y me dijo: «Venga usted a las seis, esta tarde, a la Escuela.» «¿Lo mismo del otro día?» le pregunté horrorizado. «Puede que resulte mejor», respondió. «¿Qué piensa usted hacer?» «No sé todavía.
60 Pero nos divertiremos.» Otra vez se echó hacia atrás y cerró los ojos. Yo me acer- qué con la navaja en alto. «¿Piensa castigarlos a todos?», aventuré tímidamente. «A todos.» El jabón se secaba sobre la cara. Debía apresurarme. Por el espejo, miré hacia la calle. Lo mismo de siempre: la tienda de víveres[36] y en ella dos o tres compradores. Luego miré el reloj: las dos y veinte de la tarde. La navaja seguía
65 descendiendo. Ahora de la otra patilla hacia abajo. Una barba azul, cerrada.[37] Debía dejársela crecer como algunos poetas o como algunos sacerdotes. Le que- daría bien. Muchos no lo reconocerían. Y mejor para él, pensé, mientras trataba de pulir[38] suavemente todo el sector del cuello. Porque allí sí que debía manejar con habilidad la hoja, pues el pelo, aunque en agraz, se enredaba en pequeños remo-
70 linos.[39] Una barba crespa. Los poros podían abrirse, diminutos, y soltar su perla de sangre. Un buen barbero como yo finca su orgullo[40] en que eso no ocurra a ningún cliente. Y éste era un cliente de calidad. ¿A cuántos de los nuestros había ordenado matar? ¿A cuántos de los nuestros había ordenado que los mutilaran?... Mejor no pensarlo. Torres no sabía que yo era su enemigo. No lo sabía él ni lo sabían los
75 demás. Se trataba de un secreto entre muy pocos, precisamente para que yo pu- diese informar a los revolucionarios de lo que Torres estaba haciendo en el pueblo y de lo que proyectaba hacer cada vez que emprendía[41] una excursión para cazar revolucionarios. Iba a ser, pues, muy difícil explicar que yo lo tuve entre mis manos y lo dejé ir tranquilamente, vivo y afeitado.
80   La barba le había desaparecido casi completamente. Parecía más joven, con menos años de los que llevaba a cuestas[42] cuando entró. Yo supongo que eso ocurre siempre con los hombres que entran y salen de las peluquerías.[43] Bajo el golpe de mi navaja Torres rejuvenecía,[44] sí, porque yo soy un buen barbero, el mejor de esté pueblo, lo digo sin vanidad. Un poco más de jabón, aquí, bajo la
85 barbilla, sobre la manzana, sobre esta gran vena.[45] ¡Qué calor! Torres debe estar sudando como yo. Pero él no tiene miedo. Es un hombre sereno que ni siquiera piensa en lo que ha de hacer esta tarde con los prisioneros. En cambio yo, con esta navaja entre las manos, puliendo y puliendo esta piel, evitando[46] que brote sangre de estos poros, cuidando todo golpe, no puedo pensar serenamente. Maldita[47] la
90 hora en que vino, porque yo soy un revolucionario pero no soy un asesino.[48] Y tan fácil como resultaría matarlo. Y lo merece. ¿Lo merece? No, ¡qué diablos! Nadie merece que los demás hagan el sacrificio de convertirse en asesinos. ¿Qué se gana con ello? Pues nada. Vienen otros y otros y los primeros matan a los segundos y éstos a los terceros y siguen y siguen hasta que todo es un mar de sangre. Yo podría
95 cortar este cuello, así, ¡zas! ¡zas! ¡No le daría tiempo de quejarse y como tiene los ojos cerrados no vería ni el brillo[49] de la navaja ni el brillo de mis ojos. Pero estoy temblando como un verdadero asesino. De ese cuello brotaría un chorro de sangre sobre la sábana, sobre la silla, sobre mis manos, sobre el suelo. Tendría que cerrar la puerta. Y la sangre seguiría corriendo por el piso, tibia, imborrable,[50] inconteni-

[34]grumos... *blobs of soap mixed with particles of hair* [35]asentar... *sharpen the blade* [36]*groceries* [37]*thick* [38]*shave* [39]en agraz... *quite short, was tangled in little swirls* [40]finca... *prides himself* [41]*he undertook* [42]con... *looking younger than he had seemed* [43]*barbershops* [44]*grew younger* [45]bajo... *under his chin, above his Adam's apple, over this main vein* [46]*preventing* [47]*Cursed* [48]*murderer* [49]*flash* [50]*indelible*

100 ble, hasta la calle, como un pequeño arroyo escarlata. Estoy seguro de que un golpe fuerte, una honda incisión, le evitaría todo dolor. No sufriría. ¿Y qué hacer con el cuerpo? ¿Dónde ocultarlo? Yo tendría que huir,[51] dejar estas cosas, refugiarme lejos, bien lejos. Pero me perseguirían hasta dar conmigo.[52] «El asesino del Capitán Torres. Lo degolló mientras le afeitaba la barba. Una cobardía.» Y por otro

105 lado: «El vengador de los nuestros. Un nombre para recordar (aquí mi nombre). Era el barbero del pueblo. Nadie sabía que él defendía nuestra causa... » ¿Y qué? ¿Asesino o héroe? Del filo de esta navaja depende mi destino. Puedo inclinar un poco más la mano, apoyar un poco más la hoja, y hundirla.[53] La piel cederá como la seda, como el caucho, como la badana.[54] No hay nada más tierno que la piel del hombre

110 y la sangre siempre está ahí, lista a brotar. Una navaja como ésta no traiciona. Es la mejor de mis navajas. Pero yo no quiero ser un asesino, no señor. Usted vino para que yo lo afeitara. Y yo cumplo honradamente con mi trabajo... No quiero mancharme[55] de sangre. De espuma y nada más. Usted es un verdugo[56] y yo no soy más que un barbero. Y cada cual en su puesto. Eso es. Cada cual en su puesto.

115 La barba había quedado limpia, pulida y templada. El hombre se incorporó[57] para mirarse en el espejo. Se pasó las manos por la piel y la sintió fresca y nuevecita.

«Gracias», dijo. Se dirigió al ropero en busca del cinturón, de la pistola y del kepis. Yo debía estar muy pálido y sentía la camisa empapada.[58] Torres concluyó

120 de ajustar la hebilla,[59] rectificó la posición de la pistola en la funda y, luego de alisarse maquinalmente los cabellos,[60] se puso el kepis. Del bolsillo del pantalón extrajo unas monedas para pagarme el importe[61] del servicio. Y empezó a caminar hacia la puerta. En el umbral[62] se detuvo un segundo y volviéndose me dijo:

«Me habían dicho que usted me mataría. Vine para comprobarlo.[63] Pero matar

125 no es fácil. Yo sé por qué se lo digo.» Y siguió calle abajo.[64]

[51]*flee* [52]*hasta... until they found me* [53]*plunge it in* [54]*cederá... will give way like silk, like rubber, like sheepskin* [55]*to stain myself* [56]*executioner* [57]*se... stood up* [58]*soaked* [59]*buckle* [60]*alisarse... mechanically smoothing out his hair* [61]*bill* [62]*doorway* [63]*verify it* [64]*calle... down the street*

𝒟ESPUÉS DE LEER

CUESTIONARIO

1. ¿Cuál es la ocupación del narrador?
2. ¿Quién entra en la barbería? ¿Qué quiere?
3. ¿Por qué está aturdido el barbero?
4. ¿Por qué dice que Torres es un hombre con imaginación?
5. ¿En qué lado del conflicto está el barbero?
6. ¿Cómo imagina el barbero que puede asesinar a Torres?
7. ¿Por qué motivos no aprovecha la oportunidad de matar al capitán?
8. ¿Qué dice el capitán al final?

ESTUDIO DE PALABRAS

Complete las oraciones con palabras o expresiones de **Palabras importantes y modismos.**

1. Se sentó en la silla y yo _____ a preparar el jabón.
2. Corté unas rebanadas de la pasta y las _____ en el recipiente.
3. Él _____ en la silla al verme con la brocha en la mano.
4. «_____ me iría a dormir un poco», dijo, «pero esta tarde hay mucho que hacer.»

5. Debía dejarse la barba crecer como algunos poetas porque le _____.
6. Pasé _____ de mi mano por la piel para sentir la superficie sin un pelo.
7. El hombre sacó una de las manos por encima de la sábana y _____ la zona del rostro que empezaba a quedar libre de jabón.
8. Usted vino para que yo lo afeitara y yo _____ mi trabajo.

CONSIDERACIONES

1. Describa detalladamente la reacción del barbero al ver entrar al capitán Torres. ¿Cómo se describe a sí mismo el barbero? ¿Cómo describe a Torres? Contraste el carácter y la psicología de los dos hombres.
2. Haga una comparación del aspecto físico de los dos protagonistas: su ropa, su pelo, su complexión, etcétera.
3. ¿Qué pensamientos se mezclan en la mente del barbero mientras afeita a Torres?
4. Describa lo que le pasaría al barbero si asesinara al capitán.
5. ¿Es cobarde el barbero? Diga por qué cree que es o que no es.
6. ¿Por qué vino el capitán a la barbería? Describa su actitud al final de la historia.

ANÁLISIS DEL TEXTO

1. ¿Cuál es el tema principal de este cuento?
2. ¿Cómo logra el narrador crear y mantener un ambiente de tensión a lo largo de la narración?
3. Busque referencias a los colores blanco y rojo. ¿Qué simbolizan?
4. ¿Cómo interpreta Ud. la frase «Nadie merece que los demás hagan el sacrificio de convertirse en asesinos»?
5. El final del cuento es paradójico, porque el asesino Torres parece tener las cualidades de un héroe y el barbero, aparece como un cobarde, débil y sin carácter. ¿Qué opina Ud. de esta interpretación del cuento? ¿Está de acuerdo o no? Diga por qué.

PERSPECTIVA PERSONAL

1. ¿Qué sabe Ud. de las guerras civiles en Colombia? ¿Cómo es la situación política en Colombia hoy en día?
2. ¿Ud. cree que todos los seres humanos son capaces de matar a otros en ciertas condiciones?
3. ¿Ud. se considera capaz de matar a otra persona? ¿En qué circunstancias? Si Ud. fuera el barbero, ¿habría matado al capitán Torres?

BIBLIOGRAFÍA

Semilla, María Angélica. "El desafío de la ambigüedad." *El realismo mágico en el cuento hispanoamericano.* Tlahuapan, México: Premiá, 1985.

VOCABULARIO—*"Espuma y nada más"*

SUSTANTIVOS

el asesino	*murderer*
la bala	*bullet*
la barba	*beard; chin*
el barbero	*barber*
el cinturón	*belt*
la cobardía	*cowardice*
el cuello	*neck*
el enemigo	*enemy*
la espuma	*foam*
el jabón	*soap*
la mutilación	*mutilation*
la navaja	*razor*
el orgullo	*pride*
el partidario	*supporter*
el pelo	*hair*
la peluquería	*barber shop*
la pistola	*pistol*
el rebelde	*rebel*
el verdugo	*executioner*

VERBOS

afeitar(se)	*to shave*
brotar	*to burst forth*
castigar	*to punish*
colgar (ue)	*to hang*
comprobar (ue)	*to verify, prove*
convertirse (ie) en	*to become*
cortar	*to cut*
desfilar	*to march by, parade*
huir (huyo, etc.)	*to flee*
manchar	*to stain*
mutilar	*to mutilate*
perseguir (i)	*to pursue*
temblar (ie)	*to tremble*

ADJETIVOS

clandestino(a)	*clandestine*
horrorizado(a)	*horrified*
mutilado(a)	*mutilated*
orgulloso(a)	*proud*
vengador(a)	*avenging*

Emma Zunz

Jorge Luis Borges (1899–1986) was born into an illustrious Buenos Aires family. His early education was influenced by his English-born grandmother, who instilled in him a love of the English language and culture that remained with him throughout the years. In 1914 the Borges family moved to Geneva, Switzerland, where Jorge Luis broadened the scope of his education, studying the French Symbolist poets, the works of Heine, and the writings of Whitman, Chesterton, and Schopenhauer.

During his seven-year residence in Europe Borges traveled to Spain, where he had direct experience of the various avant-garde literary movements that were revolutionizing the course of modern letters. Influenced by the innovative techniques of the Spanish **ultraísta** movement headed by Rafael Cansinos-Asséns and Isaac del Vando-Villar, Borges is credited with perfecting its techniques and introducing them to Latin America upon his return to Buenos Aires in 1921. *Fervor de Buenos Aires* (1923), *Luna de enfrente* (1925), and *Cuaderno San Martín* (1929) are collections of poems whose emphasis on striking metaphors reflects **ultraísta** tendencies. In these books of poems Borges also introduced some of his favorite recurring themes: a cyclical vision of time; our search for the absolute; the world as labyrinth; and playing with and reversing the roles of author and reader.

Borges was a careful editor of his own works. His entire literary production can be seen as an all-encompassing single work that tries to impose order on what he perceived to be a chaotic universe beyond our comprehension. As an essayist, poet, and short story writer, Borges demonstrated an acute awareness of the metaphysical problems affecting humanity today. By constantly reworking his texts, Borges may have been striving for the order and perfection that seem out of reach for most of us.

Borges's most successful collections of short stories have been *Ficciones* (1944) and *El Aleph* (1949). "Emma Zunz" was one of Borges's favorite stories. He anthologized it ever since it was first published in *El Aleph,* and it is among those of his stories that have been adapted for film. Feminine characters generally do not receive much attention in Borges's work, but Emma Zunz is an exception. Her psychological depths clearly define her struggle between the rational and the emotional.

This story (one of Borges's most realistic) and "Historia del guerrero y de la cautiva" are the only two stories in *El Aleph* that do not fit into the "fantastic" category. As you read the story, pay close attention to the meticulous plan of revenge carried out by Emma Zunz. Note also the theme of the labyrinth in this work, as well as Borges's emphasis on the rational mind's limited ability to maintain control of situations.

ANTES DE LEER

PALABRAS IMPORTANTES Y MODISMOS

acto continuo	immediately afterward
a primera vista	at first glance
a trueque de	in exchange for

declararse contra	to come out against
de vuelta	back
hacer fuego	to shoot
romper a + *infinitivo*	to start to (*do something*)
sin que	without

Emma Zunz

EL CATORCE DE enero de 1922, Emma Zunz, al volver de la fábrica de tejidos Tarbuch y Loewenthal, halló en el fondo del zaguán una carta, fechada en el Brasil, por la que supo que su padre había muerto. La engañaron, a primera vista, el sello y el sobre; luego, la inquietó la letra desconocida.

5 Nueve o diez líneas borroneadas[1] querían colmar la hoja; Emma leyó que el señor Maier había ingerido por error una fuerte dosis de veronal[2] y había fallecido el tres del corriente en el hospital de Bagé. Un compañero de pensión de su padre firmaba la noticia, un tal Fein o Fain, de Río Grande, que no podía saber que se dirigía a la hija del muerto.

10 Emma dejó caer el papel. Su primera impresión fue de malestar en el vientre y en las rodillas; luego de ciega culpa, de irrealidad, de frío, de temor; luego, quiso ya estar en el día siguiente. Acto continuo comprendió que esa voluntad era inútil porque la muerte de su padre era lo único que había sucedido en el mundo, y seguiría sucediendo sin fin. Recogió el papel y se fue a su cuarto. Furtivamente lo 15 guardó en un cajón, como si de algún modo ya conociera los hechos ulteriores. Ya había empezado a vislumbrarlos, tal vez; ya era la que sería.

En la creciente oscuridad, Emma lloró hasta el fin de aquel día el suicidio de Manuel Maier, que en los antiguos días felices fue Emanuel Zunz. Recordó veraneos en una chacra,[3] cerca de Gualeguay, recordó (trató de recordar) a su madre, 20 recordó la casita de Lanús que les remataron,[4] recordó los amarillos losanges[5] de una ventana, recordó el auto de prisión, el oprobio, recordó los anónimos con el suelto sobre «el desfalco del cajero»,[6] recordó (pero eso jamás lo olvidaba) que su padre, la última noche, le había jurado que el ladrón era Loewenthal. Loewenthal, Aarón Loewenthal, antes gerente de la fábrica y ahora uno de los dueños. Emma, 25 desde 1916, guardaba el secreto. A nadie se lo había revelado, ni siquiera a su mejor amiga, Elsa Urstein. Quizá rehuía la profana incredulidad; quizá creía que el secreto era un vínculo entre ella y el ausente. Loewenthal no sabía que ella sabía; Emma Zunz derivaba de ese hecho ínfimo un sentimiento de poder.

No durmió aquella noche, y cuando la primera luz definió el rectángulo de la 30 ventana, ya estaba perfecto su plan. Procuró que ese día, que le pareció interminable, fuera como los otros. Había en la fábrica rumores de huelga; Emma se declaró, como siempre, contra toda violencia. A las seis, concluido el trabajo, fue con Elsa a un club de mujeres, que tiene gimnasio y pileta.[7] Se inscribieron; tuvo que repetir y deletrear su nombre y su apellido, tuvo que festejar las bromas 35 vulgares que comentan la revisación.[8] Con Elsa y con la menor de las Kronfuss discutió a qué cinematógrafo irían el domingo a la tarde. Luego, se habló de novios y nadie esperó que Emma hablara. En abril cumpliría diecinueve años, pero los hombres le inspiraban, aún, un temor casi patológico... De vuelta, preparó una

[1]Nueve... *Nine or ten scribbled lines* [2]*a barbiturate* [3]*farm* [4]*they auctioned off* [5]*diamond-shaped panes* [6]anónimos... *anonymous newspaper articles about the "cashier's embezzlement"* [7]*a pool* [8]*physical checkup before participating*

sopa de tapioca y unas legumbres, comió temprano, se acostó y se obligó a dormir.
40 Así, laborioso y trivial, pasó el viernes quince, la víspera.

El sábado, la impaciencia la despertó. La impaciencia, no la inquietud, y el singular alivio de estar en aquel día, por fin. Ya no tenía que tramar y que imaginar; dentro de algunas horas alcanzaría la simplicidad de los hechos. Leyó en *La Prensa* que el *Nordstjärnan*, de Malmö, zarparía[9] esa noche del dique 3; llamó por telé-
45 fono a Loewenthal, insinuó que deseaba comunicar, sin que lo supieran las otras, algo sobre la huelga y prometió pasar por el escritorio, al oscurecer. Le temblaba la voz; el temblor convenía a una delatora.[10] Ningún otro hecho memorable ocurrió esa mañana. Emma trabajó hasta las doce y fijó con Elsa y con Perla Kronfuss los pormenores del paseo del domingo. Se acostó después de almorzar y recapituló,
50 cerrados los ojos, el plan que había tramado. Pensó que la etapa final sería menos horrible que la primera y que le depararía, sin duda, el sabor de la victoria y de la justicia. De pronto, alarmada, se levantó y corrió al cajón de la cómoda. Lo abrió; debajo del retrato de Milton Sills,[11] donde la había dejado la antenoche, estaba la carta de Fain. Nadie podía haberla visto; la empezó a leer y la rompió.

55 Referir con alguna realidad los hechos de esa tarde sería difícil y quizá impro-cedente. Un atributo de lo infernal es la irrealidad, un atributo que parece mitigar sus terrores y que los agrava tal vez. ¿Cómo hacer verosímil una acción en la que casi no creyó quien la ejecutaba, cómo recuperar ese breve caos que hoy la me-moria de Emma Zunz repudia y confunde? Emma vivía por Almagro, en la calle
60 Liniers; nos consta[12] que esa tarde fue al puerto. Acaso en el infame Paseo de Julio se vio multiplicada en espejos, publicada por luces y desnudada por los ojos hambrientos, pero más razonable es conjeturar que al principio erró, inadvertida, por la indiferente recova...[13] Entró en dos o tres bares, vio la rutina o los manejos[14] de otras mujeres. Dio al fin con hombres del *Nordstjärnan*. De uno, muy joven,
65 temió que le inspirara alguna ternura y optó por otro, quizá más bajo que ella y grosero, para que la pureza del horror no fuera mitigada. El hombre la condujo a una puerta y después a un turbio zaguán y después a una escalera tortuosa y después a un vestíbulo (en el que había una vidriera con losanges idénticos a los de la casa en Lanús) y después a un pasillo y después a una puerta que se cerró. Los
70 hechos graves están fuera del tiempo, ya porque en ellos el pasado inmediato queda como tronchado del porvenir, ya porque no parecen consecutivas las partes que los forman.

¿En aquel tiempo fuera del tiempo, en aquel desorden perplejo de sensaciones inconexas y atroces, pensó Emma Zunz *una sola vez* en el muerto que motivaba el
75 sacrificio? Yo tengo para mí que pensó una vez y que en ese momento peligró su desesperado propósito. Pensó (no pudo no pensar) que su padre le había hecho a su madre la cosa horrible que a ella ahora le hacían. Lo pensó con débil asombro y se refugió, en seguida, en el vértigo. El hombre, sueco o finlandés, no hablaba español; fue una herramienta para Emma como ésta lo fue para él, pero ella sirvió
80 para el goce y él para la justicia.

Cuando se quedó sola, Emma no abrió en seguida los ojos. En la mesa de luz estaba el dinero que había dejado el hombre: Emma se incorporó y lo rompió como antes había roto la carta. Romper dinero es una impiedad, como tirar el pan; Emma se arrepintió, apenas lo hizo. Un acto de soberbia y en aquel día... El temor
85 se perdió en la tristeza de su cuerpo, en el asco. El asco y la tristeza la encadena-ban, pero Emma lentamente se levantó y procedió a vestirse. En el cuarto no quedaban colores vivos; el último crepúsculo se agravaba. Emma pudo salir sin

---

[9] *would sail* [10] *informer* [11] Milton... *silent film star* [12] nos... *we know for certain* [13] erró... *she wan-dered unnoticed through the indifferent marketplace* [14] *routines, tricks*

que la advirtieran; en la esquina subió a un Lacroze,[15] que iba al oeste. Eligió, conforme a su plan, el asiento más delantero, para que no le vieran la cara. Quizá le

90 confortó verificar, en el insípido trajín de las calles, que lo acaecido no había contaminado las cosas. Viajó por barrios decrecientes y opacos, viéndolos y olvidándolos en el acto, y se apeó en una de las bocacalles de Warnes. Paradójicamente su fatiga venía a ser una fuerza, pues la obligaba a concentrarse en los pormenores de la aventura y le ocultaba el fondo y el fin.

95 Aarón Loewenthal era, para todos, un hombre serio; para sus pocos íntimos, un avaro. Vivía en los altos de la fábrica, solo. Establecido en el desmantelado arrabal,[16] temía a los ladrones; en el patio de la fábrica había un gran perro y en el cajón de su escritorio, nadie lo ignoraba, un revólver. Había llorado con decoro, el año anterior, la inesperada muerte de su mujer —una Gauss, que le trajo una

100 buena dote—, pero el dinero era su verdadera pasión. Con íntimo bochorno[17] se sabía menos apto para ganarlo que para conservarlo. Era muy religioso; creía tener con el Señor un pacto secreto, que lo eximía de obrar bien, a trueque de oraciones y devociones. Calvo, corpulento, enlutado, de quevedos ahumados[18] y barba rubia, esperaba de pie, junto a la ventana, el informe confidencial de la obrera

105 Zunz.

La vio empujar la verja (que él había entornado a propósito) y cruzar el patio sombrío. La vio hacer un pequeño rodeo cuando el perro atado ladró. Los labios de Emma se atareaban[19] como los de quien reza en voz baja; cansados, repetían la sentencia que el señor Loewenthal oiría antes de morir.

110 Las cosas no ocurrieron como había previsto Emma Zunz. Desde la madrugada anterior, ella se había soñado muchas veces, dirigiendo el firme revólver, forzando al miserable a confesar la miserable culpa y exponiendo la intrépida estratagema que permitiría a la Justicia de Dios triunfar de la justicia humana. (No por temor, sino por ser un instrumento de la Justicia, ella no quería ser castigada.) Luego, un

115 solo balazo en mitad del pecho rubricaría[20] la suerte de Loewenthal. Pero las cosas no ocurrieron así.

Ante Aarón Loewenthal, más que la urgencia de vengar a su padre, Emma sintió la de castigar el ultraje padecido por ello. No podía matarlo, después de esa minuciosa deshonra. Tampoco tenía tiempo que perder en teatralerías. Sentada, tímida,

120 pidió excusas a Loewenthal, invocó (a fuer de delatora) las obligaciones de la lealtad, pronunció algunos nombres, dio a entender otros y se cortó como si la venciera el temor. Logró que Loewenthal saliera a buscar una copa de agua. Cuando éste, incrédulo de tales aspavientos,[21] pero indulgente, volvió del comedor, Emma ya había sacado del cajón el pesado revólver. Apretó el gatillo dos

125 veces. El considerable cuerpo se desplomó como si los estampidos[22] y el humo lo hubieran roto, el vaso de agua se rompió, la cara la miró con asombro y cólera, la boca de la cara la injurió en español y en ídisch. Las malas palabras no cejaban;[23] Emma tuvo que hacer fuego otra vez. En el patio, el perro encadenado rompió a ladrar, y una efusión de brusca sangre manó de los labios obscenos y manchó la

130 barba y la ropa. Emma inició la acusación que tenía preparada («He vengado a mi padre y no me podrán castigar...»), pero no la acabó, porque el señor Loewenthal ya había muerto. No supo nunca si alcanzó a comprender.

Los ladridos tirantes le recordaron que no podía, aún, descansar. Desordenó el diván, desabrochó el saco del cadáver, le quitó los quevedos salpicados y los dejó

135 sobre el fichero. Luego tomó el teléfono y repitió lo que tantas veces repetiría, con esas y con otras palabras: *Ha ocurrido una cosa que es increíble... El señor Loewenthal me hizo venir con el pretexto de la huelga... Abusó de mí, lo maté...*

---

[15] *type of bus, named for its route or destination* [16] *desmantelado... dilapidated neighborhood* [17] *embarrassment* [18] *quevedos... dark glasses* [19] *se... moved rapidly* [20] *would seal* [21] *fuss* [22] *gunshots* [23] *no... didn't cease*

La historia era increíble, en efecto, pero se impuso a todos, porque sustancial-
mente era cierta. Verdadero era el tono de Emma Zunz, verdadero el pudor, verda-
140   dero el odio. Verdadero también era el ultraje que había padecido; sólo eran falsas
las circunstancias, la hora y uno o dos nombres propios.[24]

[24]la... *the time and one or two proper names*

DESPUÉS DE LEER

CUESTIONARIO

1. ¿Qué cosa encuentra Emma Zunz al volver de la fábrica la tarde del catorce
   de enero de 1922?
2. ¿Cómo había muerto el señor Maier?
3. ¿Por qué tuvo Emanuel Zunz que cambiar su nombre por el de Manuel Maier?
4. ¿Qué secreto guardaba Emma Zunz desde 1916?
5. ¿Cuántos años tiene Emma?
6. ¿Por qué llamó Emma por teléfono a Loewenthal?
7. ¿Qué hizo Emma con el hombre del *Nordstjärnan*?
8. ¿Qué tipo de hombre era Aarón Loewenthal?
9. Describa cómo vivía Loewenthal.
10. ¿Cuál era el plan de Emma?
11. ¿Qué hizo Emma después de matar a Loewenthal?

ESTUDIO DE PALABRAS

Complete las oraciones con palabras o expresiones de **Palabras importantes y
modismos.**

1. _____ engañaron a Emma Zunz el sello y el sobre; luego, la inquietó la letra
   desconocida.
2. Quiso estar en el día siguiente, _____ comprendió que esa voluntad era inútil
   porque la muerte de su padre era lo único que había sucedido en el mundo.
3. Cuando oyó de la huelga, Emma _____ toda violencia.
4. _____ a su casa, preparó una sopa de tapioca y unas legumbres, comió temprano, se acostó y se obligó a dormir.
5. Emma pudo salir _____ la advirtieran.
6. Era muy religioso; creía tener con el Señor un pacto secreto, que lo eximía
   de obrar bien, _____ oraciones y devociones.
7. Emma tuvo que _____ otra vez.
8. En el patio, el perro encadenado _____ ladrar.

CONSIDERACIONES

1. Describe detalladamente la reacción de Emma después de enterarse de la
   muerte de su padre.
2. ¿Cuáles son los rasgos de la personalidad de Emma?
3. ¿Qué hace Emma a partir del momento en que sale de su casa hasta el encuentro con el marinero del *Nordstjärnan*?
4. ¿En qué sentido queda frustrado el plan de Emma?
5. Haga una descripción de la casa de Loewenthal.
6. Haga una descripción física de Loewenthal.
7. Describe las acciones de Emma a partir de su enfrentamiento con Loewenthal.
8. Describe en detalle algunos de los «laberintos» que se plantean en este cuento.

ANÁLISIS DEL TEXTO

1. ¿Cuál es el tema principal de este cuento?
2. ¿A qué se puede atribuir la actitud hacia el sexo que tiene Emma Zunz?
3. ¿Quedó frustrada Emma Zunz en su meticuloso plan de venganza? ¿Por qué (no)?
4. Discuta el aspecto racional y emotivo en las acciones de Emma Zunz.
5. ¿Cómo se contrasta el ambiente realista de la obra con el estado del alma de Emma Zunz?
6. ¿Qué puede sugerir el final del cuento en un contexto borgesiano?

PERSPECTIVA PERSONAL

1. ¿Es Ud. más bien una persona racional o emotiva? Explique.
2. Discuta Ud. hasta qué punto hay un conflicto entre lo racional y lo sentimental en su vida.
3. ¿Qué haría Ud. si se encontrara en las mismas circunstancias que Emma Zunz?

BIBLIOGRAFÍA

Álvarez, Nicolás Emilio. "La realidad trascendida: dualismo y rectangularidad en 'Emma Zunz.'" *Explicación de textos literarios*, *12* (1983–1984): 27–36.

Anton, Karl-Heinz. "En el laberinto de Borges." *Explicación de textos literarios*, *2* (1973): 45–49.

Martínez, Zulma Nelly. "El símbolo de la trama y el tema de la venganza en dos historias de Borges." *Sin nombre*, *1* (January–March 1971): 80–85.

McMurray, George R. *Jorge Luis Borges*. New York: Frederick Ungar, 1980. See especially 35–37.

Murillo, L.A. "The Labyrinths of Jorge Luis Borges, An Introduction to the Stories of *El Aleph*." *Modern Language Quarterly*, *20* (September 1959): 259–266.

Páramo Ortega, Raúl. "Intento de interpretación psicoanalítica de un cuento de J. L. Borges." *Eco*, *23* (October–November 1971): 587–599.

VOCABULARIO

SUSTANTIVOS

el asco	*disgust, nausea*
el avaro	*greedy person, miser*
el balazo	*shot*
el cajero	*cashier*
el desfalco	*embezzlement*
la fábrica	*factory*
el gatillo	*trigger*
la herramienta	*tool*
la huelga	*strike*
el ladrón	*thief*
los pormenores	*details*
el pudor	*modesty, shyness*
el suicidio	*suicide*
el ultraje	*outrage, insult*
el zaguán	*doorway; lobby*

VERBOS

apretar (ie)	*to squeeze, tighten*
castigar	*to punish*
deparar	*to supply, provide*
desplomarse	*to collapse*
ingerir (ie)	*to ingest*
mitigar	*to mitigate, alleviate*
padecer (zc)	*to suffer*
tramar	*to plot, hatch scheme*
vengar	*to avenge*
vislumbrar	*to see vaguely, catch glimpse*

ADJETIVOS

calvo(a)	*bald*
finlandés(a)	*Finnish*
grosero(a)	*crude, vulgar*
sueco(a)	*Swedish*
verosímil	*credible*

Capítulo 4

El ser humano, la naturaleza y la tecnología

Apocalipsis

Marco Denevi (1922–   ) is a popular contemporary writer of fiction and playwright from Argentina. Since first winning acclaim in 1955 with his novel *Rosaura a las diez*, he has been one of Argentina's most prolific writers. In particular, Denevi is very skilled in writing extremely short stories. In *Falsifica-ciones* (1966), a book of short prose fantasies, he borrowed facts, situations, and characters from classical mythology and world literature and rewrote them to comment on contemporary society. In particular, Denevi is concerned about the effects of technology on modern man, a theme that appears with regularity in his entire work.

Antes de leer

Palabras importantes y modismos

The **Palabras importantes y modismos** list presents key words and expressions from the reading that follows. Look at these new words and their meanings. Then, with a classmate, create sentences using each one. After reading, you will have the opportunity to use the words again within the context of the reading. You will want to work with these key words and expressions in the same way with each reading in the book.

a fines de	at the end of
alcanzar	to reach, achieve
bastar	to be sufficient, enough
dar un paso	to take a step
empezar (ie) a + *infinitivo*	to begin (*doing something*)
terminar por + *infinitivo*	to end up by (*doing something*)

Repaso de verbos

Complete las oraciones con el pretérito de los verbos entre paréntesis.

1. Yo _____ (apretar) un botón y las máquinas empezaron a funcionar.
2. La cosa _____ (ocurrir) así: las máquinas habían alcanzado tal perfección que los hombres no tenían que hacer nada.
3. Los hombres _____ (desaparecer) porque ya no eran necesarios.
4. Pablo _____ (desconectar) las máquinas y de pronto el mundo cambió.
5. En la oscuridad me _____ (tropezar) con una máquina que tranquilamente limpiaba la cocina.
6. Hoy pienso que la extinción de la raza humana es imposible. Ayer, por un momento, _____ (pensar) de modo diferente.
7. Acababa de entrar en la casa cuando me _____ (dar) cuenta de que las máquinas se multiplicaban.
8. Nosotros _____ (llegar) a las cinco de la tarde.
9. Ellos _____ (comenzar) a pensar en la posibilidad de la extinción de la raza humana.
10. Ayer nosotros _____ (ver) la llegada de las nuevas máquinas, las máquinas capaces de pensar por los hombres.

ESTRATEGIAS PARA LEER

Anticipating Content

Because of the high correlation between subject familiarity and reading comprehension, a reader should take full advantage of all the clues that may serve as a guide to understanding the content of what is to be read. Among such clues, one might consider information about the author of the piece. Reading a novel by Agatha Christie, we expect to be involved in the process of solving a mystery, since we know that Agatha Christie wrote this kind of fiction. In addition to biographical information, titles are also important. Elements such as titles, prefaces, and epigraphs, while not a part of the story proper, do convey a voice and a perspective—a point of view that enables the reader to construct an image of a work before it is actually read.

Before reading this story, do the following.

1. Review the meaning of the word *apocalypse.*
2. Try to recall other works of fiction that deal with the theme of the apocalypse.
3. Quickly reread the brief biographical introduction to Denevi. Is there information supplied here that seems to relate to the title of the story?
4. Suppose for a moment that you were an author writing on the theme of the apocalypse. Can you imagine some of the scenarios you might employ to describe the events implied by this term?

Apocalipsis

LA EXTINCIÓN DE la raza de los hombres se sitúa aproximadamente a fines del siglo XXXII. La cosa ocurrió así: las máquinas habían alcanzado tal perfección que los hombres ya no necesitaban comer, ni dormir, ni hablar, ni leer, ni escribir, ni pensar, ni hacer nada. Les bastaba apretar[1] un botón y
5 las máquinas lo hacían todo por ellos. Gradualmente fueron desapareciendo las mesas, las sillas, las rosas, los discos con las nueve sinfonías de Beethoven, las tiendas de antigüedades,[2] los vinos de Burdeos,[3] las golondrinas,[4] los tapices flamencos,[5] todo Verdi, el ajedrez, los telescopios, las catedrales góticas, los estadios de fútbol, la Piedad de Miguel Ángel,[6] los mapas, las ruinas del Foro Trajano,[7] los
10 automóviles, el arroz, las sequoias gigantes, el Partenón. Sólo había máquinas.
- Después los hombres empezaron a notar que ellos mismos iban desapareciendo paulatinamente[8] y que en cambio las máquinas se multiplicaban. Bastó poco tiempo para que el número de los hombres quedase reducido a la mitad y el de las máquinas se duplicase. Las máquinas terminaron por ocupar todos los sitios disponibles.[9] No se podía dar un paso ni hacer un ademán[10] sin tropezarse con una de
15 ellas. Finalmente los hombres fueron eliminados. Como el último se olvidó de desconectar las máquinas, desde entonces seguimos funcionando.

[1]*to push* [2]*antiques* [3]*Bordeaux* [4]*swallows* [5]*los... Flemish tapestries* [6]*la... Michelangelo's* Pietà: *a representation of the Virgin Mary holding the body of Jesus Christ in her lap* [7]*las... the ruins of Trajan's (Roman) forum* [8]*gradually* [9]*available* [10]*gesture*

Source: Marco Denevi, "Apocalipsis." From *Cuentos y microcuentos.* Used by permission.

$\mathscr{D}$ESPUÉS DE LEER

CUESTIONARIO

1. ¿En qué siglo, según el autor, se sitúa la extinción de la raza humana?
2. ¿Qué es lo que ya no necesitaba la gente?
3. ¿Qué cosas gradualmente fueron desapareciendo?
4. ¿Qué es lo que había quedado?
5. ¿Quiénes empezaron a desaparecer?
6. ¿Qué se le olvidó al último hombre?
7. ¿Quién está hablando en la última frase del cuento? ¿Cuál es la importancia de esta voz?

ESTUDIO DE PALABRAS

A. Complete las oraciones con palabras o expresiones de **Palabras importantes y modismos.**

1. No se podía _____ sin tropezarse con una de las máquinas.
2. _____ del siglo XXXII la raza de los hombres va a ser extinta.
3. A los hombres les _____ apretar un botón y las máquinas lo hacían todo por ellos.
4. Los hombres _____ notar que las máquinas se multiplicaban.
5. Las máquinas _____ ocupar todos los sitios.
6. Las máquinas habían _____ tal perfección que los hombres ya no necesitaban comer.

B. While recognizing cognates is an easy first step in word guessing, it is also possible to use your knowledge of how individual words are constructed to find out what they mean. Recognizing suffixes and prefixes can enable you to deduce meaning quickly. Listed below are three common Spanish suffixes and examples of each.

1. -mente   normalmente   *normally*
2. -dad, -tad   individualidad   *individuality*
             libertad   *freedom*
3. -ología   sicología   *psychology*

Based on the preceding models, guess the meaning of the following words.

1. biología
2. clandestinamente
3. inmortalidad
4. perfectamente
5. personalidad
6. sociología
7. facultad
8. criminología

VOCABULARIO—"Apocalipsis"

SUSTANTIVOS

las antigüedades	*antiques*
la catedral	*cathedral*
las ruinas	*ruins*

VERBOS

(des)conectar	*to (dis)connect*
desaparecer (zc)	*to disappear*
multiplicarse	*to multiply*
tropezarse con	*to bump into*

Rigoberta Menchú

Rigoberta Menchú (1959-) nació en Guatemala y viene de una familia indígena campesina. Tuvo que aprender el español ya de adulta y llegó a ser la líder de los trabajadores y campesinos de su país. Estuvo exiliada de Guatemala pero siempre ha seguido su lucha a favor de la causa de su comunidad. «Me llamo Rigoberta Menchú y así me nació la conciencia», publicada en 1983, es una novela testimonial ya que está contada en primera persona por una narradora que es al mismo tiempo la protagonista de su propio relato.

Me llamo Rigoberta Menchú y así me nació la consciencia
La Naturaleza. La tierra madre del hombre. El sol, el copal, el fuego, el agua.

Entonces también desde niños recibimos una educación diferente de la que tienen los blancos, los ladinos. Nosotros, los indígenas, tenemos más contacto con la naturaleza. Por eso nos dicen politeístas. Pero, sin embargo, no somos politeístas... o, si lo somos, sería bueno, porque es nuestra cultura, nuestras costumbres. De que nosotros adoramos, no es que adoremos, sino que

5 respetamos una serie de cosas de la naturaleza. Las cosas más importantes para nosotros. Por ejemplo, el agua es algo sagrado. La explicación que nos den nuestros padres desde niños es que no hay que desperdiciar el agua, aunque haya. El agua es algo puro, es algo limpio y es algo que da vida al hombre. Sin el agua no se puede vivir, tampoco hubieran podido vivir nuestros antepasados. Entonces, el agua la tenemos como algo sagrado y eso está en la mente desde niños

10 y nunca se le quita a uno de pensar que el agua es algo puro. Tenemos la tierra. Nuestros padres nos dicen "Hijos, la tierra es la madre del hombre porque es la que da de comer al hombre". Y más, nosotros que nos basamos en el cultivo, porque nosotros los indígenas comemos maíz, fríjol y yerbas del campo y no sabemos comer, por ejemplo, jamón o queso, cosas compuestas con aparatos, con máquinas. Entonces, se considera que la tierra es la madre del hombre. Y de

15 hecho nuestros padres nos enseñan a respetar esa tierra. Sólo se puede herir la tierra cuando hay necesidad. Esa concepción hace que antes de sembrar nuestra milpa, tenemos que pedirle permiso a la tierra. Existe el pom, el copal, es el elemento sagrado para el indígena, para expresar el sentimiento ante la tierra, para que la tierra se pueda cultivar.

El copal es una goma que da un árbol y esa goma tiene un olor como incienso. Entonces

20 se quema y da un olor bastante fuerte. Un humo con un olor muy sabroso, muy rico. Cuando se pide permiso a la tierra, antes de cultivarla, se hace una ceremonia. Nosotros nos basamos mucho en la candela, el agua, la cal. En primer lugar se le pone una candela al representante de la tierra, del agua, del maíz, que es la comida del hombre. Se considera, según los antepasados, que nosotros los indígenas estamos hechos de maíz. Estamos hechos del maíz blanco y del maíz

25 amarillo, según nuestros antepasados. Entonces, se ponen esas candelas y se unen todos los miembros de la familia a rezar. Más que todo pidiéndole permiso a la tierra, que dé una buena cosecha. También se reza a nuestros antepasados, mencionándoles sus oraciones, que hace tiempo, hace mucho tiempo, existen.

Se menciona en primer lugar, el representante de los animales, se habla de nombres de

30 perros. Se habla de nombres de la tierra, el Dios de la tierra. Se habla del Dios del agua. Y luego, el corazón del cielo, que es el sol... y luego se hace una petición concreta a la tierra, donde

se le pide "Madre tierra, que nos tienes que dar de comer, que somos tus hijos y que de ti dependemos y que de ese producto que nos das pueda generar y puedan crecer nuestros hijos y nuestros animales..." y toda una serie de peticiones. Es una ceremonia de comunidades, ya que 35 la cosecha se empieza a hacer cuando todo el mundo empieza a trabajar, a sembrar.

Luego para el sol, se dice, "Corazón del cielo, tú como padre, nos tienes que dar calor, tu luz, sobre nuestros animales, sobre nuestro maíz, nuestro fríjol, sobre nuestras yerbas, para que crezcan para que podamos comer tus hijos». Luego, se promete a respetar la vida del único ser que es el hombre. Y es importantísimo. Y decimos "nosotros no somos capaces de dañar la vida 40 de uno de tus hijos, que somos nosotros. No somos capaces de matar a uno de tus acres, o sea ninguno de los árboles, de los animales". Es un mundo diferente. Y así se hace toda esa promesa, y al mismo tiempo, cuando está la cosecha tenemos que agradecer con toda nuestra potencia, con todo nuestro ser, más que todo con las oraciones... Entonces, la comunidad junta sus animalitos para comer después en la ceremonia.

VOCABULARIO

los antepasados	*ancestors*
el cultivo	*crop*
la milpa	*cornfield*
el incienso	*incense*
la candela	*fire, heat*
rezar	*to pray*
la cosecha	*harvest*

PREGUNTAS

1. Para la narradora y su gente, ¿qué significados tiene la naturaleza?
2. ¿Para qué usan el copal en sus ceremonias?
3. Según sus antepasados, ¿de qué está hecho el hombre?
4. ¿De qué maneras muestran su respeto a la tierra?
5. ¿Por qué dice la narradora que su mundo es diferente?

Leopoldo Alas ("Clarín")

A notable writer of the age of Spanish Realism was Leopoldo Alas, alias "Clarín." A law professor in the northwestern city of Oviedo, he wrote novels and short stories. His best known work is La Regenta *(1884), a novel which attacks the hypocrisy of the Church and the upper classes of provincial society. In the following story,* ¡Adiós, Cordera!, *the industrial age intrudes upon the rural life of the twins, Rosa and Pinín.*

¡Adiós, Cordera!

Eran tres: ¡siempre los tres! Rosa, Pinín y la Cordera.

El prao[1] Somonte era un recorte triangular de terciopelo verde tendido, como una colgadura, cuesta abajo[2] por la loma. Uno de sus ángulos, el inferior, lo despuntaba el camino de hierro[3] de Oviedo a Gijón.
5 Un palo de telégrafo, plantado allí como pendón de conquista, con sus jícaras[4] blancas y sus alambres paralelos, a derecha e izquierda, representaba para Rosa y Pinín el ancho mundo desconocido, misterioso, terrible, eternamente ignorado.[5] Pinín, después de pensarlo mucho, cuando a fuerza de[6] ver días y días el poste tranquilo, inofensivo,
10 campechano, con ganas sin duda de aclimatarse en la aldea y parecerse todo lo posible a un árbol seco, fue atreviéndose con él,[7] llevó la confianza al extremo de abrazarse al leño y trepar hasta cerca de los alambres. Pero nunca llegaba a tocar la porcelana de arriba, que le recordaba las jícaras que había visto en la rectoral[8] de Puao. Al verse tan cerca del misterio
15 sagrado, le acometía un pánico de respeto y se dejaba resbalar[9] de prisa hasta tropezar con los pies en el césped.

Rosa, menos audaz, pero más enamorada de lo desconocido, se contentaba con arrimar el oído al palo del telégrafo, y minutos y hasta cuartos de hora pasaba escuchando los formidables rumores metálicos que
20 el viento arrancaba[10] a las fibras del pino seco en contacto con el alambre. Aquellas vibraciones, a veces intensas como las del diapasón[11] que, aplicado al oído, parece que quema con su vertiginoso latir, eran para Rosa los papeles que pasaban, las cartas que se escribían por hilos, el lenguaje incomprensible que lo ignorado hablaba con lo ignorado; ella no tenía
25 curiosidad por entender lo que los de allá, tan lejos, decían a los del otro extremo del mundo. ¿Qué le importaba? Su interés estaba en el ruido por el ruido mismo, por su timbre[12] y su misterio.

La Cordera, mucho más formal que sus compañeros, verdad es que, relativamente, de edad también mucho más madura, se abstenía de
30 toda comunicación con el mundo civilizado, y miraba de lejos el palo del telégrafo, como lo que era para ella, efectivamente: cosa muerta, inútil, que no le servía siquiera para rasgarse.[13] Era una vaca que había vivido mucho. Sentada horas y horas, pues, experta en pastos,[14] sabía aprovechar el tiempo, meditaba más que comía, gozaba del placer de vivir en paz,

1 prado = meadow
2 cuesta… downhill
3 lo… railroad tracks cut through it
4 small cups or bowls (the insulator)
5 unknown
6 a… by dint of
7 fue… he began getting brave with it
8 rectory
9 slide down
10 drew out of
11 tuning fork
12 tone
13 scratch herself
14 grasses

35 bajo el cielo gris y tranquilo de su tierra, como quien alimenta el alma, que también tienen los brutos; y si no fuera profanación, podría decirse que los pensamientos de la vaca matrona, llena de experiencia, debían de parecerse todo lo posible a las más sosegadas y doctrinales odas de Horacio.[15]

40   Asistía a los juegos de los pastorcicos encargados de llindarla[16] como una abuela. Si pudiera, se sonreiría al pensar que Rosa y Pinín tenían por misión en el prado cuidar de que ella, de que la Cordera, no se extralimitase,[17] no se metiese por la vía del ferrocarril ni saltara a la heredad[18] vecina. ¡Qué había de saltar![19] ¡Qué se había de meter!

45   Pastar de cuando en cuando, no mucho, cada día menos, pero con atención, sin perder el tiempo en levantar la cabeza por curiosidad necia, escogiendo sin vacilar los mejores bocados, y, después, sentarse sobre el cuarto trasero[20] con delicia, a rumiar[21] la vida, a gozar el deleite del no padecer, del dejarse existir. Esto era lo que ella tenía que hacer, y todo lo

50 demás, aventuras peligrosas. Ya no recordaba cuándo le había picado la mosca. El xatu,[22] los saltos locos por las praderas[23] adelante... ¡todo eso estaba tan lejos!

      Aquella paz sólo se había turbado en los días de prueba de la inauguración del ferrocarril. La primera vez que la Cordera vio pasar el

55 tren, se volvió loca. Saltó la sebe[24] de lo más alto del Somonte, corrió por prados ajenos, y el terror duró muchos días, renovándose, más o menos violento, cada vez que la máquina asomaba por la trinchera[25] vecina. Poco a poco se fue acostumbrando al estrépito[26] inofensivo. Cuando llegó a convencerse de que era un peligro que pasaba, una catástrofe que

60 amenazaba sin dar,[27] redujo sus precauciones a ponerse en pie y a mirar de frente, con la cabeza erguida,[28] al formidable monstruo; más adelante no hacía más que mirarlo, sin levantarse, con antipatía y desconfianza; acabó por no mirar al tren siquiera.

      En Pinín y Rosa la novedad del ferrocarril produjo impresiones

65 más agradables y persistentes. Si al principio era una alegría loca, algo mezclada de miedo supersticioso, una excitación nerviosa que les hacía prorrumpir en gritos, gestos, pantomimas descabelladas, después fue un recreo pacífico, suave, renovado varias veces al día. Tardó mucho en gastarse aquella emoción de contemplar la marcha vertiginosa,

70 acompañada del viento, de la gran culebra de hierro, que llevaba dentro de sí tanto ruido y tantas castas de gentes desconocidas, extrañas.

      Pero telégrafo, ferrocarril, todo eso, era lo de menos:[29] un accidente pasajero[30] que se ahogaba en el mar de soledad que rodeaba el prao Somonte. Desde allí no se veía vivienda humana; allí no llegaban

75 ruidos del mudo más que al pasar el tren. Mañanas sin fin, bajo los rayos del sol a veces, entre el zumbar de los insectos, la vaca y los niños esperaban la proximidad del mediodía para volver a casa. Y luego, tardes eternas, de dulce tristeza silenciosa, en el mismo prado, hasta venir la noche, con el lucero vespertino[31] por testigo mudo en la altura. Rodaban

80 las nubes allá arriba, crecían las sombras de los árboles y de las peñas[32] en

[15] más... most peaceful and edifying odes (pastoral poems) of Horace (65-8 B.C.)
[16] care for her
[17] wander away
[18] farm
[19] ¡Qué... How was she going to jump!
[20] cuarto... hindquarter
[21] chew over (as cud)
[22] stud bull
[23] pastures
[24] stake fence
[25] train bed
[26] noise
[27] sin... without striking
[28] erect
[29] lo... the least of it
[30] accidente... temporary occurrence
[31] lucero... evening star
[32] rocks

la loma y en la cañada,[33] se acostaban los pájaros, empezaban a brillar algunas estrellas en lo más obscuro del cielo azul, y Pinín y Rosa, los niños gemelos, los hijos de Antón de Chinta, teñida[34] el alma de la dulce serenidad soñadora de la solemne y seria Naturaleza, callaban horas y
85 horas, después de sus juegos, nunca muy estrepitosos, sentados cerca de la Cordera, que acompañaba el augusto silencio de tarde en tarde con un blando son de perezosa esquila.[35]

En este silencio, en esta calma inactiva, había amores. Se amaban los dos hermanos como dos mitades de un fruto verde, unidos por la
90 misma vida, con escasa conciencia de lo que en ellos era distinto, de cuanto los separaba; amaban Pinín y Rosa a la Cordera, la vaca abuela, grande, amarillenta, cuyo testuz parecía una cuna.[36] La Cordera recordaría a un poeta la zavala del *Ramayana*,[37] la vaca santa tenía en la amplitud de sus formas, en la solemne serenidad de sus pausados y nobles
95 movimientos, aires y contornos de ídolo destronado, caído, contento con su suerte, más satisfecha con ser vaca verdadera que dios falso. La Cordera, hasta donde es posible adivinar estas cosas, puede decirse que también quería a los gemelos encargados de apacentarla.

Era poco expresiva; pero la paciencia con que los toleraba cuando
100 en sus juegos ella les servía de almohada, de escondite, de montura y para otras cosas que ideaba la fantasía de los pastores, demostraba tácitamente el afecto del animal pacífico y pensativo.

En tiempos difíciles, Pinín y Rosa habían hecho por la Cordera los imposibles de solicitud y cuidado. No siempre Antón de Chinta había
105 tenido el prado Somonte. Este regalo[38] era cosa relativamente nueva. Años atrás, la Cordera tenía que salir a la gramática, esto es, a apacentarse como podía, a la buena ventura de los caminos y callejas, de las rapadas y escasas[39] praderías del común,[40] que tanto tenían de vía pública como de pastos. Pinín y Rosa, en tales días de penuria, la guiaban a los mejores
110 altozanos,[41] a los parajes[42] más tranquilos y menos esquilmados,[43] y la libraban de las mil injurias a que están expuestas las pobres reses que tienen que buscar su alimento en los azares[44] de un camino.

En los días de hambre en el establo, cuando el heno[45] escaseaba y el narvaso para estrar el lecho caliente[46] de la vaca faltaba también, a Rosa
115 y a Pinín debía la Cordera mil industrias que la hacían más suave la miseria. ¡Y qué decir de los tiempos heroicos del parto y la cría, cuando se entablaba[47] la lucha necesaria entre el alimento y regalo de la nación[48] y el interés de los Chintos, que consistía en robar a las ubres de la pobre madre toda la leche que no fuera absolutamente indispensable para que el
120 ternerillo[49] subsistiese! Rosa y Pinín, en tal conflicto, siempre estaban de parte de la Cordera, y en cuanto había ocasión, a escondidas,[50] soltaban el recental,[51] que ciego y como loco, a testarazos contra todo,[52] corría a buscar el amparo de la madre, que le albergaba bajo su vientre, volviendo la cabeza agradecida y solícita, diciendo, a su manera:
125 ‍–Dejen a los niños y a los recentales que vengan a mí.

Estos recuerdos, estos lazos,[53] son de los que no se olvidan.

[33] ravine
[34] stained
[35] cowbell
[36] cuyo... whose neck seemed a cradle
[37] sacred cow in the Indian epic *Ramayana*
[38] luxury
[39] rapadas... mown and sparse
[40] del... public
[41] hills
[42] places
[43] harvested
[44] dangers
[45] hay
[46] narvaso... cornstalks to spread out for the warm bed
[47] se... began
[48] baby calf
[49] little calf
[50] a... secretly
[51] soltaban... they let the newborn calf loose
[52] a... obstinately
[53] bonds

Añádase a todo que la Cordera tenía la mejor pasta de vaca sufrida del mundo. Cuando se veía emparejada bajo el yugo[54] con cualquier compañera, fiel a la gamella,[55] sabía someter su voluntad a la ajena, y 130 horas y horas se la veía con la cerviz inclinada, la cabeza torcida, en incómoda postura, velando en pie mientras la pareja dormía en tierra.

Antón de Chinta comprendió que había nacido para pobre cuando palpó[56] la imposibilidad de cumplir aquel sueño dorado suyo de tener un corral propio con dos yuntas[57] por lo menos. Llegó, gracias a mil ahorros, 135 que eran mares de sudor y purgatorios de privaciones, llegó a la primera vaca, la Cordera, y no pasó de ahí; antes de poder comprar la segunda se vio obligado, para pagar atrasos[58] al amo, el dueño de la casería[59] que llevaba en renta, a llevar al mercado a aquel pedazo de sus entrañas, la Cordera, el amor de sus hijos. La Chinta había muerto a los dos años de 140 tener la Cordera en casa. El establo y la cama de matrimonio estaban pared por medio, llamando pared a un tejido de ramas de castaño y de cañas de maíz. La Chinta, musa de la economía en aquel hogar miserable, había muerto mirando a la vaca por un boquete del destrozado tabique de ramaje,[60] señalándola como salvación de la familia. «Cuidadla, es vuestro 145 sustento», parecían decir los ojos de la pobre moribunda, que murió extenuada[61] de hambre y de trabajo.

El amor de los gemelos se había concentrado en la Cordera; el regazo,[62] que tiene su cariño especial, que el padre no puede reemplazar, estaba al calor de la vaca en el establo y allá, en el Somonte.

150 Todo eso lo comprendía Antón a su manera, confusamente. De la venta necesaria no había que decir palabra a los niños. Un sábado de julio, al ser de día, de mal humor, Antón echó a andar hacia Gijón, llevando la Cordera por delante, sin más atavío que el collar de esquila. Pinín y Rosa dormían. Otros días había que despertarlos a azotes.[63] El padre los dejó 155 tranquilos. Al levantarse se encontraron sin la Cordera. «Sin duda, mío pa[64] la había llevado al xatu.» No cabía otra conjetura. Pinín y Rosa opinaban que la vaca iba de mala gana; creían ellos que no deseaba más hijos, pues todos acababa por perderlos pronto, sin saber cómo ni cuándo.

Al obscurecer, Antón y la Cordera entraban por la corrada,[65] 160 mohínos,[66] cansados y cubiertos de polvo. El padre no dio explicaciones, pero los hijos adivinaron el peligro.

No había vendido, porque nadie había querido llegar al precio que a él se le había puesto en la cabeza. Era excesivo: un sofisma del cariño. Pedía mucho por la vaca para que nadie se atreviese a llevársela. Los que 165 se habían acercado a intentar fortuna se habían alejado pronto, echando pestes de aquel hombre que miraba con ojos de rencor y desafío al que osaba[67] insistir en acercarse al precio fijo en que él se abroquelaba.[68] Hasta el último momento del mercado estuvo Antón de Chinta en el Humedal, dando plazo a la fatalidad.[69] «No se dirá», pensaba, «que yo no 170 quiero vender: son ellos, que no me pagan la Cordera en lo que vale». Y, por fin, suspirando, si no satisfecho, con cierto consuelo, volvió a emprender el camino por la carretera de Candás adelante, entre la

[54] yoke
[55] her half of the yoke
[56] he felt
[57] pairs of oxen
[58] back payments
[59] tenant farm
[60] boquete... gap in the broken cornstalk partition
[61] worn out
[62] lap
[63] a... with a beating
[64] mío... mi padre
[65] corral
[66] sulking
[67] dared
[68] en... with which he defended himself
[69] dando... giving more time to Fate

confusión y el ruido de cerdos y novillos, bueyes y vacas, que los aldeanos de muchas parroquias del contorno[70] conducían con mayor o menor
175 trabajo, según eran de antiguo las relaciones entre dueños y bestias.

En el Nataoyo, en el cruce de dos caminos, todavía estuvo expuesto el de Chinta a quedarse sin la Cordera; un vecino de Carrió que le había rondado[71] todo el día ofreciéndole pocos duros[72] menos de los que pedía, le dio el último ataque, algo borracho.
180 El de Carrió subía, subía luchando entre la codicia,[73] y el capricho de llevar la vaca. Antón, como una roca. Llegaron a tener las manos enlazadas,[74] parados en medio de la carretera, interrumpiendo el paso. Por fin, la codicia pudo más; el pico de los cincuenta[75] los separó como un abismo; se soltaron las manos, cada cual tiró por su lado; Antón, por la
185 calleja que, entre madreselvas que aún no florecían y zarzamoras en flor, le condujo hasta su casa.

Desde aquel día en que adivinaron el peligro, Pinín y Rosa no sosegaron. A media semana se personó el mayordomo del corral de Antón. Era otro aldeano de la misma parroquia, de malas pulgas,[76] cruel
190 con los caseros atrasados. Antón, que no admitía reprimendas,[77] se puso lívido ante las amenazas de desahucio.[78]

El amo no esperaba más. Bueno, vendería la vaca a vil precio, por una merienda.[79] Había que pagar o quedarse en la calle.

Al sábado inmediato acompañó al Humedal Pinín a su padre. El
195 niño miraba con horror a los contratistas de carnes, que eran los tiranos del mercado. La Cordera fue comprada en su justo precio por un rematante[80] de Castilla. Se la hizo una señal[81] en la piel y volvió a su establo de Puao, ya vendida, ajena, tañendo tristemente la esquila. Detrás caminaban Antón de Chinta, taciturno, y Pinín, con ojos como puños.[82] Rosa, al saber
200 la venta, se abrazó al testuz de la Cordera, que inclinaba la cabeza a las caricias como al yugo.

«¡Se iba la vieja!» pensaba con el alma destrozada[83] Antón el huraño.[84] Ella será bestia, pero sus hijos no tenían otra madre ni otra abuela.
205 Aquellos días en el pasto, en la verdura del Somonte, el silencio era fúnebre. La Cordera, que ignoraba su suerte, descansaba y pacía como siempre... como descansaría y comería un minuto antes de que el brutal porrazo[85] la derribase muerta. Pero Rosa y Pinín yacían desolados,[86] tendidos sobre la hierba, inútil en adelante. Miraban con rencor los trenes
210 que pasaban y los alambres del telégrafo. Era aquel mundo desconocido, tan lejos de ellos por un lado, y por otra el que les llevaba su Cordera.

El viernes, al obscurecer, fue la despedida. Vino un encargado del rematante de Castilla por la res. Pagó; bebieron un trago Antón y el comisionado,[87] y se sacó a la quintana[88] la Cordera. Antón había apurado
215 la botella; estaba exaltado; el peso del dinero en el bolsillo le animaba también. Quería aturdirse.[89] Hablaba mucho, alababa las excelencias de la vaca. El otro sonreía, porque las alabanzas de Antón eran impertinentes. ¿Que daba la res tantos y tantos xarros[90] de leche? ¿Que

70 parroquias... neighborhood parishes
71 que... who had hung around him
72 five-peseta coins
73 greed
74 tener... shake hands
75 pico... last of the fifty pesetas
76 de... ill-humored
77 que... who could not accept reprimands
78 eviction
79 por... for a snack (cheap)
80 cattle auctioneer
81 brand
82 con... with puffy eyes
83 destroyed
84 surly one
85 blow
86 yacían... were devastated
87 middleman
88 field
89 to try to forget
90 jarros = liters

era noble en el yugo, fuerte con la carga? ¿Y qué[91], si dentro de pocos
220 días había de estar reducida a chuletas y otros bocados suculentos? Antón
no quería imaginar esto; se la figuraba viva, trabajando, sirviendo a otro
labrador, olvidada de él y de sus hijos, pero viva, feliz... Pinín y Rosa,
sentados sobre el montón de cucho,[92] recuerdo para ellos sentimental de la
Cordera y de los propios afanes,[93] unidos por las manos, miraban al
225 enemigo con ojos de espanto. En el supremo instante se arrojaron sobre su
amiga; besos, abrazos: hubo de todo. No podían separarse de ella. Antón,
agotada de pronto la excitación del vino, cayó como en un marasmo;[94]
cruzó los brazos y entró en el corral obscuro. Los hijos siguieron un buen
trecho[95] por la calleja de altos setos[96] el triste grupo del indiferente
230 comisionado y la Cordera, que iba de mala gana con un desconocido y a
tales horas. Por fin, hubo que separarse. Antón, malhumorado, exclamaba
desde casa:

—¡Bah, bah, neños, acá vos digo: basta de pamemas![97]— Así
gritaba de lejos el padre con voz de lágrimas.

235 Caía la noche; por la calleja obscura, que hacían casi negra los
altos setos, formando casi bóveda,[98] se perdió el bulto de la Cordera, que
parecía negra de lejos. Después no quedó de ella más que el tintán
pausado de la esquila, desvanecido con la distancia, entre los chirridos
melancólicos de cigarras[99] infinitas.

240 —¡Adiós, Cordera!—gritaba Rosa, deshecha en llanto.— ¡Adiós,
Cordera de mío alma!

—¡Adiós, Cordera—repetía Pinín, no más sereno.

—¡Adiós!—contestó por último, a su modo, la esquila,
perdiéndose su lamento triste, resignado, entre los demás sonidos de la
245 noche de julio en la aldea.

Al día siguiente, muy temprano, a la hora de siempre, Pinín y Rosa
fueron al prao Somonte. Aquella soledad no lo había sido nunca para ellos
triste; aquel día el Somonte, sin la Cordera, parecía el desierto.

De repente silbó la máquina, apareció el humo, luego el tren. En
250 un furgón[100] cerrado, con unas estrechas ventanas altas, o respiradores,
vislumbraron[101] los hermanos gemelos cabezas de vacas que, pasmadas,[102]
miraban por aquellos tragaluces.

-¡Adiós, Cordera!-gritó Rosa, adivinando allí a su amiga, a la vaca
abuela.

255 -¡Adiós, Cordera!- vociferó Pinín con la misma fe, enseñando los
puños al tren, que volaba camino de Castilla.

Y, llorando, repetía el rapaz,[103] más enterado que su hermana de
las picardías del mundo:

-La llevan al matadero... Carne de vaca, para comer los señores,
260 los curas... los indianos.[104]

-¡Adiós, Cordera!

-¡Adiós, Cordera!

Y Rosa y Pinín miraban con rencor la vía, el telégrafo, los
símbolos de aquel mundo enemigo, que les arrebataba,[105] que les devoraba

[91] ¿Y... And for what?
[92] dung
[93] labors
[94] apathy
[95] buen... long way
[96] hedgerows
[97] foolish acts
[98] vaulted ceiling
[99] cicadas
[100] boxcar
[101] made out
[102] astonished
[103] boy
[104] rich emigrants returned from America
[105] snatched away

265 a su compañera de tantas soledades, de tantas ternuras silenciosas, para sus
apetitos, para convertirla en manjares[106] de ricos glotones...

-¡Adiós, Cordera!

-¡Adiós, Cordera!

Pasaron muchos años. Pinín se hizo mozo y se lo llevó el Rey.[107]
270 Ardía la guerra carlista.[108] Antón de Chinta era casero de un cacique[109] de
los vencidos; no hubo influencia para declarar inútil[110] a Pinín, que, por
ser, era como un roble.

Y una tarde triste de octubre, Rosa, en el prao Somonte, sola,
esperaba el paso del tren correo de Gijón, que le llevaba a sus únicos
275 amores, su hermano. Silbó a lo lejos la máquina, apareció el tren en la
trinchera, pasó como un relámpago. Rosa, casi molida por las ruedas,
pudo ver un instante en un coche de tercera multitud de cabezas de pobres
quintos[111] que gritaban, gesticulaban, saludando a los árboles, al suelo, a
los campos, a toda la patria familiar, a la pequeña, que dejaban para ir a
280 morir en las luchas fratricidas de la patria grande, al servicio de un rey y
de unas ideas que no conocían.

Pinín, con medio cuerpo fuera de una ventanilla, tendió los brazos
a su hermana; casi se tocaron. Y Rosa pudo oír, entre el estrépito de las
ruedas y la gritería de los reclutas, la voz distinta de su hermano, que
285 sollozaba, exclamando, como inspirado por un recuerdo de dolor lejano:

-¡Adiós, Rosa! ¡Adiós, Cordera!

—¡Adiós, Pinín! ¡Pinín de mío alma!

Allá iba, como la otra, como la vaca abuela. Se lo llevaba el
mundo. Carne de vaca para los glotones, para los indianos; carne de su
290 alma, carne de cañón para las locuras del mundo, para las ambiciones
ajenas.

Entre confusiones de dolor y de ideas, pensaba así la pobre
hermana viendo al tren perderse a lo lejos, silbando triste, con silbido que
repercutían los castaños, las vegas y los peñascos.
295 ¡Qué sola se quedaba! Ahora sí, ahora sí que era un desierto el
prao Somonte.

—¡Adiós, Pinín! ¡Adiós, Cordera!

Con qué odio miraba Rosa la vía manchada de carbones
apagados;[112] con qué ira los alambres del telégrafo! ¡Oh!, bien hacía la
300 Cordera en no acercarse. Aquello era el mundo, lo desconocido, que se lo
llevaba todo. Y sin pensarlo, Rosa apoyó la cabeza sobre el palo clavado
como un pendón en la punta del Somonte. El viento cantaba en las
entrañas del pino seco su canción metálica. Ahora ya lo comprendía Rosa.
Era canción de lágrimas, de abandono, de soledad, de muerte.
305 En las vibraciones rápidas, como quejidos, creía oír, muy lejana, la
voz que sollozaba por la vía adelante:

—¡Adiós, Rosa! ¡Adiós, Cordera!

[106] dished, food
[107] se... the Government took him away
[108] The Carlist War (1873-1876) was one of many civil uprisings in northern Spain led by conservative and separatist groups against the central government of Madrid.
[109] local political boss
[110] declarar... desqualify
[111] draftees
[112] de... with cold cinders

VOCABULARIO—"¡Adiós, Cordera!"

SUSTANTIVOS

los alambres	wires
la aldea	village
la amenaza	threat
el casero	caretaker
la codicia	greed
el contratista	contractor
el ferrocarril	railroad
los gemelos	twins
la jícara	wire insulator
el matadero	slaughterhouse
la miseria	poverty, destitution
el palo de telégrafo	telegraph pole
el pastor	shepherd
el prado	meadow
el recluta	recruit
la res	cattle; animal
el sonido	sound
el ternero	calf
la vaca	cow
la venta	sale
la vía	track (train)
el yugo	yoke

VERBOS

acostumbrarse	to become accustomed
adivinar	to guess
atreverse (a)	to dare (to)
osar	to dare
pacer/pastar	to graze, pasture
rasgar	to scratch
rondar	to hang around, go round and round
saltar	to jump
silbar	to whistle
sollozar	to sob
trepar	to climb
turbar	to disturb, confuse, worry
valer (valgo)	to be worth

ADJETIVOS

ancho(a)	broad, wide
borracho(a)	drunk
desconocido(a)	unknown
encargado(a) de	in charge of, responsible for
maduro(a)	mature
malhumorado(a)	in a bad mood

EXPRESIONES Y CONCEPTOS

echar a + inf.	*to begin to _____*
tener pasta de	*to be cut out for*
volverse loco(a)	*to go crazy*

EJERCICIOS DE COMPRENSIÓN

1. Empareje los personajes con su actitud respectiva hacia el palo del telégrafo.

   _____ Le encantaba el sonido de los alambres.　　　　　a. Pinín

   _____ No mostraba ningún interés en el palo.　　　　　b. Rosa

   _____ Trepaba el palo, pero no se atrevía a tocar las jícaras.　　c. la Cordera

2. Cómo fue la primera reacción de la Cordera al paso del ferrocarril?
   a. Se asustó mucho.
   b. No le causó ninguna impresión.
   c. Ya estaba acostumbrada al ruido de los trenes.
   d. Temía que viniera a llevársela a la ciudad.

3. Decida cuáles de las siguientes descripciones del palo del telégrafo y del ferrocarril representan una amenaza y cuáles no.

   _____ «pendón de conquista»　　　　_____ «la máquina»

   _____ «poste tranquilo»　　　　　　_____ «estrépito inofensivo»

   _____ «árbol seco»　　　　　　　　_____ «un peligro que pasaba»

   _____ «misterio sagrado»　　　　　_____ «una catástrofe que amenazaba sin dar»

   _____ «pino seco»　　　　　　　　_____ «formidable monstruo»

   _____ «cosa muerta»　　　　　　　_____ «culebra de hierro»

4. ¿Por qué querían tanto Pinín y Rosa a su vaca, la Cordera?
   a. Era una vaca que daba mucha leche.
   b. Era una vaca sagrada.
   c. Era una vaca que les daba amor, ternura y protección.
   d. Era el único animal con que podían jugar.

5. ¿Cómo murió la madre de Rosa y Pinín?
   a. de parto
   b. de enfermedad
   c. de vejez
   d. de hambre y de trabajo

6. ¿Por qué vendió la vaca Antón de Chinta?
   a. Necesitaba dinero para pagar el alquiler.
   b. La vaca no daba leche.
   c. El gobierno quería la vaca para dar de comer al ejército.
   d. Rosa y Pinín se habían cansado de la vaca.

7. Ponga en el orden en que ocurrieron (1-7) los siguientes acontecimientos del viernes en que se fue la Cordera:

_____ Pinín y Rosa gritaron varias veces «¡Adiós, Cordera!».

_____ Pinín y Rosa besaron y abrazaron a la vaca.

_____ Se perdió el ruido de la esquila entre los ruidos nocturnos.

_____ Vino el comisionado por la vaca.

_____ El comisionado llevó a la Cordera por la calleja.

_____ Antón se emborrachó.

_____ Antón se escondió en el corral.

INTERPRETACIÓN

1. ¿Qué efecto tiene la pobreza en la familia?
2. Describa Ud. la relación entre la Cordera y los gemelos.
3. Compare la partida de la Cordera en el ferrocarril con la de Pinín.
4. Discuta el valor simbólico de la Cordera, el telégrafo y el ferrocarril y su relación con los temas siguientes:

   a. la naturaleza, la fe y la vida rural vs. la ciencia, el progreso tecnológico y la vida urbana.

   b. la pérdida de la inocencia.

El hombre muerto

"El hombre muerto," which first appeared in *Los desterrados* (1926), is among the most often anthologized of Quiroga's tales. It is an extremely short, tightly constructed, and emotionally powerful story that describes the final moments of a man's life. Many readers feel that "El hombre muerto" comes as close to rendering the sensations of dying as any story ever written. As you read this story, ask yourself which of the four major elements of prose fiction—character, setting, plot, or theme—seems most important.

Antes de leer

Palabras importantes y modismos

alcanzar a + *infinitivo*	to succeed in (*doing something*)
a tiempo que	at the same time that
deber ser	must, ought to be
de costumbre	usually
de espaldas a	with one's back to
de reojo	out of the corner of one's eye
desde hace + *tiempo*	since (*time*)
echar una mirada a	to glance at
escapársele a alguien	to slip away from someone
tener que ver con	to have to do with

Estrategias para leer

The Role of Leitmotif (leitmotivo)

Leitmotif is generally understood to be a repetition, which can occur in various forms. In literature, it can be the recurrence of a phrase, an image, or even a situation. One might think of the shading between light and darkness, for example, for this contrast is often associated with good and bad, safety and danger. Similarly, in music a specific melody is often associated with a particular individual or mood. The recurring nature of the melody, then, would mark it as a leitmotif. Whether considered in their individual occurrences or in accumulation, these repetitions can be seen to signal and support the theme.

"El hombre muerto" is an elaboration of the theme of death. While Quiroga's approach might seem fairly direct and clear, his elaboration of the theme through the use of leitmotif warrants a closer reading.

How does Quiroga create and elaborate the theme? As you read "El hombre muerto," you will see that this is through the use of leitmotif. How should one approach the relationship between leitmotif and the theme? In this story, one might think about the rather considerable implications of a protagonist without an identifying name, especially when given the very human situation in which he finds himself. Not only does the specific and individual instance give way to a more universal understanding, but it also points to a fair degree of anonymity (being alone in the world). In other words, this momentous event is trivialized and becomes another in a series of insignificant details.

Before reading this story, and in order to understand the importance of the use of leitmotif in Quiroga's story, make a list of additional recurring themes that you can recall from other works, whether in English or Spanish fiction, or in music or film. After you have completed your list of familiar leitmotifs, carefully consider the paragraph that begins, "**La muerte. En el transcurso de la vida...**" (lines 21–25). A lifetime is reduced to a few words, and then, to a final moment. As you read the story, notice how the narrative points to the rather insignificant nature of the death of this man, for he too is reduced to a detail of the greater situation.

El hombre muerto

EL HOMBRE Y su machete acababan de limpiar la quinta calle del bananal.[1] Faltábanles aún dos calles; pero como en éstas abundaban las chircas y malvas silvestres,[2] la tarea que tenían por delante era muy poca cosa. El hombre echó en consecuencia una mirada satisfecha a los arbustos rozados[3] y cruzó el alambrado[4] para tenderse un rato en la gramilla.[5]

5

Mas al bajar el alambre de púa[6] y pasar el cuerpo, su pie izquierdo resbaló sobre un trozo de corteza desprendida del poste, a tiempo que el machete se le escapaba de la mano. Mientras caía, el hombre tuvo la impresión sumamente lejana de no ver el machete de plano[7] en el suelo.

10

Ya estaba tendido en la gramilla, acostado[8] sobre el lado derecho, tal como él quería. La boca, que acababa de abrírsele en toda su extensión, acababa también de cerrarse. Estaba como hubiera deseado estar, las rodillas dobladas y la mano izquierda sobre el pecho. Sólo que tras el antebrazo,[9] e inmediatamente por debajo del cinto, surgían de su camisa el puño y la mitad de la hoja del machete;[10] pero el

15

resto no se veía.

El hombre intentó mover la cabeza, en vano. Echó una mirada de reojo a la empuñadura[11] del machete, húmeda aún del sudor de su mano. Apreció mentalmente la extensión y la trayectoria del machete dentro de su vientre, y adquirió, fría, matemática e inexorable, la seguridad de que acababa de llegar al término de

20

su existencia.

La muerte. En el transcurso de la vida se piensa muchas veces en que un día, tras años, meses, semanas y días preparatorios, llegaremos a nuestro turno al umbral[12] de la muerte. Es la ley fatal, aceptada y prevista; tanto, que solemos dejarnos llevar placenteramente por la imaginación a ese momento, supremo entre todos,

25

en que lanzamos el último suspiro.

Pero entre el instante actual y esa postrera expiración,[13] ¡qué sueños, trastornos, esperanzas y dramas presumimos en nuestra vida! ¡Qué nos reserva aún esta existencia llena de vigor, antes de su eliminación del escenario humano! Es éste el consuelo, el placer y la razón de nuestras divagaciones mortuorias:[14] ¡Tan lejos está

30

la muerte, y tan imprevisto lo que debemos vivir aún!

---

[1]*banana grove* [2]*las... chirca bushes and jungle mallow* [3]*arbustos... cleared brush* [4]*fence* [5]*grama grass* [6]*alambre... barbed wire* [7]*de... lying flat* [8]*resting* [9]*forearm* [10]*el... the handle and half of the blade of his machete* [11]*handle* [12]*threshold* [13]*postrera... last breath* [14]*divagaciones... thoughts on death*

Source: Horacio Quiroga, "El hombre muerto," from *Los desterrados.*

¿Aún?... No han pasado dos segundos: el sol está exactamente a la misma altura; las sombras no han avanzado un milímetro. Bruscamente, acaban de resolverse para el hombre tendido las divagaciones a largo plazo: Se está muriendo.

Muerto. Puede considerarse muerto en su cómoda postura.

35 Pero el hombre abre los ojos y mira. ¿Qué tiempo ha pasado? ¿Qué cataclismo ha sobrevenido en el mundo? ¿Qué trastorno de la naturaleza trasuda el horrible acontecimiento?[15]

Va a morir. Fría, fatal e ineludiblemente, va a morir.

El hombre resiste—¡es tan imprevisto[16] ese horror! Y piensa: Es una pesadilla;
40 ¡esto es! ¿Qué ha cambiado? Nada. Y mira: ¿No es acaso ese bananal su bananal? ¿No viene todas las mañanas a limpiarlo? ¿Quién lo conoce como él? Ve perfectamente el bananal, muy raleado,[17] y las anchas hojas desnudas al sol. Allí están, muy cerca, deshilachadas[18] por el viento. Pero ahora no se mueven. Es la calma de mediodía; pronto deben ser las doce.

45 Por entre los bananos, allá arriba, el hombre ve desde el duro suelo el techo rojo de su casa. A la izquierda, entrevé el monte y la capuera de canelas.[19] No alcanza a ver más, pero sabe muy bien que a sus espaldas está el camino al puerto nuevo; y que en la dirección de su cabeza, allá abajo, yace en el fondo del valle el Paraná[20] dormido como un lago. Todo, todo exactamente como siempre; el sol de
50 fuego, el aire vibrante y solitario, los bananos inmóviles, el alambrado de postes muy gruesos y altos que pronto tendrá que cambiar...

¡Muerto! ¿Pero es posible? ¿No es éste uno de los tantos días en que ha salido al amanecer de su casa con el machete en la mano? ¿No está allí mismo, a cuatro metros de él, su caballo, su malacara,[21] oliendo parsimoniosamente el alambre de
55 púa?

¡Pero sí! Alguien silba... No puede ver, porque está de espaldas al camino; mas siente resonar en el puentecito[22] los pasos del caballo... Es el muchacho que pasa todas las mañanas hacia el puerto nuevo, a las once y media. Y siempre silbando... Desde el poste descascarado[23] que toca casi con las botas, hasta el cerco vivo de
60 monte[24] que separa el bananal del camino, hay quince metros largos. Lo sabe perfectamente bien, porque él mismo, al levantar el alambrado, midió la distancia.

¿Qué pasa, entonces? ¿Es ése o no un natural mediodía de los tantos en Misiones,[25] en su monte, en su potrero,[26] en su bananal ralo? ¡Sin duda! Gramilla corta,
65 conos de hormigas, silencio, sol a plomo...

Nada, nada ha cambiado. Sólo él es distinto. Desde hace dos minutos su persona, su personalidad viviente, nada tiene ya que ver ni con el potrero, que formó él mismo a azada, durante cinco meses consecutivos; ni con el bananal, obra de sus solas manos. Ni con su familia. Ha sido arrancado bruscamente, naturalmente, por
70 obra de una cáscara lustrosa[27] y un machete en el vientre. Hace dos minutos: Se muere.

El hombre, muy fatigado y tendido en la gramilla sobre el costado derecho, se resiste siempre a admitir un fenómeno de esa trascendencia, ante el aspecto normal y monótono de cuanto mira. Sabe bien la hora: las once y media... El mucha-
75 cho de todos los días acaba de pasar sobre el puente.

---

[15]¿Qué... *What disturbance of nature does this horrible event express?* [16]*unforeseen* [17]*thinned out* [18]*frayed* [19]entrevé... *he glimpses the scrub trees and the wild cinnamon* [20]*river in Brazil and Argentina* [21]*horse with a white-spotted forehead* [22]*little bridge* [23]*stripped of bark* [24]cerco... *live thicket fence* [25]*province in northeastern Argentina* [26]*ranch* [27]por... *because of a slippery piece of bark*

¡Pero no es posible que haya resbalado!... El mango[28] de su machete (pronto deberá cambiarlo por otro; tiene ya poco vuelo[29]) estaba perfectamente oprimido entre su mano izquierda y el alambre de púa. Tras diez años de bosque, él sabe muy bien cómo se maneja un machete de monte. Está solamente muy fatigado del
80   trabajo de esa mañana, y descansa un rato como de costumbre.

¿La prueba?... ¡Pero esa gramilla que entra ahora por la comisura[30] de su boca la plantó él mismo, en panes de tierra[31] distantes un metro uno de otro! ¡Y ése es su bananal; y ése es su malacara, resoplando[32] cauteloso ante las púas del alambre! Lo ve perfectamente; sabe que no se atreve a doblar la esquina del alambrado, porque
85   él está echado casi al pie del poste. Lo distingue muy bien; y ve los hilos oscuros de sudor que arranca de la cruz y del anca. El sol cae a plomo, y la calma es muy grande, pues ni un fleco de los bananos se mueve. Todos los días como ése, ha visto las mismas cosas.

...Muy fatigado, pero descansa sólo. Deben de haber pasado ya varios minu-
90   tos... Y a las doce menos cuarto, desde allá arriba, desde el chalet de techo rojo, se desprenderán[33] hacia el bananal su mujer y sus dos hijos, a buscarlo para almorzar. Oye siempre, antes que las demás, la voz de su chico menor que quiere soltarse de la mano de su madre: ¡Piapiá! ¡piapiá!

¿No es eso?... ¡Claro, oye! Ya es la hora. Oye efectivamente la voz de su hijo...
95   ¡Qué pesadilla!... ¡Pero es uno de los tantos días, trivial como todos, claro está! Luz excesiva, sombras amarillentas,[34] calor silencioso de horno sobre la carne, que hace sudar al malacara inmóvil ante el bananal prohibido.

...Muy cansado, mucho, pero nada más. ¡Cuántas veces, a mediodía como ahora, ha cruzado volviendo a casa ese potrero, que era capuera[35] cuando él llegó,
100   y que antes había sido monte virgen! Volvía entonces, muy fatigado también, con su machete pendiente de la mano izquierda, a lentos pasos.

Puede aún alejarse con la mente, si quiere; puede si quiere abandonar un instante su cuerpo y ver desde el tajamar[36] por él construido, el trivial paisaje de siempre: el pedregullo volcánico con gramas rígidas;[37] el bananal y su arena roja; el
105   alambrado empequeñecido en la pendiente, que se acoda hacia el camino.[38] Y más lejos aún ver el potrero, obra sola de sus manos. Y al pie de un poste descascarado, echado sobre el costado derecho y las piernas recogidas, exactamente como todos los días, puede verse a él mismo, como un pequeño bulto asoleado[39] sobre la gramilla, —descansando, porque está muy cansado...
110   Pero el caballo rayado de sudor, e inmóvil de cautela ante el esquinado[40] del alambrado, ve también al hombre en el suelo y no se atreve a costear[41] el bananal, como desearía. Ante las voces que ya están próximas —¡Piapiá!— vuelve un largo, largo rato las orejas inmóviles al bulto: y tranquilizado al fin, se decide a pasar entre el poste y el hombre tendido, —que ya ha descansado.

[28]*handle* [29]*tiene... it's worn down* [30]*corner* [31]*panes... squares of land* [32]*snorting* [33]*se... will set out* [34]*yellowish* [35]*wild brush* [36]*flood ditch* [37]*pedregullo... stiff grass in the field of volcanic soil* [38]*empequeñecido... fading out of sight in the distance as it slopes toward the road* [39]*bathed in sunlight* [40]*corner* [41]*enter*

Después de leer

Cuestionario

1. ¿Qué acababa de hacer el hombre?
2. ¿Qué le pasó al hombre al bajar el alambre de púa?
3. Mientras caía, ¿qué impresión tuvo el hombre?

4. Cuando el hombre echó una mirada de reojo a la empuñadura del machete, ¿de qué se dio cuenta? *tuvo miedo del hombre muerto.*

5. ¿En qué cosa piensa uno en el transcurso de la vida, según el cuento?

6. ¿Cuándo tiene lugar la acción de este cuento?

7. ¿Qué ve el hombre desde el duro suelo? *el hombre vio el techo rojo de su casa*

8. ¿Quién silba? *El muchacho silbó*

9. A las doce menos cuarto, ¿quiénes vendrán a buscar al hombre? *Su familia; su hijas y su esposa*

10. ¿Qué le ha pasado al hombre al final del cuento? *El hombre murió*

ESTUDIO DE PALABRAS

A. Complete las oraciones con palabras o expresiones de **Palabras importantes y modismos.**

1. El muchacho resbaló sobre la hierba (*grass*) _____ el machete caía al suelo.

2. Al caer, el machete _____ de la mano.

3. El hombre _____ la empuñadura (*bandle*) del machete.

4. Es la calma de mediodía: pronto _____ las doce.

5. No puede ver, porque está _____ al camino.

6. Está solamente muy fatigado y descansa un rato como _____.

7. El hombre estaba nervioso y por eso le echó una mirada _____ al joven que lo seguía.

8. He estado aquí _____ tres horas y mi familia no ha llegado.

9. Esto no _____ nada contigo, es mi problema.

10. No _____ ver más.

B. Empareje las palabras con sus sinónimos.

1. _____ machete   a. necesitar
2. _____ intentar   b. cansado
3. _____ camino   c. vía
4. _____ fatigado   d. mirar
5. _____ tender   e. tumbarse
6. _____ alambre de púa   f. terminar
7. _____ faltar   g. cuchillo
8. _____ acabar   h. tratar de
9. _____ ver   i. cerco
10. _____ trastorno   j. cataclismo

CONSIDERACIONES   *Cayó sobre el alambre de púa y reflejó su vida.*

1. Observe detenidamente la descripción de lo que hace el hombre cuando va a descansar (líneas 1–9). Describa con sus propias palabras lo que le ocurre.

2. ¿En qué sentido se puede decir que los primeros dos párrafos se definen por la ironía trágica?

3. Cuando el hombre está tendido en el suelo, comienza a pensar. ¿Cuáles son las preguntas que se hace? ¿Qué intenta expresar el autor con esa serie de preguntas?

4. ¿Piensa Ud. que, en cierto sentido, la vida del hombre se ha vuelto más larga e intensa? ¿Cómo se ven marcados los momentos de suspenso?

5. A lo largo del texto se describe lo que el hombre ve desde el suelo y lo que él sabe que está allí, aunque no lo esté viendo directamente. Basándose en esta información, describa el paisaje de la zona.

6. ¿Por qué se enfatiza que es un día de tantos y que todo sigue «exactamente como siempre» (línea 49)?
7. ¿Quiénes se encuentran diariamente con el hombre a la hora del almuerzo? ¿Cómo se narra esto en el cuento?
8. Comente el efecto que produce el incluir frases de esta índole: «...sabe muy bien...», «lo sabe perfectamente bien, porque... midió la distancia...» y «él sabe muy bien cómo se maneja un machete...»
9. Describa lo que hace el caballo al final del cuento (líneas 110–114). ¿Por qué decide por fin entrar en el bananal?

ANÁLISIS DEL TEXTO

El muerto

1. ¿Cuál es el tema de «El hombre muerto»?
2. ¿Cómo se explica el hecho de que este cuento comienza en el momento que podría ser su desenlace?
3. Discuta el papel del tiempo en este cuento. ¿Cómo avanza el tiempo?
4. ¿Cuáles son los aspectos regionales y universales de este cuento?
5. Discuta la función del narrador en «El hombre muerto». ¿Cuál es la importancia de su presencia como testigo de los sucesos que cuenta?
6. Discuta la organización estética de «El hombre muerto» como lucha entre realidad e irrealidad.

PERSPECTIVA PERSONAL

1. La muerte es un tema universal en la literatura. ¿Cuáles son algunas obras que Ud. ha leído que tratan el mismo tema?
2. Si Ud. fuera el protagonista de este cuento, ¿en qué pensaría Ud.?
3. ¿Qué emociones y sensaciones ha experimentado Ud. al leer este cuento?

BIBLIOGRAFÍA

Alazraki, Jaime. "Un tema y tres cuentos de Horacio Quiroga." *Cuadernos americanos*, *173* (September–December 1970): 194–205.

Etcheverry, José E. "El hombre muerto." In *Aproximaciones a Horacio Quiroga*, edited by Ángel Flores, 269–276. Caracas: Monte Ávila, 1976.

McIntyre, John C. "Horacio Quiroga and Jack London Compared: 'A la deriva,' 'El hombre muerto,' and 'To Build a Fire.'" *New Comparison: A Journal of Comparative and General Literary Studies*, 7 (Summer, 1989): 143–159.

Videla de Rivero, Gloria. "Sobre 'El hombre muerto' de Horacio Quiroga." *Explicación de textos literarios*, *12* (1983–1984): 11–18.

VOCABULARIO

SUSTANTIVOS

el amanecer	*daybreak*
el anca	*hind quarters (of horse)*
el bulto	*bulk, form*
el cinto	*belt, waist*
el consuelo	*consolation*
la cruz	*withers (of horse)*
la pesadilla	*nightmare*
el puño	*handle*
la rodilla	*knee*
el sudor	*sweat*
el suspiro	*breath*
el trastorno	*upheaval*
el vientre	*stomach*

VERBOS

apreciar	*to estimate*
atreverse (a)	*to dare*
descascarar	*to peel*
desprender	*to loosen*
echar	*to cast*
lanzar	*to hurl*
resbalar	*to slip*
soltarse	*to get loose*
tender	*to stretch (out)*
yacer	*to lie*

ADJETIVOS

grueso	*thick*
ralo	*sparse*

EXPRESIONES Y CONCEPTOS

a largo plazo	*long term*
a plomo	*straight down*
de cautela	*to guard against, cautious*
el costado derecho	*the right side*
mirar de reojo	*to look askance*
trozo de corteza	*a piece of bark*

Capítulo 5

Lo masculino y lo femenino

Sor Juana Inés de la Cruz

Nació en una aldea cerca de la ciudad de México y desde pequeña dio muestras de su inteligencia y de su vocación hacia las ciencias y el saber en general. Su obra incluye poesía lírica, villancicos, el poema alegórico *El Sueño*, los ensayos titulados *Carta Atenagórica* y *Respuesta a Sor Filotea de la Cruz*. Su teatro incluye autos sacramentales y teatro profano. Su obra puede considerarse como una manifestación de su lucha por el reconocimiento de la capacidad intelectual de la mujer. En su tiempo fue considerada un portento y se le llamó "La décima musa". Hoy es considerada una de las primeras y más importantes defensoras de la mujer en América. Las redondillas que se incluyen son uno de sus poemas más conocidos.

Hombres necios que acusáis

Arguye de inconsecuentes el gusto
y la censura de los hombres,
que en las mujeres acusan lo que causan.[1]

Hombres necios que acusáis
a la mujer sin razón,
sin ver que sois la ocasión
de lo mismo que[2] culpáis:

si con ansia sin igual
solicitáis su desdén,
¿por qué queréis que obren bien[3]
si las incitáis al mal?

Combatís su resistencia
y luego, con gravedad,
decís que fue liviandad[4]
lo que hizo la diligencia.[5]

Parecer quiere el denuedo
de vuestro parecer loco,
al niño que pone el coco
y luego le tiene miedo.[6]

Queréis, con presunción necia,
hallar a la que buscáis
para pretendida, Thais,
y en la posesión, Lucrecia.[7]

[1] Arguye… She proves the inconsistency of men's pleasure and censure, who accuse women of what they cause.

[2] lo… the very thinkg that

[3] obren… they (women) behave virtuously

[4] sensuality

[5] lo… what was won with diligence

[6] Parecer… The audacity of your crazy attitude is like the child who calls the bogeyman and then is frightened when he comes.

[7] para… for a lover you prefer Thaïs (a famous courtesan), for a wife you want Lucrece (famous for her virtue)

¿Qué humor puede ser más raro
que el que, falto de consejo,
él mismo empaña[8] el espejo,
y siente que no esté claro?

Con el favor y el desdén
tenéis condición igual,[9]
quejándoos, si os tratan mal,
burlándoos, si os quieren bien.

Opinión, ninguna gana;
pues la que más se recata,[10]
si no os admite,[11] es ingrata,
y si os admite, es liviana.[12]

Siempre tan necios andáis
que, con desigual nivel,
a una culpáis por crüel
y a otra por fácil culpáis.

¿Pues cómo ha de estar templada[13]
la que vuestro amor pretende,
si la que es ingrata, ofende,
y la que es fácil, enfada?

Mas, entre el enfado y pena
que vuestro gusto refiere,
bien haya la que no os quiere
y quejaos en hora buena.[14]

Dan vuestras amantes penas
a sus libertades alas,
y después de hacerlas malas
las queréis hallar muy buenas.[15]

¿Cuál mayor culpa ha tenido
en una pasión errada:
la que cae de rogada,
o el que ruega de caído?[16]

¿O cuál es más de culpar,
aunque cualquiera mal haga:
la que peca por la paga,
o el que paga por pecar?

[8] clouds (tarnishes)
[9] tenéis… you are the same
[10] se… is modest
[11] si… if she doesn't give you love
[12] unchaste
[13] Pues… so how can she be temperate
[14] bien… and when there might be one who does not give you love how quickly you complain
[15] muy… without stain
[16] la… she who falls heeding his pleas or he who pleads that she surrender

60
Pues ¿para qué os espantáis
de la culpa que tenéis?
Queredlas cual las hacéis
o hacedlas cual las buscáis.[17]

65
Dejad de solicitar,
y después, con más razón,
acusaréis la afición
de la que os fuere a rogar.[18]

70
Bien con muchas armas fundo
que lidia vuestra arrogancia,[19]
pues en promesa e instancia[20]
juntáis diablo, carne y mundo.

[17] Queredlas… Either love what you create or else create what you can love.

[18] acusaréis… you will receive the admiration of her you attempted to ensnare

[19] Bien… But no, I believe you will continue to revel in your arms and arrogance

[20] persistence

VOCABULARIO

el denuedo	bravery, courage
el coco	bogeyman
el humor	mood
el favor	acceptance

PREGUNTAS

1. ¿Por qué el hombre acusa a la mujer sin tener razón?
2. ¿De qué maneras incita al mal el hombre a la mujer?
3. ¿Cómo es la mujer que el hombre quiere encontrar?
4. Dar tres razones por las que el hombre es más culpable que la mujer.
5. ¿Qué actitudes debe tomar el hombre con la mujer?

Emilia Pardo Bazán

Emilia Pardo Bazán (1851-1921) fue una española de gran cultura que cultivó la novela, el ensayo, el cuento y el periodismo, llegando a ser considerada uno de los novelistas más importantes del siglo XIX español. Fue una mujer de una gran energía que además de crear una obra literaria de enormes dimensiones, estuvo muy vinculada a los movimientos feministas de su época.

El indulto

PARTE I

De cuantas mujeres enjabonaban ropa en el lavadero público de Marineda, ateridas por el frío cruel de una mañana de marzo, Antonia la asistenta era la más encorvada, la más abatida, la que torcía con menos brío, la que refregaba con mayor desaliento. A veces, interrumpiendo su labor,
5 pasábase el dorso de la mano por los enrojecidos párpados, y las gotas de agua y burbujas de jabón parecían lágrimas sobre su tez marchita.

Las compañeras de trabajo de Antonia la miraban compasivamente, y de tiempo en tiempo, entre la algarabía de las conversaciones y disputas, se cruzaba un breve diálogo, a media voz,
10 entretejido con exclamaciones de asombro, indignación y lástima. Todo el lavadero sabía al dedillo los males de la asistenta, y hallaba en ellos asunto para interminables comentarios. Nadie ignoraba que la infeliz, casada con un mozo carnicero, residía, años antes, en compañía de su madre y de su marido, en un barrio extramuros, y que la familia vivía con desahogo,
15 gracias al asiduo trabajo de Antonia y a los cuartejos ahorrados por la vieja en su antiguo oficio de revendedora, baratillera y prestamista. Nadie había olvidado tampoco la lúgubre tarde en que la vieja fue asesinada, encontrándose hecha astillas[1] la tapa del arcón[2] donde guardaba sus caudales[3] y ciertos pendientes y brincos de oro. Nadie, tampoco, el horror
20 que infundió en el público la nueva de que el ladrón y asesino no era sino el marido de Antonia, según esta misma[4] declaraba, añadiendo que desde tiempo atrás roía[5] al criminal la codicia[6] del dinero de su suegra, con el cual deseaba establecer una tablajería[7] suya propia. Sin embargo, el acusado hizo por probar la coartada,[8] valiéndose del testimonio de dos o
25 tres amigotes de taberna, y de tal modo envolvió el asunto, que, en vez de ir al palo,[9] salió con veinte años de cadena.[10] No fue tan indulgente la opinión como la ley: además de la declaración de la esposa, había un indicio vehementísimo: la cuchillada que mató a la vieja, cuchillada certera y limpia, asestada[11] de arriba abajo, como las que los matachines[12]
30 dan a los cerdos, con un cuchillo ancho y afiladísimo, de cortar carne. Para el pueblo no cabía duda en que el culpable debió subir al cadalso.[13] Y el destino de Antonia comenzó a infundir sagrado terror cuando fue

[1] hecha... in splinters
[2] tapa... lid of the trunk
[3] wealth, property
[4] esta... Antonia
[5] gnawed
[6] greed
[7] carnicería
[8] hizo... tried to prove his alibi
[9] gallows
[10] de... en la cárcel
[11] struck
[12] carniceros
[13] gallows

esparciéndose[14] el rumor de que su marido se la había jurado[15] para el día en que saliese del presidio, por acusarle. La desdichada quedaba encinta,
35 y el asesino la dejó avisada de que, a su vuelta, se contase[16] entre los difuntos.

Cuando nació el hijo de Antonia, ésta no pudo criarlo, tal era su debilidad y demacración[17] y la frecuencia de las congojas[18] que desde el crimen la aquejaban. Y como no le permitía el estado de su bolsillo pagar
40 ama, las mujeres del barrio que tenían niños de pecho[19] dieron de mamar por turno a la criatura, que creció enclenque,[20] resistiéndose de[21] todas las angustias de su madre. Un tanto repuesta[22] ya, Antonia se aplicó con ardor al trabajo, y aunque siempre tenían sus mejillas esa azulada palidez que se observa en los enfermos del corazón, recobró su silenciosa
45 actividad, su aire apacible.

«¡Veinte años de cadena! En veinte años—pensaba ella para sus adentros—, él se puede morir o me puedo morir yo, y de aquí allá, falta mucho todavía.»

La hipótesis de la muerte natural no la asustaba; pero la
50 espantaba[23] imaginar solamente que volvía su marido. En vano las cariñosas vecinas la consolaban, indicándole la esperanza remota de que el inicuo parricida[24] se arrepintiese, se enmendase, o, como decían ellas, se volviese de mejor idea. Meneaba[25] Antonia la cabeza entonces, murmurando sombríamente:
55 —¿Eso él? ¿De mejor idea? Como no[26] baje Dios del cielo en persona y le saque aquel corazón perro y le ponga otro...

Y, al hablar del criminal, un escalofrío[27] corría por el cuerpo de Antonia.

En fin, veinte años tienen muchos días, y el tiempo aplaca[28] la pena
60 más cruel. Algunas veces, figurábasele a Antonia que todo lo ocurrido era un sueño, o que la ancha boca del presidio, que se había tragado[29] al culpable, no le devolvería jamás; o que aquella ley que al cabo supo castigar el primer crimen sabría prevenir el segundo. ¡La ley! Esa entidad moral, de la cual se formaba Antonia un concepto misterioso y confuso,
65 era sin duda fuerza terrible, pero protectora; mano de hierro[30] que la sostendría al borde del abismo. Así es que a sus ilimitados temores se unía una confianza indefinible, fundada sobre todo en el tiempo transcurrido[31] y en el que aún faltaba para cumplirse la condena.

¡Singular enlace el de los acontecimientos!*
70 No creería de seguro el rey, cuando vestido de capitán general y con el pecho cargado de condecoraciones daba la mano ante el ara a una princesa,† que aquel acto solemne costaba amarguras sin cuento[32] a una pobre asistenta, en lejana capital de provincia.[33] Así que Antonia supo que había recaído indulto en[34] su esposo, no pronunció palabra, y la vieron las
75 vecinas sentada en el umbral[35] de la puerta, con las manos cruzadas, la

---

* ¡Singular... Events have a strange way of turning out!
† daba... was marrying a princess before the altar

[14] spreading
[15] se... had it in for her
[16] se... she shoul count herself
[17] emaciation
[18] angustia
[19] niños... nursing babies
[20] enfermizo
[21] resistiéndose... suffering because of
[22] Un... Más tranquila
[23] daba miedo
[24] inicuo... wicked killer of a parent
[25] Shook
[26] Como... A menos que
[27] shudder
[28] calma
[29] se... had swallowed up
[30] iron
[31] pasado
[32] fin
[33] en... in a far-off provincial capital
[34] había... había sido perdonado
[35] threshold

cabeza caída sobre el pecho, mientras el niño, alzando[36] su cara triste de criatura enfermiza, gimoteaba:[37]

—Mi madre... ¡Caliénteme la sopa, por Dios, que tengo hambre!

El coro benévolo y cacareador[38] de las vecinas rodeó a Antonia.

80 Algunas se dedicaron a arreglar la comida del niño: otras animaban a la madre del mejor modo que sabían. ¡Era bien tonta en afligirse así! ¡Ave María Purísima! ¡No parece sino que aquel hombre no tenía más que llegar a matarla![‡] ¡Había Gobierno, gracias a Dios, y Audiencia, y serenos;[39] se podía acudir a los celadores, al alcalde[40]...

85 —¡Qué alcalde!—decía ella con hosca[41] mirada y apagado acento.

—O al gobernador, o al regente, o al jefe de municipales. Había que ir a un abogado. saber lo que dispone la ley...

Una buena moza, casada con un guardia civil, ofreció enviar a su marido para que le «metiese un miedo» al picarón;[42] otra, resuelta y

90 morena, se brindó a[43] quedarse todas las noches a dormir en casa de la asistenta. En suma: tales y tantas fueron las muestras de interés de la vecindad, que Antonia se resolvió a intentar algo, y sin levantar la sesión, acordóse[§] consultar un jurisperito,[44] a ver qué recetaba.

Cuando Antonia volvió de la consulta, más pálida que de

95 costumbre, de cada tenducho[45] y de cada cuarto bajo salían mujeres en pelo[46] a preguntarle noticias, y se oían exclamaciones de horror. ¡La ley, en vez de protegerla, obligaba a la víctima a vivir bajo el mismo techo, maritalmente con el asesino!

—¡Qué leyes, divino Señor de los cielos! ¡Así los bribones que las

100 hacen las aguantaran![**]—clamaba indignado el coro—. ¿Y no habrá algún remedio, mujer, no habrá algún remedio?

—Dice que nos podemos separar... después de una cosa que le llaman divorcio.

—¿Y qué es divorcio, mujer?

105 —Un pleito muy largo.

Todos dejaron caer los brazos con desaliento: los pleitos no se acaban nunca, y peor aún si se acaban, porque los pierde siempre el inocente y el pobre.

—Y para eso—añadió la asistenta—tenía yo que probar antes que

110 mi marido me daba mal trato.

—¡Aquí de Dios! ¿Pues aquel tigre no le había matado a la madre? ¿Eso no era mal trato? ¿Eh? ¿Y no sabían hasta[47] los gatos que la tenía amenazada con matarla también?

—Pero como nadie lo oyó.... Dice el abogado que se quieren

115 pruebas claras....

Se armó una especie de motín.[48] Había mujeres determinadas a hacer, decían ellas, una exposición al mismísimo rey,[49] pidiendo

36 raising
37 lloraba
38 cackling
39 Audiencia... Courts and night watchmen
40 mayor
41 gloomy
42 villaín
43 se... ofreció
44 law professor
45 pequeña tienda
46 en... disheveled
47 even
48 Se... A kind of revolt got started.
49 al... to the king himself

---

‡ ¡Ave... Holy Mother of God! How could she be so silly as to think what that man had only to arrive to be able to kill her!

§ sin... without calling a close to the meeting, she agreed

** Así... If only the fools who made them had to live with them!

contraindulto.[50] Y, por turno, dormían en casa de la asistenta, para que la pobre mujer pudiese conciliar el sueño.[51] Afortunadamente, el tercer día 120 llegó la noticia de que el indulto era temporal,[52] y al presidiario aún le quedaban algunos años de arrastrar el grillete.[††] La noche que lo supo Antonia fue la primera en que no se enderezó[53] en la cama, con los ojos desmesuradamente[54] abiertos, pidiendo socorro.

[50] counterpardon
[51] conciliar… dormirse
[52] provisionary
[53] no… she didn't sit bolt upright
[54] disproportionately

VOCABULARIO

el bulto	*shape, form*	guiñar	*to wink, blink*
caritativo	*charitable*	la hembra	*female*
encogerse de hombros	*to shrug one's shoulders*	la pesadilla	*nightmare*
el ensimismamiento	*self-absorption; withdrawal*	el plazo	*time period*
el escaparate	*shop window*	reparar en	*to notice*
la fiebre	*fever*	el rincón	*corner (of a room)*

COMPRENSIÓN

A. Complete las oraciones según la lectura.

1. Las compañeras de Antonia creían que ella era _____.
   a. estúpida
   b. perezosa
   c. digna de compasión

2. Antonia vivía de _____.
   a. fregar (*to scrub*) y lavar ropa
   b. vender carne
   c. dinero heredado de su madre

3. La madre de Antonia murió _____.
   a. por trabajar demasiado
   b. después de una larga enfermedad
   c. asesinada

4. Antes de marcharse, el asesino _____.
   a. juró volver y matar a Antonia
   b. pudo ver el nacimiento de su hijo
   c. demostró cierto remordimiento

5. Durante los primeros años que su marido estuvo en el presidio, Antonia _____.
   a. vivió de limosna
   b. volvió a trabajar de lavandera
   c. estuvo tan triste que no pudo trabajar

6. Antonia pensaba que en veinte años _____.
   a. su esposo podría volverse de mejor idea
   b. o ella o su marido estaría muerto
   c. su marido estaría en la cárcel todavía

[††] arrastrar… to drag the shackle (stay in prison)

7. El marido de Antonia recibió un indulto porque _____.
   a. fue un prisionero modelo
   b. el rey se casó
   c. ella lo pidió

8. Para las vecinas de Antonia, los pleitos _____.
   a. eran siempre muy cortos y justos
   b. eran siempre muy largos e injustos
   c. eran largos, pero a veces justos

B. Busque cinco palabras de la lista del vocabulario y escriba un resumen de la lectura en dos oraciones.

C. Describa a Antonia y a su marido, usando cinco adjetivos para cada uno. Luego, busque cinco sustantivos que se asocien con cada uno. No es necesario limitarse a las palabras de la lista del vocabulario.

D. Complete las siguientes oraciones usando el tiempo perfecto apropiado en cada caso.
   1. Antes del asesinato de su madre, Antonia había _____.
   2. Todo el pueblo estaba seguro de que el marido de Antonia había _asesinado_
   3. Dos amigos del carnicero negaron que él hubiera _matado_
   4. El marido se había marchado al presidio antes de que su hijo hubiera _nacido_.
   5. Para divorciarse, Antonia tiene que probar que su marido la había _maltratado_

E. Conteste las preguntas según la lectura.
   1. ¿Siempre había trabajado Antonia en el lavadero? ¿Cómo se había ganado la vida la madre de Antonia?
   2. ¿Quién mató a la madre de Antonia? ¿Por que la mató?
   3. ¿Quién acusó al asesino? ¿Qué importancia tiene este hecho con respecto al resto del cuento?
   4. ¿Qué sentencia recibió el criminal? ¿Por qué no fue condenado a muerte?
   5. ¿Por qué fue Antonia a consultar al jurisperito? ¿De qué se enteró en la consulta?
   6. ¿Volvió el marido a casa después de recibir el indulto? ¿Por qué sí (no)?

INTERPRETACIÓN

A. ¡Necesito compañero! Determinen si las siguientes afirmaciones son verdaderas o falsas y luego busquen tres ejemplos en el texto que apoyen su respuesta. Al terminar, comparen sus respuestas con las de los otros miembros de la clase.
   1. Parece cieno que el marido de Antonia mató a la madre de ella.
   2. Las mujeres del pueblo intentan ayudar a Antonia
   3. El sistema jurídico estatal protege a Antonia.
   4. El nivel de educación de las mujeres parece bastante bajo.

B. ¿Se narra esta parte del cuento en primera o tercera persona? ¿Cuál es la perspectiva que adopta el narrador? ¿Cree Ud. que el narrador simpatiza con Antonia o la critica? ¿Que datos de la primera parte del cuento apoyan su opinión?

C. Casi todos los personajes del cuento son mujeres. Utilizando el siguiente esquema, compare a Antonia con las otras mujeres del pueblo en cuanto a las características indicadas continuación.

	ANTONIA	LAS MUJERES DEL PUEBLO
1. la apariencia física		
2. la fuerza física		
3. la actitud ante las autoridades		
4. el nivel de educación		
5. el nivel social		
6. la confianza en sí misma(s)		

En su opinión, ¿qué mujer (o mujeres) del cuento se aproxima más a la típica mujer española del siglo XIX?

D. El marido de Antonia no aparece prácticamente en esta primera parte del cuento; sin embargo, se sabe mucho de él. ¿Cómo se le ha presentado en el cuento hasta ahora? ¿Cómo se comunica esta información al rector? ¿Qué efecto produce esta manera de informar al rector?

PARTE 2

Después de este susto pasó más de un año y la tranquilidad renació para la
125 asistenta, consagrada[1] a sus humildes quehaceres.[2] Un día, el criado de la
casa donde estaba asistiendo creyó hacer un favor a aquella mujer pálida,
que tenía su marido en presidio, participándole[3] cómo la reina iba a parir,[4]
y habría indulto de fijo.[5]

Fregaba[6] la asistenta los pisos, y al oír tales anuncios soltó el
130 estropajo, y descogiendo las sayas que traía arrolladas,‡‡ a la cintura, salió
con paso de autómata, muda y fría como una estatua. A los recados[7] que
le enviaban de las casas respondía que estaba enferma, aunque en realidad
sólo experimentaba un anonadamiento[8] general, un no levantársele los
brazos a labor alguna. El día del regio parto[9] contó los cañonazos de la
135 salva, cuyo estampido§§ le resonaba dentro del cerebro, y como hubo
quien le advirtió que el vástago[10] real era hembra, comenzó a esperar que
un varón habría ocasionado más indultos. Además, ¿por qué le había de
coger el indulto a su marido? Ya le habían indultado una vez, y su crimen
era horrendo; ¡matar a la indefensa vieja que no le hacía daño alguno, todo
140 por unas cuantas tristes monedas de oro! La terrible escena volvía a
presentarse ante sus ojos: ¿merecía indulto la fiera que asentó[11] aquella
tremenda cuchillada? Antonia recordaba que la herida tenía los labios
blancos, y parecía ver la sangre cuajada al pie del catre.[12]

Se encerró en su casa, y pasaba las horas sentada en una silleta
145 junto al fogón.[13] ¡Bah! ¡Si había de[14] matarla, mejor era dejarse morir!

Sólo la voz plañidera[15] del niño la sacaba de su ensimismamiento.

—Mi madre, tengo hambre. Mi madre, ¿qué hay en la puerta?
¿Quién viene?

Por último, una hermosa mañana de sol se encogió de hombros, y
150 tomando un lío[16] de ropa sucia, echó a andar camino del[17] lavadero. A las
preguntas afectuosas respondía con lentos monosílabos, y sus ojos se
posaban[18] con vago extravío[19] en la espuma del jabón que le saltaba al
rostro.

¿Quién trajo al lavadero la inesperada nueva, cuando ya Antonia
155 recogía su ropa lavada y torcida e iba a retirarse? ¿Inventóla alguien con
fin[20] caritativo, o fue uno de esos rumores misteriosos, de ignoto[21] origen,
que en vísperas de[22] acontecimientos grandes para los pueblos, o los
individuos, palpitan y susurran[23] en el aire? Lo cierto es que la pobre
Antonia, al oírlo, se llevó instintivamente la mano al corazón, y se dejó
160 caer hacia atrás sobre las húmedas piedras del lavadero.

—Pero ¿de veras murió?—preguntaban las madrugadoras[24] a las
recién llegadas.

—Si, mujer...

—Yo lo oí en el mercado...
165 —Yo, en la tienda...

—¿A ti quién te lo dijo?

1 dedicada
2 tareas
3 diciéndole
4 tener un niño
5 de... seguramente
6 She was scrubbing
7 messages
8 depresión
9 regio... royal birth
10 como... ya que
   alguien le dijo hijo
11 la... the beast that
   struck
12 cuajada...
   coagulated at the foot
   of the bed
13 fuego
14 había... iba a
15 quejosa
16 bundle
17 camino... hacia el
18 se... miraban
19 distracción
20 propósito
21 desconocido
22 en... on the night
   before
23 palpitan... throb and
   whisper
24 early risers

---

‡‡ descogiendo... undoing the skirt that she had rolled up
§§ contó... she counted the cannon shots of the salute, the sound of which

—A mí, mi marido.

—¿Y a tu marido?

—El asistente del capitán.

170   —¿Y al asistente?

—Su amo...

Aquí ya la autoridad pareció suficiente y nadie quiso averiguar más, sino dar por firme y valedera la noticia. ¡Muerto el criminal, en víspera de indulto, antes de cumplir el plazo de su castigo! Antonia la
175   asistenta alzó la cabeza, y por primera vez se tiñeron[25] sus mejillas de un sano color y se abrió la fuente de sus lágrimas. Lloraba de gozo,[26] y nadie de los que la miraban se escandalizó. Ella era la indultada: su alegría, justa. Las lágrimas se agolpaban a sus lagrimales, dilatándole:[27] el corazón, porque desde el crimen se había quedado cortada, es decir, sin
180   llanto. Ahora respiraba anchamente, libre de su pesadilla. Andaba tanto la mano de la Providencia en lo ocurrido, que a la asistenta no le cruzó por la imaginación que podía ser falsa la nueva.

Aquella noche, Antonia se retiró a su casa más tarde que de costumbre, porque fue a buscar a su hijo a la escuela de párvulos,[28] y le
185   compró rosquillas de «jinete»,[29] con otras golosinas que el chico deseaba hacía tiempo, y ambos recorrieron las calles, parándose ante los escaparates, sin ganas de comer, sin pensar más que en beber el aire, en sentir la vida y en volver a tomar posesión de ella.

Tal era el enajenamiento[30] de Antonia que ni reparó en que la
190   puerta de su cuarto bajo no estaba sino entornada.[31] Sin soltar de la mano al niño entró en la reducida estancia[32] que le servía de sala, cocina y comedor, y retrocedió atónita viendo encendido el candil. Un bulto negro se levantó de la mesa, y el grito que subía a los labios de la asistenta se ahogó[33] en la garganta.
195   Era él. Antonia, inmóvil, clavada al suelo, no le veía ya, aunque la siniestra imagen se reflejaba en sus dilatadas pupilas. Su cuerpo yerto[34] sufría una parálisis momentánea; sus manos frías soltaron al niño, que, aterrado, se le cogió a las faldas. El marido habló:

—¡Mal contabas conmigo[35] ahora!—murmuró con acento ronco,[36]
200   pero tranquilo.

Y al sonido de aquella voz donde Antonia creía oír vibrar aún las maldiciones y las amenazas de muerte, la pobre mujer, como desencantada, despertó, exhaló un ¡ay! agudísimo,[37] y cogiendo a su hijo en brazos, echó a correr hacia la puerta. El hombre se interpuso.
205   —¡Eh..., chis! ¿Adónde vamos, patrona?[38]—silabeó[39] con su ironía de presidiario—. ¿A alborotar[40] al barrio a estas horas? ¡Quieto aquí todo el mundo!

Las últimas palabras fueron dichas sin que las acompañase ningún ademán[41] agresivo, pero con un tono que heló[42] la sangre de Antonia. Sin
210   embargo, su primer estupor se convertía en fiebre, la fiebre lúcida del instinto de conservación. Una idea rápida cruzó por su mente: ampararse

[25] se... se colorearon
[26] alegría
[27] se... came rushing to her eyes, dilating
[28] escuela... nursery school
[29] respuillas... special type of pastry
[30] absent-mindedness
[31] half-closed
[32] cuarto
[33] se... murió
[34] stiff
[35] ¡Mal... Little did you expect me
[36] hoarse
[37] piercing
[38] old gal
[39] pronunció
[40] agitar
[41] gesto
[42] froze

del[43] niño. ¡Su padre no le conocía: pero, al fin, era su padre! Levantóle en alto y le acercó a la luz.

—¿Ese es el chiquillo?—murmuró el presidiario, y descolgando el
215 candil llególo al rostro del chico.

Este guiñaba los ojos, deslumbrado,[44] y ponía las manos delante de la cara, como para defenderse de aquel padre desconocido, cuyo nombre oía pronunciar con terror y reprobación universal. Apretábase a su madre, y ésta, nerviosamente, le apretaba también, con el rostro más blanco que la
220 cera.[45]

—¡Qué chiquillo tan feo!—gruñó el padre, colgando de nuevo el candil—. Parece que lo chuparon las brujas.[46]

Antonia, sin soltar al niño, se arrimó[47] a la pared, pues desfallecía.[48] La habitación le daba vueltas alrededor, y veía lucecitas
225 azules en el aire.

—A ver: ¿no hay nada de comer aquí?—pronunció el marido.

Antonia sentó al niño en un rincón, en el suelo, y mientras la criatura lloraba de miedo, conteniendo los sollozos, la madre comenzó a dar vueltas por el cuarto, y cubrió la mesa con manos temblorosas. Sacó
230 pan, una botella de vino, retiró del hogar una cazuela de bacalao,[49] y se esmeraba*** sirviendo diligentemente, para aplacar al enemigo con su celo.[50] Sentóse el presidiario y empezó a comer con voracidad, menudeando[51] los tragos de vino. Ella permanecía en pie, mirando, fascinada, aquel rostro curtido,[52] afeitado y seco que relucía con ese
235 barniz[53] especial del presidio. Él llenó el vaso una vez más y la convidó.[54]

—No tengo voluntad...—balbució[55] Antonia: y el vino, al reflejo del candil, se le figuraba un coágulo de sangre.

Él lo despachó encogiéndose de hombros, y se puso en el plato más bacalao, que engulló[56] ávidamente, ayudándose con los dedos y
240 mascando grandes cortezas de pan. Su mujer le miraba hartarse,[57] y una esperanza sutil se introducía en su espíritu. Así que[58] comiese, se marcharía sin matarla. Ella, después, cerraría a cal y canto[59] la puerta, y si quería matarla entonces, el vecindario[60] estaba despierto y oiría sus gritos. ¡Sólo que, probablemente, le sería imposible a ella gritar! Y carraspeó
245 para afianzar la voz. El marido, apenas se vio saciado[61] de comida, sacó del cinto un cigarro, lo picó[62] con la uña y encendió sosegadamente[63] el pitillo[64] en el candil.

—¡Chis!... ¿Adónde vamos?—gritó viendo que su mujer hacía un movimiento disimulado hacia la puerta—. Tengamos la fiesta en paz.

250 —A acostar al pequeño—contestó ella sin saber lo que decía. Y refugióse en la habitación contigua llevando a su hijo en brazos. De seguro que el asesino no entraría allí. ¿Cómo había de tener valor para tanto? Era la habitación en que había cometido el crimen, el cuarto de su madre. Pared por medio[65] dormía antes el matrimonio; pero la miseria que
255 siguió a la muerte de la vieja obligó a Antonia a vender la cama matrimonial y usar la de la difunta. Creyéndose en salvo,[66] empezaba a

---

*** se... she went out of her way

43 ampararse... protect herself with
44 dazzled
45 wax
46 lo... some witches got hold of him
47 se... flattened herself against
48 she felt faint
49 cazuela... dish of cod
50 buen trabajo
51 repitiendo con frecuencia
52 tanned
53 relucia... shone with that veneer
54 la... invited her to join him
55 stammered
56 he bolted down
57 satisfacerse
58 Así... Tan pronto como
59 a... firmemente
60 vecindad
61 satisfecho
62 cortó
63 tranquilamente
64 cigarro
65 Pared... Next door
66 en... sin peligro

desnudar al niño, que ahora se atrevía a sollozar más fuerte, apoyado en su seno;[67] pero se abrió la puerta y entró el presidiario.

    260 Antonia le vio echar una mirada oblicua en torno suyo, descalzarse[68] con suma tranquilidad, quitarse la faja,[69] y, por último, acostarse en el lecho[70] de la víctima. La asistenta creía soñar. Si su marido abriese una navaja,[71] la asustaría menos quizá que mostrando tan horrible sosiego.[72] Él se estiraba[73] y revolvía en las sábanas,[74] apurando la colilla[75] y suspirando de gusto, como hombre cansado qué encuentra una 265 cama blanda y limpia.

    —¿Y tú?—exclamó dirigiéndose a Antonia—. ¿Qué haces ahí quieta como un poste? ¿No te acuestas?

    —Yo... no tengo sueño—tartamudeó[76] ella, dando diente con diente.

    270 —¿Qué falta hace tener sueño? ¡Si irás a pasar la noche de centinela!†††

    —Ahí... ahí... no... cabemos... Duerme tú... Yo aquí, de cualquier modo...

    El soltó dos o tres palabras gordas.[77]

    275 —¿Me tienes miedo o asco, o qué rayo[78] es esto? A ver como[79] te acuestas, o si no...

    Incorporóse[80] el marido, y extendiendo las manos mostró querer saltar de la cama al suelo. Mas ya Antonia, con la docilidad fatalista de la esclava, empezaba a desnudarse. Sus dedos apresurados rompían las 280 cintas, arrancaban violentamente los corchetes, desgarraban las enaguas.‡‡‡ En un rincón del cuarto se oían los ahogados sollozos del niño...

    Y el niño fue quien, gritando desesperadamente, llamó al amanecer[81] a las vecinas que encontraron a Antonia en la cama, extendida, como muerta. El médico vino aprisa, y declaró que vivía, y la sangró,[82] y 285 no logró sacarle gota de sangre. Falleció a las[83] veinticuatro horas, de muerte natural, pues no tenía lesión alguna. El niño aseguraba que el hombre que había pasado allí la noche la llamó muchas veces al levantarse, y viendo que no respondía echó a correr como un loco.

Margin glossary:

[67] pecho
[68] quitarse los zapatos
[69] sash
[70] cama
[71] pocket knife
[72] calma
[73] se... stretched
[74] sheets
[75] apurando... terminando el cigarro
[76] stammered
[77] feas
[78] qué... what the devil
[79] A... You'd better
[80] Sat up
[81] dawn
[82] he bled
[83] Falleció... Murió después de

COMPRENSIÓN

A. El siguiente resumen contiene varios errores de contenido. Corríjalos y escriba el resumen de nuevo.

Después de un año un amigo le dijo a Antonia que el rey había muerto y en consecuencia, habría un indulto general. Antonia se alegró mucho y fue a anunciarlo a todas sus amigas. Un día se fue al lavadero donde le dijeron que su marido había muerto. como celebración, Antonia y su hijo planearon un viaje. Cuando regresaron a la casa, no notaron que la puerta estaba abierta. Adentro estaba el marido. Antonia trató de convencerle de que saliera pero no tuvo éxito. El marido estaba muy contento de ver a su hijito. Entonces los dos comieron

---

††† ¡Si... Do you think you're going to spend the night on guard?
‡‡‡ arrancaban... pulled violently at snaps, tore her underskirts.

[handwritten annotations above first line: su, cerró pan, + una caruela te bacalao, marido]

y el marido bebió varias copas de vino. Después se acostó. Antonia se acostó con su hijo, en el suelo, y durante la noche se levantó y mató a su marido mientras el dormía.

B. Conjugue los verbos en los tiempos apropiados y después ordene las oraciones según el orden en que aparecen en el cuento (1–10). Cuidado con el uso del indicativo y el subjuntivo.

_____ Alguien le dijo que su marido (recibir) un indulto.

_____ Antonia y su hijo pasearon por el pueblo y (comprar) unos pasteles.

_____ Su marido la (esperar) en casa cuando volvió del trabajo.

___1__ Su hijo l (pedir) comida.

_____ En el lavadero le dijeron que su marido (morir).

_____ Antonia preparó la cena aunque (temblar) de miedo.

_____ Antonia estaba contenta de que la reina (parir) una hembra y no un varón.

_____ Antonia pensó que quizá su marido no la (matar).

_____ El marido insistió en que Antonia (acostarse) con él.

_____ El niño dijo que el hombre (intentar) despertar a Antonia y después (salir) corriendo.

C. ¡Necesito compañero! De los siguientes adjetivos, ¿cuáles pueden usarse para describir a Antonia, al niño y al marido? Pónganlos en orden de importancia para cada individuo.

fatalista A	resuelto A	brusco M	arrogante M
optimista A	grosero M	tímido A	estoico M
débil N	materialista	heroico A	pesimista A
llorón N + tímido	bueno N	fuerte M	abnegado A
patético A	cariñoso N/A	perezoso M	valiente M
trabajado A	agresivo M	humilde A	estúpido N/M
cansado A	enérgico y	inteligente M	independiente A
noble A	tierno N	obediente N	
brutal M	afortunado M	pasivo N	

[handwritten: pálido bajo llorón]

D. Entre todos. Compárense las listas de características para los tres individuos, tratando de llegar a un acuerdo sobre los tres adjetivos más apropiados para cada individuo. ¿Hay algún adjetivo que falte para describir a cada personaje adecuadamente? ¿Cuál es?

E. Conteste según la lectura.
1. ¿Atacó el marido a Antonia? ¿Por qué le tenía Antonia tanto miedo?
2. ¿Cómo reaccionó el niño frente a su padre?
3. ¿Por qué pensaba Antonia que ella y su hijo iban a estar seguros en el otro cuarto? ¿Tenía razón?
4. ¿Por qué gritó el niño al día siguiente? ¿Qué declaró el médico? ¿Qué le pasó al marido?

INTERPRETACIÓN

A. Ahora que Ud. ha leído la segunda parte del cuento, ¿cree Ud. que el narrador simpatiza con Antonia o que la critica? ¿Qué datos de la segunda parte del cuento confirman su opinión? ¿Está Ud. de acuerdo con la opinión del narrador? Explique.

B. A continuación hay una serie de acciones que Antonia pudo hacer para protegerse. Explique por qué Antonia no pudo o no quiso servirse de cada una.
   1. Divorciarse de su marido.
   2. Huir a otro pueblo.
   3. Apelar al rey.
   4. Buscar la protección de la policía.
   5. Mudarse a otra casa.
   6. Comprarse una pistola.
   7. Pedir una orden jurídica prohibiéndole a su marido que volviera a casa.

El niño es un razón porque Antonia no salir el pueblo. Primeramente... Estaba embarazada y después sin nacimiento era muy pequeño y enfermo.

C. ¿Qué importancia tiene el niño en el cuento? ¿En qué seria diferente el cuento si Antonia no hubiera sido madre? ¿Qué se aprende de ella y de los otros personajes a través de sus relaciones con el niño?

D. ¿Cómo es el marido que vuelve del presidio? Analice el encuentro entre él y Antonia, buscando indicios que denotan sus intenciones. ¿Cree Ud. que el marido realmente pensaba matar a Antonia? ¿Cómo muere Antonia? ¿Cree Ud. que es una muerte inverosímil (*unrealistic*)? ¿Por qué si o por qué no?

APLICACIÓN

A. Además de la situación sociopolítica de la mujer, el cuento trata el tema de la justicia. Haga una lista de todas las referencias a la ley. ¿Se nota un cambio en esta actitud a lo largo del cuento? Comente. ¿Piense Ud. que la actitud hacia la ley revelada en el cuento sea característica sólo de la gente española de aquella época? ¿Se puede observar esta actitud en los Estados Unidos hoy en día? Comente.

Por lo nota

El marido es muy tranquilo. No recordó el asesinato.
El presidio intentó quedarse a la casa con Antonia y su hijo. Invitó Antonia tener un vaso de vino con él y él pretendió instruyó a Antonia comerlo la comida. Y durmió en la cama de su suegro.
No no pensé el marido quisos matar a Antonia? Antonia muere de miedo. y Tenía un infarto.
Es muy verosímil porque Antonia estaba debajo de muchas estrés.

Angélica Gorodischer

*A*ngélica Gorodischer nació el año 1928 en Buenos Aires, Argentina. Ha publicado *numerosos libros de cuentos y novelas además de viajar frecuentemente para presentar conferencias literarias. Tanto en su obra de ficción como en sus trabajos críticos se destaca una preocupación especial por los problemas de la mujer desde un enfoque feminista. En la lista de sus textos narrativos más reconocidos resaltan* Cuentos con soldados *y* Floreros de alabastro, alfombras de Bokhara. *Entre los distintos géneros literarios que ha cultivado ocupa un destacado lugar en la ciencia ficción.*

La cámara oscura

Ahora resulta[1] que mi abuela Gertrudis es un personaje y que en esta casa no se puede hablar mal de ella. Así que como yo siempre hablé mal de ella y toda mi familia también, lo que he tenido que hacer es callarme y no decir nada, ni nombrarla siquiera. Hágame el favor,[2] quién entiende a las
5 mujeres. Y eso que yo no me puedo quejar: mi Jaia es de lo mejorcito que hay. Al lado de ella yo soy bien poca cosa: no hay más que verla, como que en la colectividad* todo el mundo la empezó a mirar con ganas en cuanto cumplió los quince, tan rubia y con esos ojos y esos modos y la manera que tiene de levantar la cabeza, que no hubo shotjen[3] que no
10 pensara en casarla bien, pero muy bien, por lo menos con uno de los hijos del viejo Saposnik el de los repuestos[4] para automotores, y para los dieciséis ya la tenían loca a mi suegra con ofrecimientos y que esto y que lo otro y que tenía que apuntar[5] bien alto. Y esa misma Jaia que se casó conmigo y no con uno de esos ricachones,[6] aunque a mí, francamente, tan
15 mal no me va, ella que a los treinta es más linda que a los quince y que ni se le nota[7] que ya tiene dos hijos grandes, Duvedl y Batia, tan parecidos a ella pero que sacaron mis ojos negros, eso sí, esa misma Jaia que siempre es tan dulce y suave, se puso hecha una fiera[8] cuando yo dije que la foto de mi abuela Gertrudis no tenía por qué estar encima de la chimenea en un
20 marco dorado con adornos que le deben haber costado sus buenos pesos,[9] que no me diga que no. Y esa foto, justamente ésa.

　　—Que no se vuelva a hablar del asunto[10]—me dijo Jaia cuando yo le dije que la sacara—, ni se te ocurra. Yo puse la foto ahí y ahí se queda.

　　—Bueno, está bien—dije yo—, pero por lo menos no esa foto.
25　　—Y qué otra, vamos a ver, ¿eh?—dijo ella—Si fue la única que se saco en su vida.

　　—Menos mal—dije yo—,¡zi is gevein tzi miss!†

Ni acordarme quiero de lo que dijo ella.

Marginal glosses:
[1] it seems
[2] give me a break
[3] matchmaker
[4] parts
[5] aim
[6] rich (pejorative)
[7] one can't tell
[8] went into a rage
[9] Argentinean money
[10] matter

---

* among Jews in Argentina, the (Jewish) community
† she was too ugly! (Yiddish)

Pero es cierto que era fea mi abuela Gertrudis, fea con ganas,
30 chiquita, flaca, negra, chueca,[11] bizca,[12] con unos anteojos redondos de
armazón[13] de metal ennegrecido que tenían una patilla[14] rota y arreglada
con unas vueltas de piolín[15] y un nudo, siempre vestida de negro desde el
pañuelo en la cabeza hasta las zapatillas. En cambio mi abuelo León tan
buen mozo, tan grandote, con esos bigotazos[16] de rey y vestido como un
35 señor que parece que llena toda la foto, y los ojos que le brillan como dos
faroles.[17] Apenas si se la ve a mi abuela al lado de él, eso es una ventaja.
Para colmo están alrededor todos los hijos que también eran grandotes y
buenos mozos, los seis varones y las dos mujeres: mis tíos Aarón, Jaime,
Abraham, Salo e Isidoro; y Samuel, mi padre, que era el más chico de los
40 varones. Y mis tías Sara y Raquel están sentadas en el suelo cerca de mi
abuelo. Y atrás se ven los arboles y un pedazo de la casa.

Es una foto bien grande, en cartulina[18] gruesa, medio de color
marrón[19] como eran entonces, así que bien caro le debe haber salido el
marco dorado con adornos y no es que yo me fije en esas cosas: Jaia sabe
45 que puede darse sus gustos y que yo nunca le he hecho faltar nada ni a ella
ni a mis hijos, y que mientras yo pueda van a tener de todo y no van a ser
menos que otros, faltaba más.[20]

Por eso me duele esto de la foto sobre el estante de mármol de la
chimenea pero claro que mucho no puedo protestar porque la culpa es mía
50 y nada más que mía por andar hablando demasiado. Y por qué no va a
poder un hombre contarle a su mujer cosas de su familia, vamos a ver; casi
diría que ella tiene derecho a saber todo lo que uno sabe. Y sin embargo
cuando le conté a Jaia lo que había hecho mi abuela Gertrudis, medio en
broma[21] medio en serio, quiero decir que un poco divertido como para
55 quitarle importancia a la tragedia y un poco indignado como para
demostrar que yo se que lo que es justo[22] es justo y que no he sacado las
malas inclinaciones de mi abuela, cuando se lo conté una noche de verano
en que volvíamos de un cine con refrigeración[23] y habíamos comprado
helados y los estabamos comiendo en la cocina los dos solos porque los
60 chicos dormían, ella dejó de comer y cuando terminó golpeó con la
cuchara en la mesa y me dijo que no lo podía creer.

—Pero es cierto—dije yo—, claro que es cierto. Pasó así nomás[24]
como te lo conté.

—Ya sé—dijo Jaia y se levantó y se paró al lado mío con los
65 brazos cruzados y mirándome enojada—, ya sé que pasó así, no lo vas a
haber inventado vos.[25] Lo que no puedo creer es que seas tan desalmado[26]
como para reírte de ella y decir que fue una mala mujer.

—Pero Jaia—alcancé a decir.

—Qué pero Jaia ni qué nada—me gritó. Menos mal que no me
70 enteré de eso antes que nos casáramos. Menos mal para vos, porque para
mí es una desgracia venir a enterarme a esta altura de mi vida que estoy
casada con un bruto sin sentimientos.[27]

Yo no entendía nada y ella se fue dando un portazo[28] y me dejó
solo en la cocina, solo y pensando qué sería lo que había dicho yo que la

11 bowlegged
12 cross-eyed
13 frame
14 temple
15 string
16 big mustache
17 lanterns
18 bristol board
19 brown
20 of course
21 half jokingly
22 right
23 air conditioning
24 just
25 tú (Argentina)
26 shameless
27 feelings
28 slamming the door

75 había puesto tan furiosa. Fui hasta la puerta pero cambié de idea y me
volví. Hace diez años que estamos casados y la conozco muy bien,
aunque pocas veces la había visto tan enojada. Mejor dejar que se
tranquilizara. Me comí lo que quedaba de mi helado, guardé en el
congelador[29] los que habíamos traído para los chicos, le pasé el
80 repasador[30] a la mesa y dejé los platos en la pileta. Me fijé que la puerta y
la ventana que den al patio estuvieran bien cerradas, apagué la luz y me fui
a acostar. Jaia dormía o se hacía la que dormía. Me acosté y miré el techo
que se veía gris con la luz que entraba por la ventana abierta. La toqué
apenas:

85 Jaia—le dije—, mein taier meidale[‡]—como cuando éramos novios.
Nada. Ni se movió ni me contestó, ni respiró más fuerte ni nada.
Está bien, pensé, si no quiere no quiere, ya se le va a pasar. Puse la mano
en su lugar y cerré los ojos. Estaba medio dormido cuando voy y miro el
techo gris otra vez porque me había parecido que la oía llorar. Pero debo
90 haberme equivocado, no era para tanto. Me dormí de veras[31] y a la
mañana siguiente era como si no hubiera pasado nada.

Pero ese día cuando vuelvo del negocio casi de noche, cansado y
con hambre, que veo. Eso, el retrato de mi abuela Gertrudis en su marco
dorado con adornos encima de la chimenea.

95 —¿De dónde sacaste eso?—le dije señalándoselo con el dedo.
—Estaba en el estante de arriba del placard[32]—me dijo ella con
una gran sonrisa—, con todas las fotos de cuando eras chico que me regaló
tu madre.

—Ah, no—dije yo y alargué las manos como para sacarlo de ahí.
100 —Te advierto una cosa, Isaac Rosenberg—me dijo muy despacio y
yo me di cuenta de que iba en serio porque ella siempre me dice Chaqui
como me dicen todos y cuando me dice Isaac es que no está muy contenta
y nunca me ha dicho con el apellido antes salvo una vez—, te advierto que
si sacas esa foto de ahí yo me voy de casa y me llevo los chicos.

105 Lo decía de veras, yo la conozco. Sé que lo decía de veras porque
aquella otra vez que me había llamado por mi nombre y mi apellido
también me había amenazado con irse, hacía mucho de eso y no teníamos
los chicos y para decir la verdad las cosas no habían sido como ella creyó
que habían sido pero mejor no hablar de eso. Yo bajé las manos y las metí
110 en los bolsillos y pensé que era un capricho y que bueno, que hiciera lo
que quisiera, que yo ya iba a tratar de convencerla de a poco. Pero no la
convencí; no la convencí nunca y la foto sigue ahí. A Jaia se le pasó el
enojo y dijo bueno vamos a comer que hice kuguel[33] de arroz.

Lo hace con la receta de mi suegra y ella sabe que me gusta como
115 para comerme tres platos y yo sé que ella sabe y ella sabe que yo sé, por
algo lo había hecho. Me comí nomás tres platos pero no podía dejar de
pensar en por qué Jaia se había puesto así, por qué quería tener la foto
encima de la chimenea y que tenía mi abuela Gertrudis para que se armara
en mi casa tanto lío[34] por ella.

[29] freezer
[30] dishtowel
[31] really
[32] built-in closet
[33] pudding (Yiddish)
[34] mess, imbroglio

[‡] my dear girl (Yiddish)

120   Nada, no tenía nada, ni nombre tenía, ni un buen y honesto nombre judío, Sure o Surke, como las abuelas de los demás, no señor: Gertrudis. Es que no hizo nunca nada bien ni a tiempo, ni siquiera nacer. Como que mis bisabuelos[35] venían en barco con tres hijos y mi bisabuela embarazada. De Rusia venían, pero habían salido de Alemania para
125 Buenos Aires en el "Madrid"[36] y cuando el barco atracó,[37] en ese mismo momento a mi bisabuela le empezaron los dolores del parto y ya creían que mi abuela iba a nacer en cubierta entre los baúles y los canastos y los paquetes y la gente que iba y venía, aunque todavía no sabían que lo que venía era una chica. Pero mi bisabuelo y los hijos tuvieron que ir a tierra
130 porque ya iban pasando casi todos y mi bisabuela quedó allá arriba retorciéndose[38] y viendo a su familia ya en tierra argentina y entonces pensó que lo mejor era que ella también bajara y su hijo fuera argentino. Despacito, de a poco, agarrándose de la baranda[39] y con un marinero que la ayudaba, fue bajando. Y en medio de la planchada,[40] ¿qué pasa Sí,
135 justamente, en medio de la planchada nació mi abuela. Mi bisabuela se dejó caer sobre los maderos y allí mismo, con ayuda del marinero alemán que gritaba algo que nadie entendía salvo los otros marineros alemanes, y de una mujer que subió corriendo, llegó al mundo el último hijo de mi bisabuela, mi abuela Gertrudis.
140   De entrada nomás ya hubo lío con ella. Mi abuela, ¿era argentina o era alemana? Yo creo que ni a la Argentina ni a Alemania les importaba un pito[41] la nacionalidad de mi abuela, pero los empleados de inmigración estaban llenos de reglamentos que no decían nada sobre un caso parecido y no sabían qué hacer. Aparte de que parece que mi bisabuela se las
145 traía[42] y a pesar de estar recién parida empezó a los alaridos[43] que su hija era argentina como si alguien entendiera lo que gritaba y como si con eso le estuviera haciendo un regalo al país al que acababa de llegar, y qué regalo.
       Al final fue argentina, no sé quién lo resolvió ni como,
150 probablemente algún empleado que estaba apurado por irse a almorzar, y la anotaron en el puerto como argentina llegada de Alemania aunque no había salido nunca de acá para allá, y otro lío hubo cuando le preguntaron a mi bisabuelo el nombre. Habían pensado en llamarlo Ichiel si era varón, pero con todos los apurones del viaje no se les había ocurrido que podía
155 ser una chica y que una chica también necesita un nombre. Mi bisabuelo miró a su mujer que parece que era lo que hacía siempre que había que tomar una decisión, pero a ella se le habían terminado las energías con los dolores, los pujos,[44] la bajada por la planchada, los alaridos y los reclamos[45] sobre la nacionalidad de su hija que a todo esto berreaba[46]
160 sobre un mostrador[47] envuelta en un saco del padre.
       —Póngale Gertrudis, señor, es un lindo nombre—dijo el empleado de inmigración.
       —¿Cómo?—dijo mi bisabuelo, claro que en ruso.
       —Mi novia se llama Gertrudis—dijo el tipo.[48]

[35] great grandparents
[36] ocean liner
[37] moored
[38] writhing
[39] railing
[40] gangplank
[41] gave a hoot
[42] was sharp
[43] howls
[44] pushes
[45] demands
[46] bellowed
[47] counter
[48] guy

✳ ✳ ✳

165   Mi bisabuelo supo recién después, al salir del puerto con la familia, el equipaje y la recién nacida, lo que el empleado había dicho, porque se lo tradujo Naum Waisman que había ido a buscarlos con los dos hijos y el carro, pero para entonces mi abuela ya se llamaba Gertrudis.

    —Sí, sí—dijo mi bisabuelo medio aturdido.[49]

170   —Gertrudis, ¿entiende? es un lindo nombre—dijo el empleado.

    —Gertrudis—dijo mi bisabuelo como pudo y pronunciando mal las erres,[50] y así le quedó porque así la anotaron en el puerto.

    De los otros líos, los que vinieron después con el registro civil y la partida de nacimiento,[51] más vale no hablar. Eso sí, por un tiempo todo

175 estuvo tranquilo y no pasó nada más. Es decir, sí pasó, pero mi abuela no tuvo nada que ver.

    Pasó que estuvieron un mes en lo de Naum hasta aclimatarse, y que después se fueron al campo. Allí mi bisabuelo trabajó como tantero[52] pero en pocos años se compró la chacra[53] y la hizo progresar, al principio

180 trabajando de sol a sol[§] toda la familia y después ya más aliviados y con peones; y todo anduvo bien, tan bien que hasta compró unas cuantas hectareas más hasta que llegó a tener una buena propiedad.

    Para ese entonces mi abuela Gertrudis tenía quince años y ya era horrible. Bizca había sido desde que nació en la planchada del barco

185 alemán, pero ahora era esmirriada[54] y chueca y parecía muda, tan poco era lo que hablaba. Mi bisabuelo tenía un montón de amigos en los campos vecinos y en el pueblo adonde iban todos los viernes a la mañana a quedarse hasta el sábado a la noche en lo de un primo hermano de mi bisabuela. Pero ni él ni su mujer tenían muchas esperanzas de casar a esa

190 hija fea y antipática. Hasta que apareció mi abuelo León como una bendición del cielo.

    Mi abuelo León no había nacido en la planchada de un barco, ni alemán ni de ninguna otra nacionalidad. Había nacido como se debe, en su casa, o mejor dicho en la de sus padres, y desde ese momento hizo

195 siempre lo que debía y cuando debía, por eso todo el mundo lo quería y lo respetaba y nadie se rió de él y nadie pensó que era una desgracia para la familia.

    Era viudo y sin hijos cuando apareció por lo de mis bisabuelos, viudo de Ruth Bucman que había muerto hacía un año. Parece que a mi

200 bisabuela ya le habían avisado de qué se trataba porque lavó y peinó y perfumó a su hija y le recomendó que no hablara aunque eso no hacía falta, y que mirara siempre al suelo para que no se le notara la bizquera que eso era útil pero tampoco hacía falta, y para que de paso se viera que era una niña inocente y tímida.

[49] confused
[50] the "r"s
[51] birth certificate
[52] farm hand
[53] farm
[54] very thin

[§] from sunrise to sunset

✱ ✱ ✱

205 Y así fue cómo mi abuelo León se casó con mi abuela Gertrudis, no a pesar de que[55] fuera tan fea sino precisamente porque era tan fea. Dicen que Ruth Bucman era la muchacha más linda de toda la colectividad, de toda la provincia, de todo el país y de toda América. Dicen que era pelirroja[56] y tenía unos ojos verdes almendrados[57] y una 210 boca como el pecado y la piel muy blanca y las manos largas y finas; y dicen que ella y mi abuelo León hacían una pareja como para darse vuelta y quedarse mirándolos. También dicen que ella tenía un genio endemoniado[58] y que les hizo la vida imposible a su padre, a su madre, a sus hermanos, a sus cuñadas, a sus sobrinos, a sus vecinos y a todo el 215 pueblo. Y a mi abuelo León mientras estuvo casada con él.

Para colmo[59] no tuvo hijos: ni uno solo fue capaz de darle a su marido, a lo mejor nada más que para hacerlo quedar mal, porque hasta ahí parece que llegaba el veneno de esa mujer. Cuando murió, mi abuelo largó un suspiro de alivio, durmió dos días seguidos, y cuando se levantó 220 se dedicó a descansar, a ponerse brillantina en el bigote y a irse a caballo todos los días al pueblo a visitar a los amigos que Ruth había ido alejando de la casa a fuerza de gritos y de malos modos.

Pero eso no podía seguir así por mucho tiempo; mi abuelo León era todo un hombre y no estaba hecho para estar solo toda la vida, aparte 225 de que la casa se estaba viniendo abajo y necesitaba la mano de una mujer, y el campo se veía casi abandonado y algunos habían empezado a echarle el ojo[60] calculando que mi abuelo lo iba a vender casi por nada. Fue por eso que un año después del velorio[61] de su mujer mi abuelo decidió casarse, y acordándose del infierno por el que había pasado con Ruth, 230 decidió casarse con la más fea que encontrara. Y se casó con mi abuela Gertrudis.

La fiesta duró tres días y tres noches en la chacra de mi bisabuelo. Los músicos se turnaban en el galpón[62] grande y las mujeres no daban abasto[63] en la cocina de la casa, en la de los peones y en dos o tres 235 fogones[64] y hornos que se habían improvisado al aire libre. Mis bisabuelos tiraron la casa por la ventana** con gusto. Hay que ver que no era para menos, si habían conseguido sacarse de encima semejante clavo[65] y casarla con el mejor candidato en cien leguas[66] a la redonda.[67]

Mi abuela no estuvo los tres días y las tres noches en la fiesta. Al 240 día siguiente nomás de la ceremonia ya empezó a trabajar para poner en orden la casa de su marido y a los nueve meses nació mi tío Aarón y un año después nació mi tío Jaime y once meses después nació mi tío Abraham y así. Pero ella no paró nunca de trabajar. Hay que ver las cosas que contaba mi tía Raquel de cómo se levantaba antes que amaneciera y 245 preparaba la comida para todo el día, limpiaba la casa y salía a trabajar en

[55] in spite of
[56] red-haired
[57] almond-shaped
[58] devilish, wicked
[59] To top it off
[60] cast an eye on it
[61] wake
[62] shed
[63] couldn't keep up
[64] charcoal pits
[65] good for nothing
[66] leagues (measurement)
[67] all around

** *lit.*, threw the house out the window; *fig.*, did not spare any expense

el campo; y de cómo cosía de noche mientras todos dormían y les hacía las camisas y las bombachas[68] y hasta la ropa interior a los hijos y al marido y los vestidos a las hijas y las sábanas y los manteles y toda la ropa de la casa; y de los dulces y las confituras[69] que preparaba para el invierno, y de
250 cómo sabía manejar a los animales, enfardar,[70] embolsar[71] y ayudar a cargar los carros. Y todo eso sin decir una palabra, siempre callada, siempre mirando al suelo para que no se le notara la bizquera. Hay que reconocer que le alivió el trabajo a mi abuelo León, chiquita y flaca como era, porque tenía el aguante[72] de dos hombres juntos. A la tarde mi abuelo
255 ya no tenía nada más que hacer: se emperifollaba[73] y se iba para el pueblo en su mejor caballo, con los arneses[74] de lujo con los que mi abuela ya se lo tenía ensillado, y como a ella no le gustaba andar entre la gente, se quedaba en la chacra y seguía dale que dale.[75] Y así pasó el tiempo y nacieron los ocho hijos y dicen mis tías que ni con los partos mi abuela se
260 quedó en cama o dejó de trabajar un sólo día.

Por eso fue más terrible todavía lo que pasó. Cierto que mi abuelo León no era ningún santo y cierto que le gustaban las mujeres y que el les gustaba a ellas, y cierto que alguna vecina mal intencionada le fue con chismes[76] a mi abuela y que ella no dijo nada ni hizo ningún escándalo ni
265 lloró ni gritó, cierto; y eso que mi abuelo se acordó de repente de Ruth Bucman y anduvo unos días con el rabo entre las piernas[††] no fuera que a mi abuela le fuera a dar por el mismo lado. No digo que él haya estado bien, pero esas son cosas que una mujer sabe que hay que perdonarle a un hombre, y francamente no había derecho a hacerle eso a mi abuelo, ella
270 que tendría que haber estado más que agradecida porque mi abuelo se había casado con ella. Y más cruel fue todo si se piensa en la ironía del destino, porque mi abuelo les quiso dar una sorpresa y hacerles un regalo a todos sus hijos y a sus hijas. Y a mi abuela Gertrudis también, claro.

Un día, mientras estaban los ocho hijos y mi abuelo León
275 comiendo y mi abuela iba y venía con las cacerolas[77] y las fuentes, mi abuelo contó que había llegado al pueblo un fotógrafo ambulante y todos preguntaron cómo era y cómo hacía y qué tal sacaba y a quiénes les había hecho fotografías. Y mis tías le pidieron a mi abuelo que las llevara al pueblo a sacarse una foto cada una. Entonces mi abuelo se rió y dijo que
280 no, que él ya había hablado con el fotógrafo y que al día siguiente iba a ir con sus máquinas y sus aparatos a la chacra a sacarlos a todos. Mis tías se rieron y dieron palmadas[78] y lo besaron a mi abuelo y se pusieron a charlar entre ellas a ver qué vestidos se iban a poner; y mis tíos decían que eso era cosa de mujeres y lujos de la ciudad pero se alisaban[79] las bombachas y se
285 miraban de costado en el vidrio de la ventana.

Y el fotógrafo fue al campo y les sacó a todos esa foto marrón en cartulina dura que está ahora encima de la chimenea de mi casa en un marco dorado con adornos y que Jaia no me deja sacar de ahí.

Era rubio el fotógrafo, rubio, flaco, no muy joven, de pelo
290 enrulado,[80] y rengueaba[81] bastante de la pierna izquierda. Los sentó a

68 trousers
69 jams
70 to bale
71 bag
72 stamina
73 dressed up
74 harness
75 on and on
76 gossip
77 pots
78 applauded
79 smoothed
80 curly
81 limped

[††] lit., with his tail between his legs; fig., ashamed, in low spirits

todos fuera de la casa, con sus mejores trajes, peinados y lustrados[82] que daba gusto verlos. A todos menos a mi abuela Gertrudis que estaba como siempre de negro y que ni se había preocupado por tener un vestido decente. Ella no quería salir en la foto y dijo que no tantas veces que mi
295 abuelo León ya estaba medio convencido y no insistió más. Pero entonces el fotógrafo se acercó a mi abuela y le dijo que si alguien tenía que salir en la foto, era ella; y ella le dijo algo que no sé si me contaron qué fue y me olvidé o si nadie oyó y no me contaron nada, y él le contestó que el sabía muy bien lo que era no querer salir en ninguna foto o algo así. He oído
300 muchas veces el cuento pero no me acuerdo de las palabras justas. La cosa es que mi abuela se puso al lado de mi abuelo León, entre sus hijos, y así estuvieron todos en pose un largo rato y sonrieron, y el fotógrafo rubio, flaco y rengo, les sacó la foto.

Mi abuelo León le dijo al fotógrafo que se quedara esa noche allí
305 para revelarla y para que al día siguiente les sacara otras. Así que esa noche mi abuela le dio de comer a él también. Y él contó de su oficio y de los pueblos por los que había andado, de cómo era la gente y cómo lo recibían, y de algunas cosas raras que había visto o que le habían pasado. Y mi tío Aarón siempre dice que la miraba como si no le hablara más que
310 a ella pero vaya a saber si eso es cierto porque no va a haber sido él el único que se dio cuenta de algo. Lo que si es cierto es que mi abuela Gertrudis se sentó a la mesa con la familia y eso era algo que nunca hacía porque tenía que tener siempre todo listo en la cocina mientras los demás comían, para ir sirviéndolo a tiempo. Después que terminaron de comer el
315 fotógrafo salió a fumar afuera porque en esa casa nadie fumaba, y mi abuela le llevó un vasito de licor, y me parece, aunque nadie me lo dijo, que algo deben haber hablado allí los dos.

Al otro día el fotógrafo estuvo sacando fotos toda la mañana: primero mi abuelo León solo, después con los hijos, después con las hijas,
320 después con todos los hijos juntos, después mis tías solas con sus vestidos bien planchados y el pelo enrulado; pero mi abuela Gertrudis no apareció, ocupada en el tambo[83] y en la casa. Pero qué cosa, yo que no la conocí, yo que no había nacido, como que mi padre era un muchachito que no conocía a mi madre todavía, yo me la imaginó ese día escondida,
325 espiándolo desde atrás de algún postigo[84] entornado[85] mientras la comida se le quemaba sobre el fuego. Imaginaciones mías nomás porque según dicen mis tías nunca se le quemó una comida ni descuidó nada de lo de la casa ni de lo del campo.

El fotógrafo reveló las fotos y almorzó en la casa y a la tarde las
330 pegó[86] en los cartones con una guarda[87] grabada y la fecha y mi abuelo León le pagó. Cuando terminaron de comer, ya de noche, él se despidió y salió de la casa. Ya tenía todo en el break destartalado[88] en el que había aparecido por el pueblo, y desde la oscuridad de allá afuera les volvió a gritar adiós a todos. Mi abuelo León estaba contento porque les había
335 sacado unas fotos muy buenas pero no era como para acompañarlo más allá de la puerta porque ya le había pagado por su trabajo más que nadie

[82] polished
[83] dairy
[84] shutter
[85] ajar
[86] mounted
[87] border
[88] worn-out carriage

en el pueblo y en las chacras.   Se metieron todos adentro y se oyó al caballo yéndose y después nada más.

Cuando alguien preguntó por mi abuela Gertrudis, que hasta hoy
340 mis tíos discuten porque cada uno dice que fue él el que preguntó, mi abuelo León dijo que seguramente andaría por ahí afuera haciendo algo, y al rato todos se fueron a acostar.

Pero a la mañana cuando se levantaron encontraron todavía las lámparas prendidas sobre las mesas y los postigos sin asegurar.[89]   No
345 había fuego ni comida hecha ni desayuno listo ni vacas ordeñadas[90] ni agua para tomar ni para lavarse ni pan cocinándose en el horno, ni nada de nada.[91]   Mi abuela Gertrudis se había ido con el fotógrafo.

Y ahora digo yo, ¿tengo o no tengo razón en decir que esa foto no tiene por qué estar en la chimenea de mi casa? ¿Y cuando los chicos
350 pregunten algo?, le dije un día a Jaia.   Ya vamos a ver, dijo ella. Preguntaron, claro que preguntaron, y delante de mi.   Por suerte Jaia tuvo la sensatez de no explicar nada:

—Es la familia de papá—dijo—, hace muchos años en el campo, cuando vivían los abuelos. ¿Ven?   El zeide, la bobe,[‡‡] tío Aarón, tío
355 Isidoro, tío Salo.

Y así los fue nombrando y señalando uno por uno[92] sin hacer comentarios.   Los chicos se acostumbraron a la foto y ya no preguntaron nada más.

Hasta yo me fui acostumbrando.   No es que esté de acuerdo, no,
360 eso no, pero quiero decir que ya no la veo, que no me llama la atención, salvo que ande buscando algo por ahí y tenga que mover el marco dorado con adornos.   Una de esas veces le pregunté a Jaia que estaba cerca mío revolviendo los estantes[93] del bahut:[94]

—¿Me vas a explicar algún día qué fue lo que te dio por poner esta
365 foto acá?

Ella se dio vuelta y me miró:

—No—me dijo.

No me esperaba eso.   Me esperaba una risita y que me dijera que sí, que alguna vez me lo iba a contar, o que me lo contara ahí mismo.
370 —¿Cómo que no?

—No—me dijo de nuevo sin reírse—, si necesitas que te lo explique quiere decir que no mereces que te lo explique.

Y así quedó.   Encontramos lo que andábamos buscando; o no, no me acuerdo y nunca volvimos a hablar Jaia y yo de la foto de mi abuela
375 Gertrudis sobre la chimenea en su marco dorado con adornos.   Pero yo sigo pensando que es una ofensa para una familia como la mía tener en un lugar tan visible la foto de ella que parecía tan buena mujer, tan trabajadora, tan de su casa, y que un día se fue con otro hombre abandonando a su marido y a sus hijos de pura maldad nomás,[95] sin
380 ningún motivo.

[‡‡] grandpa and grandma (Yiddish)

[89] fastening
[90] milked
[91] absolutely nothing
[92] one by one
[93] shelves
[94] cupboard
[95] by sheer malice

VOCABULARIO

SUSTANTIVOS

los bisabuelos	*great-grandparents*
la chacra	*farm*
la chimenea	*fireplace*
el chisme	*gossip*
el genio	*temper*
la inmigración	*immigration*
el lío	*mess, jam*
el marco	*frame*
el parto	*(giving) birth*
el primo hermano	*first cousin*
el retrato	*portrait*
el(la) suegro(a)	*father(mother)-in-law*
el viudo	*widower*

VERBOS

advertir (ie)	*to warn*
amenazar	*to threaten*
apuntar	*to aim*
convencer	*to convince*
inmigrar	*to immigrate*
ordeñar	*to milk a cow*

ADJETIVOS

bizco(a)	*cross-eyed*
chueco(a)	*bow-legged*
embarazada	*pregnant*
flaco(a)	*skinny*
judío(a)	*Jewish*
rengo(a)	*lame, crippled*

EXPRESIONES Y CONCEPTOS

con el rabo entre las piernas	*avergonzado*
dar palmadas	*aplaudir, felicitar*
el aguante	*la paciencia*
en broma/en serio	*jokingly/seriously*
en cien leguas a la redonda	*en un área muy grande*
estar lleno de reglamentos	*tener demasiadas leyes burocráticas*
fea con ganas	*demasiado fea*
hecho(a) una fiera	*furious*
medio en broma medio en serio	*entre dos extremos, sin comprometerse*
menos mal	*it's a good thing*
no dar abasto	*no poder realizar todo lo que se quiere*
para colmo	*además de todo*
por pura maldad no más	*estar motivado solamente por un acto malo en sí mismo, sin otras razones*
un montón	*mucho*

PREGUNTAS

1. ¿Por qué se llama el cuento "La cámara oscura"?

2. ¿A qué tipo de minoría étnica o religiosa pertenecen los personajes?

3. ¿Quién es Jaia? ¿Qué personalidad tiene?

4. ¿Cuál es el nombre completo del narrador y cómo lo llaman sus amigos?

5. ¿Qué relación hay entre la abuela Gertrudis y Jaia?

6. ¿Qué relación hay entre Jaia y su esposo?

7. ¿Cuántos años hace que están casados Jaia y el narrador?

8. ¿Cuándo y cómo nació Gertrudis y por qué le pusieron sus padres ese nombre?

9. ¿Por qué se casó Gertrudis con un viudo?

10. ¿Quién es León y cómo es su personalidad?

11. ¿Por qué mantiene Jaia la fotografía de la familia de su esposo sobre la chimenea?

12. ¿Por qué se escapa la abuela Gertrudis con el fotógrafo y por qué se convierte la fotografía en un foco de conflicto entre el narrador y su esposa?

13. ¿Por qué introduce la autora palabras y expresiones en idish? ¿Qué efecto producen?

14. ¿Por qué le dice Jaia a Isaac: "Si necesitas que te explique quiere decir que no mereces que te explique"?

PARA COMENTAR Y ESCRIBIR

1. ¿Cuál es el tema central de "La cámara oscura"?

2. Describa la actitud del narrador. ¿Es irónica o seria?

3. Comente el título en relación con el tema principal del cuento.

4. Describa la estructura del cuento. ¿Por qué empieza el narrador por describir el conflicto alrededor de la fotografía y después describe la vida de Gertrudis?

5. Discuta el tema de la mujer en la sociedad de América Latina. ¿Que libertades ha logrado en los últimos años? ¿Qué le falta todavía?

6. Compare la vida doméstica de las mujeres en los Estados Unidos y en América Latina. ¿Qué diferencias hay?

7. ¿Es América Latina una sociedad multi-étnica? ¿Pueden distintos grupos minoritarios cohabitar de manera respetuosa y pacífica? ¿Qué diferencia hay con los Estados Unidos?

8. ¿Considera usted el escape final de Gertrudis como un signo de rebeldía social? Si la respuesta es afirmativa, ¿puede usted indicar qué llevó al personaje a tal extremo? ¿Podría haber encontrado otras soluciones para su problema interno?

9. ¿Tiene Jaia el mismo potencial para escaparse? ¿Es Jaia tan o más rebelde que Gertrudis? ¿Hay continuidad entre las dos generaciones?

10. ¿Cuál es el mensaje de "La cámara oscura"? ¿Qué intenta decirnos la autora?

Rosario Castellanos

A major voice in modern Mexican literature, Rosario Castellanos assumed many roles— poet, novelist, short story writer, essayist, professor, and ambassador to Israel. Born in Mexico City, she spent her early youth in Chiapas, an experience which formed her consciousness of the social plight of the Mexican Indian, a theme later developed in her novels, Balún-Canán (1957) and Oficio de tinieblas (1962). Another major theme in her work was the role of the female in a society traditionally dominated by the male. Poesía no eres tú (1977), a collection of her poetry published posthumously, includes the series of six poems called Kinsey Report, each of which has as its voice a specific female stereotype. Each poem assumes the form of a response to an unheard interviewer. In the following selection, the voice is that of a very young and extremely naive woman who expresses her expectations of marriage.

Kinsey Report No. 6

Señorita. Sí, insisto. Señorita.
Soy joven. Dicen que no fea. Carácter
llevadero.[1] Y un día
vendrá el Príncipe Azul,[2] porque se lo he rogado[3]
5   como un milagro[4] a San Antonio.[5] Entonces
vamos a ser felices. Enamorados siempre.

¿Qué importa la pobreza? Y si es borracho
lo quitaré del vicio. Si es un mujeriego[6]
yo voy a mantenerme siempre tan atractiva,
10   tan atenta a sus gustos, tan buena ama de casa,
tan prolífica madre
y tan extraordinaria cocinera
que se volverá fiel[7] como premio a mis méritos
entre los que, el mayor, es la paciencia.

15   Lo mismo que mis padres y los de mi marido
celebraremos nuestras bodas de oro
con gran misa solemne.

No, no he tenido novio. No, ninguno
todavía. Mañana.

1 easy-going
2 Prince Charming
3 begged
4 miracle
5 St. Anthony (to whom lovers pray)
6 womanizer
7 loyal

VOCABULARIO—*"Kinsey Report No. 6"*

SUSTANTIVOS

las bodas de oro	*50-yr. anniversary*
el milagro	*miracle*
la misa	*Mass*
el mujeriego	*womanizer*
el Príncipe Azul	*Prince Charming*

VERBOS

rogar (ue)	*to beg*

ADJETIVOS

borracho(a)	*drunk*
fiel	*loyal, faithful*
llevadero(a)	*easy-going*

EJERCICIOS

1. ¿Por qué usa la poeta este título?
2. ¿Quién habla en el poema? ¿A quién?
3. ¿Cómo es la señorita? ¿Qué le ha pedido a San Antonio? ¿Cómo resolverá los problemas posibles con su esposo?
4. ¿Qué actitud tiene la persona que entrevista a la joven?
5. ¿Cómo ilustra el poema el papel tradicional de la mujer hispana?
6. Describa Ud. a su Príncipe Azul o a su mujer ideal.

Valium 10
por Rosario Castellanos

A veces (y no trates
te restarle importancia[1]
diciendo que no ocurre con frecuencia)
se te quiebra la vara con que mides,[2]
se te extravía la brújula[3]
y ya no entiendes nada.

El día se convierte en una sucesión
de hechos incoherentes, de funciones
que vas desempeñando[4] por inercia y por hábito.

Y lo vives. Y dictas el oficio
a quienes corresponde.[5] Y das la clase
lo mismo a los alumnos inscritos[6] que al oyente.[7]
Y en la noche redactas[8] el texto que la imprenta[9]
devorará mañana.

Y vigilas (oh, sólo por encima)[10]
la marcha[11] de la casa, la perfecta
coordinación de múltiples programas
—porque el hijo mayor ya viste de etiqueta
para ir de chambelán a un baile de quince años[12]
y el menor quiere ser futbolista y el de en medio
tiene un póster del Che[13] junto a su tocadiscos—.

Y repasas las cuentas del gasto y reflexionas,
junto a la cocinera, sobre el costo
de la vida y el ars magna combinatoria
del que surge el menú posible y cotidiano.[14]

Y aún tienes voluntad para desmaquillarte[15]
y ponerte la crema nutritiva y aún leer
algunas líneas antes de consumir la lámpara.

Y ya en la oscuridad, en el umbral[16] del sueño,
echas de menos lo que se ha perdido:[17]
el diamante de más precio, la carta
de marear,[18] el libro
con cien preguntas básicas (y sus correspondientes
respuestas) para un diálogo
elemental siquiera con la Esfinge.[19]

[1] restarle… lessen its importance
[2] se… the staff by which you measure yourself breaks
[3] se… you lose your compass (way)
[4] vas… you keep performing
[5] dictas… you give assignments to the appropriate personnel
[6] enrolled
[7] auditor (nonenrolled)
[8] you edit
[9] printing press
[10] vigilas… you watch (oh, only superficially)
[11] progress
[12] porque… because your oldest son now wears a master of ceremony's suit to a debutante's ball
[13] Che Guevara, Spanish American revolutionary hero
[14] ars… major art of combining what will become the possible daily menu
[15] voluntad… will to remove your makeup
[16] threshold
[17] echas… you miss what you have lost
[18] carta… navigational map
[19] Sphinx

Y tienes la penosa sensación
de que en el crucigrama se deslizó una errata
que lo hace irresoluble.[20]

40

Y deletreas[21] el nombre del Caos. Y no puedes
dormir si no destapas
el frasco de pastillas y si no tragas una
en la que se condensa,
químicamente pura, la ordenación del mundo.

[20] en… in the crossword puzzle an error slipped past that makes it insolvable
[21] you spell

VOCABULARIO

SUSTANTIVOS

el crucigrama	*crossword puzzle*
la ordenación	*order, arrangement*
la voluntad	*will*

VERBOS

convertirse (ie) en	*to become*
deletrear	*to spell*
desempeñar	*to perform, carry out*
destapar	*to remove lid, uncap*
echar de menos	*to miss (feel absence of)*
medir (i)	*to measure*
quebrar(se) (ie)	*to bread*
redactar	*to edit*
tragar	*to swallow*

ADJETIVOS

penoso(a)	*painful*

EJERCICIOS

1. ¿Cree Ud. que Castellanos se dirige a una lectora, a sí misma o a las dos? ¿Por qué tutea?

2. ¿Qué profesión tiene la mujer?   ¿Está casada?   ¿Tiene hijos?   ¿Qué tareas desempeña diariamente?

3. En la oscuridad de la noche, ¿qué echa de menos? ¿Qué tiene que hacer para dormir?

4. ¿Qué sugiere la poeta sobre la vida de la mujer con las imágenes poéticas siguientes?
    a. la vara quebrada
    b. el menú cotidiano
    c. el diamante de más precio
    d. un diálogo con la Esfinge
    e. un crucigrama irresoluble
    f. una pastilla de Valium

5. Explique el tema del poema.

Alfonsina Storni

*A*lfonsina Storni (1897-1938) was an Argentinean poet who wrote about the difficulties confronting women in a male-dominated society. Her poetry often reveals bitterness and disillusionment. As you read her poem, think about how she has used symbolism to convey her message.

Hombre pequeñito

Hombre pequeñito, hombre pequeñito,
Suelta[1] a tu canario que quiere volar...
Yo soy el canario, hombre pequeñito,
Déjame saltar.

5

Estuve en tu jaula, hombre pequeñito,
Hombre pequeñito que jaula me das.
Digo pequeñito porque no me entiendes,
Ni me entenderás.[2]

10

Tampoco te entiendo, pero mientras tanto
Ábreme la jaula, que quiero escapar;
Hombre pequeñito, te amé media hora,
No me pidas más.

[1] Free
[2] will you understand

VOCABULARIO

SUSTANTIVOS

el canario	*canary*
la jaula	*cage*

VERBOS

soltar (ue)	*to free, set loose*
volar (ue)	*to fly*

EJERCICIOS

1. ¿Quién habla en el poema? ¿Qué le ruega al hombre?
2. ¿Qué palabra se repite con frecuencia en el poema? ¿Qué efecto tiene esta repetición?
3. ¿Cuáles son los dos símbolos importantes? ¿Qué comunican?
4. ¿Qué significan los versos, «te amé media hora,/No me pidas más»?
5. Discuta Ud. la actitud que revela la poeta hacia la relación entre la mujer y el hombre.

Ernesto Cardenal

Ernesto Cardenal (1925-   ) nació en Nicaragua y ha ejercido el puesto de Ministro de Cultura en ese país. Fue un monje trapense en Kentucky junto con el famoso autor norteamericano Tomás Merton. Representa ahora el movimiento de la Teología de la Liberación dentro de la Iglesia Católica, el cual apoya el cambio social, político y económico en Hispanoamérica, e interviene activamente para realizarlo.

Oración por Marilyn Monroe

Señor
recibe a esta muchacha conocida en toda la tierra con el nombre de
    Marilyn Monroe
aunque ése no era su verdadero nombre
5 (pero Tú conoces su verdadero nombre, el de la huerfanita violada a los 9
    años
y la empleadita de tienda que a los 16 se había querido matar)
y que ahora se presenta ante Ti sin ningún maquillaje
sin su Agente de Prensa
10 sin fotógrafos y sin firmar autógrafos
sola como un astronauta frente a la noche especial.
Ella soñó cuando niña que estaba desnuda en una iglesia (según cuenta el
    Time)
ante una multitud postrada, con la cabeza en el suelo y tenía que caminar
15   en puntillas[1] para no pisar las cabezas.
Tú conoces nuestros sueños mejor que los psiquiatras.
Iglesia, casa, cueva, son la seguridad del seno[2] materno
pero también algo más que eso…
Las cabezas son los admiradores, es claro
20 (la masa de cabezas en la oscuridad bajo el chorro[3] de luz).
Pero el templo no son los estudios de la 20th Century-Fox.
El templo—de mármol y oro—es el templo de su cuerpo
en el que está el Hijo del Hombre con un látigo[4] en la mano
expulsando a los mercaderes de la 20th Century-Fox
25 que hicieron de Tu casa de oración una cueva de ladrones.

Señor
en este mundo contaminado de pecados y radioactividad
Tú no culparás tan sólo a una empleadita de tienda
Que como toda empleadita de tienda soñó ser estrella de cine.
30 Y su sueño fue realidad (pero como la realidad del tecnicolor).
Ella no hizo sino actuar según el script que le dimos
—el de nuestras propias vidas—Y era un script absurdo.
Perdónala Señor y perdónanos a nosotros

[1] tiptoe
[2] breast
[3] flood
[4] whip

por nuestra 20th Century
35 por esta Colosal Super-Producción en la que todos hemos trabajado.
Ella tenía hambre de amor y le ofrecimos tranquilizantes,
pero la tristeza de no ser santos se le recomendó el Psicoanálisis.
Recuerda Señor su creciente pavor[5] a la cámara
y el odio al maquillaje—insistiendo en maquillarse en cada escena—
40 y cómo se fue haciendo mayor el horror
y mayor la impuntualidad a los estudios.

Como toda empleadita de tienda
soñó ser estrella de cine.
Y su vida fue irreal como un sueño que un psiquiatra interpreta y archiva.

45 Sus romances fueron un beso con los ojos cerrados
que cuando se abren los ojos
se descubre que fue bajo reflectores
y apagan[6] los reflectores
y desmontan[7] las dos paredes del aposento[8] (era un set cinematográfico)
50 mientras el Director se aleja[9] con su libreta porque la escena ya fue
tomada.
O como un viaje en yate, un beso en Singapur, un baile en Río,
la recepción en la mansión del Duque y la Duquesa de Windsor
vistos en la salita del apartamento miserable.
55 La película terminó sin el beso final.
La hallaron muerta en su cama con la mano en el teléfono.
Y los detectives no supieron a quién iba a llamar.
Fue
como alguien que ha marcado[10] el número de la única voz amiga
60 y oye tan sólo la voz de un disco que le dice: WRONG NUMBER
O como alguien que herido[11] por los gangsters
alarga la mano a un teléfono desconectado.

Señor
quienquiera[12] que haya sido el que ella iba a llamar
65 y no llamó (y tal vez no era nadie
o era Alguien cuyo número no está en el Directorio de Los Ángeles)
            ¡contesta Tú el teléfono!

[5] miedo
[6] turn out
[7] deshacen
[8] habitación
[9] se... se va
[10] dialed
[11] wounded
[12] whomever

COMPRENSIÓN

A. ¿Cómo afectan al rector los siguientes aspectos apuntados en el poema?   ¿Qué nos comunican de la vida de Marilyn Monroe?

Marilyn Monroe no era su verdadero nombre.
Fue violada a los nueve años.
A los dieciséis se había querido matar.
Como toda empleadita de tienda soñó ser estrella de cine.
Ella no hizo sino actuar según el script que le dimos.
Sufrió de un creciente pavor a la cámara.
Empezó a sentir un odio al maquillaje.
La hallaron muerta con la mano en el teléfono.

B. El poema contrasta los sueños de Marilyn Monroe con la realidad de su vida.   ¿En qué se diferencian?

C. Termine la siguiente tabla y luego conteste las preguntas sobre el sueño de Marilyn Monroe.

SUEÑO	SIGNIFICADO
La multitud postrada	
La iglesia	a. b.

Cardenal continúa su interpretación cuando introduce la figura del Hijo del Hombre con un látigo en la mano. En su opinión, ¿quién es este hombre? ¿Quiénes son los mercaderes en la historia del Hijo del Hombre y quiénes lo son en la vida de Marilyn Monroe?

D. ¿Qué quieren decir los versos que empiezan con «sus romances fueron un beso con los ojos cerrados»? ¿Qué connotación tiene el hecho de que los ojos estuvieran cerrados? ¿Qué le pasa cuando abre los ojos? ¿Qué revela todo esto de la vida de Marilyn Monroe?

E. Según Cardenal, ¿a quién podía estar llamando Marilyn Monroe en los últimos momentos?

F. ¿Qué opina Cardenal de la estrella? ¿La ve como mala, buena, digna de compasión, condenada? ¿Cómo cree Cardenal que la va a juzgar Dios?

INTERPRETACIÓN

A. ¿Por qué le pide Cardenal al Señor que perdone a Marilyn Monroe y también a nosotros? ¿Qué ha hecho ella? ¿Somos nosotros en algún sentido responsables de lo que le pasó a ella?

B. Busque cada palabra o expresión que se repite en el poema. ¿Cuáles se refieren a Marilyn Monroe? ¿Qué efecto tiene esta repetición? ¿Cuáles se refieren a la sociedad en general? ¿Cómo se pinta esta sociedad? ¿Qué relación tiene con lo que le pasa a la estrella?

C. ¿Dónde emplea Cardenal el diminutivo? ¿Qué connotaciones tiene el uso del diminutivo aquí?

D. ¿Cree Ud. que la tragedia de Marilyn Monroe tiene algo que ver (*has anything to do*) con las drogas o el alcohol? Explique.

E. ¿Quiénes son los Duques de Windsor? ¿Qué representan dentro del poema? ¿Qué representan para Marilyn Monroe? ¿y para el rector del poema?

APLICACIÓN

A. ¿Cree Ud. que el abuso del alcohol ha disminuido en la actualidad? ¿y el abuso de las drogas? ¿Es común ver escenas en el cine o en la televisión en que se consuman alcohol o drogas? ¿Hay figuras públicas que se asocien con el abuso de las drogas y del alcohol? ¿con la campaña en contra del abuso de las drogas y del alcohol?

B. ¿Sería posible escribir este poema u otro semejante sobre los siguientes individuos, que también murieron de una sobredosis de drogas? ¿Por qué sí o por qué no?

    1. John Belushi   3. Elvis Presley

    2. Janice Joplin   4. Jim Morrison

Capítulo 6

La vida social y política

Pedro Antonio de Alarcón

N *apoleon's invasion and the abdication of Carlos IV in 1808 resulted in a period of upheaval in which the Spanish people struggled to regain independence from France. When they finally succeeded in restoring the monarchy in 1814, Fernando VII alienated the liberals by maintaining a form of absolute monarchy until his death in 1833. During this period many liberal writers went into exile into other parts of Europe, where they came into contact with the literary movement known as Romanticism. Thus, Romanticism flourished late in Spain with their return.*

The Romantics exalted the values of liberty, patriotism, tradition, and the irrational nature of man. Set during the period of French occupation, Pedro Antonio de Alarcón's El afrancesado reflects these Romantic ideals in its tale of an impassioned pharmacist who conducts his own war of independence.

El afrancesado

En la pequeña villa de Padrón, situada en territorio gallego,[1] y allá por el año de 1808, vendía sapos y culebras y agua llovediza,[2] a fuer de legítimo boticario,[3] un tal[4] García de Paredes, misántropo solterón, descendiente acaso, y sin acaso,[5] de aquel varón ilustre que mataba un toro de una
5 puñada.[6]

Era una fría y triste noche de otoño. El cielo estaba encapotado[7] por densas nubes, y la total carencia de alumbrado terrestre[8] dejaba a las tinieblas campar por su respeto[9] en todas las calles y plazas de la población.

10 A eso de las diez de aquella pavorosa[10] noche, que las lúgubres circunstancias de la patria hacían mucho más siniestra, desembocó[11] en la plaza que hoy se llamará «de la Constitución», un silencioso grupo de sombras, aún más negras que la oscuridad de cielo y tierra, las cuales avanzaron hacia la botica de García de Paredes, situada en un rincón
15 próximo al Corregimiento,[12] y cerrada completamente desde las Ánimas,[13] o sea, desde las ocho y media en punto.

—¿Qué hacemos?—dijo una de las sombras en correctísimo gallego.

—Nadie nos ha visto—observó otra.

20 —¡Derribar la puerta!—añadió una tercera.

—¡Y matarlos!—murmuraron hasta quince voces.

—¡Yo me encargo del boticario![14]

—¡De ése nos encargamos todos!

—¡Por judío![15]

25 —¡Por afrancesado!

—Dicen que hoy cenan con él más de veinte franceses...

—¡Ya lo creo! ¡Como saben que ahí están seguros, han acudido en montón![16]

[1] Galicia, in northwestern Spain. Padrón is 85 km south of La Coruña.
[2] sapos... frogs, snakes, and rainwater (Galicia was famous for witches and potions.)
[3] a... besides being a legitimate pharmacist
[4] un... a certain
[5] y... or maybe not
[6] varón... famous Spanish soldier (1466-1530) of enormous strength
[7] cloaked
[8] carencia... lack of earthly lighting
[9] dejaba... let the shadows go where they pleased
[10] fearful
[11] spilled out
[12] mayor's office
[13] bells rung at nightfall for the souls of the dead
[14] ¡Yo... I'll take care of the pharmacist!
[15] any unorthodox person was considered a Jew
[16] acudido... gathered as a group

—¡Ah! ¡Si fuera en mi casa! Tres alojados llevo echados al
30 pozo.[17]

—Mi mujer degolló[18] ayer a uno...

—¡Y yo—dijo un fraile con voz de figle[19]—he asfixiado a dos
capitanes, dejando carbón encendido en su celda, que antes era la mía!

—¡Y ese infame boticario los protege!

35   —¡Qué expresivo estuvo ayer en las eras[20] con esos viles
excomulgados![21]

—¡Quién lo había de esperar de García de Paredes! No hace un
mes que era el más valiente, el más patriota, el más realista del pueblo.

—¡Toma![22] ¡Como que vendía en la botica retratos del príncipe
40 Fernando!

—¡Y ahora los vende de Napoleón!

—Antes nos excitaba a la defensa contra los invasores...

—Y, desde que vinieron a Padrón, se pasó a ellos.[23]

—¡Y esta noche da de cenar a todos los jefes!

45   —¡Oíd qué algazara[24] traen! Pues no gritan «¡Viva el emperador!»

—Paciencia—murmuró el fraile. —Todavía es muy temprano.

—Dejémoslos emborracharse—expuso una vieja. —Despúes
entramos, ¡y ni uno ha de quedar vivo!

—¡Pido que se haga cuartos[25] al boticario!

50   —¡Se le hará ochavos, si queréis! Un afrancesado es más odiado
que un francés. El francés atropella a un pueblo extraño;[26] el afrancesado
vende y deshonra a su patria. El francés comete un asesinato; el
afrancesado, ¡un parricidio![27]

II

Mientras tenía lugar la anterior escena en la puerta de la botica,
55 García de Paredes y sus convidados corrían la orgía más deshecha y
desaforada.[28]

Veinte eran, en efecto, los franceses que el boticario tenía a la
mesa, todos ellos jefes y oficiales.

García de Paredes tendría cuarenta y cinco años. Era alto y seco y
60 más amarillo que una momia; dijérase[29] que su piel estaba muerta hacía
mucho tiempo; le llegaba la frente a la nuca,[30] gracias a una calva[31] limpia
y reluciente, cuyo brillo tenía algo de fosfórico; sus ojos negros y
apagados, hundidos en las descarnadas cuencas,[32] se parecían a esas
lagunas encerradas entre montañas, que sólo ofrecen oscuridad, vértigos y
65 muerte al que las mira; lagunas que nada reflejan, que rugen sordamente[33]
alguna vez, pero sin alterarse; que devoran todo lo que cae en su
superficie; que nada devuelven, que nadie ha podido sondear,[34] que no se
alimentan de ningún río, y cuyo fondo busca la imaginación en los mares
antípodas.[35]

70   La cena era abundante, el vino bueno, la conversación alegre y
animada.

[17] Tres... I'll have thrown three billeted soldiers into my well.
[18] beheaded
[19] tuba
[20] threshing floors for grain
[21] viles... vile, excommunicated people
[22] Take that!
[23] se... he went over to their side
[24] uproar
[25] se... they draw and quarter
[26] atropella... walks all over foreign people
[27] murder of a relative
[28] corrían... were having a wild and uncontrolled orgy
[29] one could say
[30] back of the neck
[31] bald spot
[32] hundidos... sunken in fleshless sockets
[33] rugen... rumble silently
[34] measure the depth
[35] mares... southern seas

Los franceses reían, juraban, blasfemaban, cantaban, fumaban, comían y bebían a un mismo tiempo.

Quién[36] había contado los amores secretos de Napoleón; quién la
75 noche del 2 de Mayo en Madrid;[37] cuál batalla de las Pirámides;[38] cuál otro la ejecución de Luis XVI.[39]

García de Paredes bebía, reía y charlaba como los demás, o quizás más que ninguno; y, tan elocuente había estado en favor de la causa imperial, que los soldados del César lo habían abrazado, lo habían
80 vitoreado,[40] le habían improvisado himnos.

—¡Señores!—había dicho el boticario—la guerra que os hacemos los españoles es tan necia como inmotivada. Vosotros, hijos de la Revolución, venís a sacar a España de su tradicional abatimiento,[41] a despreocuparla,[42] a disipar las tinieblas religiosas, a mejorar sus
85 anticuadas costumbres, a enseñarnos esas utilísimas e inconcusas[43] verdades «de que no hay Dios, de que no hay otra vida, de que la penitencia, el ayuno,[44] la castidad y demás virtudes católicas son quijotescas locuras, impropias de un pueblo civilizado, y de que Napoleón es el verdadero Mesías, el redentor de los pueblos, el amigo de la especie
90 humana».[45] ¡Señores! ¡Viva el emperador, cuanto yo deseo que viva!

—¡Bravo, vítor!—exclamaron los hombres del 2 de Mayo.

El boticario inclinó la frente con indecible angustia.

Pronto volvió a alzarla, tan firme y tan sereno como antes.

Se bebió un vaso de vino, y continuó:
95 —Un abuelo mío, un García de Paredes, un bárbaro, un Sansón, un Hércules, un Milón de Crotona,[46] mató doscientos franceses en un día. Creo que fue en Italia. ¡Ya veis que no era tan afrancesado como yo! Se adiestró en las lides contra los moros del reino de Granada; le armó caballero[47] el mismo Rey Católico, y montó más de una vez la guardia en
100 el Quirinal,[48] siendo papa nuestro tío Alejandro Borja.[49] ¡Eh, eh! ¡No me hacíais tan linajudo![50] Pues este Diego García de Paredes, este ascendiente mío, que ha tenido un descendiente boticario, tomó a Cosenza y Manfredonia;[51] entró por asalto en Ceriñola[52] y peleó como bueno en la batalla de Pavía. ¡Allí hicimos prisionero a un rey de Francia, cuya espada
105 ha estado en Madrid cerca de tres siglos, hasta que nos la robó hace tres meses ese hijo de un posadero[53] que viene a vuestra cabeza y a quien llaman Murat![54]

Aquí hizo otra pausa el boticario. Algunos franceses demostraron querer contestarle; pero él, levantándose, e imponiendo a todos silencio
110 con su actitud, empuñó[55] convulsivamente un vaso, y exclamó con voz atronadora:[56]

—¡Brindo, señores, porque maldito sea mi abuelo, que era un animal, y porque se halle ahora mismo en los profundos infiernos! ¡Vivan los franceses de Francisco I y de Napoleón Bonaparte!
115 —¡Vivan!—respondieron los invasores, dándose por satisfechos.

Y todos apuraron[57] su vaso.

[36] Quién/cuál = One of them/another of them
[37] the initial rebellion in 1808 of Spanish citizens against the French occupation forces
[38] in 1798, when Napoleon took Egypt
[39] in 1793, by the Revolutionary Convention
[40] lo… cheered him
[41] apathy
[42] free her from worry
[43] unquestionable
[44] fasting
[45] Spaniards considered the French to be atheists for making Napoleon their "Caesar" and "Messiah"
[46] Samson, Hercules, Milo of Crotona
[47] le… made him a knight
[48] Roman palace, where he stood guard
[49] Pope Alexander VI (pope from 1492 to 1503)
[50] ¡No… You didn't think me so highborn!
[51] cities in southern Italy
[52] Cerignola, where in 1503 the Spanish crushed the French army
[53] innkeeper
[54] Joachim Murat, head of the French forces in Spain
[55] grasped
[56] thundered
[57] emptied

Se oyó en esto rumor en la calle, o mejor dicho, a la puerta de la botica.

—¿Habéis oído?—preguntaron los franceses.

120 García de Paredes se sonrió.

—¡Vendrán a matarme!—dijo.

—¿Quién?

—Los vecinos de Padrón.

—¿Por qué?

125 ¡Por afrancesado! Hace algunas noches que rondan mi casa. Pero, ¿qué nos importa? Continuemos nuestra fiesta.

—Sí, ¡continuemos!—exclamaron los convidados. —Estamos aquí para defenderos.

Y chocando ya botellas contra botellas, que no vasos contra vasos:

130 —¡Viva Napoleón! ¡Muera Fernando! ¡Muera Galicia!—gritaron a una voz.

García de Paredes esperó a que se acallase el brindis,[58] y murmuró con acento lúgubre:[59]

—¡Celedonio!

135 El mancebo de la botica asomó por una puertecilla su cabeza pálida y demudada,[60] sin atreverse a penetrar en aquella caverna.

—Celedonio, trae papel y tintero[61]—dijo tranquilamente el boticario.

El mancebo volvió con recado de escribir.[62]

140 —Siéntate—continuó su amo. —Ahora escribe las cantidades que yo te vaya diciendo. Divídelas en dos columnas. Encima de la columna de la derecha, pon: *Deuda*; y encima de la otra: *Crédito*.

—Señor—balbuceó[63] el mancebo—en la puerta hay una especie de motín.[64] Gritan ¡muera el boticario! ¡Y quieren entrar!

145 —¡Cállate y déjalos! Escribe lo que te he dicho.

Los franceses se rieron de admiración al ver al farmacéutico ocupado en ajustar cuentas cuando lo rodeaban la muerte y la ruina.

Celedonio alzó la cabeza y enristró la pluma,[65] esperando cantidades que anotar.

150 —Vamos a ver, señores—dijo entonces García de Paredes, dirigiéndose a sus comensales.[66] —Se trata de resumir nuestra fiesta en un solo brindis. Empecemos por orden de colocación.[67] Vos, capitán, decidme, ¿cuántos españoles habéis matado desde que pasasteis los Pirineos?

155 —¡Bravo! ¡Magnifica idea!—exclamaron los franceses.

—Yo—dijo el interrogado, trepándose[68] en la silla y retorciéndose[69] el bigote con petulancia. —Yo... habré matado... personalmente... con mi espada... ¡poned unos diez o doce!

—¡Once a la derecha!—gritó el boticario, dirigiéndose al mancebo.

160 El mancebo repitió, después de escribir:

—*Deuda*: once.

—¡Corriente![70]—prosiguió el anfitrión.

[58] toast
[59] acento... dismal tone
[60] su... his pale and colorless face
[61] inkwell
[62] recado... writing materials
[63] stammered
[64] mutiny
[65] enristró... raised his pen
[66] companions
[67] rank
[68] leaning back
[69] twisting
[70] Posted in the accounts!

—¿Y vos? Con vos hablo, señor Julio.

—Yo, seis.

165 —¿Y vos, mi comandante?

—Yo, veinte.

—Yo, ocho.

—Yo, catorce.

—Yo, ninguno.

170 —¡Yo no sé! He tirado a ciegas[71]—respondía cada cual, según le llegaba su turno.

Y el mancebo seguía anotando cantidades a la derecha.

—Veamos ahora, capitán—continuó García de Paredes. —Volvamos a empezar por vos. ¿Cuántos españoles esperáis matar en el 175 resto de la guerra, suponiendo que dure todavía tres años?

—¡Eh!—respondió el capitán—¿quién calcula eso?

—Calculadlo, os lo suplico.

—Poned otros once.

—Once a la izquierda—dictó García de Paredes.

180 Y Celedonio repitió:

—*Crédito*: once.

—¿Y vos?—interrogó el farmacéutico por el mismo orden seguido anteriormente.

—Yo, quince.

185 —Yo, veinte.

—Yo, ciento.

—Yo, mil...—respondían los franceses.

—Ponlos todos a diez, Celedonio—murmuró irónicamente el boticario. —Ahora, suma por separado las dos columnas.

190 El pobre joven, que había anotado las cantidades con sudores de muerte, se vio obligado a hacer el resumen con los dedos, como las viejas, tal era su terror.

Al cabo de un rato de horrible silencio, exclamó, dirigiéndose a su amo:

195 —*Deuda*: 285. *Crédito*: 200.

—Es decir—añadió García de Paredes—doscientos ochenta y cinco muertos, y doscientos sentenciados. Total, ¡cuatrocientas ochenta y cinco víctimas!

Y pronunció estas palabras con voz tan honda y sepulcral, que los 200 franceses se miraron alarmados.

En tanto, el boticario ajustaba una nueva cuenta.

—¡Somos unos héroes!—exclamó al terminarla. —Nos hemos bebido ciento catorce botellas, o sea ciento sesenta libras y media de vino, que, repartidas entre veintiuno, pues todos hemos bebido con la misma 205 bizarría,[72] dan sobre unas ocho libras de líquido por cabeza. ¡Repito que somos unos héroes!

Crujieron a la sazón[73] las tablas de la puerta de la botica, y el mancebo balbuceó tambaleándose:[74]

71 He... I shot blindly
72 bravery
73 a... at that time
74 shaking all over

—¡Ya entran!

210 —¿Qué hora es?—preguntó el boticario con suma tranquilidad.

—Las once. Pero, ¿no oye usted que entran?

—¡Déjalos! Ya es hora.

—¿Hora? ¿De qué?—murmuraron los franceses, procurando levantarse.

215 Pero estaban tan ebrios que no podían moverse de sus sillas.

—¡Que entren! ¡Que entren!—exclamaban, sin embargo, con voz vinosa, sacando los sables con mucha dificultad y sin conseguir ponerse de pie. —¡Que entren esos canallas! Nosotros los recibiremos.

En esto, sonaba ya abajo, en la botica, el estrépito de los botes y
220 redomas[75] que los vecinos de Padrón hacían pedazos, y se oía resonar en la escalera este grito unánime y terrible:

—¡Muera el afrancesado!

III

Se levantó García de Paredes, como impulsado por un resorte,[76] al oír semejante clamor dentro de su casa, y se apoyó en la mesa para no caer
225 de nuevo sobre la silla. Tendió en torno suyo una mirada de inexplicable regocijo;[77] dejó ver en sus labios la inmortal sonrisa del triunfador, y así, transfigurado y hermoso, con el doble temblor de la muerte y del entusiasmo, pronunció las siguientes palabras, entrecortadas[78] y solemnes como las campanadas del toque de agonía:[79]

230 —¡Franceses! Si cualquiera de vosotros, o todos juntos, hallarais ocasión propicia de vengar la muerte de doscientos ochenta y cinco compatriotas y de salvar la vida a otros doscientos más; si, sacrificando vuestra existencia, pudieseis desenojar[80] la indignada sombra de vuestros antepasados, castigar a los verdugos[81] de doscientos ochenta y cinco
235 héroes, y librar de la muerte a doscientos compañeros, a doscientos hermanos, aumentando así las huestes del ejército patrio con doscientos campeones de la independencia nacional, ¿repararíais ni un momento en vuestra miserable vida? ¿Dudaríais ni un punto en abrazaros como Sansón a la columna del templo y morir, a precio de matar a los enemigos de
240 Dios?

—¿Qué dice?—se preguntaron los franceses.

—Señor, ¡los asesinos están en la antesala!—exclamó Celedonio.

—¡Que entren!—gritó García de Paredes. —Ábreles la puerta de la sala. ¡Que vengan todos, a ver cómo muere el descendiente de un
245 soldado de Pavía!

Los franceses, aterrados, estúpidos, clavados en sus sillas por un horrible letargo, creyendo que la muerte de que hablaba el español iba a entrar en aquel aposento en pos de[82] los amotinados, hacían penosos esfuerzos de levantar los sables que yacían sobre la mesa; pero ni siquiera
250 conseguían que sus flojos dedos asiesen las empuñaduras; parecía que los hierros estaban adheridos a la tabla por una insuperable fuerza de atracción.

[75] estrépito... clamor of bottles and flasks
[76] spring
[77] Tendió... He cast about him a glance of incomprehensible joy
[78] faltering
[79] campanadas... death knell
[80] appease
[81] executioners
[82] en... behind

En esto inundaron la estancia más de cincuenta hombres y mujeres, armados con palos, puñales y pistolas, dando tremendos alaridos y
255 lanzando fuego por los ojos.

—¡Mueran todos!—exclamaron algunas mujeres, lanzándose las primeras.

—¡Deteneos!—gritó García de Paredes con tal voz, con tal actitud, con tal fisionomía, que, unido este grito a la inmovilidad y silencio de los
260 veinte franceses, impuso frío terror a la muchedumbre, la cual no se esperaba aquel tranquilo y lúgubre recibimiento.

—No tenéis para qué hundir los puñales[83]—continuó el boticario con voz desfallecida.   —He hecho más que todos vosotros por la independencia de la patria. ¡Me he fingido afrancesado! Y ya veis, los
265 veinte oficiales invasores, los veinte.   No los toquéis.   ¡Están envenenados!

Un grito simultáneo de terror y admiración salió del pecho de los españoles. Dieron éstos un paso más hacia los convidados, y hallaron que la mayor parte estaban ya muertos, con la cabeza caída hacia adelante, los
270 brazos extendidos sobre la mesa, y la mano crispada[84] en la empuñadura de los sables. Los demás agonizaban silenciosamente.

—¡Viva García de Paredes!—exclamaron entonces los españoles, rodeando el héroe moribundo.

—Celedonio—murmuró éste—Celedonio, el opio se ha concluido.
275 Manda por opio[85] a La Coruña...

Y cayó de rodillas.

Sólo entonces comprendieron los vecinos de Padrón que el boticario estaba también envenenado.

Vierais entonces un cuadro tan sublime como espantoso.
280 Varias mujeres, sentadas en el suelo, sostenían en su falda y en sus brazos al expirante patriota, siendo las primeras en colmarlo[86] de caricias y bendiciones, como antes fueron las primeras en pedir su muerte.

Los hombres habían cogido todas las luces de la mesa, y alumbraban arrodillados aquel grupo, en que se veían unidos el
285 patriotismo y la caridad.

Allá quedaban en la sombra veinte muertos o moribundos, de los cuales algunos iban desplomándose[87] contra el suelo con pavorosa pesantez.[88]

Y a cada suspiro de muerte que se oía, a cada francés que venía a
290 tierra, una sonrisa gloriosa iluminaba la fez de García de Paredes, el cual de allí a poco devolvió su espíritu al cielo, bendecido por un ministro del Señor[89] y llorado de sus hermanos en la patria.

[83] No… You don't have to sink your daggers in me.
[84] clenched
[85] el opio… the opium is all gone. Order some more.
[86] lavishing on him
[87] falling
[88] heaviness
[89] ministro… priest

VOCABULARIO—"El afrancesado"

SUSTANTIVOS

el afrancesado	*French sympathizer*
el anfitrión	*host*
el boticario/farmacéutico	*pharmacist*
la cantidad	*quantity*
el compatriota	*fellow countryman*
los convidados	*guests*
el crédito	*credit*
la deuda	*debit, debt*
el enemigo	*enemy*
el emperador	*emperor*
el gallego	*Galician dialect*
el héroe	*hero*
el invasor	*invader*
el Mesías	*Messiah*
el opio	*opium*
el palo	*pole, stick*
la patria	*homeland*
el patriota	*patriot*
la pistola	*pistol*
la pluma	*pen*
el puñal	*dagger, knife*
el sable	*saber*
la sombra	*shadow*
el tintero	*inkwell*
la venganza	*vengeance*
la virtud	*virtue*

VERBOS

brindar	*to toast*
defender (ie)	*to defend*
derribar	*to known down*
deshonrar	*to dishonor*
emborracharse	*to get drunk*
encargarse de	*to take care, charge of*
envenenar	*to poison*
fingir	*to pretend, feign*
librar	*to liberate*
vengar	*to avenge*

ADJETIVOS

armado(a)	*armed*
ebrio(a)	*drunk*
envenenado(a)	*poisoned*
moribundo(a)	*dying*
odiado(a)	*hated*

COMPRENSIÓN

1. ¿Dónde y cuándo tuvieron lugar los acontecimientos del cuento?
2. ¿Por qué iban a la casa del boticario los españoles que se habían reunido en la calle aquella noche?
3. ¿Cómo era García de Paredes? ¿A quiénes había invitado a cenar?
4. ¿Qué les dijo el boticario a sus convidados franceses sobre las costumbres y las virtudes españolas?
5. ¿Qué lista hizo preparar García de Paredes? ¿Qué cantidades anotó el empleado Celedonio?
6. Cuando entraron los españoles armados, ¿por qué no pudieron defenderse los franceses? ¿Qué explicación ofreció García de Paredes?
7. ¿Cómo murió el boticario?

INTERPRETACIÓN

1. Explique Ud. estas referencias históricas:
   a. 1808   b. Napoleón   c. el príncipe Fernando   d. un afrancesado
2. ¿Hay palabras o expresiones en la segunda parte que anticipen el desenlace? Haga una lista.
3. En su opinión, ¿por qué se envenenó García de Paredes?
4. ¿Qué tema(s) romántico(s) expresa el cuento?

Ana María Matute

A na María Matute (b. 1926) is one of Spain's most important woman writers, along with Carmen Laforet and Carmen Martín Gaite. Matute has written novels and short stories as well as children's literature. Her most successful pieces are her short stories; in contrast to her novels, the short-story form serves more adequately to express the sudden insights and revelations that her characters often attain.

The center or focus in Matute's narratives is the family. She is intensely interested in the relationships among children and between children and their parents. The depiction of the ineluctable solitude of children (socially outcast or otherwise) in "La chusma," and the capturing of the bittersweet moment of pubertal awakening in "El chico de al lado" are typical of Matute's art.

"La chusma" is a tale of poetic justice, of nature's pagan retribution that lashes out on Christmas Eve, with all its overtones of charity and Christ's sacrifice for man's sins. The narrator, the "I" in the story, befriends Fabian, of the "Galgo" family, partly because they share the same intimacy with nature. Only later does the narrator realize that there is something socially reprehensible (class inequality) in their friendship, which consequently must be kept secret. Don Amador (note the irony in his name, Amador) exemplifies the evils of class-consciousness. The physician whose traditional role is to heal and assuage suffering functions in the story as a sort of anti-Christ. His vicious speech, mannerisms, and demeanor, his Christmas Eve prank—his demand for payment before he will render medical attention—are evil deeds in the judgment of the powerless, nauseated child narrator.

Yet, while the child may be totally incapable of righting wrongs or of acting in any signifcant way, there is some justice in this world. Nature, in her blind, implacable fury, is able to perform the retribution that perhaps a powerless, lonely child may be fantasizing about while lying in bed alone. Nature repays the doctor in kind. Alone, he falls into the river—"Nadie se enteró ni oyó sus gritos"— and the tragic cycle of isolation is reafirmed this Christmas Eve. The story is profoundly pessimistic. Not even the children are permitted their innocence. They are traumatized by society; they must dissemble, and rage and envy in solitude. The only redeeming possibility lies in the children's ability to act upon their need for companionship despite the social constraints that imprison us all.

La chusma

Procedían todos de otras sierras y en el pueblo les llamaban «la chusma».[1] Hacía poco que se explotaban las minas de las vertientes[2] de Laguna Grande, y aquellas gentes mineras invadieron el pueblo. Eran en su mayoría familias compuestas de numerosos hijos, y vivían en la parte vieja del pueblo, en pajares[3] habilitados[4] primariamente: arracimados,[5] chillones,[6] con fama de pendencieros.[7] En realidad eran gentes pacíficas, incluso apáticas, resignadas. Excepto el día de paga, en el que se iban a la taberna del Guayo, a la del Pinto o a la de María Antonia Luque, con el dinero fresco, y donde se emborrachaban y acababan a navajazos.[8]

5

[1] rabble, riff-raff
[2] watersheds
[3] barns
[4] fixed up
[5] clustered together
[6] noisy
[7] troublemakers
[8] acababan… ended up knifing each other

10   Ellos, naturalmente, se pasaban el día en los pozos[9] o en el lavadero[10] de la mina. Mientras, sus mujeres trajinaban[11] afanosamente bajo el sol o la lluvia, rodeadas de niños de todas las edades; o porfiaban[12] con el de la tienda para que les fiase[13] el aceite, las patatas o el pan; o lavaban en el río, a las afueras, en las pozas[14] que se formaban bajo el
15   puente romano; o lloraban a gritos[15] cuando cualquier calamidad les afligía. Esto último, con bastante frecuencia.

      Entre los de «la chusma» había una familia llamada los «Galgos». No eran diferentes a los otros, excepto, quizá, en que, por lo general, el padre no solía emborracharse. Tenían nueve hijos, desde los dos hasta los
20   dieciséis años. Los dos mayores, que se llamaban Miguel y Félix, también empleados en la mina. Luego, les seguía Fabián, que era de mi edad.

      No sé, realmente, cómo empezó mi amistad con Fabián. Quizá porque a él también le gustaba rondar[16] por las tardes, con el sol, por la parte de la tapia trasera[17] del cementerio viejo. O porque amaba los perros
25   vagabundos, o porque también coleccionaba piedras suavizadas[18] por el río: negras, redondas y lucientes como monedas de un tiempo remoto. El caso es que Fabián y yo solíamos encontrarnos, al atardecer, junto a la tapia desconchada[19] del cementerio, y que platicábamos allí tiempo y tiempo. Fabián era un niño muy moreno y pacífico, de pómulos[20] anchos
30   y de voz lenta, como ululante.[21] Tosía[22] muy a menudo, lo que a mí no me extrañaba, pero un día una criada de casa de mi abuelo, me vio con él y me chilló:

      —Ándate con ojo,[23] no te peguen la dolencia[24]...! ¡Que no se entere tu abuelo!

35   Con esto, comprendí que aquella compañía estaba prohibida, y que debía mantenerla oculta.

      Aquel invierno se decidió que siguiera en el campo, con el abuelo, lo que me alegraba. En parte porque no me gustaba ir al colegio, y en parte porque la tierra tiraba de mí[25] de un modo profundo y misterioso.
40   Mi rara amistad con Fabián continuó, como en el verano. Pero era el caso que sólo fue una amistad «de hora de la siesta», y que el resto del día nos ignorábamos.

      En el pueblo no se comía más pescado que las truchas[26] del río, y algún barbo que otro.[27] Sin embargo, la víspera de Navidad,[28] llegaban
45   por el camino alto unos hombres montados en unos burros y cargados con grandes banastas.[29] Aquel año los vimos llegar entre la nieve. Las criadas de casa salieron corriendo hacia ellos, con cestas de mimbre,[30] chillando y riendo como tenían por costumbre para cualquier cosa fuera de lo corriente. Los hombres del camino traían en las banastas—quién sabía
50   desde dónde—algo insólito[31] y maravilloso en aquellas tierras: pescado fresco. Sobre todo, lo que maravillaba eran los besugos,[32] en grandes cantidades, de color rojizo dorado, brillando al sol entre la nieve, en la mañana fría. Yo seguía a las criadas saltando y gritando como ellas. Me gustaba oír sus regateos,[33] ver sus manotazos,[34] las bromas y las veras[35]
55   que se llevaban[36] con aquellos hombres. En aquellas tierras, tan lejanas

[9] mine shafts
[10] washery
[11] bustled about
[12] haggled
[13] sell on credit
[14] pools
[15] a... at the top of their voices
[16] to hang around
[17] back
[18] smoothed
[19] peeling; chipped
[20] cheekbones
[21] wailing
[22] He coughed
[23] Ándate... Be careful
[24] no... do not let them infect you
[25] tiraba... attracted me
[26] trout
[27] algún... a barbel (type of carp) or two
[28] la... on Christmas Eve
[29] hampers
[30] wicker
[31] unusual
[32] bream (ocean fish)
[33] bargaining
[34] slaps, cuffs
[35] sayings
[36] que... that they shared

del mar, el pescado era algo maravilloso. Y ellos sabían que se gustaba celebrar la Nochebuena[37] cenando besugo asado.[38]

—Hemos vendido el mayor besugo del mundo—dijo entonces uno de los pescaderos[39]—. Era una pieza como de aquí allá. ¿Sabéis a quién?
60 A un minero. A una de esas negras ratas, ha sido.

—¿A quién?—preguntaron las chicas, extrañadas.

—A uno que llaman el «Galgo»—contestó el otro—. Estaba allí, con todos sus hijos alrededor. ¡Buen festín[40] tendrán esta noche! Te juro que podría montar en el lomo[41] del besugo a toda la chiquillería,[42] y aún
65 sobraría la cola.[43]

—¡Anda con los «Galgos»[44]!—dijo Emiliana, una de las chicas—. ¡Esos muertos de hambre!

Yo me acordé de mi amigo Fabián. Nunca se me hubiera ocurrido, hasta aquel momento, que podía pasar hambre.

70 Aquella noche el abuelo invitaba a su mesa al médico del pueblo, porque no tenía parientes y vivía solo. También venía el maestro, con su mujer y sus dos hijos. Y en la cocina se reunían lo menos quince familiares de las chicas.

El médico fue el primero en llegar. Yo le conocía poco y había
75 oído decir a las criadas que siempre estaba borracho. Era un hombre alto y grueso, de cabello rojizo y dientes negros. Olía mucho a colonia[45] y vestía un traje muy rozado,[46] aunque se notaba recién sacado del arca,[47] pues olía a alcanfor.[48] Sus manos eran grandes y brutales y su voz ronca[49] (las criadas decían que del aguardiente[50]). Todo el tiempo lo pasó
80 quejándose del pueblo, mientras el abuelo le escuchaba como distraído. El maestro y su familia, todos ellos pálidos, delgados y muy tímidos, apenas se atrevían a decir palabra.

Aún no nos habíamos sentado a la mesa cuando llamaron al médico. Una criada dio el recado,[51] aguantándose[52] las ganas de reír.

85 —Señor, que, ¿sabe usted?, unos que les dicen «los Galgos»... de la chusma esa de mineros, pues señor, que compraron besugo pa[53] cenar, y que al padre le pasa algo, que se ahoga... ¿sabe usted? Una espina[54] se ha tragado y le ha quedado atravesada[55] en la garganta.[56] Si podrá ir, dicen, don Amador...

90 Don Amador, que era el médico, se levantó de mala gana.[57] Le habían estropeado[58] el aperitivo, y se le notaba lo a regañadientes[59] que se echó la capa por encima. Le seguí hasta la puerta, y vi en el vestíbulo a Fabián, llorando. Su pecho se levantaba, lleno de sollozos.[60]

Me acerque a él, que al verme me dijo:

95 —Se ahoga padre, ¿sabes?

Me dio un gran pesar oírle. Les vi perderse en la oscuridad, con su farolillo de tormentas,[61] y me volví al comedor, con el corazón en un puño.[62]

Pasó mucho rato y el médico no volvía. Yo notaba que el abuelo
100 estaba impaciente. Al fin, de larga que era la espera, tuvimos que sentarnos a cenar. No sé por qué, yo estaba triste, y parecía que también

[37] Christmas Eve
[38] grilled
[39] fishmongers
[40] feast
[41] back
[42] flock of children
[43] tail
[44] ¡Anda... How do you like that!
[45] cologne
[46] worn
[47] chest
[48] camphor
[49] hoarse
[50] whiskey
[51] message
[52] controlling
[53] para
[54] bone
[55] stuck
[56] throat
[57] de... unwillingly
[58] ruined
[59] lo... how reluctantly
[60] sobs
[61] farolillo... hurricane lamp
[62] con... with my heart in a knot

había tristeza a mi alrededor. Por otra parte, de mi abuelo no se podía decir que fuese un hombre alegre ni hablador, y del maestro aún se podía esperar menos.

105 El médico volvió cuando iban a servir los postres. Estaba muy contento, coloreado[63] y voceador.[64] Parecía que hubiese bebido. Su alegría resultaba extraña: era como una corriente de aire que se nos hubiera colado[65] desde alguna parte. Se sentó y comió de todo, con voracidad. Yo le miraba y sentía un raro malestar. También mi abuelo
110 estaba serio y en silencio, y la mujer del maestro miraba la punta de sus uñas[66] como con vergüenza. El médico se sirvió varias veces vino de todas clases y repitió[67] de cuantos platos había. Ya sabíamos que era grosero,[68] pero hasta aquel momento procuró disimularlo.[69] Comía con la boca llena y parecía que a cada bocado[70] se tragase toda la tierra. Poco a
115 poco se animaba más y más, y, al fin, explicó:

—Ha estado bien la cosa. Esos «Galgos»... ¡Ja, ja, ja!

Y lo contó. Dijo:

—Estaban allí, todos alrededor, la familia entera, ¡malditos sean! ¡Chusma asquerosa![71] ¡Así revienten![72] ¡Y cómo se reproducen! ¡Tiña[73]
120 y miseria, a donde van ellos! Pues estaban así: el «Galgo», con la boca de par en par,[74] amoratado[75]... Yo, en cuanto le vi la espina, me dije: "Ésta es buena ocasión". Y digo: "¿Os acordáis que me debéis doscientas cincuenta pesetas?" Se quedaron como el papel.[76] "Pues hasta que no me las paguéis no saco la espina." ¡Ja, ja!

125 Aún contó más. Pero yo no le oía. Algo me subía por la garganta, y le pedí permiso al abuelo para retirarme.

En la cocina estaban comentando lo del médico.

—¡Ay, pobrecillos!—decía Emiliana—. Con esta noche de nieve, salieron los chavales[77] de casa en casa, a por[78] las pesetas...
130 Lo contaron los hermanos de Teodosia, la cocinera, que acababa de llegar para la cena, aún con nieve en los hombros.

—El mala entraña,[79] así lo ha tenido al pobre «Galgo», con la boca abierta como un capazo,[80] qué sé yo el tiempo...

—¿Y las han reunido?—preguntó Lucas, el aparcero[81] mayor.

135 El hermano pequeño de Teodosia, asintió:

—Unos y otros... han ido recogiendo...

Salí con una sensación amarga y nueva. Aún se oía la voz de don Amador, contando su historia.

Era muy tarde cuando el médico se fue. Se había emborrachado a
140 conciencia[82] y al cruzar el puente, sobre el río crecido, se tambaleó[83] y cayó al agua. Nadie se enteró ni oyó sus gritos. Amaneció[84] ahogado, más allá de Valle Tinto, como un tronco derribado,[85] preso entre unas rocas, bajo las aguas negruzcas y viscosas[86] del Agarro.

[63] flushed
[64] vociferous
[65] se... had sneaked up on us
[66] fingernails
[67] had second helpings
[68] ill-bred
[69] to hide it
[70] mouthful
[71] disgusting
[72] ¡Así... To hell with them!
[73] Ringworm
[74] de... wide open
[75] purple-faced
[76] como... white as a sheet
[77] boys
[78] a... in search of
[79] mala... swine
[80] large basket
[81] partner
[82] a... thoroughly
[83] se... he tottered
[84] He appeared at dawn
[85] tronco... fallen tree trunk
[86] slimy

VOCABULARIO

SUSTANTIVOS

el aguardiente	*whiskey, spirits*
el besugo	*sea bream (fish)*
el cementerio	*cemetery*
la chusma	*rabble, riff-raff*
la espina	*fishbone; spine*
el malestar	*uneasiness*
la mina	*mine*
el minero	*miner*
la Nochebuena	*Christmas Eve*
el pajar	*barn, straw loft*
el pendenciero	*troublemaker*
el pescadero	*fishmonger*
la piedra	*rock*
el pozo	*mineshaft; well*
el recado	*message*
la tapia	*mud wall; fence*
la trucha	*trout*

VERBOS

ahogarse	*to choke; to drown*
coleccionar	*to collect*
deber	*to owe*
emborracharse	*to get drunk*
estropear	*to ruin*
explotar	*to run, operate; to exploit*
extrañar	*to surprise*
fiar	*to sell on credit; to trust*
oler (hue) [a]	*to smell [of]*
platicar	*to chat, talk*
porfiar	*to haggle, argue stubbornly*
reunir	*to gather, collect*
talambearse	*to totter, stagger*
tirar de	*to attract*
toser	*to cough*
tragar	*to swallow*

ADJETIVOS

ahogado(a)	*drowned*
asado(a)	*grilled, roasted*
atravesado(a)	*stuck (crosswise)*
grosero(a)	*ill-bred, uncouth*
ronco(a)	*hoarse*

EXPRESIONES Y CONCEPTOS

de mala gana	*unwillingly*
pasar hambre	*to suffer hunger*

COMPRENSIÓN

1. ¿Por qué llamaban «la chusma» a los mineros? ¿Dónde vivían?
2. ¿Qué fama tenían los mineros y sus familias? En realidad, ¿cómo eran?
3. ¿Adónde iban los hombres el día de paga? ¿Por qué tenían que porfiar las mujeres con los comerciantes?
4. ¿Qué diferencia había entre la familia de los «Galgos» y las otras familias? ¿Cómo era Fabián? ¿De qué enfermedad sufría?
5. ¿Cuándo y dónde se veían la niña y Fabián? ¿Qué coleccionaban? ¿Por qué prefería quedarse la niña en el campo con su abuelo?
6. ¿Solían comer mucho pescado en el pueblo? ¿Quiénes traían los besugos allí?
7. ¿Qué iba a celebrar la gente del pueblo? ¿A quién habían vendido los pescaderos el mayor besugo? Escuchando su conversación, ¿de qué se dio cuenta la niña?
8. ¿Quiénes se reunieron en casa del abuelo para la Nochebuena? ¿Cómo era el médico? ¿Qué reputación tenía?
9. ¿Qué recado trajo una criada? Cuando el médico vio al «Galgo», ¿qué le dijo? ¿Qué hicieron los muchachos? ¿Pudieron reunir el dinero?
10. ¿Qué le ocurrió al médico cuando cruzaba el puente aquella noche?

INTERPRETACIÓN

1. Escriba Ud. una caracterización del médico. Explique la ironía de su nombre.
2. Explique la ironía del uso de las palabras «ahogarse» y «ahogado».
3. Discuta los temas del prejuicio y la justicia.
4. Compare la sociedad del cuento con nuestra sociedad respecto a estos temas.

Sergio Vodanovič

*T*he works of the contemporary Chilean playwright Sergio Vodanovič *exemplify the high level of creativity and innovation in Spanish American theater today. Vodanovič, born in 1926, has been actively involved in the theater since 1947 and is currently a faculty member at the Catholic University of Chile. His fame as a creative writer is based mainly on his subtle attacks on societal corruption and greed. In two early works,* El Senador no es honorable *(1952) and* Deja que los perros ladren *(1959), he described the forces that militate against morality in government and society. The latter was awarded the Municipal Drama Prize and was later made into a film. In 1970, his timely* Nos tomarnos la universidad *studied the human dimension behind student strikes. Vodanovič's thematic concerns make his theater one of extraordinary contemporary appeal in Latin America. Similar in many ways to the works of the Chilean Egon Wolff and the Mexican Vicente Leñero, Vodanovič's social realism is tempered with a subtle study of the psychological mechanisms of power.*

The play included here, El delantal blanco, *makes use of one of the oldest theatrical techniques: role reversal, in which the servant becomes the master. Although this convention has been around since the days of Roman comedy, Vodanovič uses it with a slightly more serious purpose. Note how quickly he is able to create an air of tension, which is ultimately resolved in the last lines of the play.*

El delantal blanco
PARTE I

La playa.

Al fondo, una carpa.

Frente a ella, sentadas a su sombra, la SEÑORA y la EMPLEADA.

5   La SEÑORA está en traje de baño y, sobre él, use un blusón de toalla[1] blanca que le cubre hasta las caderas.[2] Su tez está tostada por un largo veraneo. La EMPLEADA viste su uniforme blanco. La SEÑORA es una mujer de treinta años, pelo claro, rostro[3] atrayente aunque algo duro. La EMPLEADA tiene veinte años, tez blanca, 10   pelo negro, rostro plácido y agradable.

LA SEÑORA: (*Gritando hacia su pequeño hijo, a quien no ve y que se supone está a la orilla[4] del mar, justamente, al borde del escenario.*) ¡Alvarito! ¡Alvarito! ¡No le tire[*] arena a la niñita!

[1] terrycloth
[2] hips
[3] cara
[4] edge

---

[*] Note that la señora uses the usted form in speaking with her son. Although this form usually denotes formality or distance, in Chile it is used to express great intimacy and affection.

15 ¡Métase al agua! Está rica... ¡Alvarito, no! ¡No le deshaga el castillo a la niñita! Juegue con ella... Sí, mi hijito... juegue...

LA EMPLEADA: Es tan peleador[5]...

LA SEÑORA: Salió al[6] padre... Es inútil corregirlo. Tiene una personalidad dominante que le viene de su padre, de su abuelo, de su abuela... ¡sobre todo de su abuela!

20 LA EMPLEADA: ¿Vendrá el caballero[7] mañana?

LA SEÑORA: (*Se encoge de hombros con desgano.*[8]) ¡No sé! Ya estamos en marzo, todas mis amigas han regresado y Álvaro me tiene todavía aburriéndome en la playa. Él dice que quiere que el niño aproveche[9] las vacaciones, pero para mí que es él quien está
25 aprovechando. (*Se saca*[10] *el blusón y se tiende a tomar sol.*) ¡Sol! ¡Sol! Tres meses tomando sol. Estoy intoxicada de sol. (*Mirando inspectivamente a la EMPLEADA.*) ¿Qué haces tú para no quemarte?

LA EMPLEADA: He salido tan poco de la casa...

30 LA SEÑORA: ¿Y qué querías? Viniste a trabajar, no a veranear. Estás recibiendo sueldo, ¿no?

LA EMPLEADA: Sí, señora. Yo sólo contestaba su pregunta...

La SEÑORA permanece[11] tendida recibiendo el sol. La EMPLEADA saca de una bolsa de género una revista de historietas fotografiadas y
35 principia[12] a leer.

LA SEÑORA: ¿Qué haces?

LA EMPLEADA: Leo esta revista.

LA SEÑORA: ¿La compraste tú?

LA EMPLEADA: Sí, señora.

40 LA SEÑORA: No se te paga tan mal entonces, si puedes comprarte tus revistas ¿eh?

La EMPLEADA no contesta y vuelve a mirar la revista.

LA SEÑORA: ¡Claro! Tú leyendo y que Alvarito reviente, que se ahogue[13]...

45 LA EMPLEADA: Pero si está jugando con la niñita...

LA SEÑORA: Si te traje a la playa es para que vigilaras a Alvarito y no para que te pusieras a leer.

La EMPLEADA deja la revista y se incorpora[14] para ir donde está Alvarito.

50 LA SEÑORA: ¡No! Lo puedes vigilar desde aquí. Quédate a mi lado, pero observe al niño. ¿Sabes? Me gusta venir contigo a la playa.

LA EMPLEADA: ¿Por qué?

---

5 combative
6 Salió... Es igual al
7 gentleman (se refiere al marido)
8 Se... She shrugs her shoulders indifferently.
9 take advantage of
10 quita
11 queda
12 empieza
13 se... he drown
14 se... se levanta

LA SEÑORA: Bueno... no sé... Será[15] por lo mismo que me gusta venir en el auto, aunque la casa esté a dos cuadras.[16] Me gusta que vean

55 el auto. Todos los días, hay alguien que se para al lado de él y lo mire y comenta. No cualquiera tiene un auto como el de nosotros... Claro, tú no te das cuenta de la diferencia. Estás demasiado acostumbrada a lo bueno... Dime... ¿Cómo es tu casa?

LA EMPLEADA: Yo no tengo casa.

60 LA SEÑORA: No habrás nacido[17] empleada, supongo. Tienes que haberte criado[18] en alguna parte, debes haber tenido padres... ¿Eres del campo?

LA EMPLEADA: Sí.

LA SEÑORA: Y tuviste ganas de conocer la ciudad, ¿ah?

65 LA EMPLEADA: No. Me gustaba allá.

LA SEÑORA: ¿Por qué te viniste, entonces?

LA EMPLEADA: Tenía que trabajar.

LA SEÑORA: No me vengas con ese cuento. Conozco la vida de los inquilinos[19] en el campo. Lo pasan bien. Les regalan una cuadra[20]

70 para que cultiven.[21] Tienen alimentos gratis[22] y hasta les sobra[23] para vender. Algunos tienen hasta sus vaquitas... ¿Tus padres tenían vacas?

LA EMPLEADA: Sí, señora. Una.

LA SEÑORA: ¿Ves? ¿Qué más quieren? ¡Alvarito! ¡Alvarito! ¡No se

75 mete tan allá que puede venir una ola! ¿Qué edad tienes?

LA EMPLEADA: ¿Yo?

LA SEÑORA: A ti te estoy hablando. No estoy loca para hablar sola.

LA EMPLEADA: Ando en[24] los veintiuno...

LA SEÑORA: ¡Veintiuno! A los veintiuno yo me casé. ¿No has pensado

80 en casarte?

La EMPLEADA baja la vista[25] y no contesta.

LA SEÑORA: ¡Las cosas que se me ocurre preguntar! ¿Para qué querrías[26] casarte? En la casa tienes de todo: comida, una buena pieza,[27] delantales limpios... Y si te casaras... ¿Qué es lo que

85 tendrías[28]? Te llenarías de chiquillos,[29] no más.

LA EMPLEADA: (*Como para sí.*) Me gustaría casarme...

LA SEÑORA: ¡Tonterías![30] Cosas que se te ocurren por leer historias de amor en las revistas baratas... Acuérdate de esto: Los príncipes azules[31] ya no existen. No es el color lo que importa, sino el

90 bolsillo. Cuando mis padres no me aceptaban un pololo[32] porque no tenía plata, yo me indignaba, pero llegó Álvaro con sus industrias y sus fundos y no quedaron contentos hasta que lo casaron conmigo. A mí no me gustaba porque era gordo y tenía la costumbre de sorberse los mocos,[33] pero después en el matrimonio,

95 uno se acostumbra a todo. Y llega a la conclusión que todo da lo mismo, salvo la plata. Sin la plata no somos nada. Yo tengo plata,

[15] Probablemente es
[16] blocks
[17] No... You were not born
[18] haberte... have grown up
[19] tenant farmers
[20] small piece (of land)
[21] they farm
[22] free
[23] les... they have extra
[24] Ando... Tengo casi
[25] baja... looks down
[26] would you want
[27] bedroon
[28] would you have
[29] Te... You'd be pregnant all the time
[30] Rubbish!
[31] príncipes... Princes Charming
[32] novio
[33] sorberse... sniffle

tú no tienes. Esa es toda la diferencia entre nosotras. ¿No te parece?

LA EMPLEADA: Sí, pero...

100 LA SEÑORA: ¡Ah! Lo crees ¿eh? Pero es mentira. Hay algo que es más importante que la plata: la clase. Eso no se compra. Se tiene o no se tiene. Álvaro no tiene clase. Yo sí la tengo. Y podría[34] vivir en una pocilga[35] y todos se darían cuenta de[36] que soy alguien. No una cualquiera. Alguien. Te das cuenta ¿verdad?

105 LA EMPLEADA: Sí, señora.

LA SEÑORA: A ver... Pásame esa revista. *(La EMPLEADA lo hace. La SEÑORA la hojea.[37] Mira algo y lanza una carcajada.[38])* ¿Y esto lees tú?

LA EMPLEADA: Me entretengo, señora.

110 LA SEÑORA: ¡Qué ridículo! ¡Qué ridículo! Mira a este roto[39] vestido de smoking.[40] Cualquiera se da cuenta que está tan incómodo en él como un hipopótamo con faja[41]... *(Vuelve a mirar en la revista.)* ¡Y es el conde[42] de Lamarquina! ¡El conde de Lamarquina! A ver... ¿Qué es lo que dice el conde? *(Leyendo.)* «Hija mía, no

115 permitiré jamás que te cases con Roberto. Él es un plebeyo.[43] Recuerda que por nuestras venas corre sangre azul». ¿Y ésta es la hija del conde?

LA EMPLEADA: Sí. Se llama María. Es una niña sencilla y buena. Está enamorada de Roberto, que es el jardinero del castillo. El

120 conde no lo permite. Pero... ¿sabe? Yo creo que todo va a terminar bien. Porque en el número[44] anterior Roberto le dijo a María que no había conocido a sus padres y cuando no se conoce a los padres, es seguro que ellos son gente rica y aristócrata que perdieron al niño de chico o lo secuestraron...

125 LA SEÑORA: ¿Y tú crees todo eso?

LA EMPLEADA: Es bonito, señora.

LA SEÑORA: ¿Qué es tan bonito?

LA EMPLEADA: Que lleguen a pasar cosas así. Que un día cualquiera, uno sepa que es otra persona, que en vez de ser pobre, se es rica;

130 que en vez de ser nadie se es alguien, así como dice Ud....

LA SEÑORA: Pero no te das cuenta que no puede ser... Mira a la hija... ¿Me has visto a mí alguna vez usando unos aros[45] así? ¿Has visto a alguna de mis amigas con una cosa tan espantosa[46]? ¿Y el peinado? Es detestable. ¿No te das cuenta que una mujer así no

135 puede ser aristócrata?... ¿A ver? Sale fotografiado aquí el jardinero...

LA EMPLEADA: Sí. En los cuadros[47] del final. *(Le muestra en la revista. La SEÑORA ríe encantada).*

LA SEÑORA: ¿Y éste crees tú que puede ser un hijo de aristócrata?

140 ¿Con esa nariz? ¿Con ese pelo? Mira... Imagínate que mañana me rapten a Alvarito. ¿Crees tú que va a dejar por eso de tener su aire de distinción?

[34] I could
[35] pigsty
[36] se... would know
[37] leafs through
[38] guffaw
[39] loser
[40] tuxedo
[41] girdle
[42] Count
[43] commoner
[44] issue
[45] earrings
[46] hideous
[47] pictures

LA EMPLEADA: ¡Mire, señora! Alvarito le botó el castillo de arena a la niñita de una patada.[48]

145 LA SEÑORA: ¿Ves? Tiene cuatro años y ya sabe lo que es mandar, lo que es no importarle los demás. Eso no se aprende. Viene en la sangre.

LA EMPLEADA: (*Incorporándose.*) Voy a ir a buscarlo.

LA SEÑORA: Déjalo. Se está divirtiendo.

150 La EMPLEADA se desabrocha[49] el primer botón de su delantal y hace un gesto en el que muestra estar acalorada.

LA SEÑORA: ¿Tienes calor?

LA EMPLEADA: El sol está picando fuerte.

LA SEÑORA: ¿No tienes traje de baño?

155 LA EMPLEADA: ¡Ah, sí!

LA SEÑORA: ¿Cuándo?

LA EMPLEADA: Antes de emplearme. A veces, los domingos, hacíamos excursiones a la playa en el camión del tío de una amiga.

LA SEÑORA: ¿Y se bañaban?

160 LA EMPLEADA: En la playa grande de Cartagena. Arrendábamos trajes de baño y pasábamos todo el día en la playa. Llevábamos de comer y...

LA SEÑORA: (*Divertida.*) ¿Arrendaban trajes de baño?

LA EMPLEADA: Sí. Hay una señora que arrienda en la misma playa.

165 LA SEÑORA: Una vez con Álvaro, nos detuvimos en Cartagena a echar bencina al auto y miramos a la playa. ¡Era tan gracioso! ¡Y esos trajes de baño arrendados! Unos eran tan grandes que hacían bolsas por todos los lados y otros quedaban tan chicos que las mujeres andaban con el traste[50] afuera. ¿De cuáles arrendabas tú?

170 ¿De los grandes o de los chicos?

La EMPLEADA mira al suelo taimada.[51]

LA SEÑORA: Debe ser curioso... Mirar el mundo desde un traje de baño arrendado o envuelta en un vestido barato... o con uniforme de empleada como el que uses tú... Algo parecido le debe suceder a

175 esta gente que se fotografía para estas historietas: se ponen smoking o un traje de baile y debe ser diferente la forma como miran a los demás, como se sienten ellos mismos... Cuando yo me puse mi primer par de medias, el mundo entero cambió para mí. Los demás[52] eran diferentes; yo era diferente y el único cambio

180 efectivo era que tenía puesto un par de medias... Dime... ¿Cómo se ve el mundo cuando se está vestida con un delantal blanco?

LA EMPLEADA: (*Tímidamente.*) Igual... La arena tiene el mismo color... las nubes son iguales... Supongo.

---

[48] kick
[49] se... unbuttons
[50] bottom
[51] sullenly
[52] others

185

190

195

200

LA SEÑORA: Pero no... Es diferente. Mira. Yo con este traje de baño, con este blusón de toalla, tendida sobre la arena, sé que estoy en «mi lugar», que esto me pertenece[53]... En cambio tú, vestida como empleada sabes que la playa no es tu lugar, que eres diferente... Y eso, eso te debe hacer ver todo distinto.

LA EMPLEADA: No sé.

LA SEÑORA: Mira. Se me ha ocurrido[54] algo. Préstame tu delantal.

LA EMPLEADA: ¿Cómo?

LA SEÑORA: Préstame tu delantal.

LA EMPLEADA: Pero... ¿Para qué?

LA SEÑORA: Quiero ver cómo se ve el mundo, qué apariencia tiene la playa cuando se la ve encerrada en un delantal de empleada.

LA EMPLEADA: ¿Ahora?

LA SEÑORA: Sí, ahora.

LA EMPLEADA: Pero es que... No tengo un vestido debajo.

LA SEÑORA: (*Tirándole el blusón.*) Toma... Ponte esto.

LA EMPLEADA: Voy a quedar en calzones[55]...

[53] belongs
[54] Se... I just thought of something
[55] underwear

VOCABULARIO—Parte I

la arena	sand	prestar	to lend
arrendar (ie)	to rent	raptar	to kidnap
bañarse	to swim, bathe	la revista	magazine
el blusón	cover-up (clothing)	la sangre	blood
la bolsa	bag	el sueldo	salary
el bolsillo	pocket; money (slang)	tenderse (ie)	to stretch out
la carpa	beach tent	tirar	to throw
la clase	(social) class	tomar el sol	to sunbathe
el delantal	uniform	tostado	tanned
duro	tough, hard	el traje de baño	bathing suit
entretenerse (ie)	to enjoy oneself	veranear	to vacation
pasarlo bien	to have a good time	el veraneo	summer vacation
la plata	money; silver	vigilar	to watch

COMPRENSIÓN—Parte I

A. Conjugue los verbos indicados usando un tiempo verbal en el pasado. Cuidado con el uso del subjuntivo. Luego determine si la oración es cierta (C) o falsa (F). Corrija las oraciones falsas.

1. _____ La empleada (*vestir*) un traje de baño.
2. _____ El marido de la señora (*querer*) que su familia (*quedarse*) en la playa
3. _____ La señora (*estar*)contenta en la playa.
4. _____ La señora (*traer*) a la empleada a la playa para que (*tomar*) el sol.
5. _____ La empleada (*venir*) a trabajar en la ciudad porque no (*gustarle*) el campo.
6. _____ La señora (*creer*) que en el campo todos (*pasarlo*) bien.
7. _____ Los padres de la señora (*querer*) que ella (*casarse*) con Alvaro porque él (*tener*) mucho dinero

8. _____ Antes de casarse, a la señora no (*gustarle*) que Alvaro (*soberse*) los mocos.

9. _____ La empleada (*estar*) segura que Roberto, el muchacho de la historieta que ella (*leer*), (*ser*) hijo de aristócratas.

10. _____ A la señora le (*parecer*) cómico que la empleada (*creer*) las historietas que (*leer*).

11. _____ Cuando la empleada (*vivir*) en el campo, a veces (*ir*) a la playa y (*arrendar*) un traje de baño.

12. _____ Una vez la señora (*ver*) a unas muchachas que (*llevar*) trajes arrendados.

13. _____ La señora (*insistir*) en que la gente de la clase baja (*mirar*) el mundo del mismo modo que la gente de la clase alta.

B. Complete la siguiente tabla con la información apropiada.

	LA SEÑORA	LA EMPLEADA
La ropa		
La edad		
El estado civil		
La actitud ante el matrimonio		
La visión de la vida del campo		
La visión de las historietas de las revistas		

INTERPRETACIÓN—Parte I

A. ¿Qué conflictos se presentaron en la primera parte de la obra?

B. ¿Qué opina la señora de la empleada? En la opinión de la señora, ¿cómo son distintas ellas y la empleada?

C. ¿Por qué cree Ud. que a la criada le gusta leer historietas? En su opinión, ¿qué clase de revistas lee la señora? ¿Por qué?

D. En su opinión, ¿qué va a pasar en la última parte de la obra?

PARTE II

LA SEÑORA: Es lo suficientemente largo como para cubrirte. Y en todo
caso vas a mostrar menos que lo que mostrabas con los trajes de
baño que arrendabas en Cartagena. (*Se levanta y obliga a
levantarse a la EMPLEADA.*) Ya. Métete en la carpa y cámbiate.

205 (Prácticamente obliga a la EMPLEADA a entrar a la carpa y luego lanza
al interior de ella el blusón de toalla. Se dirige al primer plano y le habla a
su hijo.)

LA SEÑORA: Alvarito, métase un poco al agua. Mójese las patitas
siquiera[56]... No sea tan de rulo[57]... ¡Eso es! ¿Ves que es rica el
210 agüita? (*Se vuelve hacia la carpa y habla hacia dentro de ella.*)
¿Estás lista? (*Entra a la carpa.*)

Después de un instante, sale la EMPLEADA vestida con el blusón de
toalla. Se ha prendido[58] el pelo hacia atrás y su aspecto ya difiere algo de
la tímida muchacha que conocemos. Con delicadeza se tiende de bruces[59]
215 sobre la arena. Sale la SEÑORA abotonándose aún su delantal blanco. Se
va a sentar delante de la EMPLEADA, pero vuelve un poco más atrás.

LA SEÑORA: No. Adelante no. Una empleada en la playa se sienta
siempre un poco más atrás que su patrona.[60] (*Se sienta sobre sus
pantorrillas[61] y mira, divertida, en todas direcciones.*)

220 La EMPLEADA cambia de postura[62] con displicencia.[63] La SEÑORA
toma la revista de la EMPLEADA y principia a leerla. Al principio, hay
una sonrisa irónica en sus labios que desaparece luego al interesarse por la
lectura. Al leer mueve los labios. La EMPLEADA, con naturalidad, toma
de la bolsa de playa de la SEÑORA un fresco de aceite bronceador[64] y
225 principia a extenderlo con lentitud por sus piernas. La SEÑORA la ve.
Intenta una reacción reprobatoria, pero queda desconcertada.

LA SEÑORA: ¿Qué haces?

La EMPLEADA no contesta. La SEÑORA opta por seguir la lectura.
Vigilando de vez en vez con la vista lo que hace la EMPLEADA. Ésta
230 ahora se ha sentado y se mira detenidamente[65] las uñas.

LA SEÑORA: ¿Por qué te miras las uñas?
LA EMPLEADA: Tengo que arreglármelas.
LA SEÑORA: Nunca te había visto antes mirarte las uñas.
LA EMPLEADA: No se me había ocurrido.
235 LA SEÑORA: Este delantal acalora.
LA EMPLEADA: Son los mejores y los más durables.
LA SEÑORA: Lo sé. Yo los compré.

[56] Mójese... Wet your feet at least
[57] No... Don't act as if you have never seen the water
[58] caught up
[59] de... face down
[60] mistress
[61] calves
[62] posición
[63] indiferencia
[64] frasco... bottle of suntan lotion
[65] closely

LA EMPLEADA: Le queda bien.

LA SEÑORA: (*Divertida.*) Y tú no te ves nada de mal con esa tenida.[66]
240   (*Se ríe.*) Cualquiera se equivocaría.[67] Más de un jovencito te
       podría hacer la corte[68]… ¡Sería como para contarlo![69]

LA EMPLEADA: Alvarito se está metiendo muy adentro. Vaya a
vigilarlo.

LA SEÑORA: (*Se levanta inmediatamente y se adelanta.*[70]) ¡Alvarito!
245   ¡Alvarito! No se vaya tan adentro... Puede venir una ola.
       (*Recapacita*[71] *de pronto y se vuelve desconcertada hacia la
       EMPLEADA.*)

LA SEÑORA: ¿Por qué no fuiste tú?

LA EMPLEADA: ¿Adónde?

250 LA SEÑORA: ¿Por qué me dijiste que yo fuera a vigilar a Alvarito?

LA EMPLEADA: (*Con naturalidad.*) Ud. lleva el delantal blanco.

LA SEÑORA: Te gusta el juego, ¿ah?

Una pelota de goma, impulsado por un niño que juega cerca, ha caído a los
pies de la EMPLEADA. Ella la mira y no hace ningún movimiento.
255 Luego mira a la SEÑORA. Ésta, instintivamente, se dirige a la pelota y la
tira en la dirección en que vino. La EMPLEADA busca en la bolsa de
playa de la SEÑORA y se pone sus anteojos para el sol.

LA SEÑORA: (*Molesta.*) ¿Quién te ha autorizado para que uses mis
       anteojos?

260 LA EMPLEADA: ¿Cómo se ve la playa vestida con un delantal blanco?

LA SEÑORA: Es gracioso. ¿Y tú? ¿Cómo ves la playa ahora?

LA EMPLEADA: Es gracioso.

LA SEÑORA: (*Molesta.*) ¿Dónde está la gracia?

LA EMPLEADA: En que no hay diferencia.

265 LA SEÑORA: ¿Cómo?

LA EMPLEADA: Ud. con el delantal blanco es la empleada; yo con este
       blusón y los anteojos oscuros soy la SEÑORA.

LA SEÑORA: ¿Cómo?... ¿Cómo te atreves a decir eso?

LA EMPLEADA: ¿Se habría molestado[72] en recoger la pelota si no
270   estuviese[73] vestida de empleada?

LA SEÑORA: Estamos jugando.

LA EMPLEADA: ¿Cuándo?

LA SEÑORA: Ahora.

LA EMPLEADA: ¿Y antes?

275 LA SEÑORA: ¿Antes?

LA EMPLEADA: Sí. Cuando yo estaba vestida de empleada...

LA SEÑORA: Eso no es juego. Es la realidad.

LA EMPLEADA: ¿ Por qué?

LA SEÑORA: Porque sí.

280 LA EMPLEADA: Un juego... un juego más largo... como el «paco-
       ladrón[74]». A unos les corresponde ser «pacos», a otros «ladrones».

[66] outfit
[67] se… could make a mistake
[68] hacer… to court
[69] ¡Sería… It would make a good story!
[70] se… goes forward
[71] She reconsiders
[72] Se… Would you have bothered
[73] no… you weren't
[74] cops and robbers

LA SEÑORA: (*Indignada.*) ¡Ud. se está insolentando!

LA EMPLEADA: ¡No me grites! ¡La insolente eres tú!

LA SEÑORA: ¿Qué significa eso? ¿Ud. me está tuteando?

285 LA EMPLEADA: ¿Y acaso tú no me tratas de tú?

LA SEÑORA: ¿Yo?

LA EMPLEADA: Sí.

LA SEÑORA: ¡Basta ya! ¡Se acabó este juego!

LA EMPLEADA: ¡A mí me gusta!

290 LA SEÑORA: ¡Se acabó! (*Se acerca violentamente a la EMPLEADA.*)

LA EMPLEADA: (*Firme.*) ¡Retírese![75]

La SEÑORA se detiene sorprendida.

LA SEÑORA: ¿Te has vuelto loca?

LA EMPLEADA: Me he vuelto señora.

295 LA SEÑORA: Te puedo despedir en cualquier momento.

LA EMPLEADA: (*Explota en grandes carcajadas, como si lo que hubiera oído[76] fuera el chiste más gracioso que jamás ha escuchado.*)

LA SEÑORA: ¿Pero de qué te ríes?

300 LA EMPLEADA: (*Sin dejar de reír.*) ¡Es tan ridículo!

LA SEÑORA: ¿Qué? ¿Qué es tan ridículo?

LA EMPLEADA: Que me despida... ¡Vestida así! ¿Dónde se ha visto a una empleada despedir a su patrona?

LA SEÑORA: ¡Sácate esos anteojos! ¡Sácate el blusón! ¡Son míos!

305 LA EMPLEADA: ¡Vaya a ver al niño!

LA SEÑORA: Se acabó el juego, te he dicho. O me devuelves mis cosas o te las saco.

LA EMPLEADA: ¡Cuidado! No estamos solas en la playa.

LA SEÑORA: ¿Y qué hay con eso? ¿Crees que por estar vestida con un

310 uniforme blanco no van a reconocer quién es la empleada y quién la señora?

LA EMPLEADA: (*Serena.*) No me levante la voz.

La SEÑORA exasperada se lanza sobre la EMPLEADA y trata de sacarle el blusón a viva fuerza.

315 LA SEÑORA: (*Mientras forcejea.[77]*) ¡China![78] ¡Ya te voy a enseñar quién soy! ¿Qué te has creído? ¡Te voy a meter presa![79]

Un grupo de bañistas han acudido[80] al ver la riña. Dos JÓVENES, una MUCHACHA y un SEÑOR de edad madura y de apariencia muy distinguida. Antes que puedan intervenir la EMPLEADA ya ha dominado

320 la situación manteniendo bien sujeta[81] a la SEÑORA contra la arena. Ésta sigue gritando ad libitum[82] expresiones como: «rota cochina»... «ya te la

[75] Get back!

[76] como... as if what she had heard

[77] she struggles

[78] ¡Sirvienta!

[79] in jail

[80] gathered

[81] pinned down

[82] ad... improvising

vas a ver con mi marido»... «te voy a mandar presa»... «esto es el colmo», etc., etc.

UN JOVEN: ¿Qué sucede?

325 EL OTRO JOVEN: ¿Es un ataque?

LA JOVENCITA: Se volvió loca.

UN JOVEN: Puede que sea efecto de una insolación.[83]

EL OTRO JOVEN: ¿Podemos ayudarla?

LA EMPLEADA: Sí. Por favor. Llévensela. Hay una posta[84] por aquí

330 cerca...

EL OTRO JOVEN: Yo soy estudiante de Medicina. Le pondremos una inyección para que se duerma por un buen tiempo.

LA SEÑORA: ¡Imbéciles! ¡Yo soy la patrona! Me llamo Patricia Hurtado, mi marido es Álvaro Jiménez, el político.

335 LA JOVENCITA: (*Riéndose.*) Cree ser la SEÑORA.

UN JOVEN: Está loca.

EL OTRO JOVEN: Un ataque de histeria.

UN JOVEN: Llevémosla.

LA EMPLEADA: Yo no los acompaño... Tengo que cuidar a mi hijito...

340 Está ahí, bañándose...

LA SEÑORA: ¡Es una mentirosa! ¡Nos cambiamos de vestido sólo por jugar! ¡Ni siquiera tiene traje de baño! ¡Debajo del blusón está en calzones! ¡Mírenla!

EL OTRO JOVEN: (*Haciéndole un gesto al JOVEN.*) ¡Vamos! Tú la

345 tomas por los pies y yo por los brazos.

LA JOVENCITA: ¡Qué risa! ¡Dice que está en calzones!

Los dos JÓVENES toman a la SEÑORA y se la llevan, mientras ésta se resiste y sigue gritando.

LA SEÑORA: ¡Suéltenme! ¡Yo no estoy loca! ¡Es ella! ¡Llamen a

350 Alvarito! ¡Él me reconocerá!

Mutis[85] de los dos JÓVENES llevando en peso a la SEÑORA. La EMPLEADA se tiende sobre la arena, como si nada hubiera sucedido,[86] aprontándose[87] para un prolongado baño de sol.

EL CABALLERO DISTINGUIDO: ¿Está Ud. bien, señora? ¿Puedo serle

355 útil en algo?

LA EMPLEADA: (*Mira inspectivamente al SEÑOR DISTINGUIDO*) y sonríe con amabilidad.) Gracias. Estoy bien.

EL CABALLERO DISTINGUIDO: Es el símbolo de nuestro tiempo. Nadie parece darse cuenta, pero a cada rato, en cada momento

360 sucede algo así.

LA EMPLEADA: ¿Qué?

[83] sunstroke
[84] first-aid station
[85] Exit
[86] como... as if nothing had happened
[87] getting ready

EL CABALLERO DISTINGUIDO: La subversión del orden establecido. Los viejos quieren ser jóvenes; los jóvenes quieren ser viejos; los pobres quieren ser ricos y los ricos quieren ser pobres. Sí, señora.
365 Asómbrese[88] Ud. También hay ricos que quieren ser pobres. Mi nuera va todas las tardes a tejer[89] con mujeres de poblaciones callampas.[90] ¡Y le gusta hacerlo! (*Transición.*) ¿Hace mucho tiempo que está con Ud.?

LA EMPLEADA: ¿Quién?

370 EL CABALLERO DISTINGUIDO: (*Haciendo un gesto hacia la dirección en que se llevaron a la SEÑORA.*) Su empleada.

LA EMPLEADA: (*Dudando. Haciendo memoria.*) Poco más de un año.

EL CABALLERO DISTINGUIDO: ¿Y así le paga a Ud.! ¡Queriéndose hacer pasar por una señora! ¡Como si no se reconociera a primera
375 vista quién es quién! (*Transición.*) ¿Sabe Ud. por qué suceden estas cosas?

LA EMPLEADA: ¿Por qué?

EL CABALLERO DISTINGUIDO: (*Con aire misterioso.*) El comunismo...

380 LA EMPLEADA: ¡Ah!

EL CABALLERO DISTINGUIDO: (*Tranquilizador.*) Pero no nos inquietemos. El orden está restablecido. Al final, siempre el orden se restablece... Es un hecho... Sobre eso no hay discusión... (*Transición.*) Ahora, con permiso señora. Voy a hacer mi
385 footing[91] diario. Es muy conveniente a mi edad. Para la circulación ¿sabe? Y Ud. quede tranquila. El sol es el mejor sedante.[92] (*Ceremoniosamente.*) A sus órdenes, señora. (*Inicia el mutis. Se vuelve.*) Y no sea muy dura con su empleada, después que se haya tranquilizado... Después de todo... Tal vez tengamos
390 algo de culpa nosotros mismos... ¿Quién puede decirlo? (*El CABALLERO DISTINGUIDO hace mutis.*)

La EMPLEADA cambia de posición. Se tiende de espaldas para recibir el sol en la cara. De pronto se acuerda de Alvarito. Mira hacia donde él está.

395 LA EMPLEADA: ¡Alvarito! ¡Cuidado con sentarse en esa roca! Se puede hacer una nana[93] en el pie... Eso es, corra por la arenita... Eso es, mi hijito... (*Y mientras la EMPLEADA mira con ternura[94] y delectación maternal cómo Alvarito juega a la orilla del mar se cierra lentamente el Telón.*)

[88] Sorréndase
[89] weave, knit
[90] squatter
[91] running, jogging
[92] sedative
[93] boo-boo
[94] tenderness

VOCABULARIO—Parte II

acabarse	*to end*	quedarle bien (a uno)	*to look nice (on someone)*
los anteojos para el sol	*sunglasses*		
atrás	*behind*	recoger	*to pick up*
el chiste	*joke*	la riña	*fight, quarrel*
desconcertado	*disconcerted, confused*	tutear	*to address with the tú form*
detenerse (ie)	*to stop*	la uña	*toenail; fingernail*
gracioso	*funny*	vestirse (i, i) de	*to dress as*
la pelota	*ball*	volverse (ue)	*to turn; to become*

COMPRENSIÓN—Parte II

A. Complete la oración de la primera columna con todas las frases posible de la segunda columna.

1. Después de que la empleada sale de la carpa, _____.
2. Después de que la señora sale de la carpa, _____.
3. Para los jóvenes bañistas, _____.
4. Para el caballero distinguido, _____.

a. se sienta atrás de la otra
b. se pone aceite bronceador
c. se tiende en la arena
d. mueve los labios al leer
e. la señora tomó demasiado sol
f. recoge la pelota y la tira
g. el mundo está permanentemente ordenado y no puede cambiar
h. la señora está loca
i. se mira las uñas
j. los empleados deben sentir agradecimiento hacia los patrones
k. manda que la otra vigile a Alvarito

B. Complete las oraciones según la lectura. Cuidado con el uso del subjuntivo.

1. La señora le dijo a Alvarito que…
2. Antes de cambiar la ropa con la empleada, la señora creía…
3. A la señora le sorprendió que la empleada…
4. La empleada se ríe de que la señora…
5. Los jóvenes bañistas no creen que…
6. La empleada dice que no acompaña a los jóvenes porque…
7. El caballero distinguido quiere un mundo en el que…
8. Al final de la obra la empleada le grita a Alvarito para que…

INTERPRETACIÓN—Parte II

A. TEMA/ARGUMENTO/CONFLICTO

1. Dé un breve resumen del argumento de «El delantal blanco» contestando las siguientes preguntas: ¿Quién? ¿Cuándo? ¿Dónde? ¿Qué? ¿Por qué?
2. ¿Cuáles son algunos de los posibles temas de la obra? ¿Cuál le parece el más importante? ¿Por qué?
3. El drama se concentra en dos personajes femeninos. ¿Cree Ud. que se trata de un conflicto o de una situación específicamente femenina?

4. ¿Cuál es el conflicto de la obra? Identifique en el texto los lugares en que éste se revela. ¿Cómo se relaciona el conflicto con el tema principal?

5. ¿Qué crítica social hay en el texto? ¿Qué esperaba la señora cuando sugirió el experimento? ¿Salió tal como ella lo había imaginado?

B. ¿Dónde tiene lugar el drama? ¿En qué otros ambientes podría transcurrir? ¿en una tienda? ¿dentro de la casa de la señora? ¿Qué cambios habría que hacer si se localizara en otros ambientes?

VOCABULARIO ADICIONAL

le viene de	*it comes to him from*
no te das cuenta	*you do not realize*
los fundos	*real state*
la plata	*money*
de chico	*when he was a child*
aprontándose	*getting ready*

PREGUNTAS ADICIONALES

1. ¿Qué indica que la señora esté todavía de vacaciones?
2. Según la señora, ¿cómo se muestra que alguien tiene clase?
3. ¿Por qué los personajes de la fotonovela no tienen clase?
4. ¿Qué indica el inesperado tuteo de la empleada a la señora?
5. ¿Qué función cumple en al obra el caballero distinguido?

Ernesto Cardenal (1925-   )

*E*rnesto Cardenal, sacerdote, poeta y revolucionario nicaragüense, ha dividido una vida fascinante entre el activismo político y el retiro religioso. Participó en 1954 en un complot malogrado para derrocar al dictador Anastasio Somoza; luego pasó los dos años siguientes escribiendo un largo poema de catarsis, Hora 0. A la edad de 31 años experimentó una crisis espiritual e ingresó en un monasterio trapense en Kentucky, donde estudió bajo el tutelaje de Thomas Merton y vivió retirado del mundo. Pero el aislamiento de la vida trapense no le convenía permanentemente, y se fue a Colombia a estudiar para el sacerdocio, siendo ordenado en 1965. Pasó los diez años siguientes en la comunidad contemplativa de Solentiname, en una isla en el lago de Nicaragua. Esta comunidad, fundada por Cardenal y abierta a todos, especialmente a los campesinos y pescadores de las cercanías, se dedicaba a la vida comunal pacífica y la lectura bíblica. Pero el deterioro de la situación política en Nicaragua y el recrudecimiento de la represión ejercida por la dictadura lo sacaron de su retiro y lo lanzaron a la actividad política. Viajó a Cuba y en 1979 se unió a los guerrilleros sandinistas que estaban por poner fin a la dinastía corrupta de los Somoza. Más tarde, Cardenal formó parte del gobierno sandinista.

Las obras principales de Cardenal, escritas durante la dictadura, se caracterizan por la sátira, amargura y ambivalencia del cristiano que le pregunta a Dios. ¿hasta cuándo, Señor? Los poemas aquí presentados provienen de su libro Salmos. Son representativos de la vida y del pensamiento de Cardenal durante el largo período de represión somocista.

Oye Señor mi causa justa
Salmo 16

Oye Señor mi causa justa
           atiende mi clamor
Escucha mi oración que no son slogans
Júzgame tú
          y no sus* Tribunales
Si me interrogas de noche con un reflector[1]
con tu detector de mentiras
no hallarás en mí ningún crimen
Yo no repito lo que dicen las radios de los hombres
ni su propaganda comercial
          ni su propaganda política
Yo guardé tus palabras
          y no sus consignas[2]
Yo te invoco
          porque me has de escuchar
              oh Dios

[1] aparato que concentra la luz de un foco luminoso
[2] instrucciones

---

* Se refiere a los opresores (los somocistas).

oye mi palabra
Tú que eres el defensor de los deportados
y de los condenados en Consejos de Guerra
20   y de los presos en los campos de concentración
guárdame como a la niña de tus ojos[3]
debajo de tus alas escóndeme
libértame del dictador
y de la mafia de los gángsters
25   Sus ametralladoras[4] están emplazadas[5] contra
nosotros
y los slogans de odio nos rodean
Los espías rondan[6] mi casa
los policías secretos me vigilan de noche
30   estoy en medio de los gángsters
Levántate Señor
sal a su encuentro
derríbalos[7]
Arrebátame de las garras de los Bancos
35   con tu mano Señor líbrame del hombre de negocios
y del socio de los clubs exclusivos
de esos que ya han vivido demasiado!
los que tienen repletas sus refrigeradoras
y sus mesas llenas de sobras
40   y den el caviar a los perros
Nosotros no tenemos entradas a su Club
pero tú nos saciarás[8]
cuando pase la noche...

[3] la… lo que más quieras
[4] machine guns
[5] situadas
[6] andan alrededor de
[7] hazlos caer, derrócalos
[8] satisfarás el hambre

VOCABULARIO

SUSTANTIVOS

el espía	*spy*
las garras	*claws*
el preso	*prisoner*
el salmo	*psalm*
las sobras	*leftovers*
el socio	*member; partner, colleague*

VERBOS

arrebatar	*to snatch, seize*
atender (ie)	*to pay attention to; to attend to*
esconder	*to hide*
hallar	*to find*
juzgar	*to judge*
libertar	*to free, liberate*
rodear	*to surround*
saciar	*to satiate, satisfy completely*

EXPRESIONES Y CONCEPTOS

haber de + inf.	*to have to, must _____*

EJERCICIOS

1. ¿Puede Ud. identificar los siguientes?
   a. la familia Somoza   b. los sandinistas   c. la «teología de liberación»

2. Haga una lista de los mandatos usados por el poeta. ¿Qué le pide a Dios?

3. ¿Cómo caracteriza el poeta el sobierno somocista? ¿Cómo mantiene su poder?

4. ¿Quiénes son los socios del Club, y qué privilegios reciben?

5. Metafóricamente, ¿qué quiere decir «cuando pase la noche»? ¿Qué esperanza expresa Cardenal? ¿Por qué es revolucionario el poema?

Sus acciones son como el heno[1] de los campos
Salmo 36

[1] hay
[2] cortados
[3] dóciles
[4] campos

No te impacientes si los ves hacer muchos millones
Sus acciones comerciales
      son como el heno de los campos
No envidies a los millonarios ni a las estrellas de cine
5   a los que figuran a ocho columnas en los diarios
a los que viven en hoteles lujosos
y comen en lujosos restaurantes
porque pronto sus nombres no estarán en ningún
diario y ni los eruditos conocerán sus nombres
10 Porque pronto serán segados[2] como el heno de
los campos

No te impacienten sus inventos
     y su progreso técnico
Al Líder que ves ahora pronto no lo verás
15 lo buscarás en su palacio
     y no lo hallarás
Los hombres mansos[3] serán los nuevos líderes
     (los «pacifistas»)

Están agrandando los campos de concentración
20 están inventando nuevas torturas
nuevos sistemas de «investigación»
En la noche no duermen haciendo planes
planeando cómo aplastarnos más
     cómo explotarnos más
25 pero el Señor se ríe de ellos
porque ve que pronto caerán del poder
Las armas que ellos fabrican se volverán contra ellos
Sus sistemas políticos serán borrados de la tierra
y ya no existirán sus partidos políticos
30 De nada valdrán los pianos de sus técnicos

Las grandes potencies
     son como la flor de los prados[4]
Los imperialismos
     son como el humo

35 Nos espían todo el día
Tienen ya preparadas las sentencias
Pero el Señor no nos entregará a su Policía
No permitirá que seamos condenados en el Juicio

40

Yo vi el retrato del dictador en todas partes
  —se extendía como un árbol vigoroso—
y volví a pasar
  y ya no estaba
Lo busqué y no le hallé
Lo busqué y ya no había ningún retrato

45

y su nombre no se podía pronunciar

VOCABULARIO

SUSTANTIVOS

el diario	*newspaper*
el heno	*hay*
el humo	*smoke*
el partido	*party (political)*
el poder	*power*
las potencias	*powers*
los prados	*meadows*
el retrato	*portrait*

VERBOS

aplastar	*to squash, flatten*
entregar	*to turn over to*
espiar	*to spy*
fabricar	*to manufacture*
volver a (+ inf.)	*to do something again*

ADJETIVOS

borrado	*erased*
erudito	*learned*
lujoso	*luxurious*
manso	*tame*
segado	*cut down*

COMPRENSIÓN

Elija las respuestas más apropiadas.

1. En «Oye Señor mi causa justa», Cardenal le pide a Dios que libere a los pobres de
   a. los slogans.   b. las mentiras.   c. los deportados.   d. la dictadura.   e. los perros.

2. En «Sus acciones son como el heno de los campos», Cardenal caracteriza a los opresores como
   a. millonarios.   b. eruditos.   c. técnicos.   d. pacifistas.   e. imperialistas.

INTERPRETACIÓN

1. En «Oye Señor... » Cardenal habla de su fidelidad a Dios y de la justicia de su causa; también enumera los peligros y los atropellos que sufren los inocentes, a quienes Dios protege. ¿Qué clase de persona se encuentra como víctima de la tiranía de Somoza? ¿como beneficiario? ¿Cómo quiere Cardenal que Dios intervenga de parte de los justos? ¿Qué piensa Ud. de esto?

2. En «Sus acciones... » Cardenal también muestra su fe en Dios y en un futuro mejor. Habla de los corruptos y de «nosotros». ¿Quiénes son los corruptos? ¿Por qué cree Cardenal que Dios está de «nuestro» lado, o sea, del lado de los oprimidos? ¿Qué sucederá un ala, según la última estrofa del poema?

Capítulo 7

La familia

Emilia Pardo Bazán

Emilia Pardo Bazán (1851-1921), nacida en La Coruña (Galicia) de familia aristocrática, se asocia con el movimiento naturalista en España. En 1883 publicó La cuestión palpitante, *ensayo con el cual introdujo en España el naturalismo francés de Emile Zola. Pardo Bazán sacó del naturalismo zolesco un énfasis en la representación minuciosa y científica—casi fotográfica—de la realidad y en los aspectos más feos y negativos de la existencia humana, sintetizándolo todo con la fuerte fe católica y el conservadurismo propios de ella. Se puede observar la expresión literaria de los conceptos naturalistas en* Los pazos de Ulloa *(1886), obra maestra de la Pardo Bazán, y en la secuela,* La madre naturaleza *(1887). La prodigiosa obra crítica, ensayística y cuentística de Emilia Pardo Bazán, al igual que la novelística, representa un impresionante logro artístico, tanto por su variedad como por su temática. Entre sus colecciones de cuentos figuran los* Cuentos de la tierra, *de los que forma parte «Las medias rojas».*

Las medias rojas

Cuando la rapaza[1] entró, cargada con el haz de leña[2] que acababa de merodear[3] en el monte del señor amo, el tío Clodio no levantó la cabeza, entregado a la ocupación de picar[4] un cigarro, sirviéndose, en vez de navaja, de una uña córnea[5] color de ámbar oscuro, porque la había tostado
5 el fuego de las apuradas colillas.[6]

Ildara soltó el peso en tierra y se atusó[7] el cabello, peinado a la moda «de las señoritas» y revuelto por los enganchones[8] de las ramillas que se agarraban[9] a él. Después, con la lentitud de las faenas[10] aldeanas, preparó el fuego, lo prendió, desgarró[11] las berzas,[12] las echó en el pote[13]
10 negro, en compañía de unas patatas mal troceadas[14] y de unas judías[15] asaz[16] secas, de la cosecha anterior, sin remojar. Al cabo de estas operaciones, tenía el tío Clodio liado[17] su cigarrillo, y lo chupaba[18] desgarbadamente,[19] haciendo en los carrillos[20] dos hoyos[21] como sumideros,[22] grises, entre lo azuloso de la descuidada barba.

15 Sin duda la leña estaba húmeda de tanto llover la semana entera, y ardía mal, soltando una humareda acre;[23] pero el labriego[24] no reparaba: al humo, ¡bah!, estaba él bien hecho desde niño. Como Ildara se inclinase para soplar y activar la llama, observó el viejo cosa más insólita:[25] algo de color vivo, que emergía de las remendadas y encharcadas[26] sayas[27] de la
20 moza... Una pierna robusta, aprisionada en una media roja, de algodón...

—¡Ey! ¡Ildara!

—¡Señor padre!

—¿Qué novidá[28] es ésa?

—¿Cuál novidá?

25 —¿Ahora me gastas medias, como la hirmán[29] del abade?

[1] muchacha
[2] haz... bundle of brushwood or kindling
[3] recoger
[4] cortar
[5] callous
[6] restos de los cigarros
[7] se... se alisó el pelo con la mano
[8] efecto de prenderse accidentalmente la cabellera en un gancho (hook)
[9] were held together
[10] trabajos
[11] separó en pedazos
[12] verduras
[13] pot
[14] dividas en pedazos
[15] green beans
[16] bastante
[17] rolled up
[18] sucked
[19] sin elegancia
[20] mejillas
[21] cavidades
[22] sewers
[23] humareda... humo de mal olor
[24] labrador
[25] extraordinaria
[26] mojadas
[27] faldas
[28] forma vulgar de *novedad*
[29] hermana

Incorporóse[30] la muchacha, y la llama, que empezaba a alzarse,[31] dorada, lamedora[32] de la negra panza del pote,[33] alumbró su cara redonda, bonita, de facciones pequeñas, de boca apetecible, de pupilas claras, golosas de vivir.

30   —Gasto medias, gasto medias—repitió, sin amilanarse—.[4] Y si las gasto, no se las debo a ninguén.[35]

    —Luego nacen los cuartos[36] en el monte—insistió el tío Clodio con amenazadora sorna.[37]

    —¡No nacen!... Vendí al abade unos huevos, que no dirá menos 35 él... Y con eso merqué[38] las medias.

Una luz de ira cruzó por los ojos pequeños, engarzados[39] en duros párpados, bajo cejas hirsutas, del Labrador... Saltó del banco donde estaba escarranchado,[40] y agarrando a su hija por los hombros, la zarandeó[41] brutalmente, arrojándola contra la pared, mientras barbotaba:[42]

40   —¡Engañosa! ¡Engañosa! ¡Cluecas[43] andan las gallinas que no ponen!

Ildara, apretando los dientes por no gritar de dolor, se defendía la cara con las manos. Era siempre su temor de mociña[44] guapa y requebrada,[45] que el padre la mancase,[6] como le había sucedido a la 45 Mariola, su prima, señalada por su propia madre en la frente con el aro de la criba,[47] que le desgarró los tejidos. Y tanto más defendía su belleza, hoy que se acercaba el momento de fundar en ella un sueño de porvenir. Cumplida la mayor edad, libre de la autoridad paterna, la esperaba el barco, en cuyas entrañas[48] tantos de su parroquia y de las parroquias 50 circunvecinas se habían ido hacia la suerte , hacia lo desconocido de los lejanos países donde el oro rueda por las calles y no hay sino bajarse para cogerlo. El padre no quería emigrar, cansado de una vida de labor, indiferente a la esperanza tardía: pues que se quedase él... Ella iría sin falta; ya estaba de acuerdo con el gancho,[49] que le adelantaba los pesos 55 para el viaje, y hasta le había dado cinco de señal,[50] de los cuales habían salido las famosas medias... Y el tío Clodio, ladino,[51] sagaz, adivinador o sabedor, sin dejar de tener acorralada[52] y acosada[53] a la moza, repetía:

    —Ya te cansaste de andar descalza[54] de pie y pierna, como las mujeres de bien, ¿eh, condenada? ¿Llevó medias alguna vez tu madre? 60 ¿Peinóse como tú, que siempre estás dale que tienes con el cacho de espejo?[55] Toma, para que te acuerdes...

Y con el cerrado puño hirió primero la cabeza, luego el rostro, apartando las medrosas manecitas, de forma no alterada aún por el trabajo, con que se escudaba[56] Ildara, trémula. El cachete más violento cayó sobre 65 un ojo, y la rapaza vio, como un cielo estrellado, miles de puntos brillantes envueltos en una radiación de intensos coloridos sobre un negro terciopeloso.[57] Luego, el labrador aporreó[58] la nariz, los carillos. Fue un instante de furor, en que sin escrúpulo la hubiese matado, antes que verla marchar, dejándole a él solo, viudo, casi imposibilitado de cultivar la tierra 70 que llevaba en arriendo,[59] que fecundó con sudores tantos años, a la cual

[30] se levantó
[31] subir
[32] licking
[33] panza… parte más ancha del recipiente
[34] asustarse
[35] forma vulgar de *nadie*
[36] dinero
[37] malicia
[38] (inf.: mercar) compré
[39] fijados
[40] with legs spread apart
[41] sacudió con violencia
[42] decía entre dientes
[43] broody
[44] muchacha
[45] cortejada
[46] la hiriera dejándole una marca permanente
[47] aro… ring of a sieve
[48] en… en cuyo interior
[49] middleman
[50] de… as earnest money
[51] (fig.) astuto
[52] cornered
[53] atacada
[54] sin zapatos
[55] estás… estás peinándote una y otra vez delante de un pedazo de espejo
[56] se protegía
[57] velvety
[58] golpeó
[59] en… alquilada

profesaba un cariño maquinal, absurdo. Cesó al fin de pegar; Ildara, aturdida de espanto, ya no chillaba[60] siquiera.

Salió fuera, silenciosa, y en el regato próximo se lavó la sangre. Un diente bonito, juvenil, le quedó en la mano. Del ojo lastimado, no
75 veía.

Como que el médico, consultado tarde y de mala gana, según es uso de labriegos, habló de un desprendimiento[61] de la retina, cosa que no entendió la muchacha, pero que consistía... en quedarse tuerta.[62]

Y nunca más el barco la recibió en sus concavidades para llevarla
80 hacia nuevos horizontes de holganza[63] y lujo. Los que allá vayan, han de ir sanos, válidos, y las mujeres, con sus ojos alumbrando y su dentadura completa...

[60] gritaba
[61] detachment
[62] quedarse sin vista en un ojo
[63] placer

VOCABULARIO

SUSTANTIVOS

el abade (abad)	*abbot*
el adivinador	*mind reader*
el algodón	*cotton*
el amo	*master*
el barco	*ship*
el cachete	*punch*
las cejas	*eyebrows*
la cosecha	*harvest*
el espanto	*fright*
las facciones	*features*
los hombros	*shoulders*
la ira	*anger*
la leña	*firewood*
la lentitud	*slowness*
la llama	*flame*
el monte	*woodland*
la moza	*young girl*
los párpados	*eyelids*
la parroquia	*neighborhood*
el peso	*weight, unit of currency*
el porvenir	*future*
el puño	*fist*
la ramilla	*twig*
la rapaza	*young girl*
el regato	*stream*
el rostro	*face*
el sudor	*sweat*
los tejidos	*tissues*
la uña	*fingernail*
el viudo	*widower*

VERBOS

adelantar	*to advance (money)*
agarrar	*to grab*
alumbrar	*to provide light (sight)*
apretar	*to grit, to hold tightly*
arder	*to burn*
arrojar	*to throw*
deber	*to owe*
desgarrar	*to tear*
fecundar	*to fertilize*
herir (ie, i)	*to wound*
pegar	*to hit*
prender	*to light*
remojar	*to soak*
reparar	*to pay attention, notice*
rodar (ue)	*to roll*
soltar	*to let go of, to turn loose*
soplar	*to blow*

ADJETIVOS

aldeana	*country (adj.)*
amenazador	*threatening*
apetecible	*tempting*
aturdido	*stunned*
cargado	*weighted down, loaded*
descuidado	*sloppy*
dorado	*golden*
engañoso	*deceptive*
golosas	*greedy*
hirsutas	*hairy*
lastimado	*injured*
medroso	*timid*
redondo	*round*
requebrado	*flirtatious*
revuelto	*twisted*
sagaz	*wise*

EXPRESIONES Y CONCEPTOS

al cabo de	*at the end of*

CUESTIONARIO

1. ¿Qué está haciendo Ildara al comienzo del cuento?
2. ¿Cómo se presenta el tío Clodio en la primera parte del cuento?
3. ¿En qué se fija el tío Clodio? ¿Cómo reacciona?
4. ¿De qué tiene miedo Ildara?
5. ¿Qué planes tiene Ildara para el futuro?
6. ¿Qué hace el padre a su hija?
7. ¿Cómo afecta eso los planes de Ildara?

IDENTIFICACIONES

1. «la hirmán del Abade»
2. la Mariola
3. el médico

TEMAS

1. Los motivos de los dos personajes
2. La presentación de la situación y su significación temática
3. La ironía trágica del cuento

José Martí

José Martí (1853-1895), nacido en Cuba de padres españoles, fue político y hombre de letras. Cursó Derecho en España, sirvió de cónsul en Nueva York, colaboró en varios periódicos (incluso La Nación, *de Buenos Aires) y fundó el partido revolucionario cubano. Martí gozó de gran fama como orador y traductor, y escribió numerosas obras originales en prosa y en verso. La gran meta de Martí como prosista fue le de buscar nuevas formas de expresión dentro del sistema lingüístico tradicional; el resultado es un estilo personal, rico, sorprendente, de signo modernista. Entre las obras más conocidas de Martí figuran* Versos sencillos *(1891),* Versos libres *(1913) y* Flores del destierro *(1932), las últimas publicadas póstumamente, y el ensayo* Nuestra América *(1891).*

La muñeca negra

De puntillas,[1] de puntillas, para no despertar a Piedad, entran en el cuarto de dormir el padre y la madre. Vienen riéndose, como dos muchachones. Vienen de la mano,[2] como dos muchachos. El padre viene detrás, como si fuera a tropezar con[3] todo. La madre no tropieza; porque conoce el
5　camino. ¡Trabaja mucho el padre, para comprar todo lo de la casa, y no puede ver a su hija cuando quiere! A veces, allá en el trabajo, se ríe solo, o se pone de repente como triste, o se le ve en la cara como una luz: y es que está pensando en su hija: se le cae la pluma de la mano cuando piensa así, pero en seguida empieza a escribir, y escribe tan de prisa, tan de prisa,
10　que es como si la pluma fuera volando. Y le hace muchos rasgos[4] a la letra, y las oes le salen grandes como un sol, y las ges largas como un sable,[5] y las eles están debajo de la línea, como si se fueran a clavar en el papel, y las eses caen al fin de la palabra, como una hoja de palma; ¡tiene que ver lo que escribe el padre cuando ha pensado mucho en la niña! El
15　dice que siempre que le llega por la ventana el olor de las flores del jardín, piensa en ella. O a veces, cuando está trabajando cosas de números, o poniendo un libro sueco en español, la ve venir, venir despacio, como en una nube, y se le sienta al lado, le quita la pluma, para que repose un poco, le da un beso en la frente, le tira de la barba rubia, le esconde el tintero:[6] es
20　sueño no más, no más que sueño, como esos que se tienen sin dormir, en que ve unos vestidos muy bonitos, o un caballo vivo de cola muy larga, o un cochecito con cuatro chivos[7] blancos, o una sortija con la piedra azul: sueño es no más, pero dice el padre que es como si lo hubiera visto, y que después tiene más fuerza y escribe mejor. Y la niña se va, se va despacio
25　por el aire, que parece de luz todo: se va como una nube.

　　Hoy el padre no trabajó mucho, porque tuvo que ir a una tienda: ¿a qué iría el padre a una tienda?: y dicen que por la puerta de atrás entró una caja grande: ¿qué vendrá en la caja?: ¡a saber lo que vendrá!: mañana hace ocho años que nació Piedad. La criada fue al jardín, y se pinchó el dedo

[1] De… caminando con la punta de los pies
[2] de… dándose la mano
[3] tropezar… bump into
[4] flourishes
[5] sabre
[6] recipiente para tinta
[7] kids (young goats)

30 por cierto, por querer coger, para un ramo que hizo, una flor muy hermosa.
La madre a todo dice que sí, y se puso el vestido nuevo, y le abrió la jaula[8]
al canario. El cocinero está haciendo un pastel, y recortando en figura de
flores los nabos[9] y las zanahorias, y le devolvió a la lavandera el gorro,[10]
porque tenía una mancha[11] que no se veía apenas, pero, «¡hoy, hoy, señora

35 lavandera, el gorro ha de estar sin mancha!» Piedad no sabía, no sabía.
Ella si vio que la casa estaba como el primer día de sol, cuando se va ya la
nieve, y les salen las hojas a los árboles. Todos sus juguetes se los dieron
aquella noche, todos. Y el padre llegó muy temprano del trabajo, a tiempo
de ver a su hija dormida. La madre lo abrazó cuando lo vio entrar: ¡y lo

40 abrazó de veras! Mañana cumple Piedad ocho años.

El cuarto está a media luz, una luz como la de las estrellas, que
viene de la lámpara de velar,[12] con su bombillo[13] de color de ópalo. Pero
se ve, hundida en la almohada, la cabecita rubia. Por la ventana entra la
brisa, y parece que juegan, las mariposas que no se ven, con el cabello

45 dorado. Le da en el cabello la luz. Y la madre y el padre vienen andando,
de puntillas. ¡Al suelo, el tocador[14] de jugar! ¡Este padre ciego, que
tropieza con todo! Pero la niña no se ha despertado. La luz le da en la
mano ahora; parece una rosa la mano. A la cama no se puede llegar;
porque están alrededor todos los juguetes en mesas y sillas. En una silla

50 está el baúl que le mandó en pascuas[15] la abuela, lleno de almendras[16] y de
mazapanes:[17] boca abajo está el baúl, como si lo hubieran sacudido,[18] a ver
si caía alguna almendra de un rincón, o si andaban escondidas por la
cerradura algunas migajas de mazapán; ¡eso es, de seguro, que las
muñecas tenían hambre! En otra silla está la loza, mucha loza[19] y muy

55 fina, y en cada plato una fruta pintada: un plato tiene una cereza, y otro un
higo, y otro una uva. Da en el plato ahora la luz, en el plato del higo, y se
ven como chispas de estrella: ¿cómo habrá venido esta estrella a los
platos?: «¡Es azúcar!» dice el pícaro padre: «¡Eso es, de seguro!»: dice la
madre, «eso es que estuvieron las muñecas golosas[20] comiéndose el

60 azúcar». El costurero[21] está en otra silla, y muy abierto, como de quien ha
trabajado de verdad; el dedal[22] está machucado[23] ¡de tanto coser!: cortó la
modista[24] mucho, porque del calicó que le dio la madre no queda más que
un redondel con el borde de picos,[25] y el suelo está por allí lleno de
recortes,[26] que le salieron mal a la modista, y allí está la chambra[27]

65 empezada a coser, con la aguja clavada, junto a una gota de sangre. Pero
la sala, y el gran juego, está en el velador,[28] al lado de la cama. El rincón,
allá contra la pared, es el cuarto de dormir de las muñequitas de loza, con
su cama de la madre, de colcha de flores, y al lado una muñeca de traje
rosado, en una silla roja: el tocador está entre la cama y la cuna, con su

70 muñequita de trapo,[29] tapada hasta la nariz, y el mosquitero encima: la
mesa del tocador es una cajita de cartón castaño, y el espejo es de los
buenos, de los que vende la señora pobre de la dulcería, a dos por un
centavo. La sala está en lo de delante del velador, y tiene en medio una
mesa, con el pie hecho de un carretel[30] de hilo, y lo de arriba de una

75 concha de nácar, con una jarra mexicana en medio, de las que traen los

8 cage
9 turnips
10 cap
11 stain
12 lámpara… night light
13 bulb
14 mueble con espejo para el arreglo personal
15 Easter
16 almonds
17 marzipan
18 removido
19 vajilla de porcelana
20 aficionadas a lo dulce
21 caja en donde se guardan los artículos de coser
22 thimble
23 deteriorado
24 persona que hace prendas de vistir para señoras
25 redondel… pedacito redondo de tela que termina en forma de estrella
26 scraps
27 camisole
28 mesita de noche
29 muñequita… rag doll
30 spool

muñecos aguadores de México: y alrededor unos papelitos doblados, que son los libros. El piano es de madera, con las teclas[31] pintadas; y no tiene banqueta de tornillo,[32] que eso es poco lujo, sino una de espaldar, hecha de la caja de un sortija, con lo de abajo forrado[33] de azul; y la tapa cosida por
80 un lado, para la espalda, y forrada de rosa; y encima un encaje.[34] Hay visitas, por supuesto, y son de pelo de veras, con ropones de seda lila de cuartos blancos, y zapatos dorados: y se sientan sin doblarse, con los pies en el asiento: y la señora mayor, la que trae gorra color de oro, y está en el sofá, tiene su levantapiés,[35] porque del sofá se resbala;[36] y el levantapiés es
85 una cajita de paja japonesa, puesta boca abajo: en un sillón blanco están sentadas juntas, con los brazos muy tiesos, dos hermanas de loza. Hay un cuadro en la sala, que tiene detrás, para que no se caiga, un pomo de olor: y es una niña de sombrero colorado, que trae en los brazos un cordero.[37] En el pilar de la cama, del lado del velador, está una medalla de bronce, de
90 una fiesta que hubo, con las cintas[38] francesas: en su gran moña[39] de los tres colores está adornando la sala el medallón, con el retrato de un francés muy hermoso, que vino de Francia a pelear porque los hombres fueran libres, y otro retrato del que inventó el pararrayos,[40] con la cara de abuelo que tenía cuando pasó el mar para pedir a los reyes de Europa que lo
95 ayudaran a hacer libre su tierra: ésa es la sala, y el gran juego de Piedad. Y en la almohada, durmiendo en su brazo, y con la boca desteñida[41] de los besos, está su muñeca negra.

Los pájaros del jardín la despertaron por la mañanita. Parece que se saludan los pájaros, y la convidan a volar. Un pájaro llama, y otro
100 pájaro responde. En la casa hay algo porque los pájaros se ponen así cuando el cocinero anda por la cocina saliendo y entrando, con el delantal volándole por las piernas, y la olla de plata en las dos manos, oliendo a leche quemada y a vino dulce. En la casa hay algo; porque si no, ¿para qué está ahí, al pie de la cama, su vestidito nuevo, el vestidito color de
105 perla, y la cinta lila que compraron ayer, y las medias de encaje? «Yo te digo, Leonor, que aquí pasa algo. Dímelo tú, Leonor, tú que estuviste ayer en el cuarto de mamá, cuando yo fui a paseo. ¡Mamá mala, que no te dejó ir conmigo, porque dice que te he puesto muy fea con tantos besos, y que no tienes pelo, porque te he peinado mucho! La verdad, Leonor; tú no
110 tienes mucho pelo; pero yo te quiero así, sin pelo, Leonor: tus ojos son los que quiero yo, porque con los ojos me dices que me quieres; te quiero mucho, porque no te quieren: ¡a ver! ¡sentada aquí en mis rodillas, que te quiero peinar!; las niñas buenas se peinan en cuanto se levantan; ¡a ver, los zapatos, que ese lazo[42] no está bien hecho!; y los dientes: déjame ver los
115 dientes, las uñas; ¡Leonor, esas uñas no están limpias! Vamos, Leonor, dime la verdad: Oye, oye a los pájaros que parece que tienen baile: dime, Leonor, ¿qué pasa en esta casa?» Y a Piedad se la cayó el peine de la mano, cuando le tenía ya una trenza[43] hecha a Leonor; y la otra estaba toda alborotada.[44] Lo que pasaba, allí lo veía ella. Por la puerta venía la
120 procesión. La primera era la criada, con el delantal de rizos[45] de los días de fiesta, y la cofia[46] de servir la mesa en los días de visita: traía el

[31] keys
[32] banqueta… revolving stool
[33] lined
[34] lace
[35] footrest
[36] slides off
[37] lamb
[38] ribbons
[39] fancy bow
[40] lightning rod
[41] descolorida
[42] tie
[43] braid
[44] excitada
[45] ruffles
[46] cap

chocolate, el chocolate con crema, lo mismo que el día de año nuevo, y los
panes dulces en una cesta de plata; luego venía la madre, con un ramo de
flores blancas y azules: ¡ni una flor colorada en el ramo, ni una flor
125 amarilla!: y luego venía la lavandera, con el gorro blanco que el cocinero
no se quiso poner, y un estandarte que el cocinero le hizo, con un diario y
un bastón: y decía en el estandarte,[47] debajo de una corona de
pensamientos: «¡Hoy cumple Piedad ocho años!» Y la besaron, y la
vistieron con el traje color de perla, y la llevaron, con el estandarte detrás,
130 a la sala de los libros de su padre, que tenía muy peinada su barba rubia,
como si se la hubieran peinado muy despacio, y redondeándole las pumas,
y poniendo cada hebra[48] en su lugar. A cada momento se asomaba a la
puerta, a ver si Piedad venía: escribía, y se ponía a silbar: abría un libro, y
se quedaba mirando a un retrato, a un retrato que tenía siempre en su
135 mesa, y era como Piedad, una Piedad de vestido largo. Y cuando oyó
ruido de pasos, y un vozarrón que venía tocando música en un cucurucho[49]
de papel, ¿quién sabe lo que sacó de una caja grande? y se fue a la puerta
con una mano en la espalda; y con el otro brazo cargó a su hija. Luego
dijo que sintió como que en el pecho se le abría una flor, y como que se le
140 encendía en la cabeza un palacio, con colgaduras azules de flecos de oro, y
mucha gente con alas: luego dijo todo eso, pero entonces, nada se le oyó
decir. Hasta que Piedad dio un salto en sus brazos, y se le quiso subir por
el hombro, porque en un espejo había visto lo que llevaba en la otra mano
el padre. «¡Es como el sol el pelo, mamá, lo mismo que el sol! ¡ya la vi,
145 ya la vi, tiene el vestido rosado! ¡dile que me la dé, mamá! si es de peto[50]
verde, de peto de terciopelo, ¡como las mías son las medias, de encaje
como las mías!» Y el padre se sentó con ella en el sillón, y le puso en los
brazos la muñeca de seda y porcelana. Echó a correr Piedad, como si
buscase a alguien. «¿Y yo me quedo hoy en casa por mi niña», le dijo su
150 padre, «y mi niña me deja solo?» Ella escondió la cabecita en el pecho de
su padre bueno. Y en mucho, mucho tiempo, no la levantó, no la levantó,
aunque ¡de veras! le picaba la barba.

Hubo paseo por el jardín, y almuerzo con un vino de espuma
debajo de la parra,[51] y el padre estaba muy conversador, cogiéndole a cada
155 momento la mano a su mamá, y la madre estaba como más alta, y hablaba
poco, y era como música todo lo que hablaba. Piedad le llevó al cocinero
una dalia roja, y se la prendió en el pecho del delantal; y a la lavandera le
hizo una corona de claveles; y a la criada le llenó los bolsillos de flores de
naranjo, y le puso en el pelo una flor, con sus dos hojas verdes. Y luego,
160 con mucho cuidado, hizo un ramo de nomeolvides. «¿Para quién es ese
ramo, Piedad?» «No sé, no sé para quién es: ¡quién sabe si es para
alguien!» Y lo puso a la villa de la acequia,[52] donde corría como un cristal
el agua. Un secreto le dijo a su madre, y luego le dijo: «¡Déjame ir!»
Pero le dijo «caprichosa» su madre: «¿y tu muñeca de seda, no te gusta?
165 mírale la cara, que es muy linda; y no le has visto los ojos azules», Piedad
sí se los había visto; y la tuvo sentada en la mesa después de comer,
mirándola sin reírse; y la estuvo enseñando a andar en el jardín. Los ojos

[47] bandera
[48] pelo
[49] cono de papel
[50] parte de las prendas de vistir que cubre el pecho
[51] grapevine
[52] canal

era lo que le miraba ella; y le tocaba en el lado del corazón: «¡Pero, muñeca, háblame, háblame!» Y la muñeca de seda no le hablaba. «¿Conque no te ha gustado la muñeca que te compré, con sus medias de encaje y su cara de porcelana y su pelo fino?» «Sí, mi papá, sí me ha gustado mucho. Vamos, señora muñeca, vamos a pasear. Usted querrá coches, y lacayos, y querrá dulce de castañas, señora muñeca. Vamos, vamos a pasear.» Pero en cuanto estuvo Piedad donde no la veían, dejó a la muñeca en un tronco, de cara contra el árbol. Y se sentó sola, a pensar, sin levantar la cabeza, con la cara entre las dos manecitas. De pronto echó a correr, de miedo de que se hubiese llevado el agua el ramo de nomeolvides.

—«¡Pero, criada, llévame pronto!» – «¿Piedad, qué es eso de criada? ¡Tú nunca le dices criada así, como para ofenderla!» – «No, mamá, no; es que tengo mucho sueño: estoy muerta de sueño. Mira, me parece que es un monte la barba de papá; y el pastel de la mesa me da vueltas,[53] vueltas alrededor, y se están riendo de mí las banderitas; y me parece que están bailando en el aire las flores de zanahoria; estoy muerta de sueño: ¡adiós, mi madre!, mañana me levanto muy tempranito; tú, papá, me despiertas antes de salir; yo te quiero ver siempre antes de que te vayas a trabajar; ¡oh, las zanahorias! ¡estoy muerta de sueño! ¡Ay, mamá, no me mates el ramo! ¡mira, ya me mataste mi flor!» - «¿Conque se enoja mi hija porque le doy un abrazo?» - «¡Pégame, mi mamá! ¡papá, pégame tú! es que tengo mucho sueño.» Y Piedad salió de la sala de los libros, con la criada que le llevaba la muñeca de seda. «¡Qué de prisa va la niña, que se va a caer! ¿Quién espera a la niña?» – «¡Quién sabe quien me espera!» Y no habló con la criada; no le dijo que le contase el cuento de la niña jorobadita[54] que se volvió una flor; un juguete no más le pidió, y lo puso a los pies de la cama y le acarició a la criada la mano, y se quedó dormida. Encendió la criada la lámpara de velar, con su bombillo de ópalo; salió de puntillas; cerró la puerta con mucho cuidado. Y en cuanto estuvo cerrada la puerta, relucieron dos ojitos en el borde de la sábana; se alzó de repente la cubierta rubia; de rodillas en la cama, le dio toda la luz a la lámpara de velar; y se echó sobre el juguete que puso a los pies, sobre la muñeca negra. La besó, la abrazó, se la apretó contra el corazón: «Ven, pobrecita; ven, que esos malos te dejaron aquí sola; tú no estás fea, no, aunque no tengas más que una trenza; la fea es ésa, la que han traído hoy, la de los ojos que no hablan; dime, Leonor, dime, ¿tú pensaste en mí? mira el ramo que te traje, un ramo de nomeolvides, de los más lindos del jardín; ¡así, en el pecho! ¡ésta es mi muñeca linda! ¿y no has llorado? ¡te dejaron tan sola! ¡no me mires así, porque voy a llorar yo! ¡no, tú no tienes frío! ¡aquí conmigo, en mi almohada, verás como te calientas! ¡y me quitaron, para que no me hiciera daño, el dulce que te traía! ¡así, así, bien arropadita! ¡a ver, mi beso, antes de dormirte! ¡ahora, la lámpara baja! ¡y a dormir, abrazadas las dos! ¡te quiero, porque no te quieren!»

[53] me… me produce mareo
[54] humpbacked

VOCABULARIO—*"La muñeca negra"*

SUSTANTIVOS

la aguja	*needle*
la almohada	*pillow*
el baúl	*trunk*
el bolsillo	*pocket*
el bombillo	*light bulb*
el cabello	*hair*
la cereza	*cherry*
la cerradura	*lock*
la chispa	*spark*
la cinta	*ribbon*
la cola	*tail*
la colcha	*mattress*
las colgaduras	*draperies*
la concha de nácar	*mother of pearl*
el dedo	*finger*
el delantal	*apron*
el espaldar	*back of chair*
el espejo	*mirror*
la espuma	*foam*
la frente	*forehead*
la fuerza	*strength*
la gota	*drop*
el higo	*fig*
el hilo	*thread*
la hoja	*leaf*
la mariposa	*butterfly*
la migaja	*crumb*
el mosquitero	*mosquito netting*
la nube	*cloud*
la olla	*pot*
el olor	*odor, smell*
la orilla	*shore*
la paja	*straw*
el pecho	*chest*
el peine	*comb*
el pomo	*perfume flask*
las puntas	*points*
el ramo	*branch*
el retrato	*portrait*
el rincón	*corner*
la rodilla	*knee*
el salto	*jump*
la sangre	*blood*
la seda	*silk*

| la sortija | ring |
| el vozarrón | loud voice |

VERBOS

abrazar	to embrace
asomarse a	to look out of
calentarse	to get warm
clavar	to stick into
coger	to pick
convidar	to invite
coser	to sew
encender	to burn
llorar	to cry
pelear	to fight
picar	to stick
pincharse	to prick
prender	to pin
relucir	to shine
silbar	to whistle
tropezar con	to stumble, to bump into

ADJETIVOS

boca abajo	face down
caprichosa	frivolous
castaño	chestnut colored
ciego	blind
colorado	red
dorado	golden
escondido	hidden
forrado	lined
hundido	sunken
sueco	Swedish
tapado	covered
tieso	stiff

ADVERBIOS

| alrededor | around |
| apenas | hardly |

El hijo

"**E**l hijo," first published in *Más allá* (1935), is one of Horacio Quiroga's (1878–1937), most popular stories. What makes it particularly interesting is the subtle way in which Quiroga treats two of his favorite themes, madness and death. Keep the following commentary in mind as you read "El hijo": "Madness and death are interwoven in 'El hijo' against the background of life in the region of Misiones. The story begins with a rather idyllic picture. The father, working contentedly at his shop, [is] involved with his daydreams and worries while the young son goes away for a morning of hunting and relaxation, . . . Everything is routine, but tragedy strikes swiftly, without even being noticed. . . . ."[*]

Antes de leer

Palabras importantes y modismos

al lado	next to (him, her, etc.)
al pie de	at the foot of
contar (ue) con	to count on
de este modo	in this way
del fondo de	from the bottom of
de pie	standing
echar una ojeada a	to glance at
estar de vuelta	to be back
fijarse en	to notice
no importa qué	whatever; anything
por primera vez	for the first time
prestar atención a	to pay attention to
tal cual	an occasional

Estrategias para leer

The Reliable Narrator and the Unreliable Narrator (El narrador fidedigno y el narrador infidente)

The inevitable dependence of the reader on the narrator can sometimes lead the reader into a false sense of trust; in any narration there exists the possibility of the so-called "unreliable narrator" (**narrador infidente**). The use of the unreliable narrator can achieve very different effects and is an important resource in literature. Whereas the reliable narrator (**narrador fidedigno**) is generally straightforward with the reader, the unreliable narrator may omit information or try to confuse the reader.

Even the reliable narrator, however, can sometimes be less than straightforward by providing only subtle clues and hints to the truth. Thus, relying solely on the narrator's overt explanations may make the reader end up feeling confused or deceived. This can be avoided by taking an active, critical stance with regard to the narration and not being a passive reader.

In the case of Quiroga's "El hijo," the narrator is fairly reliable. However, at certain points the narrator imparts information with such subtlety that only a

---

[*] María A. Salgado, "Quiroga's 'El hijo': prototype of his art," *South Atlantic Bulletin* 36 (March 1971): 27.

reader very attentive to the subtle transitions between reality and illusion will avoid falling into the narrator's trap and not be fooled into perceiving hallucinations as reality.

As you read "El hijo," concentrate on being an active reader. Focus on the details, even on the seemingly insignificant ones. Pay special attention to transitions between reality and hallucination, and see if you can find each paragraph in which such a transition takes place so that you don't fall into the narrator's trap. The final hallucination in this story, however, is presented with such subtlety that the reader who does not catch the almost imperceptible transition from reality to illusion becomes a participant in the father's hallucination.

El hijo

ES UN PODEROSO día de verano en Misiones, con todo el sol, el calor y la calma que puede deparar[1] la estación. La naturaleza, plenamente abierta, se siente satisfecha de sí.

Como el sol, el calor y la calma ambiente, el padre abre también su corazón a la
5   naturaleza.

—Ten cuidado, chiquito —dice a su hijo abreviando[2] en esa frase todas las observaciones del caso y que su hijo comprende perfectamente.

—Sí, papá —responde la criatura, mientras coge la escopeta y carga de cartuchos[3] los bolsillos de su camisa, que cierra con cuidado.

10   —Vuelve a la hora de almorzar —observa aún el padre.

—Sí, papá —repite el chico.

Equilibra[4] la escopeta en la mano, sonríe a su padre, lo besa en la cabeza y parte.

Su padre lo sigue un rato con los ojos y vuelve a su quehacer[5] de ese día, feliz
15   con la alegría de su pequeño.

Sabe que su hijo, educado desde su más tierna infancia en el hábito y la precaución del peligro, puede manejar un fusil y cazar no importa qué. Aunque es muy alto para su edad, no tiene sino trece años. Y parecería tener menos, a juzgar por la pureza de sus ojos azules, frescos aún de sorpresa infantil.

20   No necesita el padre levantar los ojos de su quehacer para seguir con la mente la marcha de su hijo: Ha cruzado la picada roja[6] y se encamina rectamente al monte a través del abra de espartillo.[7]

Para cazar en el monte —caza de pelo[8]— se requiere más paciencia de la que su cachorro[9] puede rendir. Después de atravesar esa isla de monte, su hijo cost-
25   eará[10] la linde de cactus hasta el bañado,[11] en procura de palomas,[12] tucanes[13] o tal cual casal de garzas,[14] como las que su amigo Juan ha descubierto días anteriores.

Sólo ahora, el padre esboza una sonrisa al recuerdo de la pasión cinegética[15] de las dos criaturas. Cazan sólo a veces un yacútoro,[16] un surucuá[17] —menos aún— y regresan triunfales, Juan a su rancho con el fusil de nueve milímetros que él le ha
30   regalado, y su hijo a la meseta, con la gran escopeta Saint-Etienne, calibre 16, cuádruple cierre y pólvora blanca.[18]

Él fue lo mismo. A los trece años hubiera dado la vida por poseer una escopeta. Su hijo, de aquella edad, la posee ahora;—y el padre sonríe.

[1]*supply* [2]*summing up* [3]*shells* [4]*He balances* [5]*work* [6]*picada... red path* [7]*abra... opening in the esparto grass* [8]*caza... hunting game* [9]*little boy* [10]*he skirts* [11]*marsh* [12]*doves* [13]*toucans* [14]*herons* [15]*hunting* [16]*tropical bird* [17]*tropical bird* [18]*cuádruple... a white-powder four-lock shotgun*

Source: Horacio Quiroga, "El Hijo." From *Más allá*. Reprinted by permission of Editorial Grijalbo.

No es fácil, sin embargo, para un padre viudo, sin otra fe ni esperanza que la
35 vida de su hijo, educarlo como lo ha hecho él, libre en su corto radio de acción,[19]
seguro de sus pequeños pies y manos desde que tenía cuatro años, consciente de
la inmensidad de ciertos peligros y de la escasez de sus propias fuerzas.

Ese padre ha debido luchar fuertemente contra lo que él considera su egoísmo.
¡Tan fácilmente una criatura calcula mal, sienta un pie en el vacío y se pierde un
40 hijo!

El peligro subsiste[20] siempre para el hombre en cualquier edad; pero su amenaza amengua[21] si desde pequeño se acostumbra a no contar sino con sus propias
fuerzas.

De este modo ha educado el padre a su hijo. Y para conseguirlo ha debido
45 resistir no sólo a su corazón, sino a sus tormentos morales; porque ese padre, de
estómago y vista débiles, sufre desde hace un tiempo de alucinaciones.

Ha visto, concretados en dolorosísima ilusión, recuerdos de una felicidad que
no debía surgir más de la nada en que se recluyó. La imagen de su propio hijo no
ha escapado a este tormento. Lo ha visto una vez rodar envuelto en sangre cuando
50 el chico percutía en la morsa del taller una bala de parabellum,[22] siendo así que lo
que hacía era limar la hebilla[23] de su cinturón de caza.

Horribles cosas... Pero hoy, con el ardiente y vital día de verano, cuyo amor su
hijo parece haber heredado, el padre se siente feliz, tranquilo y seguro del porvenir.

55 En ese instante, no muy lejos, suena un estampido.[24]

—La Saint-Etienne... —piensa el padre al reconocer la detonación. Dos palomas menos en el monte...

Sin prestar más atención al nimio[25] acontecimiento, el hombre se abstrae de
nuevo en su tarea.

60 El sol, ya muy alto, continúa ascendiendo. A dondequiera que se mire —piedras, tierra, árboles—, el aire, enrarecido[26] como en un horno, vibra con el calor.
Un profundo zumbido[27] que llena el ser entero e impregna el ámbito hasta donde
la vista alcanza, concentra a esa hora toda la vida tropical.

El padre echa una ojeada a su muñeca:[28] las doce. Y levanta los ojos al monte.

65 Su hijo debía estar ya de vuelta. En la mutua confianza que depositan el uno en
el otro —el padre de sienes plateadas[29] y la criatura de trece años—, no se eng-
añan jamás. Cuando su hijo responde: —Sí, papá—, hará lo que dice. Dijo que
volvería antes de las doce, y el padre ha sonreído al verlo partir.

Y no ha vuelto.

70 El hombre torna a su quehacer, esforzándose en concentrar la atención en su
tarea. ¡Es tan fácil, tan fácil perder la noción de la hora dentro del monte, y sentarse
un rato en el suelo mientras se descansa inmóvil!...

Bruscamente, la luz meridiana, el zumbido tropical y el corazón del padre se
detienen a compás de lo que acaba de pensar: su hijo descansa inmóvil...

75 El tiempo ha pasado; son las doce y media. El padre sale de su taller, y al apoyar
la mano en el banco de mecánica[30] sube del fondo de su memoria el estallido[31] de
una bala de parabellum, e instantáneamente, por primera vez en las tres horas
transcurridas, piensa que tras el estampido de la Saint-Etienne no ha oído nada
más. No ha oído rodar el pedregullo[32] bajo un paso conocido. Su hijo no ha vuelto,
80 y la naturaleza se halla detenida a la vera[33] del bosque, esperándolo...

---

[19]libre... *free within his limited range of action* [20]*exists* [21]*lessens* [22]percutía... *was striking a bullet
from an automatic pistol on the lathe in the workshop* [23]limar... *to polishing the buckle* [24]*shot*
[25]*insignificant* [26]*rarefied* [27]*humming* [28]*wristwatch* [29]de... *silver-haired* [30]banco... *work bench*
[31]*shot* [32]*stony ground* [33]*edge*

¡Oh! No son suficientes un carácter templado y una ciega confianza en la educación de un hijo para ahuyentar[34] el espectro de la fatalidad que un padre de vista enferma ve alzarse desde la línea del monte. Distracción, olvido, demora fortuita:[35] ninguno de estos nimios motivos que pueden retardar la llegada de su hijo, hallan cabida en aquel corazón.

Un tiro, un solo tiro ha sonado, y hace ya mucho. Tras él el padre no ha oído un ruido, no ha visto un pájaro, no ha cruzado el abra una sola persona a anunciarle que al cruzar un alambrado,[36] una gran desgracia...

La cabeza al aire y sin machete, el padre va. Corta el abra de espartillo, entra en el monte, costea la línea de cactus sin hallar el menor rastro de su hijo.

Pero la naturaleza prosigue detenida. Y cuando el padre ha recorrido las sendas de caza conocidas y ha explorado el bañado en vano, adquiere la seguridad de que cada paso que da en adelante lo lleva, fatal e inexorablemente, al cadáver de su hijo.

Ni un reproche que hacerse, el lamentable. Sólo la realidad fría, terrible y consumada: Ha muerto su hijo al cruzar un...

¡Pero dónde, en qué parte! ¡Hay tantos alambrados allí, y es tan, tan sucio el monte!... ¡Oh, muy sucio!... Por poco que no se tenga cuidado al cruzar los hilos con la escopeta en la mano...

El padre sofoca un grito. Ha visto levantarse en el aire... ¡Oh, no, es su hijo, no!... Y vuelve a otro lado, y a otro y a otro...

Nada se ganaría con ver el color de su tez[37] y la angustia de sus ojos. Ese hombre aún no ha llamado a su hijo. Aunque su corazón clama por él a gritos, su boca continúa muda. Sabe bien que el solo acto de pronunciar su nombre, de llamarlo en voz alta, será la confesión de su muerte...

—¡Chiquito! —se escapa de pronto. Y si la voz de un hombre de carácter es capaz de llorar, tapémonos de misericordia los oídos ante la angustia que clama en aquella voz.

Nadie ni nada ha respondido. Por las picadas rojas de sol, envejecido en diez años, va el padre buscando a su hijo que acaba de morir.

—¡Hijito mío!... ¡Chiquito mío!... —clama en un diminutivo que se alza del fondo de sus entrañas.

Ya antes, en plena dicha y paz, ese padre ha sufrido la alucinación de su hijo rodando con la frente abierta por una bala al cromo níquel.[38]

Ahora, en cada rincón sombrío del bosque ve centelleos de alambre; y al pie de un poste, con la escopeta descargada al lado, ve a su...

—¡Chiquito!... ¡Mi hijo!...

Las fuerzas que permiten entregar un pobre padre alucinado a la más atroz pesadilla tienen también un límite. Y el nuestro siente que las suyas se le escapan, cuando ve bruscamente desembocar de un pique lateral[39] a su hijo.

A un chico de trece años bástale ver desde cincuenta metros la expresión de su padre sin machete dentro del monte, para apresurar el paso con los ojos húmedos.

—Chiquito... —murmura el hombre. Y, exhausto, se deja caer sentado en la arena albeante,[40] rodeando con los brazos las piernas de su hijo.

La criatura, así ceñida, queda de pie; y como comprende el dolor de su padre, le acaricia despacio la cabeza:

—Pobre papá...

En fin, el tiempo ha pasado. Ya van a ser las tres. Juntos, ahora, padre e hijo emprenden el regreso a la casa.

---

[34]*drive away* [35]demora... *an unexpected delay* [36]*wire fence* [37]*skin* [38]bala... *chrome-plated bullet* [39]pique... *side path* [40]*white*

130 —¿Cómo no te fijaste en el sol para saber la hora?... —murmura aún el primero.

—Me fijé, papá... Pero cuando iba a volver vi las garzas de Juan y las seguí...

—¡Lo que me has hecho pasar, chiquito!...

—Piapiá... —murmura también el chico.

Después un largo silencio:

135 —Y las garzas, ¿las mataste? —pregunta el padre.

—No...

Nimio detalle, después de todo. Bajo el cielo y el aire candentes,[41] a la descubierta[42] por el abra de espartillo, el hombre vuelve a casa con su hijo, sobre cuyos hombros casi del alto de los suyos, lleva pasado su feliz brazo de padre. Regresa

140 empapado[43] de sudor, y aunque quebrantado de cuerpo y alma, sonríe de felicidad...

· ·

· ·

Sonríe de alucinada felicidad... Pues ese padre va solo. A nadie ha encontrado,

145 y su brazo se apoya en el vacío. Porque tras él, al pie de un poste y con las piernas en alto, enredadas[44] en el alambre de púa,[45] su hijo bien amado yace al sol, muerto desde las diez de la mañana.

[41] *burning* [42] *a... in the open* [43] *bathed* [44] *caught* [45] alambre... *barbed wire*

*D*ESPUÉS DE LEER

CUESTIONARIO

1. ¿Adónde va el hijo al comenzar este cuento?
2. ¿Cuántos años tiene el hijo?
3. ¿Qué tipo de escopeta tiene el hijo?
4. ¿Contra qué cosa ha debido luchar el padre?
5. ¿De qué sufre desde hace tiempo el padre?
6. ¿Qué oye el padre desde no muy lejos?
7. ¿Qué hora es cuando el padre echa una ojeada a su muñeca?
8. ¿Qué hora es cuando el padre va en busca de su hijo?
9. ¿Qué razón le da el hijo al padre por su demora?
10. ¿Qué le pasa al hijo al final del cuento?

ESTUDIO DE PALABRAS

Complete las oraciones con palabras o expresions de **Palabras importantes y modismos.**

1. Sabe que su hijo puede manejar un fusil y cazar _____.
2. Su hijo costeará la linde de cactus hasta el bañado, en procura de palomas, tucanes o _____ casal de garzas.
3. El padre _____ su muñeca: las doce. Y levanta los ojos al monte. Su hijo debía estar ya _____.
4. El tiempo ha pasado; son las doce y media. _____ en las tres horas transcurridas, piensa que tras el estampido de la Saint-Etienne no ha oído nada más.
5. —¡Chiquito mío!... —clama en un diminutivo que se alza _____ sus entrañas.
6. Ahora, en cada rincón ve centelleos de alambre; y _____ un poste, con la escopeta descargada _____, ve a su...
7. Exhausto, el padre se deja caer sentado en la arena, rodeando con los brazos las piernas de su hijo. La criatura, así ceñida, queda _____.
8. ¿Hijo, cómo no _____ en el sol para saber la hora?

CONSIDERACIONES

1. ¿Cómo describiría Ud. las relaciones entre padre e hijo en este cuento?
2. ¿Cuál es el temor principal del padre? ¿Por qué deja a su hijo salir a cazar solo?
3. ¿Qué adjetivos y expresiones se usan para establecer un ambiente de alegría y tranquilidad al comienzo de la historia, y un ambiente de dolor y tensión después? ¿Qué efecto tiene el contraste entre los dos ambientes?
4. ¿Qué importancia tiene la descripción del clima? ¿Cómo contribuye la repetición de palabras como «luz», «calor», «zumbido», etcétera, a la ambientación del cuento?
5. ¿Qué alucinaciones ha tenido el padre?
6. ¿Qué piensa el padre al oír el estampido?
7. En varias ocasiones a lo largo del cuento, el narrador se dirige directamente al lector con exclamaciones y exhortaciones. ¿Qué efecto tienen estas intervenciones del narrador?
8. Describa con sus propias palabras el estado físico y mental del padre al final de la historia.
9. ¿En qué lapso transcurre el cuento? ¿Qué referencias al paso del tiempo encuentra Ud.?
10. ¿Cómo se logra el efecto de tensión y suspenso en el cuento?
11. ¿Qué efecto esperaba lograr Quiroga con las transiciones entre la realidad y las alucinaciones?

ANÁLISIS DEL TEXTO

1. ¿Cuáles son los dos temas que se entretejen (*are woven together*) perfectamente en este cuento?
2. ¿Quién es el protagonista de este cuento?
3. Discuta el papel que hace la prefiguración (*foreshadowing*) en «El hijo».
4. ¿Cuáles son los detalles que prefiguran el desenlace del cuento?
5. ¿Cuál es el propósito de las últimas líneas de este cuento?
6. Discuta los aspectos sicopatológicos del protagonista de «El hijo».

PERSPECTIVA PERSONAL

1. ¿Cayó Ud. en la trampa que Quiroga le preparó? ¿Cómo reaccionó Ud. ante este recurso literario?
2. ¿Ha experimentado Ud. alguna vez en su vida la sensación de completa soledad que siente el padre en este cuento?
3. ¿Qué hace el padre al darse cuenta de la muerte de su hijo? ¿Ha reaccionado Ud. ante alguna crisis de la misma manera?

BIBLIOGRAFÍA

Alazraky, Jaime. "Un tema y tres cuentos de Horacio Quiroga." *Cuadernos Americanos* 173 (Septiembre–Diciembre 1970): 194–205.

Salgado, María A. "Quiroga's 'El hijo': Prototype of his art." *South Atlantic Bulletin* 36 (March 1971): 24–31.

VOCABULARIO

SUSTANTIVOS

la alucinación	*hallucination*
la angustia	*anguish*
la bala	*bullet*
el cadáver	*cadaver, corpse*
el cartucho	*shell*
la escopeta	*shotgun*
el estallido/estampido	*explosion, bang, shot*
el fusil	*rifle*
el peligro	*danger*
el tiro	*shot*
el vacío	*emptiness, void*

VERBOS

cazar	*to hunt*
educar	*to bring up*

Capítulo 8

El paso del tiempo y la muerte

El enamorado y la muerte
Anonymous, Spain, Middle Ages

The Romancero *is a name given to a compendium of mainly fourteenth- and fifteenth-century historical tales, folk legends, and traditional stories which trace their roots to the Middle Ages. The individual "romances" (ballads) are lyric/epic poems, originally set to music, and passed down from generation to generation. Because of their oral dissemination, the poems underwent significant changes before evolving into the versions we enjoy today. These published versions of the "romances" had first been put into written form and compiled by various editors in the sixteenth, seventeenth, and nineteenth centuries. An example is the* Romancero general *(Madrid, 1600). Since the very spirit of Spanish culture and history are captured so well in the "romances," it is not surprising that they have had a significant impact on Spanish literature in general. The following selection is a "romance" of the oral tradition which reveals a decidedly Spanish attitude toward death—one that is echoed even to this day in more modern works of Hispanic literature.*

El enamorado y la muerte

Un sueño soñaba, anoche,
soñito[1] del alma mía,
soñaba con mis amores,
que en mis brazos los tenía.
5 Vi entrar señora tan blanca
muy más que la nieve fría.
–¿Por dónde has entrado, amor?
¿Cómo has entrado, mi vida?
Las puertas están cerradas,
10 ventanas y celosías.[2]
–No soy el Amor, amante;
la Muerte, que Dios te envía.
–¡Ay, Muerte, tan rigurosa,
déjame vivir un día!
15 –Un día no puede ser,
un hora tienes de vida.

Muy de prisa se calzaba,
más de prisa se vestía;
ya se va para la calle
20 en donde su amor vivía.
—¡Ábreme la puerta, blanca,
ábreme la puerta, niña!

[1] soñito: diminutive of *sueño*
[2] celosías: lattices (of windows)

—¿Cómo te podré yo abrir
si la ocasión no es venida?[3]
25   Mi padre no fué al palacio,
mi madre no está dormida.
—Si no me abres esta noche
ya no me abrirás, querida.

La Muerte me está buscando,
30   junto a ti vida sería.
—Vete bajo la ventana,
donde labraba[4] y cosía,
te echaré cordón de seda,
para que subas arriba,
35   y si el cordón no alcanzare
mis trenzas[5] añadiría.
La fina seda se rompe;
la Muerte que allí venía.
—Vamos, el enamorado,
40   que la hora ya está cumplida.

VOCABULARIO

alcanzar	*to reach*
el amante	*lover*
calzarse	*to put on one's shoes*
las celosías	*latticed shutters*
cumplida	*fulfilled*
labrar	*to do needlework*
si la ocasión no es venida	*since the right time has not yet come*
soñar	*to dream*
el soñito	*little dream*
las trenzas	*braids, tresses*

PREGUNTAS

1. Describa Ud. en sus propias palabras el sueño del amante.
2. ¿Quién era la "señora tan blanca / muy más que la nieve fría"? ¿Qué técnica poética se usa aquí?
3. ¿Cómo se equivocó el amante al ver a la "señora blanca"? ¿Por qué se sorprendió?
4. ¿Qué le pidió el amante a la Muerte? ¿Cómo respondió la Muerte?
5. ¿Qué hizo el amante y adónde fue?
6. ¿Por qué quería entrar el amante en la casa de la novia y por qué no quiso ella abrirle la puerta?
7. ¿Cómo trató de entrar el amante en la casa y qué le pasó?
8. ¿Cómo se presenta la muerte en este romance? ¿Qué se puede aprender de este poema?

Jorge Manrique

*J*orge Manrique (1440–1479) wrote his justifiably esteemed poem "Coplas por la muerte de su padre" on his father Rodrigo's passing in 1476, shortly before his own death on a battlefield near Cuenca, where he was fighting for Queen Isabel and King Fernando against Juana la Beltraneja, a pretender to the Spanish throne. The rivalry began under King Juan II (1405–1454), a weak monarch dominated by his counselor, Álvaro de Luna. Juan had three children: Enrique and Alfonso from his first wife, and Isabel from a later union. Enrique married a Portuguese princess and became Enrique IV el Impotente on his father's death. He could have no children, as his epithet indicates, but his wife nevertheless bore a daughter, whom everyone considered illegitimate. Then in 1468 the brother Alfonso died, and Enrique decided he wanted his "daughter" Juana la Beltraneja (the reputed father was Beltrán de la Cueva) to be queen rather than his much younger half sister, Isabel. On Enrique's death in 1474, Isabel, married to Prince Fernando of Aragón since 1469, seized the throne, while Juana fled to Portugal to raise a large army to take the crown from her. The ensuing civil war lasted until Juana's defeat and withdrawal to Portugal in 1479. Throughout these events the Manrique family was steadfastly on the side of Isabel la Católica, so it is not surprising that in his poem Jorge Manrique disparages the many enemies of his father who were in control of Spanish politics, from Álvaro de Luna through the favorites of Enrique el Impotente.

Manrique couches his political feelings in forty twelve-line stanzas of the best elegaic poetry in Spanish. He writes in coplas de pie quebrado, in which every third line has only four syllables, which gives a strong pause to each group of three lines. He separates the poem into three parts. Stanzas 1–13 are a general exposition on the finality of death and the uselessness of goods, beauty, nobility, riches, and pleasures when compared to the promise of eternal life for those who reject them. Stanzas 14–24 evoke the earlier years when Rodrigo Manrique lived, and attempt to show that none of the courtiers or ladies or politicians of that age are worthy of remembrance. Stanzas 25–40 are a laudatory elegy on his father's great deeds during the many years the man selflessly fought against tyrants and helped defend the country from the Moors. The last stanzas describe the three vidas so well known in the Middle Ages: the vida deleitable, described and rejected in the first stanzas; the vida de la fama, which the poet proved his father alone won with his great deeds against the Moors; and the vida eterna, which is the eternal salvation that comes to those who hold material pleasures in con tempt and make war against the infidels. Death therefore comes to don Rodrigo not angrily, with burning arrows, but gently, as the man lies comfortably in his own bed surrounded by family and loved ones.

Jorge Manrique evokes all of this with poetic emotion and a solemnity unmatched in Spanish letters. As you read the poem, pay special attention to how Manrique subtly shifts tone and content, moving from the very general to the particular in each part of the poem: the initial statements about death (1–5), the devaluation of mundane things (6–13), the disappearance from memory of all Rodrigo's contemporaries (14–24), the eulogy of Rodrigo (25–33), his death (34–39), and the persistence of his deeds in our memory (40).

Coplas por la muerte de su padre

1

Recuerde el alma dormida,
avive el seso[1] y despierte
contemplando
cómo se pasa la vida,
cómo se viene la muerte
tan callando,
cuán[2] presto se va el placer,
cómo, después de acordado,[3]
da dolor;
cómo, a nuestro parecer,[4]
cualquiera tiempo pasado
fue mejor.

2

Pues si vemos lo presente
cómo en un punto[5] se es ido
y acabado,
si juzgamos sabiamente,
daremos lo no venido
por pasado.[6]
No se engañe nadie, no,
pensando que ha de durar
lo que espera
más que duró lo que vio,
pues que todo ha de pasar
por tal manera.

3

Nuestras vidas son los ríos
que van a dar en la mar,
que es el morir;
allí van los señoríos[7]
derechos a se acabar[8]
y consumir;
allí los ríos caudales,[9]
allí los otros medianos
y más chicos;
y llegados son iguales
los que viven por sus manos
y los ricos.

4

Dejo las invocaciones[10]
de los famosos poetas
y oradores;
no curo de sus ficciones,
que traen hierbas secretas
sus sabores;[11]
aquél sólo me encomiendo,[12]
aquél sólo invoco yo
de verdad,
que en este mundo viviendo
el mundo no conoció
su deidad.

5

Este mundo es el camino
para el otro, que es morada[13]
sin pesar;
mas cumple tener buen tino[14]
para andar esta jornada[15]
sin errar.
Partimos cuando nacemos,
andamos mientras vivimos,
y llegamos
al tiempo que fenecemos;[16]
así que cuando morimos
descansamos.

6

Este mundo bueno fue[17]
si bien usásemos de él
como debemos,
porque, según nuestra fe,
es para ganar aquél[18]
que atendemos.
Aun aquel hijo de Dios,
para subirnos al cielo
descendió
a nacer acá entre nos,
y a vivir en este suelo
do murió.

[1] avive… arouse your mind
[2] how
[3] después… remembered afterwards
[4] a… seemingly
[5] instant
[6] daremos… we will consider the future as already passed
[7] estates
[8] se… to be finished
[9] overflowing
[10] Dejo…: Most long poems had invocations of some famous classical person, but Manrique decides to invoke Christ.
[11] no…: Manrique doesn't care about (curar) classical stories because they are pagan, and thus poisonous ("secret herbs").
[12] I entrust
[13] dwelling
[14] buen… a good sense of direction
[15] day's work
[16] we die
[17] sería
[18] eternal life to which we aspire

7

Ved de cuán poco valor
son las cosas tras que andamos
y corremos,
que, en este mundo traidor,
aun primero que muramos[19]
las perdemos:
de ellas[20] deshace la edad,
de ellas casos desastrados
que acaecen,[21]
de ellas, por su calidad,
en los más altos estados
desfallecen.

8

Decidme: la hermosura,
la gentil frescura y tez[22]
de la cara,
la color y la blancura,
cuando viene la vejez,
¿cuál se para?[23]
Las mañas[24] y ligereza
y la fuerza corporal
de juventud,
todo se torna graveza
cuando llega al arrabal
de senectud.[25]

9

Pues la sangre de los godos,[26]
y el linaje y la nobleza
tan crecida,
¡por cuántas vías y modos
se pierde su gran alteza
en esta vida!
Unos, por poco valer,
¡por cuán bajos y abatidos[27]
que los tienen!
Otros que, por no tener,
con oficios no debidos
se mantienen.

10

Los estados y riqueza,
que nos dejan a deshora[28]
¿quién lo duda?
No les pidamos firmeza
pues son de una señora
que se muda.[29]
Que bienes son de Fortuna
que revuelven con su rueda
presurosa,[30]
la cual no puede ser una[31]
ni estar estable ni queda
en una cosa.

11

Pero digo que acompañen
y lleguen hasta la huesa[32]
con su dueño:
por eso no nos engañen,
pues se va la vida aprisa
como sueño;
y los deleites de acá son,
en que nos deleitamos,
temporales,
y los tormentos de allá,
que por ellos esperamos,
eternales.

12

Los placeres y dulzores
de esta vida trabajada
que tenemos,
no son sino corredores,[33]
y la muerte, la celada[34]
en que caemos.
No mirando a nuestro daño,
corremos a rienda suelta[35]
sin parar;
desque[36] vemos el engaño
y queremos dar la vuelta,
no hay lugar.

[19] aun… even before we die
[20] de… because of them (las cosas)
[21] casos… disastrous occurrences that befall us
[22] complexion
[23] ¿cuál… in what condition does it end?
[24] skills
[25] cuando… when it reaches the environs of old age
[26] the original "noble" people of Spain
[27] bajos… lowborn and beaten-down
[28] que… that they abandon us unexpectedly
[29] señora… Fortune, the "fickle lady"
[30] hasty
[31] no… can't be fixed in one spot
[32] grave
[33] traps
[34] ambush
[35] a… at full speed
[36] desde que

13

Si fuese en nuestro poder
hacer la cara hermosa
corporal,
como podemos hacer
el alma tan gloriosa,
angelical,
¡qué diligencia tan viva
tuviéramos toda hora,
y tan presta
en componer la cautiva,[37]
dejándonos la señora[38]
descompuesta!

14

Esos reyes poderosos
que vemos por escrituras
ya pasadas,
con casos tristes, llorosos,
fueron sus buenas venturas
trastornadas;[39]
así que no hay cosa fuerte,
que a papas y emperadores
y prelados,
así los trata la Muerte
como a los pobres pastores
de ganados.[40]

15

Dejemos a los troyanos,[41]
que sus males no los vimos,
ni sus glorias;
dejemos a los romanos,
aunque oímos y leímos
sus historias;
no curemos de saber
lo que aquel siglo pasado
qué fue de ello;
vengamos a lo de ayer,
que también es olvidado
como aquello.

16

¿Qué se hizo el rey don Juan?[42]
Los infantes de Aragón[43]
¿qué se hicieron?
¿Qué fue de tanto galán,
qué de tanta invención
como trajeron?
Las justas y los torneos,
paramentos, bordaduras
y cimeras,[44]
¿fueron sino devaneos?[45]
¿Qué fueron sino verduras
de las eras?[46]

17

¿Qué se hicieron las damas,
sus tocados[47] y vestidos,
sus olores?
¿Qué se hicieron las llamas
de los fuegos encendidos
de amadores?
¿Qué se hizo aquel trovar,[48]
las músicas acordadas
que tañían?[49]
¿Qué se hizo aquel danzar,
aquellas ropas chapadas[50]
que traían?

18

Pues el otro, su heredero,
don Enrique,[51] ¡qué poderes
alcanzaba!
¡Cuán blando, cuán halaguero[52]
el mundo con sus placeres
se le daba!
Mas verás cuán enemigo,
cuán contrario, cuán cruel
se le mostró;
habiéndole sido amigo,
¡cuán poco duró con él
lo que le dio!

[37] la… the body, which should be "captive" to the soul
[38] la… the soul, who should rule over the body
[39] reversed
[40] pastores… sheepherders
[41] Trojans
[42] Juan II, king of Castile from 1408 to 1454
[43] sons of Fernando de Antequera, king of Aragón and erstwhile pretender to the throne of Castile
[44] paramentos… ornaments, embroidery, and crests
[45] frivolities
[46] verduras… green shoots in the fields
[47] hairdos
[48] aquel… that singing of courtly poems
[49] played
[50] ropas… clothes spangled with gold
[51] Enrique IV el Impotente, king from 1454 to 1474
[52] flattering

19

Las dádivas desmedidas,[53]
los edificios reales
llenos de oro,
las vajillas tan febridas,[54]
los enriques y reales[55]
del tesoro;
los jaeces,[56] los caballos
de sus gentes y atavíos
tan sobrados,[57]
¿dónde iremos a buscarlos?
¿Qué fueron sino rocíos
de los prados?

20

Pues su hermano el inocente,[58]
que en su vida sucesor
se llamó,
¡qué corte tan excelente
tuvo y cuánto gran señor
le siguió!
Mas, como fuese mortal,
metióle la Muerte luego
en su fragua.[59]
¡Oh, juicio divinal,
cuando más ardía el fuego,
echaste agua!

21

Pues aquel gran Condestable,
maestre que conocimos
tan privado,[60]
no cumple que de él se hable,
sino sólo que lo vimos
degollado.[61]
Sus infinitos tesoros,
sus villas y sus lugares,
su mandar,[62]
¿qué le fueron sino lloros?
¿Qué fueron sino pesares
al dejar?[63]

22

Y los otros dos hermanos,
maestres tan prosperados
como reyes,[64]
que a los grandes y medianos
trajeron tan sojuzgados[65]
a sus leyes;
aquella prosperidad
que en tan alto fue subida
y ensalzada,[66]
¿qué fue sino claridad[67]
que estando más encendida
fue matada?

23

Tantos duques excelentes,
tantos marqueses y condes
y varones
como vimos tan potentes,
di, Muerte, ¿dó los escondes
y transpones?[68]
Y las sus claras hazañas
que hicieron en las guerras
y en las paces
cuando tú, cruda, te ensañas,[69]
con tu fuerza las aterras[70]
y deshaces.

24

Las huestes[71] innumerables,
los pendones, estandartes
y banderas,
los castillos impugnables,
los muros y baluartes
y barreras,
la cava honda, chapada,[72]
o cualquier otro reparo,[73]
¿qué aprovecha?
que si tú vienes airada,[74]
todo lo pasas de claro[75]
con tu flecha.

[53] dádivas… excessive gifts
[54] vajillas… resplendent tableware
[55] enriques… two coins of the time
[56] horse trappings
[57] atavíos… such lavish adornments
[58] Alfonso, younger son of Juan II who, if he had not dies in 1468, would have been king of Castile after Enrique IV
[59] metióle… Death put him in the blacksmith's forge
[60] Álvaro de Luna, the corrupt privado (court favorite) of Juan II. Before he was beheaded in 1453, he gained the titles of constable of Castile and Master of Santiago.
[61] beheaded
[62] power
[63] al… on giving them up
[64] Beltrán de la Cueva and Juan Pacheco, favorites of Enrique IV
[65] subjugated
[66] exalted
[67] a flame
[68] carry them away to
[69] cuando… when you become cruelly angry
[70] knock to the ground
[71] armies
[72] cava… deep, plated moat
[73] barrier
[74] irate
[75] de… straight through

25

Aquél de buenos abrigo,[76]
amado por virtuoso
de la gente,
el maestre don Rodrigo
Manrique, tanto famoso
y tan valiente;
sus hechos grandes y claros
no cumple que los alabe,[77]
pues los vieron,
ni los quiero hacer caros,[78]
pues que el mundo todo sabe
cuáles fueron.

26

Amigo de sus amigos,
¡qué señor para criados
y parientes!
¡Qué enemigo de enemigos!
¡Qué maestro de esforzados
y valientes!
¡Qué seso para discretos!
¡Qué gracia para donosos![79]
¡Qué razón!
¡Cuán benigno a los sujetos!
A los bravos y dañosos,
¡qué león!

27

En ventura Octaviano;[80]
Julio César en vencer
y batallar;
en la virtud, Africano;
Aníbal en el saber
y trabajar;
en la bondad, un Trajano;
Tito en liberalidad
con alegría;
en su brazo, Aureliano;
Marco Tulio en la verdad
que prometía.

28

Antonio Pío en clemencia;
Marco Aurelio en igualdad
del semblante;[81]
Adriano en elocuencia;
Teodosio en humanidad
y buen talante;[82]
Aurelio Alejandro fue
en disciplina y rigor
de la guerra;
un Constantino en la fe,
Camilo en el gran amor
de su tierra.

29

No dejó grandes tesoros,
ni alcanzó muchas riquezas
ni vajillas;
mas hizo guerra a los moros,
ganando sus fortalezas
y sus villas;
y en las lides[83] que venció,
muchos moros y caballos
se perdieron;
y en este oficio ganó
las rentas y los vasallos[84]
que le dieron.

30

Pues por su honra y estado,
en otros tiempos pasados,
¿cómo se hubo?[85]
Quedando desamparado,[86]
con hermanos y criados
se sostuvo.
Después que hechos famosos
hizo en esta misma guerra
que hacía,[87]
hizo tratos tan honrosos
que le dieron aún más tierra
que tenía.

[76] Aquél… That protector of good people
[77] no… it's not necessary that I praise
[78] hacer… expand on
[79] witty people
[80] Don Rodrigo is compared in the following lines to a host of famous Romans.
[81] disposition
[82] good will
[83] battles
[84] indentured servants
[85] ¿cómo… how did he do it (protect his honor and estates)
[86] deserted
[87] Después… After he did the famous deeds in this same war that he made

31

Éstas sus viejas historias,
que con su brazo pintó
en juventud,
con otras nuevas victorias
ahora las renovó
en senectud.
Por su grande habilidad,
por méritos y ancianía
bien gastada,
alcanzó la dignidad
de la gran Caballería
de la Espada.[88]

32

Y sus villas y sus tierras
ocupadas de tiranos
las halló;
mas por cercos y por guerras
y por fuerza de sus manos
las cobró.
Pues nuestro rey natural,[89]
si de las obras que obró
fue servido,
dígalo el de Portugal,[90]
y en Castilla quien siguió
su partido.

33

Después de puesta la vida
tantas veces por su ley
al tablero;[91]
después de tan bien servida
la corona de su rey
verdadero;
después de tanta hazaña
a que no puede bastar
cuenta cierta,
en su villa de Ocaña
vino la Muerte a llamar
a su puerta

34

diciendo: «Buen caballero,
dejad el mundo engañoso
y su halago;[92]
vuestro corazón de acero,
muestre su esfuerzo famoso
en este trago;[3]
y pues de vida y salud
hicisteis tan poca cuenta
por la fama,
esfuércese la virtud
para sufrir esta afrenta[94]
que os llama.»

35

«No se os haga tan amarga
la batalla temerosa
que esperáis,
pues otra vida más larga
de la fama gloriosa
acá dejáis
(aunque esta vida de honor
tampoco no es eternal
ni verdadera);
mas, con todo, es muy mejor
que la otra temporal
perecedera.»[95]

36

«El vivir que es perdurable
no se gana con estados
mundanales,
ni con vida deleitable
en que moran[96] los pecados
infernales;
mas los buenos religiosos
gánanlo con oraciones
y con lloros;
los caballeros famosos,
con trabajos y aflicciones
contra moros.»

[88] alcanzó… he became Master of Santiago
[89] Fernando de Aragón, husband of Isabel la Católica
[90] el… Alfonso V, king of Portugal, who married Juana la Beltraneja in an attempt to take over the throne of Castile.
[91] después… after risking his life so many times for his religion
[92] flattery
[93] bad moment
[94] tribulation
[95] perishable
[96] dwell

37

«Y pues vos, claro varón,
tanta sangre derramasteis[97]
de paganos,
esperad el galardón
que en este mundo ganasteis
por las manos;
y con esta confianza,
y con la fe tan entera
que tenéis,
partid con buena esperanza,
que esta otra vida tercera
ganaréis.»

38

«No tengamos tiempo ya[98]
en esta vida mezquina[99]
por tal modo,
que mi voluntad está
conforme con la divina
para todo;
y consiento en mi morir
con voluntad placentera,
clara y pura,
que querer hombre vivir
cuando Dios quiere que muera
es locura.»

39

«Tú,[100] que por nuestra maldad,
tomaste forma servil
y bajo nombre;
tú, que a tu divinidad
juntaste cosa tan vil
como es el hombre;
tú, que tan grandes tormentos
sufriste sin resistencia
en tu persona,
no por mis merecimientos,[101]
mas por tu sola clemencia
me perdona.»

40

Así, con tal entender,
todos sentidos humanos
conservados,
cercado de su mujer
y de sus hijos y hermanos
y criados,
dio el alma a quien se la dio
(el cual la dio en el cielo
en su gloria),[102]
que aunque la vida perdió,
dejónos harto consuelo
su memoria.[103]

[97] you spilled
[98] Rodrigo now speaks to Death
[99] wretched
[100] Christ
[101] merits
[102] Rodrigo gave his soul to Christ, who had previously given his own for the glory of heaven.
[103] dejónos... his memory let us well consoled

COMPRENSIÓN

1. En las primeras tres estrofas se encuentran muchas palabras y frases opuestas. Busque las palabras que significan lo contrario de las siguientes.

   vida _____   ido _____

   placer _____   durar _____

   pasado _____   vidas/ríos _____

2. Cada una de las estrofas 7–12 trata de un tema en particular. Añada las líneas que a su parecer (in your opinion) describen mejor el tema.

   7 / el dinero: _____

   8 / la belleza corporal: _____

9 / la sangre real: _____

10 / las cosas materiales: _____

11 / las diversiones temporales: _____

12 / los placeres carnales: _____

3. La estrofa 13 presenta una comparación condicional de las cosas mundanas con las del alma (si fuese... tuviéramos...). Escriba en sus propias palabras el significado de esta comparación condicional, usando el vocabulario de la estrofa.

4. **Ubi sunt** (*Where are they?*) es el término que usamos para describir la técnica literaria de hacer preguntas sobre personas muertas o cosas desaparecidas. En las estrofas 16–18, se hace referencia a las siguientes personas haciendo uso de esta técnica. Ponga estas referencias en el orden apropriado (1–8).

_____ los amantes	_____ los bailarines
_____ las damas	_____ don Enrique IV
_____ los galanes	_____ los infantes de Aragón
_____ don Juan II	_____ los músicos

5. Usando los adjetivos de la estrofa 25, los sustantivos de la estrofa 26, y los objetos de la preposición en de las estrofas 27 y 28, haga tres listas de las palabras que se refieren a la personalidad de Rodrigo Manrique.

ADJETIVOS   **SUSTANTIVOS**   **OBJETOS DE LA PREPOSICIÓN EN**

6. Para enterarse de los hechos de Rodrigo Manrique, busque la forma en pretérito de los siguientes verbos en las estrofas 29–32:

alcanzar _____   hacer _____   pintar _____

   (2 veces)_____   (3 veces)_____   renovar _____

cobrar _____   _____   vencer _____

dejar_____   hallar _____

ganar _____   obrar _____

7. Empareje las diferentes «vidas» de que habla la Muerte en las estrofas 34–37 con las referencias equivalentes.

_____ a. el mundo engañoso   1. vida y salud
_____ b. vida de honor   2. otra vida más larga de la fama
_____ c. vida eterna... verdadera   3. esta otra vida tercera
_____ d. la otra temporal perecedera
_____ e. el vivir que es perdurable
_____ f. vida deleitable

CONSIDERACIONES

1. Describa el tema principal, «desprecio de la vida», en las primeras trece estrofas.

2. Haga un resumen de las críticas que Manrique hace de Enrique IV en las estrofas 18–19.

3. Comente las diferencias entre la Muerte que viene por los contemporáneos de Rodrigo (estrofas 23–24) y la que viene por él al final del poema (estrofas 33–40).

4. ¿Cuál es la filosofía de las tres «vidas» que presenta la Muerte en las estrofas 34–37?

5. Observe con atención los tres verbos iniciales del poema y la última palabra del poema. ¿Qué tienen en común? ¿Cómo ilustran el tema principal del poema?

6. En general, ¿cuál es el camino de la salvación eterna que Manrique describe para nosotros los lectores? Considere en particular la estrofa 36.

PREGUNTAS GENERALES

1. Trate de poner a los personajes principales de estas lecturas en tres grupos: «defensores», «oradores» y «labradores». Después trate de describir sus diferentes actitudes hacia las cosas que ellos consideran verdaderamente importantes en sus vidas.

2. Hay dos actitudes medievales hacia la vida: (1) la paciencia y la resignación traerán prosperidad, fama y honra y (2) la vida es una aventura llena de amor carnal, peligros y muerte repentina. ¿Con cuáles de las clases sociales (nobles, labradores, frailes) se asocia y en cuáles de las lecturas se refleja cada actitud?

VOCABULARIO

SUSTANTIVOS

el alma (f.)	*soul*
la batalla	*battle*
el caballero	*knight; gentleman*
el castillo	*castle*
el conde	*count*
la deidad	*deity*
el deleite	*delight*
el duque	*duke*
el emperador	*emperor*
la fe	*faith*
el fuego	*fire*
la graveza	*seriousness*
la hazaña	*exploit, feat*
la honra	*honor*
el juicio	*judgment*
el linaje	*lineage*
la maldad	*evil*
el maestre	*master of religious order*

el marqués	*marquis*
los moros	*Moors*
el muro	*wall*
la nobleza	*nobility*
la oración	*prayer*
el papa	*pope*
el placer	*pleasure*
el prelado	*prelate*
el tesoro	*treasure*
el torneo	*tournament*
el varón	*male*
la vejez	*old age*
la virtud	*virtue*

VERBOS

desfallecer	*to weaken; to faint*
deshacer	*to undo*
engañar	*to deceive*
juzgar	*to judge*
pesar	*to weigh; to regret*
sostener	*to sustain*

ADJETIVOS

poderoso(a)	*powerful*
traidor(a)	*traitorous*
virtuoso(a)	*virtuous*

EXPRESIONES Y CONCEPTOS

dar la vuelta	*to turn around*
haber de + inf.	*to have to, must _____*

Francisco de Quevedo y Villegas

Francisco de Quevedo y Villegas (Spain, 1580-1645) was a renowned intellectual and major literary figure of Spain's Golden Age (Siglo de Oro). While the seventeenth century in Spain witnessed a flourishing of the arts and letters—hence the designation Golden Age—it was also a period of gradual social, political, and economic decline, which in turn led to a widespread sense of "desengaño" (disillusionment). In the coming century Spain would no longer be able to maintain the position of world power it had enjoyed since the beginning of the sixteenth century and the reign of Carlos V and his successors. Noted for his satirical and burlesque poetry and prose, Quevedo mirrors the major concerns of his time in Cartas del caballero de la Tenaza, *the picaresque novel* El Buscón, *and* Los sueños. La política de Dios, Marco Bruto, *and* El tratado de la providencia *stand out as examples of his moral and didactic prose. Although perhaps most famous for his ribald sense of humor and biting satirical wit, Quevedo often displays a more serious side, as in these two sonnets from his* Poemas metafísicos.*

Enseña cómo todas las cosas avisan de la muerte

Miré los muros de la patria mía,
si un tiempo fuertes, ya desmoronados,[1]
de la carrera de la edad cansados,
por quien caduca ya su valentía.[2]

5 Salíme al campo, vi que el sol bebía
los arroyos del hielo desatados[3]
y del monte quejosos los ganados,
que con sombras hurtó su luz al día.[4]

Entré en mi casa; vi que, amancillada,[5]
10 de anciana habitación era despojos;[6]
mi báculo,[7] más corvo[8] y menos fuerte.

Vencida de la edad sentí mi espada,
y no hallé cosa en que poner los ojos
que no fuese recuerdo de la muerte.

[1] falling to pieces
[2] por… because of whom (age) their valor runs out
[3] sol… the image is of the sun drinking up the ice on the mountains
[4] del… the sun also takes away the shadows in which the complaining cattle rest
[5] stained
[6] rubble
[7] walking stick
[8] bent

VOCABULARIO—"Enseña cómo todas las cosas avisan de la muerte"

los arroyos	*streams*
la carrera	*passage*
la espada	*sword*
hallar	*to find*
hurtar	*to steal*
los muros	*walls*
sentí	*I touched*
vencida	*vanquished*

PREGUNTAS

1. ¿A qué se refiere la metáfora "la patria mía"? ¿Puede tener varios significados?

2. Describa Ud. cómo usa el poeta la técnica del contraste en el primer cuarteto para enfatizar un cambio dramático.

3. ¿Tiene la imagen del sol en la segunda estrofa una connotación positiva o negativa?

4. Cuando pensamos en cómo se derrite el hielo de la cumbre de las montañas, generalmente pensamos en la primavera. ¿Qué significa generalmente "la primavera" como metáfora de la vida humana? ¿Ve Ud. algo discordante aquí con la referencia a esta estación del año?

5. ¿Cuáles son los objetos que se encuentran en la casa y qué representan?

6. ¿Qué representa la muerte en este poema, un fin o un comienzo nuevo?

7. ¿Cómo describiría Ud. el tono de este poema? ¿Es optimista, pesimista, deprimente?

Significa la propia brevedad de la vida, sin pensar y con padecer, salteada de la muerte
por Francisco de Quevedo

Fue sueño ayer, mañana será tierra;
poco antes nada, y poco después humo;
y destino ambiciones y presumo,
apenas punto al cerco que me cierra.[1]

5   Breve combate de importuna guerra,[2]
en mi defensa soy peligro sumo;[3]
y mientras con mis armas me consumo,
menos me hospeda el cuerpo, que me entierra.[4]

        Ya no es ayer, mañana no ha llegado,
hoy pasa, y es, y fue, con movimiento
10   que a la muerte me lleva despeñado.[5]

        Azadas[6] son la hora y el momento,
que a jornal[7] de mi pena y mi cuidado,
cavan en mi vivir mi monumento.[8]

[1] destino... I take up and presume ambitious goals, hardly an instant on the circle of time that encloses me
[2] breve... A brief combat in a tiresome war
[3] peligro... greatest danger
[4] menos... my body, rather than housing me as a guest, buries me
[5] a... hurls me toward death
[6] Shovels
[7] daily wage
[8] tomb

VOCABULARIO

el cerco	*siege*
con padecer	*with suffering*
el humo	*smoke*
la propia	*the very*
salteada	*attacked, ambushed*
sin pensar	*without forewarning*
el sueño	*dream*

PREGUNTAS

1. Según el título, ¿cuál es el tema de este poema?
2. ¿Qué efecto crea el poeta cuando usa dos pares de palabras opuestas en las primeras dos cuartetos?
3. ¿Qué importancia tienen las ambiciones en la vida del ser humano?
4. ¿Cuál es la metáfora que usa el poeta para describir la vida del ser humano?
5. ¿Dónde tiene lugar ese "breve combate" y por qué dice el hablante lírico que "en mi defensa soy peligro sumo"? ¿Quiénes, o qué, son los enemigos del ser humano en esa batalla?
6. En los últimos dos tercetos, igual que en el primer cuarteto, el hablante lírico se refiere al paso del tiempo. ¿Cómo se describe el tiempo? ¿Se ve el tiempo como algo positivo o negativo? ¿Cómo se caracteriza la existencia del ser humano durante el "cerco" del tiempo?
7. En comparación al poema anterior, ¿es igual o diferente el tono?

Miguel de Unamuno

Miguel de Unamuno (1864–1936) was a Spanish essayist, novelist, dramatist, philosopher, and poet. He belonged to a group of writers known as the Generation of 1898 (la Generación del 98). 1898 represented a low point in Spanish history–with the loss of Cuba and the Philippines in the Spanish-American War that ended in that year, the last vestiges of the Spanish empire disappeared. Unamuno and his literary colleagues in this group devoted most of their careers to analyzing the reasons for the empire's decline and to working for Spain's cultural regeneration. The following poem concerns one of his children, who died very young of encephalitis.

Al niño enfermo

Duerme, flor de mi vida,
  duerme tranquilo,
que[1] es del dolor el sueño
  tu único asilo.

Duerme, mi pobre niño,
  goza sin duelo[2]
lo que te da la Muerte
  como consuelo.

Como consuelo y prenda[3]
  de su cariño,
de que te quiere mucho,
  mi pobre niño.

Pronto vendrá con ansia
  de recogerte[4]
la que te quiere tanto,
  la dulce Muerte.

Dormirás en sus brazos
  el sueño eterno,
y para ti, mi niño,
  no habrá[5] ya invierno.

No habrá invierno ni nieve,
  mi flor tronchada;[6]
te cantará en silencio
  dulce tonada.[7]

[1] porque
[2] tristeza
[3] símbolo
[4] to gather you up
[5] no… there will not be
[6] snipped off
[7] canción

25
¡Oh qué triste sonrisa
riza[8] tu boca!...
Tu corazón acaso
su mano toca.

¡Oh qué sonrisa triste
30
tu boca riza!
¿Qué es lo que en sueños dices
a tu nodriza?

A tu nodriza eterna
siempre piadosa,
35
la Tierra en que en paz santa
todo reposa.

Cuando el Sol se levante,
mi pobre estrella,
derretida[9] en el alba
40
te irás con ella.

Morirás con la aurora,
flor de la muerte;
te rechaza la vida
¡qué hermosa suerte!

45
El sueño que no acaba
duerme tranquilo
que es del dolor la muerte
tu único asilo.

8 brushes
9 dissolved

COMPRENSIÓN

A. ¿A quién se refiere Unamuno cuando usa las palabras *tú* o *te*?

B. ¿A quién se refiere cuando usa la palabra su?

C. ¿Por qué quiere Unamuno que duerma la persona a quien habla?

D. Complete la siguiente tabla, indicando qué palabras se usan para referirse al niño, a la muerte y a la vida.

	EL NIÑO	LA MUERTE	LA VIDA
Positivo			
Negativo			

E. ¿Por qué compara Unamuno la muerte con una nodriza? ¿con el sueño?

INTERPRETACIÓN

A. Al leer la poesía, el lector descubre lentamente el mensaje que comunica el texto. ¿Cuándo descubre el lector que este poema trata de la muerte? ¿Cuándo descubre que el padre ve la muerte como algo positivo? ¿Es típica esta manera de ver la muerte? ¿Qué impacto tiene en el lector?

B. ¿Cree Ud. que la persona que habla en este poema es fatalista o resignada?

APLICACIÓN

A. Es muy difícil explicarle a un niño lo que es la muerte. Durante la guerra del Golfo Pérsico se diseñaron varios programas para explicarles a los niños la posible muerte de un pariente. ¿Sabe Ud. algo de estos programas? ¿Qué estrategias recomendaron? ¿Cree Ud. que estos programas eran una buena idea? ¿Por qué (no)? Si Ud. fuera madre/padre, ¿cómo prepararía a sus hijos para confrontar la experiencia de la muerte?

Juan Ramón Jiménez

Juan Ramón Jiménez (1881-1958) nació en Andalucía, España. Fue uno de los poetas más destacados de su época. Entre sus amistades literarias se cuentan Ramón del Valle Inclán y Rubén Darío. Platero y yo, publicado en 1914, es el libro de prosa poética que sobresale en su vasta producción literaria. Juan Ramón Jiménez ejerció su labor creativa y educativa en varios países hispanos y también en Estados Unidos. En 1956 ganó el Premio Nobel de literatura.

El viaje definitivo

...y yo me iré. Y se quedarán los pájaros cantando;
y se quedará mi huerto,[1] con su verde árbol,
y con su pozo blanco.

Todas las tardes, el cielo será azul y plácido;
5 y tocarán, como esta tarde están tocando,
las campanas del campanario.

Se morirán aquellos que me amaron;
y el pueblo se hará nuevo[2] cada año:
y en el rincón aquel de mi huerto florido y encalado,[3]
10 mi espíritu errará,[4] nostálgico...

Y yo me iré; y estaré solo, sin hogar, sin árbol
verde, sin pozo blanco,
sin cielo azul y plácido...
y se quedarán los pájaros cantando.

[1] garden
[2] se... will renew itself
[3] whitewashed
[4] will wander

VOCABULARIO

SUSTANTIVOS

		ADJETIVOS	
el campanario	*bell tower*	florido	*flowery*
el pozo	*well*	plácido	*placid*

CUESTIONARIO

1. ¿Qué harán los pájaros cuando se vaya el hablante lírico de este poema?
2. ¿Qué le sucederá al pueblo?
3. ¿Cómo estará el hablante lírico después de emprender el viaje definitivo?
4. ¿Qué significado tiene en este poema la expresión que se emplea en el título?

Octavio Paz

*B*orn in Mexico City in 1914, Octavio Paz began to write poetry at an early age and became one of Latin America's most prolific and acclaimed writers of poetry and prose. In his youth he studied law at the Universidad Nacional Autónoma, supported the Republican cause in the Spanish Civil War, and briefly professed to be a Marxist. From 1945 to 1968 he served in diplomatic posts in Europe, Japan, and India. He received the Nobel prize for literature in 1990.

Probably his best known work, El laberinto de la soledad (1950) is a collection of essays in which Paz attempts to "unmask," and thus define, the Mexican character. In the following selection the author probes the Mexican's love of the ritual fiesta, with its violence and excesses, and his disdain for death, the roots of which Paz finds in the Aztec and Christian cultural heritage of the land.

El laberinto de soledad
TODOS SANTOS, DÍA DE MUERTOS (1959)

El solitario mexicano ama las fiestas y las reuniones públicas. Todo es ocasión para reunirse. Cualquier pretexto es bueno para interrumpir la marcha del tiempo y celebrar con festejos y ceremonias hombres y acontecimientos. Somos un pueblo ritual. Y esta tendencia beneficia a nuestra imaginación tanto como a nuestra sensibilidad, siempre afinadas y despiertas. El arte de
5 la Fiesta; envilecido en casi todas partes, se conserva intacto entre nosotros. En pocos lugares del mundo se puede vivir un espectáculo parecido al de las grandes fiestas religiosas de México, con sus colores violentos, agrios y puros, sus danzas, ceremonias, fuegos de artificio, trajes insólitos y la inagotable cascada de sorpresas de los frutos, dulces y objetos que se venden esos días en plazas y mercados.
10 Nuestro calendario está poblado de fiestas. Ciertos días, lo mismo en los lugarejos más apartados que en las grandes ciudades, el país entero reza, grita, come, se emborracha y mata en honor de la Virgen de Guadalupe o del general Zaragoza. Cada año, el 15 de septiembre a las once de la noche, en todas las plazas de México celebramos la Fiesta del Grito;[1] y una multitud enardecida efectivamente grita por espacio de una hora, quizá para callar mejor el resto del año.
15 Durante los días que preceden y suceden al 12 de diciembre, el tiempo suspende su carrera, hace un alto y en lugar de empujarnos hacia un mañana siempre inalcanzable y mentiroso, nos ofrece un presente redondo y perfecto, de danza y juerga, de comunión y comilona con los más antiguo y secreto de México. El tiempo deja de ser sucesión y vuelve a ser lo que fue, y es, originariamente: un presente en donde pasado y futuro al fin se reconcilian.
20 Pero no bastan las fiestas que ofrecen a todo el país la Iglesia y la República. La vida de cada ciudad y de cada pueblo está regida por un santo, al que se festeja con devoción y regularidad. Los barrios y los gremios tienen también sus fiestas anuales, sus ceremonias y sus ferias. Y, en fin, cada uno de nosotros—ateos, católicos o indiferentes—poseemos nuestro santo, al que cada año honramos. Son incalculables las fiestas que celebramos y los recursos y tiempo

---

[1] La celebración anual del Grito de Dolores conmemora la rebelión del cura Miguel Hidalgo en Dolores (Estado de Guanajuato) en 1811 contra los españoles. El 15 de septiembre es tradicionalmente de Día de la Independencia en México.

25 que gastamos en festejar. Recuerdo que hace años pregunté al presidente municipal de un poblado vecino a Mitla.[2] "¿A cuánto ascienden los ingresos del Municipio por contribuciones?" "A unos tres mil pesos anuales. Somos muy pobres. Por eso el señor gobernador y la Federación nos ayudan cada año a completar nuestros gastos." "¿Y en qué utilizan esos tres mil pesos?" "Pues casi todo en fiestas, señor. Chico como lo ve, el pueblo tiene dos santos

30 patronos."

Esa respuesta no es asombrosa. Nuestra pobreza puede medirse por el número y suntuosidad de las fiestas populares. Los países ricos tienen pocas: no hay tiempo, ni humor. Y no son necesarias; las gentes tienen otras cosas que hacer y cuando se divierten lo hacen en grupos pequeños. Las mesas modernas son aglomeraciones de solitarios. En las grandes

35 ocasiones, en París o en Nueva York, cuando el público se congrega en plazas o estadios, es notable la ausencia de pueblo: se ven parejas y grupos, nunca una comunidad viva en donde la persona humana se disuelve y rescata simultáneamente. Pero un pobre mexicano ¿como podría vivir sin esas dos o tres fiestas anuales que lo compensan de su estrechez y de su miseria? Las fiestas son nuestro único lujo; ellas sustituyen, acaso con ventaja, al teatro y a las vacaciones, al

40 *weekend* y al *cocktail party* de los sajones, a las recepciones de la burguesía y al café de los mediterráneos.

En esas ceremonias—nacionales, locales, gremiales o familiares—el mexicano se abre al exterior. Todas ellas le den ocasión de revelarse y dialogar con la divinidad, la patria, los amigos o los parientes. Durante esos días el silencioso mexicano silba, grita, canta, arroja petardos,

45 descarga su pistola al aire. Descarga su alma. Y su grito, como los cohetes que tanto nos gustan, sube hasta el cielo, estalla en una explosión verde, roja, azul y blanca y cae vertiginoso dejando una cauda[3] de chispas doradas. Esa noche los amigos, que durante meses no pronunciaron más palabras que las prescritas por la indispensable cortesía, se emborrachan juntos, se hacen confidencias, lloran las mismas penes, se descubren hermanos y a veces, para probarse, se matan

50 entre sí. La noche se puebla de canciones y aullidos. Los enamorados despiertan con orquestas a las muchachas. Hay diálogos y burlas de balcón a balcón, de acera a acera. Nadie habla en voz baja. Se arrojan los sombreros al aire. Las malas palabras y los chistes caen como cascadas de pesos fuertes. Brotan las guitarras. En ocasiones, es cierto, la alegría acaba mal: hay riñas, injurias, balazos, cuchilladas. También eso forma parte de la fiesta. Porque el mexicano no se

55 divierte: quiere sobrepasarse, saltar el muro de soledad que el resto del año lo incomunica. Todos están poseídos por la violencia y el frenesí.[4] Las almas estallan como los colores, las voces, los sentimientos. ¿Se olvidan de sí mismos, muestran su verdadero rostro? Nadie lo sabe. Lo importante es salir, abrirse paso, embriagarse[5] de ruido, de gente, de color. México está de fiesta. Y esa Fiesta, cruzada por relámpagos y delirios, es como el revés brillante de nuestro

60 silencio y apatía, de nuestra reserva y hosquedad.[6]

Algunos sociólogos franceses consideran a la Fiesta como un gasto ritual. Gracias al derroche,[7] la colectividad se pone al abrigo de la envidia celeste y humana. Los sacrificios y las ofrendas calman o compran a dioses y santos patronos; las dádivas[8] y festejos, al pueblo. El

---

[2] Zona arqueológica en el estado de Oaxaca, cerca de Tlacoluca. Su nombre significa "ciudad de las flechas, o de los guerreros".

[3] Cola.

[4] Exaltación violenta de una pasión, delirio.

[5] Emborracharse, llenarse de algo, perder la serenidad o el equilibrio.

[6] Cualidad de hosco. Actitud poco sociable.

[7] Gasto excesivo.

[8] Donaciones.

exceso en el gastar y el desperdicio de energías afirman la opulencia de la colectividad. Ese lujo
es una prueba de salud, una exhibición de abundancia y poder. O una trampa mágica. Porque
con el derroche se espera atraer, por contagio, a la verdadera abundancia. Dinero llama a dinero.
La vida que se riega, da más vida; la orgía, gasto sexual, es también una ceremonia de
regeneración genésica;[9] y el desperdicio, fortalece. Las ceremonias de fin de año, en todas las
culturas, significan algo más que la conmemoración de una fecha. Ese día es una pausa;
efectivamente el tiempo se acaba, se extingue. Los ritos que celebran su extinción están
destinados a provocar su renacimiento: la fiesta del fin de año es también la del año nuevo, la del
tiempo que empieza. Todo atrae a su contrario. En suma, la función de la Fiesta es más utilitaria
de lo que se piensa; el desperdicio atrae o suscita la abundancia y es una inversión como
cualquiera otra. Sólo que aquí la ganancia no se mide, ni cuenta. Se trata de adquirir potencia,
vida y salud. En este sentido la Fiesta es una de las formas económicas más antiguas, con el don
y la ofrenda.

Esta interpretación me ha parecido siempre incompleta. Inscrita en la órbita de lo
sagrado, la Fiesta es ante todo el advenimiento de lo insólito.[10] La rigen reglas especiales,
privativas, que la aíslan y hacen un día de excepción. Y con ella se introduce una lógica, una
moral, y hasta una economía que frecuentemente contradicen las de todos los días. Todo ocurre
en un mundo encantado; el tiempo es *otro tiempo* (situado en un pasado mítico o en una
actualidad pura); el espacio en que se verifica cambia de aspecto, se desliga del resto de la tierra,
se engalana[11] y convierte en un "sitio de fiesta" (en general se escogen lugares especiales o poco
frecuentados); los personajes que intervienen abandonan su rango humano o social y se
transforman en vivas, aunque efímeras, representaciones. Y todo pasa como si no fuera cierto,
como en los sueños. Ocurra lo que ocurra, nuestras acciones poseen mayor ligereza, una
gravedad distinta: asumen significaciones diversas y contraemos con ellas responsabilidades
singulares. Nos aligeramos de nuestra carga de tiempo y razón.

En ciertas fiestas desaparece la noción misma de Orden. El caos regresa y reina la
licencia. Todo se permite: desaparecen las jerarquías habituales, las distinciones sociales, los
sexos, las clases, los gremios. Los hombres se disfrazan de mujeres, los señores de esclavos, los
pobres de ricos. Se ridiculiza al ejército, al clero, a la magistratura. Gobiernan los niños o los
locos. Se cometen profanaciones rituales, sacrilegios obligatorios. El amor se vuelve
promiscuo. A veces la Fiesta se convierte en Misa Negra. Se violan reglamentos, hábitos,
costumbres. El individuo respetable arroja su máscara de carne y la ropa oscura que lo aísla y,
vestido de colorines, se esconde en una careta, que lo libera de sí mismo.

Así pues, la Fiesta no es solamente un exceso, un desperdicio ritual de los bienes
penosamente acumulados durante todo el año; también es una revuelta, una súbita inmersión en
lo informe, en la vida pura. A través de la fiesta la sociedad se libera de las normas que se ha
impuesto. Se burla de sus dioses, de sus principios y de sus leyes: se niega a sí misma.

La Fiesta es una Revuelta,[12] en el sentido literal de la palabra. En la confusión que
engendra la sociedad se disuelve, se ahoga, en tanto que organismo regido conforme a ciertas
reglas y principios. Pero se ahoga en sí misma, en su caos o libertad original. Todo se
comunica; se mezcla el bien con el mal, el día con la noche, lo santo con lo maldito. Todo

---

[9] Fecundadora.

[10] Extraordinario, desacostumbrado.

[11] Engalanar: arreglar con galas o adornos.

[12] Revuelta. (Del lat. "revoluta", partic. de "revolvere"). Paz alude aquí al significado de mezcla o desorden que
tiene la palabra.

105 cohabita, pierde forma, singularidad, y vuelve al amasijo primordial.[13] La Fiesta es una operación cósmica: la experiencia del Desorden, la reunión de los elementos y principios contrarios para provocar el renacimiento de la vida. La muerte ritual suscita[14] el renacer; el vómito, el apetito; la orgía, estéril en sí misma, la fecundidad de las madres o de la tierra. La Fiesta es un regreso a un estado remoto e indiferenciado, prenatal o presocial, por decirlo así.
110 Regreso que es también un comienzo, según quiere la dialéctica inherente a los hechos sociales.

El grupo sale purificado y fortalecido de ese baño de caos. Se ha sumergido en sí, en la entraña misma de donde salió. Dicho de otro modo, la Fiesta niega a la sociedad en tanto que conjunto orgánico de formas y principios diferenciados, pero la afirma en cuanto fuente de energía y creación. Es una verdadera recreación, al contrario de lo que ocurre con las vacaciones
115 modernas, que no entrañan rito o ceremonia alguna, individuales y estériles como el mundo que las ha inventado.

La sociedad comulga consigo misma en la Fiesta. Todos sus miembros vuelven a la confusión y libertad originales. La estructura social se deshace y se crean nuevas formas de relación, reglas inesperadas, jerarquías caprichosas. En el desorden general, cada quien se
120 abandona y atraviesa por situaciones y lugares que habitualmente le estaban vedados.[15] Las fronteras entre espectadores y actores, entre oficiantes y asistentes, se borran. Todos forman parte de la Fiesta, todos se disuelven en su torbellino. Cualquiera que sea su índole, su carácter, su significado, la Fiesta es participación. Este rasgo la distingue finalmente de otros fenómenos y ceremonias: laica[16] o religiosa, orgía o saturnal,[17] la Fiesta es un hecho social basado en la
125 activa participación de los asistentes.

Gracias a las Fiestas el mexicano se abre, participa, comulga con sus semejantes y con los valores que dan sentido a su existencia religiosa o política. Y es significativo que un país tan triste como el nuestro tenga tantas y tan alegres fiestas. Su frecuencia, el brillo que alcanzan, el entusiasmo con que todos participamos, parecen revelar que, sin ellas, estallaríamos. Ellas nos
130 liberan, así sea momentáneamente, de todos esos impulsos sin salida y de todas esas material inflamables que guardamos en nuestro interior. Pero a diferencia de lo que ocurre en otras sociedades, la Fiesta mexicana no es nada más un regreso a un estado original de indiferenciación y libertad; el mexicano no intenta regresar, sino salir de sí mismo, sobrepasarse. Entre nosotros la Fiesta es una explosión, un estallido. Muerte y vida, júbilo y lamento, canto y
135 aullido[18] se alían en nuestros festejos, no para recrearse o reconocerse, sino para entredevorarse. No hay nada más alegre que una fiesta mexicana, pero también no hay nada más triste. La noche de fiesta es también noche de duelo.

Si en la vida diaria nos ocultamos a nosotros mismos, en el remolino[19] de la Fiesta nos disparamos. Más que abrirnos, nos desgarramos. Todo termina en alarido y desgarradura: el
140 canto, el amor, la amistad. La violencia de nuestros festejos muestra hasta qué punto nuestro hermetismo nos cierra las vías de comunicación con el mundo. Conocemos el delirio, la canción, el aullido y el monólogo, pero no el diálogo. Nuestras Fiestas, como nuestras confidencias, nuestros amores y nuestras tentativas por reordenar nuestra sociedad, son rupturas violentas con lo antiguo o con lo establecido. Cada vez que intentamos expresarnos, necesitamos romper con

---

[13] Mezcla, argamasa primitiva, del principio.
[14] Promueve, provoca.
[15] Prohibidos.
[16] Secular, no religiosa.
[17] Originalmente relacionada con Saturno, dios de la mitología romana. Bacanal, orgía.
[18] Sonido producido al aullar o bramar: grito quejumbroso emitido por algunos animales como el lobo.
[19] Torbellino.

145 nosotros mismos. Y la Fiesta sólo es un ejemplo, acaso el más típico, de ruptura violenta. No sería difícil enumerar otros, igualmente reveladores: el juego, que es siempre un ir a los extremos, mortal con frecuencia; nuestra prodigalidad[20] en el gastar, reverso de la timidez de nuestras inversiones y empresas económicas; nuestras confesiones. El mexicano, ser hosco, encerrado en sí mismo, de pronto estalla, se abre el pecho y se exhibe, con cierta complacencia y
150 deteniéndose en los repliegues vergonzosos o terribles de su intimidad. No somos francos, pero nuestra sinceridad puede llegar a extremos que horrorizarían a un europeo. La manera explosiva y dramática, a veces suicida, con que nos desnudamos y entregamos, inermes casi, revela que algo nos asfixia y cohibe. Algo nos impide ser. Y porque no nos atrevemos o no podemos enfrentarnos con nuestro ser, recurrimos a la Fiesta. Ella nos lanza al vacío, embriaguez que se
155 quema a sí misma, disparo en el aire, fuego de artificio.

La muerte es un espejo que refleja las vanas gesticulaciones de la vida. Toda esa abigarrada[21] confusión de actos, omisiones, arrepentimientos y tentativas—obras y sobras—que es cada vida, encuentra en la muerte, ya que no sentido o explicación, fin. Frente a ella nuestra vida se dibuja e inmoviliza. Antes de desmoronarse y hundirse en la nada, se esculpe y vuelve
160 forma inmutable: ya no cambiaremos sino para desaparecer. Nuestra muerte ilumina nuestra vida. Si nuestra muerte carece de sentido, tampoco lo tuvo nuestra vida. Por eso cuando alguien muere de muerte violenta, solemos decir: "se la buscó". Y es cierto, cada quien tiene la muerte que se busca, la muerte que se hace. Muerte de cristiano o muerte de perro son maneras de morir que reflejan maneras de vivir. Si la muerte nos traiciona y morimos de mala manera, todos se
165 lamentan: hay que morir como se vive. La muerte es intransferible, como la vida. Si no morimos como vivimos es porque realmente no fue nuestra la vida que vivimos: no nos pertenecía como no nos pertenece la mala suerte que nos mata. Dime cómo mueres y te diré quien eres.

Para los antiguos mexicanos la oposición entre muerte y vida no era tan absoluta como
170 para nosotros. La vida se prolongaba en la muerte. Y a la inversa. La muerte no era el fin natural de la vida, sino fase de un ciclo infinito. Vida, muerte y resurrección eran estadios de un proceso cósmico, que se repetía insaciable. La vida no tenía función más alta que desembocar en la muerte, su contrario y complemento; y la muerte, a su vez, no era un fin en sí; el hombre alimentaba con su muerte la voracidad de la vida, siempre insatisfecha. El sacrificio poseía un
175 doble objeto: por una parte, el hombre accedía al proceso creador (pagando a los dioses, simultáneamente, la deuda contraída por la especie); por la otra, alimentaba la vida cósmica y la social, que se nutría de la primera.

Posiblemente el rasgo más característico de esta concepción es el sentido impersonal del sacrificio. Del mismo modo que su vida no les pertenecía, su muerte carecía de todo propósito
180 personal. Los muertos—incluso los guerreros caídos en el combate y las mujeres muertas en el parto, compañeros de Huitzilopochtli,[22] el dios solar—desaparecían al cabo de algún tiempo, ya para volver al país indiferenciado de las sombras, ya para fundirse al aire, a la tierra, al fuego, a la sustancia animadora del universo. Nuestros antepasados indígenas no creían que su muerte les pertenecía, como jamás pensaron que su vida fuese realmente "su vida", en el sentido cristiano
185 de la palabra. Todo se conjugaba para determinar, desde el nacimiento, la vida y la muerte de

---

[20] Derroche, despilfarro.
[21] Heterogénea, mezclada.
[22] Dios azteca del sol y de la guerra.

cada hombre: la clase social, el año, el lugar, el día, la hora. El azteca era tan poco responsable de sus actos como de su muerte.

Espacio y tiempo estaban ligados y formaban una unidad inseparable. A cada espacio, a cada uno de los puntos cardinales, y al centro en que se inmovilizaban, correspondía un "tiempo" 190 particular. Y este complejo de espacio-tiempo poseía virtudes y poderes propios, que influían y determinaban profundamente la vida humana. Nacer un día cualquiera, era pertenecer a un espacio, a un tiempo, a un color y a un destino. Todo estaba previamente trazado. En tanto que nosotros disociamos espacio y tiempo, meros escenarios que atraviesan nuestras vidas, para ellos había tantos "espacios-tiempos" como combinaciones poseía el calendario sacerdotal. Y cada 195 uno estaba dotado de una significación cualitativa particular, superior a la voluntad humana.

Religión y destino regían su vida, como moral y libertad presiden la nuestra. Mientras nosotros vivimos bajo el signo de la libertad y todo—aun la fatalidad griega y la gracia de los teólogos—es elección y lucha, para los aztecas el problema se reducía a investigar la no siempre clara voluntad de los dioses. De ahí la importancia de las prácticas adivinatorias. Los únicos 200 libres eran los dioses. Ellos podían escoger—y, por lo tanto, en un sentido profundo, pecan La religión azteca está llena de grandes dioses pecadores—Quetzalcóatl,[23] como ejemplo máximo— , dioses que desfallecen y pueden abandonar a sus creyentes, del mismo modo que los cristianos reniegan a veces de su Dios. La conquista de México sería inexplicable sin la traición de los dioses, que reniegan de su pueblo.

205 El advenimiento del catolicismo modifica radicalmente esta situación. El sacrificio y la idea de salvación, que antes eran colectivos, se vuelven personales. La libertad se humaniza. Encarna en los hombres. Para los antiguos aztecas lo esencial era asegurar la continuidad de la creación; el sacrificio no entrañaba la salvación ultraterrena, sino la salud cósmica; el mundo, y no el individuo, vivía gracias a la sangre y la muerte de los hombres. Para los cristianos, el 210 individuo es lo que cuenta. El mundo—la historia, la sociedad—está condenado de antemano. La muerte de Cristo salva a cada hombre en particular. Cada uno de nosotros es el Hombre y en cada uno están depositadas las esperanzas y posibilidades de la especie. La redención es obra personal.

Ambas actitudes, por más opuestas que nos parezcan, poseen una note común: la vida, 215 colectiva o individual, está abierta a la perspectiva de una muerte que es, a su modo, una nueva vida. La vida sólo se justifica y trasciende cuando se realiza en la muerte. Y esta también es trascendencia, más allá, puesto que consiste en una nueva vida. Para los cristianos la muerte es un tránsito, un salto mortal entre dos vidas, la temporal y la ultraterrena; para los aztecas, la manera más honda de participar en la continua regeneración de las fuerzas creadoras, siempre en 220 peligro de extinguirse si no se les provee de sangre, alimento sagrado. En ambos sistemas, vida y muerte carecen de autonomía; son las dos caras de una misma realidad. Toda su significación proviene de otros valores, que las rigen. Son referencias a realidades invisibles.

La muerte moderna no posee ninguna significación que la trascienda o refiera a otros valores. En casi todos los casos es, simplemente, el fin inevitable de un proceso natural. En un 225 mundo de hechos, la muerte es un hecho más. Pero como es un hecho desagradable, un hecho que pone en tela de juicio todas nuestras concepciones y el sentido mismo de nuestra vida, la

---

[23] Dios tolteca cuyo nombre significa Serpiente Emplumada; es conocido como dador de la vida por haber enseñado a su pueblo a cultivar el maíz, y por haberse opuesto a los sacrificios humanos. Fue derrotado por Tezcatlipoca quien, según algunas versiones, hizo que un enviado suyo lo emborrachara. Avergonzado ante su propia gente, viejo y vencido, Quetzalcóatl abandonó a Tula.

filosofía del progreso (¿el progreso hacia dónde y desde dónde?, se pregunta Scheler[24]) pretende escamotearnos su presencia. En el mundo moderno todo funciona como si la muerte no existiera. Nadie cuenta con ella. Todo la suprime: las prédicas de los políticos, los anuncios de
230 los comerciantes, la moral pública, las costumbres, la alegría a bajo precio y la salud al alcance de todos que nos ofrecen hospitales, farmacias y campos deportivos. Pero la muerte, ya no como tránsito, sino como gran boca vacía que nada sacia, habita todo lo que emprendemos. El siglo de la salud, la higiene, los anticonceptivos, las drogas milagrosas y los alimentos sintéticos, es también el siglo de los campos de concentración, del Estado policiaco, de la exterminación
235 atómica y del *murder story*. Nadie piensa en la muerte, en su muerte propia, como quería Rilke,[25] porque nadie vive una vida personal. La matanza colectiva no es sino el fruto de la colectivización de la vida.

También para el mexicano moderno la muerte carece de significación. Ha dejado de ser tránsito, acceso a otra vida más vida que la nuestra. Pero la intrascendencia de la muerte no nos
240 lleva a eliminarla de nuestra vida diaria. Para el habitante de Nueva York, París o Londres, la muerte es la palabra que jamás se pronuncia porque quema los labios. El mexicano, en cambio, la frecuenta, la burla, la acaricia, duerme con ella, la festeja, es uno de sus juguetes favoritos y su amor más permanente. Cierto, en su actitud hay quizá tanto miedo como en la de los otros: mas al menos no se esconde ni la esconde; la contempla cara a cara con impaciencia, desdén o ironía:
245 "si me han de matar mañana, que me maten de una vez".[26]

La indiferencia del mexicano ante la muerte se nutre de su indiferencia ante la vida. El mexicano no solamente postula la intrascendencia del morir, sino la del vivir. Nuestras canciones, refranes, fiestas y reflexiones populares manifiestan de una manera inequívoca que la muerte no nos asusta porque "la vida nos ha curado de espanto". Morir es natural y hasta
250 deseable; cuanto más pronto, mejor. Nuestra indiferencia ante la muerte es la otra cara de nuestra indiferencia ante la vida. Matamos porque la vida, la nuestra y la ajena, carece de valor. Y es natural que así ocurra: vida y muerte son inseparables y cada vez que la primera pierde significación, la segunda se vuelve intrascendente. La muerte mexicana es el espejo de la vida de los mexicanos. Ante ambas el mexicano se cierra, las ignora.
255 El desprecio a la muerte no está reñido con el culto que le profesamos. Ella está presente en nuestras fiestas, en nuestros juegos, en nuestros amores y en nuestros pensamientos. Morir y matar son ideas que pocas veces nos abandonan. La muerte nos seduce. La fascinación que ejerce sobre nosotros quizá brote de nuestro hermetismo y de la furia con que lo rompemos. La presión de nuestra vitalidad, constreñida a expresarse en formas que la traicionan, explica el
260 carácter morral, agresivo o suicide, de nuestras explosiones. Cuando estallamos, además, tocamos el punto más alto de la tensión, rozamos el vértice vibrante de la vida. Y allí, en la altura del frenesí, sentimos el vértigo: la muerte nos atrae.

Por otra parte, la muerte nos venga de la vida, la desnuda de todas sus vanidades y pretensiones y la convierte en lo que es: unos huesos mondos y una mueca espantable. En un
265 mundo cerrado y sin salida, en donde todo es muerte, lo único valioso es la muerte. Pero afirmamos algo negativo. Calaveras de azúcar o de papel de China, esqueletos coloridos de fuegos de artificio, nuestras representaciones populares son siempre burla de la vida, afirmación

---

[24] Max Scheler (1874-1928): filósofo alemán.
[25] En su diario poético *Cuadernos de Malte Laurids Brigge* (1924), el poeta alemán Rainer María Rilke (1875-1926) imagina una muerte individualizada dentro de cada ser como forma exaltada de la individualidad.
[26] Cita de "La Adelita", famoso corrido de la Revolución Mexicana. El corrido es un romance popular que contiene alguna historia o aventura, se canta o se recita, y aun se baila con acompañamiento musical.

de la nadería e insignificancia de la humana existencia. Adornamos nuestras casas con cráneos, comemos el día de los Difuntos panes que fingen huesos y nos divierten canciones y chascarrillos[27] en los que de la muerte pelona, pero toda esa fanfarrona[28] familiaridad no nos dispensa de la pregunta que todos nos hacemos: ¿qué es la muerte? No hemos inventado una nueva respuesta. Y cada vez que nos la preguntamos, nos encogemos de hombros: ¿qué me importa la muerte, si no me importa la vida?

El mexicano, obstinadamente cerrado ante el mundo y sus semejantes, ¿se abre ante la muerte? La adula, la festeja, la cultiva, se abraza a ella, definitivamente y para siempre, pero no se entrega. Todo está lejos del mexicano, todo le es extraño y, en primer término, la muerte, la extraña por excelencia. El mexicano no se entrega a la muerte, porque la entrega entraña sacrificio. Y el sacrificio, a su vez, exige que alguien dé y alguien reciba. Esto es, que alguien se abra y se encare a una realidad que lo trasciende. En un mundo intrascendente, cerrado sobre sí mismo, la muerte mexicana no da ni recibe; se consume en sí misma y a sí misma se satisface. Así pues, nuestras relaciones con la muerte son íntimas—más íntimas, acaso, que las de cualquier otro pueblo—pero desnudas de significación y desprovistas de erotismo. La muerte mexicana es estéril, no engendra como la de aztecas y cristianos.

Nada más opuesto a esta actitud que la de europeos y norteamericanos. Leyes, costumbres, moral pública y privada, tienden a preservar la vida humana. Esta protección no impide que aparezcan cada vez con más frecuencia ingeniosos y refinados asesinos, eficaces productores del crimen perfecto y en serie. La reiterada irrupción de criminales profesionales, que maduran y calculan sus asesinatos con una precisión inaccesible a cualquier mexicano; el placer con que relatan sus experiencias, sus goces y sus procedimientos; la fascinación con que el público y los periódicos recogen sus confesiones; y, finalmente, la reconocida ineficacia de los sistemas de represión con que se pretende evitar nuevos crímenes, muestran que el respeto a la vida humana que tanto enorgullece a la civilización occidental es una noción incompleta o hipócrita.

El culto a la vida, si de verdad es profundo y total, es también culto a la muerte. Ambas son inseparables. Una civilización que niega a la muerte, acaba por negar a la vida. La perfección de los criminales modernos no es nada más una consecuencia del progreso de la técnica moderna, sino del desprecio a la vida inexorablemente implícito en todo voluntario escamoteo de la muerte. Y podría agregarse que la perfección de la técnica moderna y la popularidad de la *murder story* no son sino frutos (como los campos de concentración y el empleo de sistemas de exterminación colectiva) de una concepción optimista y unilateral de la existencia. Y así, es inútil excluir a la muerte de nuestras representaciones, de nuestras palabras, de nuestras ideas, porque ella acabará por suprimirnos a todos y en primer término a los que viven ignorándola o fingiendo que la ignoran.

Cuando el mexicano mata—por vergüenza, placer o capricho—mata a una persona, a un semejante. Los criminales y estadistas modernos no matan: suprimen. Experimentan con seres que han perdido ya su calidad humana. En los campos de concentración primero se degrada al hombre; una vez convertido en un objeto, se le extermina en mesa. El criminal típico de la gran ciudad—más allá de los móviles concretos que lo impulsan—realiza en pequeña escala lo que el caudillo moderno hace en grande. También a su modo experimenta: envenena, disgrega cadáveres con ácidos, incinera despojos, convierte en objeto a su víctima. La antigua relación entre víctima y victimario, que es lo único que humaniza al crimen, lo único que lo hace

---

[27] Chistes, cuentecillos o narraciones que contienen un chiste.
[28] Jactanciosa, expresada con ostentación o alarde.

imaginable, ha desaparecido. Como en las novelas de Sade,[29] no hay ya sino verdugos y objetos, instrumentos de placer y destrucción. Y la inexistencia de la víctima hace más intolerable y total la infinita soledad del victimario. Para nosotros el crimen es todavía una relación—y en ese
315 sentido posee el mismo significado liberador que la Fiesta o la confesión. De ahí su dramatismo, su poesía y—¿por qué no decirlo?—su grandeza. Gracias al crimen, accedemos a una efímera trascendencia.

En los primeros versos de la *Octava elegía de Duino*, Rilke dice que la criatura—el ser en su inocencia animal—contempla lo Abierto, al contrario de nosotros, que jamás vemos hacia
320 adelante, hacia lo absoluto. El miedo nos hace volver el rostro, darle la espalda a la muerte. Y al negarnos a contemplarla, nos cerramos fatalmente a la vida, que es una totalidad que la lleva en sí. Lo Abierto es el mundo en donde los contrarios se reconcilian y la luz y la sombra se funden. Esta concepción tiende a devolver a la muerte su sentido original, que nuestra época le ha arrebatado: muerte y vida son contrarios que se complementan. Ambas son mitades de una
325 esfera que nosotros, sujetos a tiempo y espacio, no podemos sino entrever. En el mundo prenatal, muerte y vida se confunden; en el nuestro, se oponen; en el más allá, vuelven a reunirse, pero ya no en la ceguera animal, anterior al pecado y a la conciencia, sino como inocencia reconquistada. El hombre puede trascender la oposición temporal que las escinde—y que no reside en ellas, sino en su conciencia—y percibirlas como una unidad superior. Este
330 conocimiento no se opera sino a través de un desprendimiento: la criatura debe renunciar a su vida temporal y a la nostalgia del limbo, del mundo animal. Debe abrirse a la muerte si quiere abrirse a la vida; entonces "será como los ángeles".

Así, frente a la muerte hay dos actitudes: una, hacia adelante, que la concibe como creación; otra, de regreso, que se expresa como fascinación ante la nada o como nostalgia del
335 limbo. Ningún poeta mexicano o hispanoamericano, con la excepción, acaso, de César Vallejo, se aproxima a la primera de estas dos concepciones. En cambio, dos poetas mexicanos, José Gorostiza y Xavier Villaurrutia,[30] encarnan la segunda de estas dos direcciones. Si para Gorostiza la vida es "una muerte sin fin", un continuo despeñarse en la nada, para Villaurrutia la vida no es más que "nostalgia de la muerte".

340 La afortunada imagen que da título al libro de Villaurrutia, *Nostalgia de la muerte*, es algo más que un acierto verbal. Con él, su autor quiere señalarnos la significación última de su poesía. La muerte como nostalgia y no como fruto o fin de la vida, equivale a afirmar que no venimos de la vida, sino de la muerte. Lo antiguo y original, la entraña materna, es la huesa[31] y no la matriz.[32] Esta aseveración corre el riesgo de parecer una vana paradoja o la reiteración de
345 un viejo lugar común: todos somos polvo y vamos al polvo. Creo, pues, que el poeta desea encontrar en la muerte (que es, en efecto, nuestro origen) una revelación que la vida temporal no le ha dado: la de la verdadera vida. Al morir,

la aguja del instantero
recorrerá su cuadrante
350 todo cabrá en un instante

---

[29] Conde Donatien Alphonse François Sade (1749-1814), más conocido como el Marqués de Sade, autor francés de escritos eróticos y filosóficos.
[30] José Gorostiza (1903-50) y Xavier Villaurrutia (1901-66) son dos de los más importantes poetas del grupo *Contemporáneos*.
[31] Fosa, sepultura.
[32] Utero.

...
y será posible acaso
vivir, después de haber muerto.[33]

355   Regresar a la muerte original será volver a la vida de antes de la vida, a la vida de antes de la muerte: al limbo, a la entraña materna.

Muerte sin fin, el poema de José Gorostiza, es quizá el más alto testimonio que poseemos los hispanoamericanos de una conciencia verdaderamente moderna, inclinada sobre sí misma, presa de sí, de su propia claridad cegadora. El poeta, al mismo tiempo lúcido y exasperado, desea arrancar su máscara a la existencia, para contemplarla en su desnudez. El diálogo entre el
360   mundo y el hombre, viejo como la poesía y el amor, se transforma en el del agua y el vaso que la ciñe, el del pensamiento y la forma en que se vierte y a la que acaba por corroer. Preso en las apariencias—árboles y pensamientos, piedras y emociones, días y noches, crepúsculos, no son sino metáforas, cintas de colores—el poeta advierte que el soplo que hincha la sustancia, la modela y la erige Forma, es el mismo que la carcome y arruga y destrona. En este drama sin
365   personajes, pues todos son nada más reflejos, disfraces de un suicide que dialoga consigo mismo en un lenguaje de espejos y ecos, tampoco la inteligencia es otra cosa que reflejo, forma, y la más pura, de la muerte, de una muerte enamorada de sí misma. Todo se despeña en su propia claridad, todo se anega en su fulgor, todo se dirige hacia esa *muerte* transparente: la vida no es sino una metáfora, una invención con que la muerte—¡también ella!—quiere engañarse. El
370   poema es el tenso desarrollo del viejo tema de Narciso[34]—al que, por otra parte, no se elude una sola vez en el texto. Y no solamente la conciencia se contempla a sí misma en sus aguas transparentes y vacías, espejo y ojo al mismo tiempo, como en el poema de Valéry[35] la nada, que se miente forma y vida, respiración y pecho, que se finge corrupción y muerte, termina por desnudarse y, ya vacía, se incline sobre sí misma: se enamora de sí, cae en sí, incansable muerte
375   sin fin.

En suma, si en la Fiesta, la borrachera o la confidencia nos abrimos, lo hacemos con tal violencia que nos desgarramos y acabamos por anularnos. Y ante la muerte, como ante la vida, nos alzamos de hombros y le oponemos un silencio o una sonrisa desdeñosa. La Fiesta y el crimen pasional o gratuito, revelan que el equilibrio de que hacemos gala[36] solo es una máscara,
380   siempre en peligro de ser desgarrada por una súbita explosión de nuestra intimidad.

Todas estas actitudes indican que el mexicano siente, en sí mismo y en la carne del país, la presencia de una mancha, no por difusa menos viva, original e imborrable. Todos nuestros gestos tienden a ocultar esa llaga, siempre fresca, siempre lista a encenderse y arder bajo el sol de la mirada ajena.
385   Ahora bien, todo desprendimiento provoca una herida. A reserva de indagar cómo y en qué momento se produjo ese desprendimiento, debo apuntar que cualquier ruptura (con nosotros mismos o con lo que nos rodea, con el pasado o con el presente) engendra un sentimiento de soledad. En los casos extremos—separación de los padres, de la Matriz o de la tierra natal, muerte de los dioses o conciencia aguda de sí—la soledad se identifica con la orfandad. Y

---

[33] Cita de los versos 1-2 y 9-10 de la décima VI de "Décima muerte", en Nostalgia de la muerte (1938) de Villaurrutia.

[34] Narciso: en la mitología griega, el joven que se enamoró de sí mismo mirándose en las aguas de una fuente y se precipitó al fondo de ésta. Fue convertido en la flor que lleva su nombre.

[35] Se refiere al poema "La jeune parque" de Paul Valéry (1871-1945).

[36] Hacer gala de algo significa jactarse de ello.

390   ambos se manifiestan generalmente como conciencia del pecado. Las penalidades y vergüenza que inflige el estado de separación pueden ser consideradas, gracias a la introducción de las nociones de expiación y redención, como sacrificios necesarios, prendas[37] o promesas de una futura comunión que pondrá fin al exilio. La culpa puede desaparecer, la herida cicatrizar, el exilio resolverse en comunión. La soledad adquiere así un carácter purgativo, purificador. El
395   solitario a aislado trasciende su soledad, la vive como una prueba y como una promesa de comunión.

    El mexicano, según se ha visto en las descripciones anteriores, no trasciende su soledad. Al contrario, se encierra en ella. Habitamos nuestra soledad como Filoctetes[38] su isla, no esperando, sino temiendo volver al mundo. No soportamos la presencia de nuestros compañeros.
400   Encerrados en nosotros mismos, cuando no desgarrados y enajenados, apuramos una soledad sin referencias a un más allá redentor o a un más acá creador. Oscilamos entre la entrega y la reserva, sin entregarnos jamás. Nuestra impasibilidad recubre la vida con la máscara de la muerte; nuestro grito desgarra esa máscara y sube al cielo hasta distenderse, romperse y caer como derrota y silencio. Por ambos caminos el mexicano se cierra al mundo: a la vida y a la
405   muerte.

VOCABULARIO

SUSTANTIVOS

el advenimiento	*advent, arrival*
los antepasados	*ancestors*
el ateo	*atheist*
los aztecas	*Aztecs*
la calavera	*skull*
la careta	*mask*
el creyente	*believer*
el desprecio	*scorn*
el duelo	*sorrow*
el esqueleto	*skeleton*
los fuegos de artificio	*fireworks*
el gasto	*expenditure; consumption*
el hueso	*bone*
la inversión	*investment*
el laberinto	*labyrinth*
el lujo	*luxury*
la llaga	*wound*
el nacimiento	*birth*
la orfandad	*orphanhood*
el polvo	*dust*
el rasgo	*trait, characteristic*
la redención	*redemption*
la soledad	*solitude*
la voluntad	*will*

---

[37] Pruebas, garantías.
[38] Guerrero griego que se distinguió en el sitio de Troya y fue luego desterrado a la isla de Lemnos. El tema de su soledad trágica inspiró a Sófocles.

VERBOS

aligerar	*to lighten*
alimentar	*to feed, nourish*
arrebatar	*to snatch*
asustar	*to frighten*
bastar	*to suffice*
carecer (zc)	*to lack*
comulgar	*to commune*
desgarrar	*to tear, rip*
disfrazarse	*to disguise oneself*
emborracharse	*to get drunk*
empujar	*to push, shove*
entrañar	*to carry within*
escoger	*to choose*
estallar	*to explode*
medir (i)	*to measure*
pecar	*to sin*
pertenecer (zc)	*to belong*
poseer	*to possess*
quemar	*to burn*
regir (i)	*to rule, govern*
rescatar	*to recover, rescue*
rezar	*to pray*
sustituir (sustituyo, etc.)	*to substitute*
traicionar	*to betray*

ADJETIVOS

encerrado(a)	*shut up, contained*
inalcanzable	*unattainable*
ligado(a)	*linked, connected*
pecador(a)	*sinful*

PREGUNTAS

1. ¿Por qué el mexicano es un pueblo ritual?
2. ¿Por qué el mexicano, en ciertas fiestas o ceremonias, se abre al exterior?
3. ¿Por qué desaparece la noción de orden en ciertas fiestas?
4. ¿Por qué dice que la fiesta es una revuelta?
5. ¿Por qué la fiesta es una operación cósmica?

Capítulo 9

Problemas de identidad

Rafael

"**R**afael," published in Matute's collection *El río* (1963), demonstrates the author's interest in human psychology. Set in a small town during the period surrounding the Spanish civil war, it focuses on a lonely and misunderstood boy who is mentally retarded. The story's power and poignancy are derived in part from its being told from the perspective of a child. When reading, pay attention to the details that foreshadow the ending.

ANTES DE LEER

PALABRAS IMPORTANTES Y MODISMOS

a causa de	because of
a menudo	often
asomarse a	to lean out
a través de	through
echar mano de	to get hold of
incluso	even, including
mayor	older
menor	younger
no acabar de entender (ie) (algo)	to not fully understand (*something*)
resultar	to turn out to be
tener que + *infinitivo*	to have to (*do something*)

ESTRATEGIAS PARA LEER

The Use of Metaphor (metáforas)

The first paragraph of "Rafael" quickly establishes a present moment, a past moment, and indications of movement toward a future moment. This is information that can be easily understood by the reader on a literal or factual level. In any given narrative, however, there may be moments that can and should be understood in ways that transcend the literal. We are here referring to *figurative language,* and metaphor is one example of the figurative use of language. When a man says that his love is a rose, he most assuredly does not mean that the one he loves *is* a rose, at least not in a literal sense. If understood *metaphorically,* however, the loved one shares the considerable attributes of the rose: beauty, perfection of form, singularity, and so forth. With this in mind, the reader of Matute's "Rafael" should consider the metaphorical implications of the giving of a caged blackbird. Although this particular incident could be tied to a subtext (the Spanish civil war) or understood in a very literal sense, it can also be understood metaphorically.

Before reading "Rafael," scan lines 31–46, looking for clues that might allow a reader to interpret this incident metaphorically. When you have completed this exercise, you may be able to find other incidents and scenes in the story which, when read metaphorically, add both narrative and thematic depth to Matute's tale.

Rafael

RAFAEL ERA UN muchacho rubio, de ojos azules, hijo de unos acomodados[1] labradores del pueblo. Tenía otros hermanos, mayores y menores que él, que vivían y trabajaban en el campo, como la mayoría de los habitantes. Pero Rafael era distinto, y por ello resultaba un estorbo[2] para la familia.
5 En consecuencia, lo mandaron a las montañas, con el rebaño,[3] y, muy raramente bajaba al pueblo.

Yo recuerdo muy bien a Rafael... atravesando el Sestil,[4] tras nuestra casa, con su rebaño. Nosotros queríamos a Rafael porque era dulce, amable, y decía cosas muy especiales. A causa de estas cosas especiales que hacía, y decía, le apartaban sus
10 hermanos y sus padres. Pero, por ello mismo, se atraía nuestro afecto.[5] No acabábamos de entender del todo[6] lo que le pasaba a Rafael, cuya vista siempre nos alegraba. Cuando se recortaba su menuda figurilla sobre las rocas del barranco,[7] nosotros salíamos, y, haciendo bocina[8] con las manos, le llamábamos. Entonces él cantaba. Según decían las personas mayores, lo hacía muy mal, y las criadas lloraban de risa oyéndole. Pero a nosotros nos gustaba, e, incluso, a veces, nos conmovía...

Rafael quería mucho a mi padre. Únicamente con él tenía confianza, y le comunicaba secretos. A nosotros nos gustaba verle llegar, con su gesto huidizo,[9] y decirnos:
20 —¿Está vuestro padre? Tengo que hablarle.

Mi padre le escuchaba con paciencia. Rafael tenía una obsesión: casarse. Ninguna chica del pueblo le quería, y él se fabricó novias, a su gusto. Recuerdo que, una vez, se hizo un anillo con papel de estaño.[10]
—¿Ve?[11]— dijo con una sonrisa medio pícara, medio inocente.
25 —Es muy bonito— comentó mi padre. El pedazo de papel de plata brillaba al sol, en el dedo rugoso y oscuro. Rafael bajó la voz...

Luego echó mano de una cartera[12] viejísima, y enseñó las fotografías de sus novias. Eran actrices de cine, recortadas de periódicos y revistas. Todos alabamos su buen gusto, y, confieso, que nosotros, los niños, creíamos vagamente, pero con
30 mucha satisfacción, en aquellos amores tan hermosos.

Pasaron los años y llegó la guerra.[13] Cuando volvimos a Mansilla, todo había cambiado, menos Rafael. Las gentes eran menos ingenuas, menos corteses, menos desinteresadas. Sólo Rafael, ya sin juventud, continuaba como antes. Seguía conduciendo su rebaño, por sobre el Sestil, a través del césped de septiembre. Hablaba
35 menos, quizá, y sus ojos tenían una tristeza que nunca le habíamos conocido.

Un día la cocinera nos dijo:
—A Rafael se le ha metido en la cabeza[14] que todos los niños rubios del pueblo, son hijos suyos.

A menudo se le veía espiando a los niños.... Había, en especial, dos niños muy
40 rubios, a los que adoraba. Les llevaba almendras,[15] caramelos; les fabricaba flautas

---

[1]*comfortably off* [2]*resultaba... be turned out to be a hindrance* [3]*flock* [4]*name of a hill* [5]*se... be endeared himself to us* [6]*No... We never completely understood* [7]*Cuando... When his small figure was etched against the rocks of the ravine* [8]*a horn* [9]*gesto... evasive expression* [10]*papel... tinfoil* [11]*See?* [12]*wallet* [13]*Spanish civil war (1936–1939)* [14]*A... Rafael has gotten it into his head* [15]*almonds*

Source: Ana María Matute, "Rafael." Reprinted with permission of Ediciones Destino, S.A., Barcelona.

de cañas (silbatos). Un día les trajo un mirlo,[16] en una jaula (toscamente fabricada por él), y, al día siguiente nos dijeron:

—¡Pobre Rafael! El padre de Alfredín y Mateo se ha cansado ya de esta historia.[17] Le esperó escondido, le agarró por una oreja, y le molió a palos, con una
45 estaca así de gorda.[18] Luego pateó la jaula, y el mirlo salió volando que era una gloria.

—¿Y qué le ha pasado a Rafael?

—¿Qué le va a pasar? Con las narices sangrando, molido, se sentó junto a la tapia; y lloraba.
50 El mirlo había huido, y Rafael no encontró nunca su amor. No le volvimos a ver por las montañas. Cayó enfermo, permanecía encerrado en su casa, y sólo los días de la Cruz,[19] cuando pasaba la procesión, se asomaba a la ventana. Su rostro, cenizoso[20] y triste, era como el de un desconocido.

[16] *blackbird* [17] *se... has gotten tired of this story (game)* [18] *le molió... he beat him with a big stake* [19] *días... commemorating the discovery of the cross of Christ by St. Elena* [20] *Su... His face, asben*

DESPUÉS DE LEER

CUESTIONARIO

1. ¿Cómo era Rafael?
2. ¿Tenía hermanos Rafael?
3. ¿Por qué mandaron a Rafael a las montañas?
4. ¿Por qué quería la narradora a Rafael?
5. ¿A quién quería mucho Rafael?
6. ¿Qué obsesión tenía Rafael?
7. ¿A quiénes les llevaba almendras y caramelos Rafael?
8. ¿Qué le hizo el padre de Alfredín y Mateo a Rafael?
9. ¿Encontró Rafael su amor?
10. ¿Cuándo se asomaba a la ventana Rafael?

ESTUDIO DE PALABRAS

Complete las oraciones con palabras o expresiones de **Palabras importantes y modismos.**

1. Rafael tenía otros hermanos, _____ y _____ que él, que vivían y trabajaban en el campo.
2. Rafael era distinto y por ello _____ un estorbo (*hindrance*) para la familia.
3. Luego Rafael _____ una cartera viejísima, y enseñó las fotografías de sus novias.
4. Seguía conduciendo su rebaño (*flock*) _____ del césped (*field*).
5. Sólo los días de la Cruz cuando pasaba la procesión, Rafael _____ la ventana.
6. Rafael estaba tranquilo e _____ alegre, algo que me sorprendió.
7. Nosotros _____ lo que le pasaba a Rafael.
8. Es urgente, (yo) _____ hablarle ahora mismo.
9. Rafael cruzaba la calle frecuentemente. _____ lo veíamos hacer esto, algo prohibido por su padre.
10. _____ estas cosas que hacía, su padre le mandó quedarse en casa.

CONSIDERACIONES

1. Considere la presentación de Rafael. ¿Cuáles son los adjetivos que la narradora usa para describirlo?
2. El texto establece que Rafael y los mayores no se llevaban bien. Entonces, ¿por qué se entendían tan bien Rafael y los menores del pueblo?
3. ¿Cómo se puede predecir el triste desenlace (*conclusion*) del cuento? Busque los detalles que lo indican a lo largo de la narración.
4. ¿Qué se debe decir o pensar de los secretos que tenía Rafael? ¿Por qué razón revelaba sus secretos al padre de la narradora?
5. Escriba su propia versión del párrafo donde el padre de Alfredín ataca a Rafael (líneas 36–46).
6. Hay un gran cambio de tonalidad en el cuento. ¿Cuándo se ve y cuáles son las implicaciones de dicho cambio?
7. Comente la importancia del último párrafo en este cuento. ¿Cuáles son las palabras clave que dictan el tono general?
8. ¿Se puede especular sobre la enfermedad que sufre Rafael?

ANÁLISIS DEL TEXTO

1. ¿Cuál es el tema de «Rafael»?
2. ¿Cuál es el punto de vista narrativo predominante en este cuento? ¿Por qué lo usa la autora?
3. Comente los cambios físicos que experimenta Rafael a lo largo del cuento.
4. Discuta la relación entre el mirlo, la jaula y Rafael.
5. Discuta la importancia de la referencia a la guerra con lo que pasa en este cuento.

PERSPECTIVA PERSONAL

1. ¿Simpatiza Ud. con Rafael o lo desprecia? ¿Trata Matute de influir en su reacción para con él de cierta manera? Busque en el cuento ejemplos que justifiquen su opinión.
2. Rafael inventa o se imagina muchas cosas. ¿Hizo Ud. algo parecido durante su propia juventud? Explique.
3. ¿Qué explicación puede Ud. ofrecer para la situación que existe al final del cuento? ¿Jamás ha sentido Ud. tal aislamiento?

BIBLIOGRAFÍA

Díaz, Janet W. *Ana María Matute.* New York: Twayne Publishers, 1971.

Doyle, Michael Scott. "Entrevista con Ana María Matute." *Anales de la literatura española contemporánea, 10* (1985): 237–247.

Jones, Margaret E. W. *The Literary World of Ana María Matute.* Lexington: University of Kentucky, 1970.

VOCABULARIO

SUSTANTIVOS

el césped	*grassy field*
la jaula	*cage*
el silbato	*whistle*
la tapia	*mud or adobe wall*
la vista	*sight*

VERBOS

agarrar	*to grab*
alabar	*to praise*
apartar	*to push away*
asomarse a	*to lean out*
conmoverse	*to be moved*
fabricar(se)	*to make up, create*
huir	*to flee*
patear	*to kick, stamp*
resultar	*to turn out to be*

ADJETIVOS

mayor	*older*
menor	*younger*
pícaro	*mischievous*
rugoso	*wrinkled*

ADVERBIOS

toscamente	*crudely*

EXPRESIONES Y CONCEPTOS

a causa de	*because of*
a menudo	*often*
a través de	*through*
echar mano de	*to get hold of*

Juan Darién

Horacio Quiroga (1878–1937) was fascinated by the animal world. In fact, one of his most popular books, *Cuentos de la selva para niños* (1918), was modeled after Rudyard Kipling's *The Jungle Book.* "Juan Darién," which was published in *El desierto* (1924), reflects the darker side of Quiroga's obsession with the wildlife of the jungle. This story of a tiger cub turned into a boy is not a tale for children, but rather a story of vengeance and human weakness.

ANTES DE LEER

PALABRAS IMPORTANTES Y MODISMOS

a lo lejos	in the distance
a menos que	unless
apoderarse de	to seize
criarse	to grow up
dar razón	to confirm
dar resultado	to have a positive outcome
demorar	to delay
en lo alto de	at the top of
es preciso	it is necessary
largo rato	a long time
pasar la voz	to spread the word
poco a poco	little by little
por todas partes	everywhere
tocarle a alguien	to be someone's turn

ESTRATEGIAS PARA LEER

The Use of Prophecy (profecía)

Prophecy is an ancient and often used literary device. A type of foreshadowing, prophecy may be employed to give the reader clues to future events in a story, but may also serve a number of other functions.

In lengthy works, such as the chivalric novels of the late Middle Ages, prophecy is often used as a structural device to help make complicated narrations more cohesive and to remind the reader of past events. For example, a prophecy made early in a lengthy narration might not be fulfilled until several hundred pages later, at which point the realization is often followed by a repetition of the original prediction. In this way, one event or episode is mentioned at least three times and is thus more likely to be remembered.

Prophecy can also add emphasis and importance to a character or an occurrence by taking it beyond the ordinary and endowing it with special meaning or significance, as is the case in "Juan Darién." There is generally a mystical or religious element to prophecy that distinguishes it from foreshadowing. Prophecies may come from a dream, be written in a strange language, or be voiced by an angel, witch, wise man, or other mystical figure. They often have a strange, symbolic language that is difficult to decipher; however, in some instances, they are direct and easily interpreted.

Pay attention to the use of prophecy in "Juan Darién." Is there a mystical or magical element to the prophecy? How would you categorize its language? What effect does it have on the reader?

Juan Darién

AQUÍ SE CUENTA la historia de un tigre que se crió y educó entre los hombres, y que se llamaba Juan Darién. Asistió cuatro años a la escuela vestido de pantalón y camisa, y dio sus lecciones corrientemente, aunque era un tigre de las selvas; pero esto se debe a que su figura era de hombre, con-
5 forme se narra en las siguientes líneas.

Una vez, a principios de otoño, la viruela[1] visitó un pueblo de un país lejano y mató a muchas personas. Los hermanos perdieron a sus hermanitas, y las criaturas[2] que comenzaban a caminar quedaron sin padre ni madre. Las madres perdieron a su vez a sus hijos, y una pobre mujer joven y viuda llevó ella misma a enterrar a su
10 hijito, lo único que tenía en este mundo. Cuando volvió a su casa, se quedó sentada pensando en su chiquito. Y murmuraba:

—Dios debía haber tenido más compasión de mí, y me ha llevado a mi hijo. En el cielo podrá haber ángeles,[3] pero mi hijo no los conoce. Y a quien él conoce bien es a mí, ¡pobre hijo mío!
15 Y miraba a lo lejos, pues estaba sentada en el fondo de su casa, frente a un portoncito donde veía la selva.

Ahora bien; en la selva había muchos animales feroces que rugían[4] al caer la noche y al amanecer. Y la pobre mujer, que continuaba sentada, alcanzó a ver en la oscuridad una cosa chiquita y vacilante que entraba por la puerta, como un gatito[5]
20 que apenas tuviera fuerzas para caminar. La mujer se agachó[6] y levantó en las manos un tigrecito de pocos días, pues aún tenía los ojos cerrados. Y cuando el mísero cachorro[7] sintió el contacto de las manos, runruneó de contento,[8] porque ya no estaba solo. La madre tuvo largo rato suspendido en el aire aquel pequeño enemigo de los hombres, a aquella fiera indefensa que tan fácil le hubiera sido
25 exterminar. Pero quedó pensativa ante el desvalido[9] cachorro que venía quién sabe de dónde, y cuya madre con seguridad había muerto. Sin pensar bien en lo que hacía llevó al cachorrito a su seno y lo rodeó con sus grandes manos. Y el tigrecito, al sentir el calor del pecho, buscó postura cómoda, runruneó tranquilo y se durmió con la garganta adherida al seno maternal.
30 La mujer, pensativa siempre, entró en la casa. Y en el resto de la noche, al oír los gemidos de hambre del cachorrito, y al ver cómo buscaba su seno con los ojos cerrados, sintió en su corazón herido que, ante la suprema ley del Universo, una vida equivale a otra vida...

Y dio de mamar[10] al tigrecito.
35 El cachorro estaba salvado, y la madre había hallado un inmenso consuelo. Tan grande su consuelo, que vio con terror el momento en que aquél le sería arrebatado, porque si se llegaba a saber en el pueblo que ella amamantaba a un ser salvaje, matarían con seguridad a la pequeña fiera.[11] ¿Qué hacer? El cachorro, suave y cariñoso —pues jugaba con ella sobre su pecho—, era ahora su propio hijo.

[1]*smallpox* [2]*infants* [3]*En... There may be angels in heaven.* [4]*roared* [5]*kitten* [6]*se... bent down* [7]*cub* [8]*runruneó... he purred contentedly* [9]*helpless* [10]*dio... she nursed* [11]*si... if it came to be known in the town that she was nursing a wild thing, they would surely kill the little creature.*

Source: Horacio Quiroga, "Juan Darién." From *El Desierto.* Reprinted by permission of Editorial Grijalbo.

40   En estas circunstancias, un hombre que una noche de lluvia pasaba corriendo
ante la casa de la mujer oyó un gemido áspero —el ronco gemido de las fieras que,
aun recién nacidas, sobresaltan al ser humano—. El hombre se detuvo bruscamente, y mientras buscaba a tientas el revólver, golpeó la puerta. La madre, que
había oído los pasos, corrió loca de angustia a ocultar al tigrecito en el jardín. Pero
45   su buena suerte quiso que al abrir la puerta del fondo se hallara ante una mansa,
vieja y sabia serpiente que le cerraba el paso. La desgraciada mujer iba a gritar de
terror, cuando la serpiente habló así:
    —Nada temas, mujer— le dijo. —Tu corazón de madre te ha permitido salvar
una vida del Universo, donde todas las vidas tienen el mismo valor. Pero los
50   hombres no te comprenderán, y querrán matar a tu nuevo hijo.
    Nada temas, ve tranquila. Desde este momento tu hijo tiene forma humana;
nunca le reconocerán. Forma su corazón, enséñale a ser bueno como tú, y él no
sabrá jamás que no es hombre. A menos... a menos que una madre de entre los
hombres lo acuse; a menos que una madre no le exija que devuelva con su sangre
55   lo que tú has dado por él, tu hijo será siempre digno de ti.[12] Ve tranquila, madre, y
apresúrate, que el hombre va a echar la puerta abajo.
    Y la madre creyó a la serpiente, porque en todas las religiones de los hombres
la serpiente conoce el misterio de las vidas que pueblan los mundos. Fue, pues,
corriendo a abrir la puerta, y el hombre, furioso, entró con el revólver en la mano y
60   buscó por todas partes sin hallar nada. Cuando salió, la mujer abrió, temblando, el
rebozo bajo el cual ocultaba al tigrecito sobre su seno, y en su lugar vio a un niño
que dormía tranquilo. Traspasada de dicha, lloró largo rato en silencio sobre su
salvaje hijo hecho hombre; lágrimas de gratitud que doce años más tarde ese
mismo hijo debía pagar con sangre sobre su tumba.
65   Pasó el tiempo. El nuevo niño necesitaba un nombre: se le puso[13] Juan Darién.
Necesitaba alimentos, ropas, calzado: se le dotó de todo, para lo cual la madre
trabajaba día y noche. Ella era aún muy joven, y podría haberse vuelto a casar, si
hubiera querido; pero le bastaba el amor entrañable de su hijo, amor que ella
devolvía con todo su corazón.
70   Juan Darién era, efectivamente, digno de ser querido: noble, bueno y generoso
como nadie. Por su madre, en particular, tenía una veneración profunda. No men-
tía jamás. ¿Acaso por ser un ser salvaje en el fondo de su naturaleza? Es posible;
pues no se sabe aún qué influencia puede tener en un animal recién nacido la
pureza de un alma bebida con la leche en el seno de una santa mujer.
75   Tal era Juan Darién. E iba a la escuela con los chicos de su edad, los que se
burlaban a menudo de él, a causa de su pelo áspero[14] y su timidez. Juan Darién no
era muy inteligente; pero compensaba esto con su gran amor al estudio.
    Así las cosas, cuando la criatura iba a cumplir diez años, su madre murió. Juan
Darién sufrió lo que no es decible, hasta que el tiempo apaciguó su pena. Pero fue
80   en adelante un muchacho triste, que sólo deseaba instruirse.
    Algo debemos confesar ahora: a Juan Darién no se le amaba en el pueblo. La
gente de los pueblos encerrados en la selva no gustan de los muchachos demasiado generosos y que estudian con toda el alma. Era, además, el primer alumno de
la escuela. Y este conjunto precipitó el desenlace[15] con un acontecimiento que dio
85   razón a la profecía de la serpiente.
    Aprontábase el pueblo a celebrar una gran fiesta, y de la ciudad distante habían
mandado fuegos artificiales.[16] En la escuela se dio un repaso general a los chicos,
pues un inspector debía venir a observar las clases. Cuando el inspector llegó, el

---

[12]a menos... *unless a mother demands that he pay with his blood what you have given him, your
son will always be worthy of you* [13]se... *they called him* [14]*coarse* [15]*end* [16]fuegos... *fireworks*

maestro hizo dar la lección al primero de todos: a Juan Darién. Juan Darién era el
alumno más aventajado; pero con la emoción del caso, tartamudeó[17] y la lengua se
le trabó con un sonido extraño.

El inspector observó al alumno un largo rato, y habló en seguida en voz baja
con el maestro.

—¿Quién es ese muchacho? —le preguntó. —¿De dónde ha salido?

—Se llama Juan Darién —respondió el maestro—, y lo crió una mujer que ya
ha muerto; pero nadie sabe de dónde ha venido.

—Es extraño, muy extraño... —murmuró el inspector, observando el pelo
áspero y el reflejo verdoso que tenían los ojos de Juan Darién cuando estaba en la
sombra.

El inspector sabía que en el mundo hay cosas mucho más extrañas que las que
nadie puede inventar, y sabía al mismo tiempo que con preguntas a Juan Darién
nunca podría averiguar si el alumno había sido antes lo que él temía: esto es, un
animal salvaje. Pero así como hay hombres que en estados especiales recuerdan
cosas que les han pasado a sus abuelos, así era también posible que, bajo sugestión
hipnótica, Juan Darién recordara su vida de bestia salvaje.

Por lo cual el inspector subió a la tarima[18] y habló así:

—Bien, niños. Deseo ahora que uno de ustedes nos describa la selva. Ustedes
se han criado casi en ella y la conocen bien. ¿Cómo es la selva? ¿Qué pasa en ella?
Esto es lo que quiero saber. Vamos a ver, tú —añadió dirigiéndose a un alumno
cualquiera. —Sube a la tarima y cuéntanos lo que hayas visto.

El chico subió, y aunque estaba asustado, habló un rato. Dijo que en el bosque
hay árboles gigantes, enredaderas y florecillas. Cuando concluyó, pasó otro chico a
la tarima, y después otro. Y aunque todos conocían bien la selva, todos respondieron lo mismo, porque los chicos y muchos hombres no cuentan lo que ven, sino
lo que han leído sobre lo mismo que acaban de ver. Y al fin el inspector dijo:

—Ahora le toca al alumno Juan Darién.

Juan Darién dijo más o menos lo que los otros. Pero el inspector, poniéndole la
mano sobre el hombro, exclamó:

—No, no. Quiero que tú recuerdes bien lo que has visto. Cierra los ojos.

Juan Darién cerró los ojos.

—Bien —prosiguió el inspector. —Dime lo que ves en la selva.

Juan Darién, siempre con los ojos cerrados, demoró un instante en contestar.

—Pronto vas a ver. Figurémonos[19] que son las tres de la mañana, poco antes
del amanecer. Hemos concluido de comer, por ejemplo... Estamos en la selva, en la
oscuridad... Delante de nosotros hay un arroyo... ¿Qué ves?

Juan Darién pasó otro momento en silencio. Y en la clase y en el bosque
próximo había también un gran silencio. De pronto Juan Darién se estremeció, y
con voz lenta, como si soñara, dijo:

—Veo las piedras que pasan y las ramas que se doblan... Y el suelo... Y veo las
hojas secas que se quedan aplastadas sobre las piedras...

—¡Un momento! —le interrumpió el inspector. —Las piedras y las hojas que
pasan, ¿a qué altura las ves?

El inspector preguntaba esto porque si Juan Darién estaba "viendo" efectivamente lo que él hacía en la selva cuando era animal salvaje e iba a beber después
de haber comido, vería también que las piedras que encuentra un tigre o una
pantera que se acercan muy agachados[20] al río pasan a la altura de los ojos. Y
repitió:

¿A qué altura ves las piedras?

---

[17] *he stuttered*   [18] *platform*   [19] *Let's pretend*   [20] *crouched down*

Y Juan Darién, siempre con los ojos cerrados, respondió:

140 —Pasan sobre el suelo... Rozan las orejas... Y las hojas sueltas se mueven con el aliento... Y siento la humedad del barro en...

La voz de Juan Darién se cortó.

—¿En dónde? —preguntó con voz firme el inspector. —¿Dónde sientes la humedad del agua?

145 —¡En los bigotes! —dijo con voz ronca Juan Darién, abriendo los ojos espantado.

Comenzaba el crepúsculo, y por la ventana se veía cerca la selva ya lóbrega.[21] Los alumnos no comprendieron lo terrible de aquella evocación; pero tampoco se rieron de esos extraordinarios bigotes de Juan Darién, que no tenía bigote alguno.
150 Y no se rieron, porque el rostro de la criatura estaba pálido y ansioso.

La clase había concluido. El inspector no era un mal hombre; pero, como todos los hombres que viven muy cerca de la selva, odiaba ciegamente a los tigres; por lo cual dijo en voz baja al maestro:

—Es preciso matar a Juan Darién. Es una fiera del bosque, posiblemente un
155 tigre. Debemos matarlo, porque, si no, él, tarde o temprano, nos matará a todos. Hasta ahora su maldad de fiera no ha despertado; pero explotará un día u otro, y entonces nos devorará a todos, puesto que le permitimos vivir con nosotros. Debemos, pues, matarlo. La dificultad está en que no podemos hacerlo mientras tenga forma humana, porque no podremos probar ante todos que es un tigre. Parece un
160 hombre, y con los hombres hay que proceder con cuidado. Yo sé que en la ciudad hay un domador de fieras.[22] Llamémoslo, y él hallará modo de que Juan Darién vuelva a su cuerpo de tigre. Y aunque no pueda convertirlo en tigre, las gentes nos creerán y podremos echarlo a la selva. Llamemos en seguida al domador, antes que Juan Darién se escape.

165 Pero Juan Darién pensaba en todo menos en escaparse, porque no se daba cuenta de nada. ¿Cómo podía creer que él no era hombre, cuando jamás había sentido otra cosa que amor a todos, y ni siquiera tenía odio a los animales dañinos?

Mas las voces fueron corriendo de boca en boca,[23] y Juan Darién comenzó a sufrir sus efectos. No le respondían una palabra, se apartaban vivamente a su paso,
170 y lo seguían desde lejos de noche.

—¿Qué tendré? ¿Por qué son así conmigo? —se preguntaba Juan Darién.

Y ya no solamente huían de él, sino que los muchachos le gritaban:

—¡Fuera de aquí![24] ¡Vuélvete donde has venido! ¡Fuera!

Los grandes también, las personas mayores, no estaban menos enfurecidas que
175 los muchachos. Quién sabe qué llega a pasar si la misma tarde de la fiesta no hubiera llegado por fin el ansiado domador de fieras. Juan Darién estaba en su casa preparándose la pobre sopa que tomaba, cuando oyó la gritería de las gentes que avanzaban precipitadas hacia su casa. Apenas tuvo tiempo de salir a ver qué era: Se apoderaron de él, arrastrándolo hasta la casa del domador.

180 —¡Aquí está! —gritaban, sacudiéndolo. —¡Es éste! ¡Es un tigre! ¡No queremos saber nada con[25] tigres! ¡Quítele su figura de hombre y lo mataremos!

Y los muchachos, sus condiscípulos a quienes más quería, y las mismas personas viejas, gritaban:

—¡Es un tigre! ¡Juan Darién nos va a devorar! ¡Muera Juan Darién!

185 Juan Darién protestaba y lloraba porque los golpes llovían sobre él, y era una criatura de doce años. Pero en ese momento la gente se apartó, y el domador, con grandes botas de charol, levita roja y un látigo en la mano, surgió ante Juan Darién. El domador lo miró fijamente, y apretó con fuerza el puño del látigo.

---

[21]*gloomy* [22]domador... *wild animal trainer* [23]las... *the news began to spread* [24]¡Fuera... *Get out of here!* [25]No... *We don't want anything to do with*

—¡Ah! —exclamó. —¡Te reconozco bien! ¡A todos puedes engañar, menos a
190 mí! ¡Te estoy viendo, hijo de tigres! ¡Bajo tu camisa estoy viendo las rayas[26] del
tigre! ¡Fuera la camisa,[27] y traigan los perros cazadores! ¡Veremos ahora si los
perros te reconocen como hombre o como tigre!

En un segundo arrancaron toda la ropa a Juan Darién y lo arrojaron dentro de la
jaula para fieras.

195 —¡Suelten los perros, pronto! —gritó el domador. —¡Y encomiéndate a los
dioses de tu selva, Juan Darién!

Y cuatro feroces perros cazadores de tigres fueron lanzados dentro de la jaula.

El domador hizo esto porque los perros reconocen siempre el olor del tigre; y
en cuanto olfatearan a Juan Darién sin ropa, lo harían pedazos,[28] pues podrían ver
200 con sus ojos de perros cazadores las rayas de tigre ocultas bajo la piel de hombre.

Pero los perros no vieron otra cosa en Juan Darién que al muchacho bueno que
quería hasta a los mismos animales dañinos. Y movían apacibles la cola al olerlo.

—¡Devóralo! ¡Es un tigre! ¡Toca! ¡Toca! —gritaban a los perros. Y los perros
ladraban y saltaban enloquecidos por la jaula, sin saber a qué atacar.

205 La prueba no había dado resultado.

—¡Muy bien! —exclamó entonces el domador. —Estos son perros bastardos,
de casta de tigre. No lo reconocen. Pero yo te reconozco, Juan Darién, y ahora nos
vamos a ver nosotros.[29]

Y así diciendo entró él en la jaula y levantó el látigo.

210 —¡Tigre! —gritó. —¡Estás ante un hombre, y tú eres un tigre! ¡Allí estoy
viendo, bajo tu piel robada de hombre, las rayas de tigre! ¡Muestra las rayas!

Y cruzó el cuerpo de Juan Darién de un feroz latigazo. La pobre criatura desnuda lanzó un alarido de dolor, mientras las gentes, enfurecidas, repetían:

—¡Muestra las rayas de tigre!

215 Durante un rato prosiguió el atroz suplicio; y no deseo que los niños que *me*
oyen vean martirizar de este modo a ser alguno.

—¡Por favor! ¡Me muero! —clamaba Juan Darién.

—¡Muestra las rayas! —le respondían.

—¡No, no! ¡Yo soy hombre! ¡Ay, mamá! —sollozaba el infeliz.

220 —¡Muestra las rayas! —le respondían.

Por fin el suplicio concluyó. En el fondo de la jaula, arrinconado, aniquilado en
un rincón, sólo quedaba su cuerpo sangriento de niño, que había sido Juan Darién.
Vivía aún, y aún podía caminar cuando se le sacó de allí; pero lleno de tales
sufrimientos como nadie los sentirá nunca.

225 Lo sacaron de la jaula, y empujándolo por el medio de la calle, lo echaban del
pueblo. Iba cayéndose a cada momento, y detrás de él los muchachos, las mujeres
y los hombres maduros, empujándolo.

—¡Fuera de aquí, Juan Darién! ¡Vuélvete a la selva, hijo de tigre y corazón de
tigre! ¡Fuera, Juan Darién!

230 Y los que estaban lejos y no podían pegarle, le tiraban piedras.

Juan Darién cayó del todo, por fin, tendiendo en busca de apoyo sus pobres
manos de niño. Y su cruel destino quiso que una mujer, que estaba parada a la
puerta de su casa sosteniendo en los brazos a una inocente criatura, interpretara
mal ese ademán de súplica.

235 —¡Me ha querido robar mi hijo! —gritó la mujer. —¡Ha tendido las manos para
matarlo! ¡Es un tigre! ¡Matémosle en seguida, antes que él mate a nuestros hijos!

Así dijo la mujer. Y de este modo se cumplía la profecía de la serpiente: Juan

---

[26]*stripes* [27]Fuera... *Take off his shirt* [28]lo... *they would tear him to pieces* [29]ahora... *now we'll see
for ourselves*

Darién moriría cuando una madre de los hombres le exigiera la vida y el corazón de hombre que otra madre le había dado con su pecho.

240   No era necesaria otra acusación para decidir a las gentes enfurecidas. Y veinte brazos con piedras en la mano se levantaban ya para aplastar a Juan Darién cuando el domador ordenó desde atrás con voz ronca:

—¡Marquémoslo[30] con rayas de fuego! ¡Quemémoslo en los fuegos artificiales!

Ya comenzaba a oscurecer, y cuando llegaron a la plaza era noche cerrada. En
245   la plaza habían levantado un castillo de fuegos de artificio, con ruedas, coronas y luces de bengala.[31] Ataron en lo alto del centro a Juan Darién, y prendieron la mecha desde un extremo. El hilo de fuego corrió velozmente subiendo y bajando, y encendió el castillo entero. Y entre las estrellas fijas y las ruedas gigantes de todos colores, se vio allá arriba a Juan Darién sacrificado.

250   —¡Es tu último día de hombre, Juan Darién! —clamaban todos. —¡Muestra las rayas!

—¡Perdón, perdón! —gritaba la criatura, retorciéndose entre las chispas y las nubes de humo. Las ruedas amarillas, rojas y verdes giraban vertiginosamente, unas a la derecha y otras a la izquierda. Los chorros de fuego tangente trazaban
255   grandes circunferencias; y en el medio, quemado por los regueros de chispas que le cruzaban el cuerpo, se retorcía Juan Darién.

—¡Muestra las rayas! —rugían aún de abajo.

—¡No, perdón! ¡Yo soy hombre! —tuvo aún tiempo de clamar la infeliz criatura. Y tras un nuevo surco de fuego, se pudo ver que su cuerpo se sacudía
260   convulsivamente; que sus gemidos adquirían un timbre profundo y ronco, y que su cuerpo cambiaba poco a poco de forma. Y la muchedumbre, con un grito salvaje de triunfo, pudo ver surgir por fin, bajo la piel del hombre, las rayas negras, paralelas y fatales de tigre.

La atroz obra de crueldad se había cumplido; habían conseguido lo que que-
265   rían. En vez de la criatura inocente de toda culpa, allá arriba no había sino un cuerpo de tigre que agonizaba rugiendo.

Las luces de bengala se iban también apagando. Un último chorro de chispas con que moría una rueda alcanzó la soga atada a las muñecas[32] (no: a las patas de tigre, pues Juan Darién había concluido), y el cuerpo cayó pesadamente al suelo.
270   Las gentes lo arrastraron hasta la linde del bosque, abandonándolo allí para que los chacales devoraran su cadáver y su corazón de fiera.

Pero el tigre no había muerto. Con la frescura nocturna volvió en sí, y arrastrándose preso de horribles tormentos se internó en la selva. Durante un mes entero no abandonó su guarida en lo más tupido del bosque, esperando con sombría pa-
275   ciencia de fiera que sus heridas curaran. Todas cicatrizaron por fin, menos una, una profunda quemadura en el costado, que no cerraba, y que el tigre vendó con grandes hojas.

Porque había conservado de su forma recién perdida tres cosas: el recuerdo vivo del pasado, la habilidad de sus manos, que manejaba como un hombre, y el
280   lenguaje. Pero en el resto, absolutamente en todo, era una fiera, que no se distinguía en lo más mínimo de los otros tigres.

Cuando se sintió por fin curado, pasó la voz a los demás tigres de la selva para que esa misma noche se reunieran delante del gran cañaveral que lindaba con los cultivos.[33] Y al entrar la noche se encaminó silenciosamente al pueblo. Trepó a un
285   árbol de los alrededores y esperó largo tiempo inmóvil. Vio pasar bajo él sin inquietarse a mirar siquiera, pobres mujeres y labradores fatigados, de aspecto

---

[30]*Let's brand him*   [31]luces... *Bengal lights, flares (colored lights used for signaling)*   [32]*wrists*   [33]caña-
veral... *cane field that bordered on the planted fields*

miserable; hasta que al fin vio avanzar por el camino a un hombre de grandes botas y levita roja.

El tigre no movió una sola ramita al recogerse para saltar. Saltó sobre el domador; de una manotada[34] lo derribó desmayado, y cogiéndolo entre los dientes por la cintura, lo llevó sin hacerle daño hasta el juncal.[35]

Allí, al pie de las inmensas cañas que se alzaban invisibles, estaban los tigres de la selva moviéndose en la oscuridad, y sus ojos brillaban como luces que van de un lado para otro. El hombre proseguía desmayado. El tigre dijo entonces:

—Hermanos: Yo viví doce años entre los hombres, como un hombre mismo. Y yo soy un tigre. Tal vez pueda con mi proceder borrar más tarde esta mancha. Hermanos: esta noche rompo el último lazo que me liga al pasado.

Y después de hablar así, recogió en la boca al hombre, que proseguía desmayado, y trepó con él a lo más alto del cañaveral, donde lo dejó atado entre dos bambúes. Luego prendió fuego a las hojas secas del suelo, y pronto una llamarada crujiente ascendió.

Los tigres retrocedían espantados ante el fuego. Pero el tigre les dijo: «¡Paz, hermanos!» Y aquéllos se apaciguaron, sentándose de vientre con las patas cruzadas a mirar.

El juncal ardía como un inmenso castillo de artificio. Las cañas estallaban como bombas, y sus gases se cruzaban en agudas flechas de color. Las llamaradas ascendían en bruscas y sordas bocanadas, dejando bajo ellas lívidos huecos; y en la cúspide, donde aún no llegaba el fuego, las cañas se balanceaban crispadas por el calor.[36]

Pero el hombre, tocado por las llamas, había vuelto en sí. Vio allá abajo a los tigres con los ojos cárdenos alzados a él, y lo comprendió todo.

—¡Perdón, perdónenme! —aulló retorciéndose. —¡Pido perdón por todo!

Nadie contestó. El hombre se sintió entonces abandonado de Dios, y gritó con toda su alma:

—¡Perdón, Juan Darién!

Al oír esto, Juan Darién, alzó la cabeza y dijo fríamente:

—Aquí no hay nadie que se llame Juan Darién. No conozco a Juan Darién. Éste es un nombre de hombre y aquí somos todos tigres.

Y volviéndose a sus compañeros, como si no comprendiera, preguntó:

—¿Alguno de ustedes se llama Juan Darién?

Pero ya las llamas habían abrasado el castillo hasta el cielo. Y entre las agudas luces de bengala que entrecruzaban la pared ardiente, se pudo ver allá arriba un cuerpo negro que se quemaba humeando.

—Ya estoy pronto, hermanos —dijo el tigre. —Pero aún me queda algo por hacer.

Y se encaminó de nuevo al pueblo, seguido por los tigres sin que él lo notara. Se detuvo ante un pobre y triste jardín, saltó la pared, y pasando al costado de muchas cruces y lápidas, fue a detenerse ante un pedazo de tierra sin ningún adorno, donde estaba enterrada la mujer a quien había llamado madre ocho años. Se arrodilló —se arrodilló como un hombre—, y durante un rato no se oyó nada.

—¡Madre! —murmuró por fin el tigre con profunda ternura. —Tú sola supiste, entre todos los hombres, los sagrados derechos a la vida de todos los seres del Universo. Tú sola comprendiste que el hombre y el tigre se diferencian únicamente por el corazón. Y tú me enseñaste a amar, a comprender, a perdonar. ¡Madre! Estoy seguro de que me oyes. Soy tu hijo siempre, a pesar de lo que pase en adelante, pero de ti sólo. ¡Adiós, madre mía!

[34] *blow of the paw* [35] *field of reeds* [36] *y... and at the summit, where the fire had not reached, the cane swayed, curling in the heat*

Y viendo al incorporarse los ojos cárdenos de sus hermanos que lo observaban tras la tapia, se unió otra vez a ellos.

El viento cálido les trajo en ese momento, desde el fondo de la noche, el
340 estampido de un tiro.

—Es en la selva —dijo el tigre. —Son los hombres. Están cazando, matando, degollando.

Volviéndose entonces hacia el pueblo que iluminaba el reflejo de la selva encendida, exclamó:

345 —¡Raza sin redención! ¡Ahora me toca a mí!

Y retornando a la tumba en que acababa de orar, arrancóse de un manotón la venda de la herida y escribió en la cruz con su propia sangre, en grandes caracteres debajo del nombre de su madre:

Y

350 JUAN DARIÉN

—Ya estamos en paz —dijo. Y enviando con sus hermanos un rugido de desafío al pueblo aterrado, concluyó:

—Ahora, a la selva. ¡Y tigre para siempre!

*D*ESPUÉS DE LEER

CUESTIONARIO

1. ¿Quién era Juan Darién?
2. ¿Qué le pasó a una joven viuda cuando la viruela visitó el pueblo?
3. ¿Qué vio la mujer un día en la puerta de su casa?
4. ¿Qué es lo que preocupaba a la mujer respecto al futuro del tigrecito?
5. ¿Cuál fue la profecía de la serpiente?
6. ¿Por qué se burlaban de Juan Darién los chicos de la escuela?
7. ¿Qué creía el inspector respecto a Juan Darién?
8. ¿En qué se diferencia la descripción de la selva que ofrece Juan Darién de la del otro alumno?
9. ¿Por qué dice el inspector: «Es preciso matar a Juan Darién»?
10. Para probar que Juan Darién es tigre, ¿a quién llama el inspector?
11. ¿Qué hacen los cuatro perros feroces cuando ven a Juan Darién?
12. ¿Cómo se cumple la profecía de la serpiente?
13. ¿Qué decide hacer el pueblo con Juan Darién?
14. ¿Qué hace Juan Darién cuando vuelve en sí?
15. ¿Qué le hacen por fin los tigres al domador?
16. ¿Qué hace luego el tigre que había sido Juan Darién?

ESTUDIO DE PALABRAS

A. Complete las oraciones con palabras o expresiones de **Palabras importantes y modismos.**

1. Aquí se cuenta la historia de un tigre que _____ y se educó entre los hombres.
2. El hombre furioso entró con el revólver en la mano y buscó _____ sin hallar nada.
3. Forma su corazón, enséñale a ser bueno como tú, y él no sabrá jamás que no es hombre, _____ una madre de entre los hombres lo acuse.
4. Y aunque todos conocían bien la selva, todos respondieron lo mismo. Al fin el inspector dijo: —Ahora _____ al alumno Juan Darién.

5. Juan Darién, siempre con los ojos cerrados, _____ un instante en contestar.
6. _____ matar a Juan Darién. Es una fiera del bosque, posiblemente un tigre.
7. Juan Darién oyó la gritería de las gentes que avanzaban precipitadas hacia su casa. _____ él, arrastrándolo hasta la casa del domador.
8. Los perros no sabían a qué atacar. La prueba no había _____.
9. Se pudo ver que se sacudía convulsivamente; que sus gemidos adquirían un timbre profundo y ronco, y que su cuerpo cambiaba _____.
10. Cuando se sintió por fin curado, _____ a los demás tigres de la selva para que esa misma noche se reunieran delante del gran cañaveral.

B. Empareje las palabras o expresiones con sus sinónimos.

1. _____ a lo lejos
2. _____ selva
3. _____ chiquito
4. _____ angustia
5. _____ demorar en
6. _____ largo rato
7. _____ es preciso
8. _____ raya
9. _____ salvaje
10. _____ compañero

a. niño
b. es necesario
c. en la distancia
d. jungla
e. aflicción
f. silvestre
g. mucho tiempo
h. tardar en
i. línea
j. colega

CONSIDERACIONES

1. Describa la escena en que la mujer se encuentra por primera vez con el tigre que después será Juan Darién. Explique dónde estaba, qué había ocurrido en el pueblo y qué sentía la gente por los animales.
2. Una serpiente le dice a la mujer que el tigre que recogió se ha convertido en un niño. ¿Qué consejos le da la serpiente a la mujer sobre la educación y el futuro del niño? ¿De qué peligro le advierte?
3. ¿Cómo descubre el inspector de la escuela que Juan Darién es un tigre? Haga una lista de las expresiones usadas en el texto (líneas 126–146) que muestran que los recuerdos de Juan Darién son los recuerdos de un tigre.
4. El domador intenta demostrarle a la gente del pueblo que Juan Darién es un tigre, pero hasta el final no lo logra. Explique cuáles son las tres cosas que intenta el domador para que se vea la piel de tigre de Juan Darién.
5. Cuando Juan Darién vuelve a ser tigre, regresa al cementerio del pueblo y visita la tumba de la mujer que lo cuidó como una madre. ¿Qué es lo que le dice a su «madre»? ¿Cómo interpreta Ud. sus palabras?

ANÁLISIS DEL TEXTO

1. ¿Cuál es la actitud del narrador hacia los animales?
2. ¿Cuál es el papel de la naturaleza en este cuento?
3. ¿Qué significa la profecía de la vieja serpiente? ¿Ha encontrado Ud. este recurso literario usado en otros cuentos? Explique.
4. ¿Cuáles son los detalles que prefiguran el desenlace del cuento?

PERSPECTIVA PERSONAL

1. ¿Cree Ud. —como creía Quiroga— que todos los seres tienen el mismo derecho a la vida?

2. El crítico Emir Rodríguez Monegal dice que el cuento «está afeado por la sensiblería y por un transparente masoquismo en los detalles de la historia». ¿Está Ud. de acuerdo o no?
3. Si Ud. pudiera reescribir este cuento, ¿cómo lo modificaría?
4. ¿Qué quiere decir Quiroga cuando habla de los hombres como la «raza sin redención»?

BIBLIOGRAFÍA

Boule-Christouflou, Annie. "La selva y sus conflictos: Los animales." In *Approximaciones a Horacio Quiroga,* edited by Ángel Flores, 125–127. Caracas: Monte Ávila, 1976.

VOCABULARIO—"Juan Darién"

SUSTANTIVOS

los bigotes	*moustache*
el cachorro	*cub*
el domador	*tamer (of animals)*
la fiera	*wild animal, beast*
los fuegos artificiales	*fireworks*
el gemido	*groan, moan*
la herida	*wound*
la jaula	*cage*
el látigo	*whip*
el olor	*smell, scent*
la pata	*paw*
la piedra	*stone*
la profecía	*prophecy*
la raya	*stripe*
la selva	*jungle*
la serpiente	*serpent*
el tigre	*tiger*
la venda	*bandage*
la viruela	*smallpox*

VERBOS

cazar	*to hunt*
engañar	*to deceive*
exigir	*to demand*
retorcerse (ue)	*to twist, writhe*
regir	*to roar*
vendar	*to bandage*

ADJETIVOS

áspero(a)	*coarse*
desmayado(a)	*lifeless, unconscious*
enterrado(a)	*buried*
salvaje	*wild, savage*
sangriento(a)	*bloody*

EXPRESIONES Y CONCEPTOS

trabársele la lengua	*to get tongue-tied*

Pío Baroja (1872–1956)

Just before the turn of the century, a small group of young writers and intellectuals began to make their voices heard as they protested vigorously against the sad state of their country, "la dolorosa realidad española," as Azorín put it. Spain's disastrous defeat in the Spanish-American War of 1898 only added fuel to the burning cries of protest, and the distinguished writers who probed the country's national weaknesses are referred to by the name of the Generation of '98. Although their literature examined the national conscience, these writers were seeking to create a better Spain.

The most forcefully individualistic writer of the Generation of '98 was the famous novelist and essayist Pío Baroia. Nothing escaped his pessimistic, skeptical, and often bitter observation. He attacked religion, political systems, tradition, a decadent society—everything that he considered to be false, hypocritical, conventional, prejudicial. His frank appraisals are literally strewn with adjectives like absurdo, estúpido, imbécil.

A Basque, Pío Baroja was born in San Sebastián. More than a hundred volumes of novels and essays attest to his amazing literary productivity. In many of these novels Baroja's reaction to the reality of Spain, viewed as an absurd chaos, is expressed through the desire for action: "la acción por la accion es el ideal del hombre sano y fuerte." In one of the selections that follow, we discover his admiration for Nietzsche, from whom he could have taken his cult of energy and his concept of life as a struggle.

Other novels are characterized by a good deal of intellectual reflection, such as Camino de perfección (1902), and El árbol de la ciencia (1911), typical of the Generation of '98 in their pessimism and severe criticism of Spanish society. Baroja's militant and even iconoclastic nature, as well as the climate of subjective criticism of national faults, must be taken into account in reading an essay like ¡Triste País! And yet, as we read La sombra, we find it hard to believe that the spiritual and lyrical expression is that of the same man. He is brusque but sincere, this pajarraco* del individualismo, as he defined himself.

*big ugly bird

La sombra

"Porque el que se ensalzare será humillado, y el que se humillare será ensalzado."[1]
(*San Mateo*, v. XII, c. XXIII.)

Había salido del hospital el día de Corpus Christi, y volvía, envejecida y macilenta,[2] pero ya curada, a casa de su ama,[3] a seguir nuevamente su vida miserable, su vida miserable de prostituta. En su rostro, todas las miserias; en su corazón, todas las ignominias.

5   Ni una idea cruzaba su cerebro; tenía solamente un deseo de acabar, de descansar para siempre sus huesos[4] enfermos. Quizá hubiera preferido morir en aquel hospital inmundo,[5] en donde se concrecionaban los detritus del vicio,[6] que[7] volver a la vida.

    Llevaba en la mano un fardelillo[8] con sus pobres ropas, unos
10 cuantos harapos[9] para adornarse. Sus ojos, acostumbrados a la semioscuridad, estaban turbados por la luz del día.

    El sol amargo brillaba inexorable en el cielo azul.

    De pronto, la mujer se encontró rodeaba de gente, y se detuvo a ver la procesión[10] que pasaba por la calle. ¡Hacía tanto tiempo que no la había
15 visto! ¡Allá en el pueblo, cuando era joven y tenía alegría y no era despreciada! ¡Pero aquello estaba tan lejos!…

    Veía la procesión que pasaba por la calle, cuando un hombre, a quien no molestaba, la insultó y le dio un codazo;[11] otros, que estaban cerca, la llenaron también de improperios[12] y de burlas.

20   Ella trató de buscar, para responder a los insultos, su antigua sonrisa, y no pudo más que crispar[13] sus labios con una dolorosa mueca,[14] y echó a andar con la cabeza baja y los ojos llenos de lágrimas.

    En su rostro, todas las miserias; en su corazón, todas las ignominias.

25   Y el sol amargo brillaba inexorable en el cielo azul.

    En la procesión, bajo el sol brillante, lanzaban destellos[15] los mantos de las vírgenes bordados en oro, las cruces[16] de plata, las piedras preciosas de los estandartes de terciopelo.[17] Y luego venían los sacerdotes con sus casullas,[18] los magnates, los guerreros de uniformes brillantes,
30 todos los grandes de la tierra, y venían andando al compás de[19] una música majestuosa, rodeados y vigilados[20] por bayonetas y espadas y sables.[21]

    Y la mujer trataba de huir; los chicos la seguían, gritando, acosándola,[22] y tropezaba y sentía desmayarse;[23] y, herida y destrozada por todos, seguía andando con la cabeza baja y los ojos llenos de lágrimas.

35   En su rostro, todas las miserias; en su corazón, todas las ignominias.

    De repente, la mujer sintió en su alma una dulzura infinita, y se volvió y quedó deslumbrada,[24] y vio luego una sombra blanca y majestuosa que la seguía y que llevaba fuera del pecho el corazón herido y
40 traspasado por espinas.[25]

[1] "Whoever exalts himself will be humbled, and whoever humbles himself will be exalted." The verbs are in the future subjunctive.
[2] envejecida y macilente: aged and pale
[3] ama: mistress, lady of the house
[4] huesos: bones
[5] inmundo: dirty
[6] en donde… del vicio: in which was collected all the decay of vice
[7] que: than
[8] fardelillo: little bundle
[9] harapos: rags
[10] procesión: religious procession in honor of the Eucharist
[11] codazo: blow with the elbow
[12] improperios: insults
[13] crispar: to twitch
[14] dolorosa mueca: pitiful grimace
[15] lanzaban destellos: sparkled
[16] cruces (de plata): (silver) crosses
[17] estandartes de terciopelo: velvet banners
[18] casulla: chasuble (the outer vestment of the celebrant at the Eucharist)
[19] al compás de: in time with
[20] vigilados: watched over
[21] sables: sabers
[22] acosar: to harass
[23] desmayarse: to faint
[24] deslumbrada: dazzled; bewildered
[25] tranpasado por espinas: pierced with thorns

Y la sombra blanca y majestuosa, con la mirada brillante y la sonrisa llena de ironía, contempló a los sacerdotes, a los guerreros, a los magnates, a todos los grandes de la tierra, y, desviando de ellos la vista,[26] y acercándose a la mujer triste, la besó, con un beso purísimo, en la frente.

[26] desviando de ellos la vista: turning its eyes from them

EXERCISES

I. Cuestionario
1. ¿De dónde había salido la mujer?
2. ¿Cómo era?
3. ¿Qué revela su rostro?
4. ¿Que pasaba por la calle?
5. ¿Qué le hizo un hombre?
6. ¿Cómo respondió ella a los insultos?
7. ¿Qué contraste hay entre la procesión y ella?
8. ¿Tenían los chicos piedad de ella?
9. ¿Qué vio de repente?
10. ¿Qué lleva la sombra?
11. ¿Por qué contempló la sombra con ironía a los de la procesión?
12. ¿Qué le hizo la sombra a la pobre mujer?
13. ¿Quién es esta sombra?
14. ¿Le parece a Ud. que hay una cualidad poética en el estilo de este cuento? ¿Dónde?
15. ¿Por qué es el sol "amargo"?
16. ¿Cuál es la significación de la cita bíblica a la cabeza de este cuento?

II. *Hacer* in time expressions
Hace dos años que vive en España. He has been living in Spain for two years.
Hacía dos años que vivía en España. He had been living in Spain for two years.

When the sentence is negative, hacer... que *is generally followed by the perfect or pluperfect.*

Hace tanto tiempo que no la he visto. I haven't seen it for such a long time.
Hacía tanto tiempo que no la había visto. I hadn't seen it for such a long time.

A. Supply an answer for the following questions.
1. ¿Cuánto tiempo hace que usted estudia el español?
2. ¿Cuánto tiempo hacía que usted no le había escrito?
3. ¿Cuánto tiempo hace que usted no lo ha visto?
4. ¿Cuánto tiempo hacía que usted estudiaba esta lección?
5. ¿Cuánto tiempo hace que están casados sus padres?

B. Translate
1. The woman had been in the hospital for two years.
2. She had not seen her town for a long time.
3. I have not seen her for two years.
4. My father has been a doctor for twenty years.
5. He had been living in this country for ten years.

III. Substitute an appropriate equivalent from the following list for the italicized expressions in the sentences below.

cara	ponerse	hallarse
cura	viejo	soldado
ir	afrenta	

1. La mujer volvía *envejecida* a casa de su ama.
2. En su *rostro*, todas las miserias.
3. De pronto *se encontró* rodeada de gente.
4. Ella *echó* a andar con la cabeza baja.
5. Luego venían *los sacerdotes* en la procesión.
6. Los *guerreros* llevan uniformes brillantes.
7. *Seguía* andando con la cabeza baja.
8. En su corazón, todas las *ignominias*.

IV. Correct the statements below that are false.
1. La mujer volvía a seguir su vida miserable.
2. Llevaba en la mano un ejemplar de la Biblia.
3. De pronto la mujer se encontró en la iglesia.
4. Un hombre le dio un ramo de flores.
5. La mujer andaba con la cabeza baja y los ojos llenos de lágrimas.
6. Casi todo el pueblo participaba en la procesión.
7. Sólo los chicos la encontraban simpática.
8. La sombra vino porque hacía demasiado sol.

Capítulo 10

Lo fantástico

El árbol de oro

"**El** árbol de oro" is one of the most popular stories from *Historias de la Artá-
mila*. In this tale, as in others in that collection, Matute reconstructs with great
artistry a memory from her childhood. Of particular interest is the way the author
combines realism with the world of the supernatural. Here we have the presentation of two distinct perceptions of reality—the narrator's realistic perspective
and the imaginative, poetic world of Ivo, a boy who claims that he can see a
golden tree through a crack in the wall of his country schoolhouse.

Antes de leer

Palabras importantes y modismos

acercarse a	to approach
a las afueras de	on the outskirts of
asistir a	to attend
dar con	to come upon
dejarse + *infinitivo*	to let or allow oneself to be + *p. part.*
de tal forma	in such a way
olvidar	to forget
por fin	finally
tener su atractivo	to have its own appeal
volverse (ue) + *adjetivo*	to become + *adj.*

Estrategias para leer

Understanding Point of View (punto de vista)

When reading works of fiction, both to decode their literal meaning as well as to
appreciate their artistic impact, one of the fundamental strategies a reader needs
to master is that of determining the point of view or perspective from which the
writer presents the actions of the work. The two basic points of view assumed
by narrators in works of fiction are either that of the first person (**narración en
primera persona**) or omniscient point of view (**narración omnisciente**).
Stories told from the first-person point of view often appear to be more intimate
because the narrator is able to establish an emotional bond with the reader.
They also often seem to be coherent and unified to the reader, since he or she is
listening to one voice. In contrast, the omniscient narrator is able to depict from
the outside what is taking place in the story and describes externally the behavior of the characters (**personajes**).

One of the special characteristics of Matute's fiction is her ability to tell stories
from the point of view of narrators who are young children. In the story you are
about to read, Matute becomes a narrator, using the first-person point of view to
recreate a moment from her own past. A narrator who appears as one of the
characters in a story is called a first-person participant (**el narrador protagonista**).

Before you read the story, carefully scan the first paragraph. Underline the
verbs and determine what predominant point of view the author has elected to

use. Remember that the opening sentences of a work of fiction play a key role in determining the meaning of the entire text and often, although not definitively, establish the predominant point of view.

El árbol de oro

ASISTÍ DURANTE UN otoño a la escuela de la señorita Leocadia, en la aldea, porque mi salud no andaba bien y el abuelo retrasó mi vuelta a la ciudad. Como era el tiempo frío y estaban los suelos embarrados[1] y no se veía rastro de muchachos, me aburría dentro de la casa, y pedí al abuelo asistir a la
5 escuela. El abuelo consintió, y acudí a aquella casita alargada[2] y blanca de cal, con el tejado pajizo[3] y requemado por el sol y las nieves, a las afueras del pueblo.

La señorita Leocadia era alta y gruesa, tenía el carácter más bien áspero y grandes juanetes[4] en los pies, que la obligaban a andar como quien arrastra cadenas. Las clases en la escuela, con la lluvia rebotando en el tejado y en los
10 cristales, con las moscas pegajosas de la tormenta y persiguiéndose alrededor de la bombilla,[5] tenían su atractivo. Recuerdo especialmente a un muchacho de unos diez años, hijo de un aparcero[6] muy pobre, llamado Ivo. Era un muchacho delgado, de ojos azules, que bizqueaba[7] ligeramente al hablar. Todos los muchachos y muchachas de la escuela admiraban y envidiaban un poco a Ivo, por el don que
15 poseía de atraer la atención sobre sí, en todo momento. No es que fuera ni inteligente ni gracioso, y, sin embargo, había algo en él, en su voz quizás, en las cosas que contaba, que conseguía cautivar a quien le escuchase. También la señorita Leocadia se dejaba prender de aquella red de plata que Ivo tendía[8] a cuantos atendían sus enrevesadas conversaciones, y —yo creo que muchas veces contra su
20 voluntad— la señorita Leocadia le confiaba a Ivo tareas deseadas por todos, o distinciones que merecían alumnos más estudiosos y aplicados.

Quizá lo que más se envidiaba de Ivo era la posesión de la codiciada llave de la torrecita.[9] Esta era, en efecto, una pequeña torre situada en un ángulo de la escuela, en cuyo interior se guardaban los libros de lectura. Allí entraba Ivo a
25 buscarlos, y allí volvía a dejarlos, al terminar la clase. La señorita Leocadia se lo encomendó a él, nadie sabía en realidad por qué.

Ivo estaba muy orgulloso de esta distinción, y por nada del mundo la hubiera cedido. Un día, Mateo Heredia, el más aplicado y estudioso de la escuela, pidió encargarse de la tarea —a todos nos fascinaba el misterioso interior de la torrecita,
30 donde no entramos nunca—, y la señorita Leocadia pareció acceder.[10] Pero Ivo se levantó, y acercándose a la maestra empezó a hablarle en su voz baja, bizqueando los ojos y moviendo mucho las manos, como tenía por costumbre. La maestra dudó un poco, y al fin dijo:

—Quede todo como estaba. Que siga encargándose Ivo de la torrecita.
35 A la salida de la escuela le pregunté:

—¿Qué le has dicho a la maestra?

Ivo me miró de través y vi relampaguear[11] sus ojos azules.

—Le hablé del árbol de oro.

Sentí una gran curiosidad.

[1]estaban... *the streets were muddy* [2]*long* [3]*thatched* [4]*bunions* [5]*light bulb* [6]*sharecropper*
[7]*squinted* [8]se... *let herself be caught in the silver net he cast* [9]*little tower* [10]*to consent* [11]*gleam*

Source: Ana María Matute, "El árbol de oro." Reprinted with permission of Ediciones Destino, S.A., Barcelona.

40   —¿Qué árbol?

Hacía frío y el camino estaba húmedo, con grandes charcos[12] que brillaban al sol pálido de la tarde. Ivo empezó a chapotear[13] en ellos, sonriendo con misterio.

    —Si no se lo cuentas a nadie...

    —Te lo juro, que a nadie se lo diré.

45   Entonces Ivo me explicó:

    —Veo un árbol de oro. Un árbol completamente de oro: ramas, tronco, hojas... ¿sabes? Las hojas no se caen nunca. En verano, en invierno, siempre. Resplandece mucho; tanto, que tengo que cerrar los ojos para que no me duelan.

    —¡Qué embustero[14] eres!— dije, aunque con algo de zozobra.[15] Ivo me miró

50 con desprecio.

    —No te lo creas— contestó. —Me es completamente igual que te lo creas o no... ¡Nadie entrará nunca en la torrecita, y a nadie dejaré ver mi árbol de oro! ¡Es mío! La señorita Leocadia lo sabe, y no se atreve a darle la llave a Mateo Heredia, ni a nadie... ¡Mientras yo viva, nadie podrá entrar allí y ver mi árbol!

55   Lo dijo de tal forma que no pude evitar preguntarle:

    —¿Y cómo lo ves...?

    —Ah, no es fácil— dijo, con aire misterioso. —Cualquiera no podría verlo. Yo sé la rendija[16] exacta.

    —¿Rendija...?

60   —Sí, una rendija de la pared. Una que hay corriendo el cajón de la derecha:[17] me agacho[18] y me paso horas y horas... ¡Cómo brilla el árbol! ¡Cómo brilla! Fíjate que si algún pájaro se le pone encima también se vuelve de oro. Eso me digo yo: si me subiera a una rama, ¿me volvería acaso de oro también?

    No supe qué decirle, pero, desde aquel momento, mi deseo de ver el árbol

65 creció de tal forma que me desasosegaba.[19] Todos los días, al acabar la clase de lectura, Ivo se acercaba al cajón de la maestra, sacaba la llave y se dirigía a la torrecita. Cuando volvía, le preguntaba:

    —¿Lo has visto?

    —Sí— me contestaba. Y, a veces, explicaba alguna novedad:

70   —Le han salido unas flores raras. Mira: así de grandes, como mi mano lo menos, y con los pétalos alargados. Me parece que esa flor es parecida al arzadú.[20]

    —¡La flor del frío!— decía yo, con asombro. —¡Pero el arzadú es encarnado![21]

    —Muy bien— asentía él, con gesto de paciencia. —Pero en mi árbol es oro

75 puro.

    —Además, el arzadú crece al borde de los caminos... y no es un árbol.

    No se podía discutir con él. Siempre tenía razón, o por lo menos lo parecía.

    Ocurrió entonces algo que secretamente yo deseaba; me avergonzaba[22] sentirlo, pero así era: Ivo enfermó, y la señorita Leocadia encargó a otro la llave de la

80 torrecita. Primeramente, la disfrutó Mateo Heredia. Yo espié su regreso, el primer día, y le dije:

    —¿Has visto un árbol de oro?

    —¿Qué andas graznando[23]?— me contestó de malos modos, porque no era simpático, y menos conmigo. Quise dárselo a entender, pero no me hizo caso.

85 Unos días después, me dijo:

    —Si me das algo a cambio, te dejo un ratito la llave y vas durante el recreo. Nadie te verá...

---

[12]*puddles* [13]*to splash* [14]*liar* [15]*uneasiness* [16]*crack* [17]corriendo... *pulling out the right drawer* [18]me... *I bend down* [19]me... *it made me restless* [20]*name of a flowering plant* [21]*flesh-colored* [22]me... *I felt ashamed* [23]*chattering about*

Vacié mi hucha,[24] y, por fin, conseguí la codiciada llave. Mis manos temblaban de emoción cuando entré en el cuartito de la torre. Allí estaba el cajón. Lo aparté y
90 vi brillar la rendija en la oscuridad. Me agaché y miré.

Cuando la luz dejó de cegarme, mi ojo derecho sólo descubrió una cosa: la seca tierra de la llanura alargándose[25] hacia el cielo. Nada más. Lo mismo que se veía desde las ventanas altas. La tierra desnuda y yerma,[26] y nada más que la tierra. Tuve una gran decepción y la seguridad de que me habían estafado. No sabía cómo ni de
95 qué manera, pero me habían estafado.

Olvidé la llave y el árbol de oro. Antes de que llegaran las nieves regresé a la ciudad.

Dos veranos más tarde volví a las montañas. Un día, pasando por el cementerio —era ya tarde y se anunciaba la noche en el cielo: el sol, como una bola roja, caía a
100 lo lejos, hacia la carrera terrible y sosegada de la llanura—, vi algo extraño. De la tierra grasienta[27] y pedregosa, entre las cruces caídas, nacía un árbol grande y hermoso, con las hojas anchas de oro: encendido y brillante todo él, cegador. Algo me vino a la memoria, como un sueño, y pensé: «Es un árbol de oro». Busqué al pie del árbol, y no tardé en dar con una crucecilla de hierro negro, mohosa[28] por la
105 lluvia. Mientras la enderezaba, leí: IVO MÁRQUEZ, DE DIEZ AÑOS DE EDAD.

Y no daba tristeza alguna, sino, tal vez, una extraña y muy grande alegría.

[24]*piggy bank* [25]*extending* [26]*barren* [27]*grimy* [28]*moldy*

𝒟ESPUÉS DE LEER

CUESTIONARIO

1. ¿A qué escuela asistió la narradora de este cuento?
2. ¿Cómo era la señorita Leocadia?
3. ¿Quién era Ivo?
4. ¿Qué don poseía Ivo?
5. ¿Qué es quizá lo que más se envidiaba de Ivo?
6. ¿Qué le pidió un día Mateo Heredia a la señorita Leocadia?
7. ¿Qué es lo que Ivo veía en la torrecita?
8. ¿Cómo obtuvo por fin la narradora la llave de la torrecita?
9. ¿Qué vio la narradora cuando entró en la torrecita?
10. Cuando la narradora volvió a las montañas años más tarde, ¿qué cosa rara descubrió en el cementerio?

ESTUDIO DE PALABRAS

Complete las oraciones con palabras o expresiones de **Palabras importantes y modismos**.

1. Las clases en la escuela, con la lluvia rebotando en el tejado, _____.
2. Ivo vio a la maestra en la calle e inmediatamente _____ ella para saludarla.
3. Lo dijo _____ que no pude evitar preguntárselo.
4. Finalmente (yo) _____ el árbol de oro y regresé a la ciudad.
5. Durante el otoño (yo) _____ a la escuela de la señorita Leocadia.
6. La escuela se encontraba _____ del pueblo.
7. Fíjate que si algún pájaro se pone encima del árbol también _____ de oro.
8. De pronto (yo) _____ una crucecilla de hierro negro.
9. El muchacho limpió su cuarto y _____ consiguió la llave que tanto deseaba.

10. También la señorita Leocadia _____ prender de aquella red de plata que Ivo tendía a cuantos atendían sus conversaciones.

CONSIDERACIONES

1. ¿Bajo qué circunstancias asiste la narradora del cuento a la escuela en la aldea? ¿Cómo es la escuela?
2. La narradora emplea esta frase descriptiva al describir a Ivo: «...aquella red de plata que Ivo tendía...» ¿A qué se refiere esta metáfora?
3. ¿Cómo se describe a la señorita Leocadia? ¿Qué expresión se utiliza para describir su forma de andar?
4. ¿Por qué para los chicos tenía tanta importancia la torrecita?
5. El cuento describe el aspecto físico de Ivo y algunos aspectos de su personalidad. ¿Cuáles son?
6. Describa el árbol que Ivo dice que se ve desde el interior de la torrecita.
7. La narradora habla de su deseo de ver el árbol, pero le resulta imposible verlo. ¿Cómo se puede explicar esto?
8. ¿Cuál es la verdad que descubre la narradora cuando está en la torrecita?
9. Dos veranos más tarde la narradora del cuento vuelve a la aldea de las montañas. Explique en unas frases lo que ve cuando pasa por el cementerio. ¿Cuáles son sus sentimientos?
10. ¿Por qué deseaba la narradora que se enfermara Ivo? ¿Por qué se alegra tanto la narradora al final de la historia?

ANÁLISIS DEL TEXTO

1. Discuta la importancia del paisaje en este cuento.
2. Discuta el uso de la prefiguración con respecto a la figura de Ivo.
3. Discuta la manera en que la autora maneja la sicología infantil como recurso literario.
4. ¿Quién es el protagonista de este cuento? ¿Por qué?
5. ¿Cuál es el efecto emocional de la última oración del cuento?

PERSPECTIVA PERSONAL

1. ¿Cree Ud. que Ivo realmente vio un árbol de oro? ¿Cómo se explica todo esto?
2. Cuando Ud. era joven, ¿tuvo una experiencia similar a la de la autora de este cuento?
3. ¿Cómo le afectaron a Ud. emotivamente las últimas líneas de este cuento?

BIBLIOGRAFÍA

Díaz, Janet W. *Ana María Matute*. New York: Twayne Publishers, 1971.

Jones, Margaret E. W. *The Literary World of Ana María Matute*. Lexington: University of Kentucky, 1970.

VOCABULARIO—"El árbol de oro"

a las afueras	*outskirts (of a town)*
como quien arrastra	*as if someone dragging*
por el don que poseía	*by the gift that he possessed*
se dejaba prender	*she let herself to be captured*
el más aplicado	*the most diligent*
no te lo creas	*don't believe it*
un ratito	*for a little while*
me habían estafado	*they had cheated me*

Julio Cortázar

Julio Cortázar (1914-1984) was born in Brussels, Belgium, of Argentinean parents. He was educated in Argentina and, after teaching French literature at the University of Cuyo, earned a degree as a public translator. In 1951, the same year that Bestiario, *his first collection of short stories, was published, he moved to Paris, where he lived until his death.*

In 1956 Cortázar published his second book of stories, Final del juego; *a third collection,* Las armas secretas, *appeared in 1958. The main character of "El perseguidor," one of the stories in the latter collection, embodies many of the traits of Cortázar's later heroes. The metaphysical anguish that the protagonist feels in his search for artistic perfection and in his frustrated attempts to come to grips with the passage of time, coupled with his rejection of twentieth-century values and norms, remained among Cortázar's central preoccupations. "Las babas del diablo," later made by Antonioni into the motion picture* Blow-Up, *examines the creative possibilities of art, showing how different truths may be brought about by changes in perspective, thus casting doubt on the notion of objective reality. The reader becomes an active participant in the creative process of "Las babas del diablo," making choices as the author would. Cortázar's first novel,* Los premios (1960), *was followed in 1963 by* Rayuela, *a work that revolutionized Latin American letters. Other important works of his include:* Todos los fuegos el fuego (1962), Modelo para armar (1968), Libro del Manuel (1973), Queremos tanto a Glenda (1981), *and* Fascinación de las palabras (1985).

Try to keep the following comments in mind as you read Cortázar's stories.

> In many respects an heir of Borges, Cortázar writes short stories within the framework of what has been called "magical realism": a realism that goes beyond the surface appearance of daily phenomena to lay bare the unknown and the surprising that characterize events that are our daily lot. Events are presented in allegorical, illogical terms, where the unexplainable and the fantastic (e.g., a man who is driven to suicide because he cannot keep himself from vomiting furry little rabbits) are metaphors for everyday events which we mistakenly believe are normal and reasonable. Cortázar creates an interplay between the banal and the weird, between reason and a chaotic scheme of things, between bourgeois complacency and the terrified realizations that man is not in control of events, that reality is far more an unknown than man's cliché-ridden life has led him to believe. Cortázar also displays a whimsy that is as entertaining as it is devastating of the well-ordered world of the middle-class.[*]

---

[*] David W. Foster, A Dictionary of contemporary Latin American Authors (Tempe: Arizona State University Press, 1975), 30.

Continuidad de los parques

An often anthologized story, "Continuidad de los parques" is taken from *Final del juego*. Cortázar's main preoccupation in this story, as well as in later works—"Las babas del diablo," *Rayuela*—is with the subtle interplay between reality and fiction: the effect that fictional works of art have on the real world, and the tenuous line that separates them.

*A*NTES DE LEER

*P*ALABRAS IMPORTANTES Y MODISMOS

al alcance de	within reach of
a la vez	at the same time
a partir de	as of (this moment, that date)
empezar (ie) a + *infinitivo*	to begin to (*do something*)
en lo alto de	on the top of
entibiarse	to become lukewarm
ponerse a + *infinitivo*	to start, begin to (*do something*)

*E*STRATEGIAS PARA LEER

Narrative Suspense or Tension (suspenso)

The very nature of the short story—its relative brevity—immediately suggests that certain formal constraints are at play. The slow, deliberate, and exhaustive elaboration of plot and character, for example, is not possible in a short story and is understood to belong more to the novel than to the short story genre. Because of these constraints, certain imperatives are placed on the story. Although the reasons for this are many, a short story will often strike the reader as being much more intense than a longer narrative. The story could explore a single, and quite unique, moment or situation, with no reference to the past; or it could explore the same singular event through the contraction of time. In this second method, the evocation of the past is necessary to ground or make greater sense of events that are about to happen in the narrative present. Regardless of the method used, the resulting compression of time and emotions results in a greater sense of immediacy and suspense. It is for this reason that endings or conclusions of short stories often strike the reader as being surprising, for the inherent brevity of the works demands a thorough, but not elaborate, preparation for events to come. There must be an internal logic but no detailed elaboration.

It is this narrative suspense or tension that is useful to be aware of while reading Cortázar's "Continuidad de los parques." In order to appreciate this story fully, you will need to think about the implications or possibilities of the very first sentence to this very short story. Thus, before you read the entire story, *read the first sentence only,* considering the possibilities and consequences of your own very parallel situation. If Cortázar is attempting to involve the reader and, at the same time, establish narrative suspense, how does he accomplish this in the first few sentences? The answer might seem obvious, but the implications remain part of the greater narrative suspense. Jot down any ideas you have on this subject so that you can refer to them after your first complete reading.

Continuidad de los parques

HABÍA EMPEZADO A leer la novela unos días antes. La abandonó por negocios urgentes, volvió a abrirla cuando regresaba en tren a la finca;[1] se dejaba interesar lentamente por la trama, por el dibujo de los personajes. Esa tarde, después de escribir una carta a su apoderado[2] y discutir con su mayordomo una cuestión de aparcerías,[3] volvió al libro en la tranquilidad del estudio que miraba hacia el parque de los robles. Arrellanado[4] en su sillón favorito, de espaldas a la puerta que lo hubiera molestado como una irritante posibilidad de intrusiones, dejó que su mano izquierda acariciara una y otra vez el terciopelo[5] verde y se puso a leer los últimos capítulos. Su memoria retenía sin esfuerzo los nombres y las imágenes de los protagonistas; la ilusión novelesca lo ganó casi en seguida. Gozaba del placer casi perverso de irse desgajando línea a línea de lo que lo rodeaba,[6] y sentir a la vez que su cabeza descansaba cómodamente en el terciopelo del alto respaldo,[7] que los cigarrillos seguían al alcance de la mano, que más allá de los ventanales danzaba el aire del atardecer bajo los robles. Palabra a palabra, absorbido por la sórdida disyuntiva[8] de los héroes, dejándose ir hacia las imágenes que se concertaban y adquirían color y movimiento, fue testigo del último encuentro en la cabaña del monte. Primero entraba la mujer, recelosa;[9] ahora llegaba el amante, lastimada la cara por el chicotazo de la rama.[10] Admirablemente restañaba[11] ella la sangre con sus besos, pero él rechazaba sus caricias, no había venido para repetir la ceremonia de una pasión secreta, protegida por un mundo de hojas secas y senderos furtivos. El puñal se entibiaba contra su pecho y debajo latía la libertad agazapada.[12] Un diálogo anhelante corría por las páginas como un arroyo de serpientes, y se sentía que todo estaba decidido desde siempre. Hasta esas caricias que enredaban el cuerpo del amante como queriendo retenerlo y disuadirlo, dibujaban abominablemente la figura de otro cuerpo que era necesario destruir. Nada había sido olvidado: coartadas,[13] azares, posibles errores. A partir de esa hora cada instante tenía su empleo minuciosamente atribuido. El doble repaso despiadado se interrumpía apenas para que una mano acariciara una mejilla. Empezaba a anochecer.

Sin mirarse ya, atados rígidamente a la tarea que los esperaba, se separaron en la puerta de la cabaña. Ella debía seguir por la senda que iba al norte. Desde la senda opuesta él se volvió un instante para verla correr con el pelo suelto. Corrió a su vez, parapetándose en los árboles y los setos, hasta distinguir en la bruma malva del crepúsculo la alameda que llevaba a la casa.[14] Los perros no debían ladrar, y no ladraron. El mayordomo no estaría a esa hora, y no estaba. Subió los tres peldaños del porch y entró. Desde la sangre galopando en sus oídos le llegaban las palabras de la mujer: primero una sala azul, después una galería, una escalera alfombrada. En lo alto, dos puertas. Nadie en la primera habitación, nadie en la segunda. La puerta del salón, y entonces el puñal en la mano, la luz de los ventanales,[15] el alto respaldo de un sillón de terciopelo verde, la cabeza del hombre en el sillón leyendo una novela.

[1]*country house, ranch* [2]*business agent with power of attorney* [3]*sharecropping* [4]*Comfortably seated* [5]*velvet* [6]*Gozaba... He was enjoying the almost perverse pleasure of separating himself line by line from his surroundings* [7]*terciopelo... velvet of the high-backed chair* [8]*dilemma* [9]*suspicious* [10]*lastimada... his face scratched by the lash of a tree branch* [11]*stopped* [12]*libertad... hidden freedom* [13]*alibis* [14]*Corrió... He ran in turn, sheltering himself among the trees and the hedges, until he was able to distinguish in the mauve-colored mist of the twilight the tree-lined walk that led to the house.* [15]*large windows*

$\mathscr{D}$ESPUÉS DE LEER

CUESTIONARIO

1. ¿Cuándo comenzó el protagonista a leer la novela?
2. ¿Por qué abandonó la lectura?
3. ¿Qué hizo después de escribir una carta a su apoderado?
4. ¿Con qué placer perverso gozaba el protagonista?
5. Describa el último encuentro de los amantes.
6. Cuando se separaron los amantes, ¿qué hizo él?
7. ¿Por qué no estaba el mayordomo a esa hora?
8. ¿A quién encuentra el amante?

ESTUDIO DE PALABRAS

Complete las oraciones con palabras o expresiones de **Palabras importantes y modismos.**

1. Unos días antes había _____ leer la novela.
2. Había comprado la novela hace mucho tiempo y _____ leerla cuando regresó de Buenos Aires.
3. Todo ocurría simultáneamente: _____ que leía, hablaba por teléfono.
4. Los cigarrillos estaban _____ la mano.
5. _____ esa hora cada instante tenía su empleo minuciosamente atribuido.
6. El puñal _____ contra su pecho.
7. _____ de la escalera había dos puertas.

CONSIDERACIONES

1. En la primera parte del cuento (líneas 1–17), ¿hay palabras o frases descriptivas que indican lo atractivo del mundo ficticio?
2. Estas primeras líneas establecen un contraste (es decir, una relación) entre el mundo literario y la vida del protagonista; ¿cómo es, según la tonalidad del texto, la vida del protagonista?
3. Indique los preparativos que hace el protagonista del cuento antes de volver a leer la novela, para disfrutar de la lectura.
4. ¿Qué siente el protagonista mientras lee la novela? Anote las expresiones que se utilizan para describir sus sensaciones.
5. Explique con sus propias palabras de qué trata la novela que está leyendo el protagonista del cuento.
6. Comente la voz del narrador que se ve empleada en esta historia. ¿Cuáles son las implicaciones?
7. ¿Cómo es la casa del protagonista de la novela? Descríbala, proporcionando el mayor número de detalles que le sea posible.
8. Al final del cuento la realidad y la ficción se mezclan. ¿Cuáles son las palabras y frases clave que aparecen en la realidad y en la ficción que indican que ambas se han juntado?
9. ¿Qué le hubiera pasado al protagonista si no hubiera empezado a leer la novela? Explique su respuesta.
10. Pensando en el final del cuento, ¿cuál es la paradoja que se ve planteada?

ANÁLISIS DEL TEXTO

1. ¿Qué nos sugiere el título «Continuidad de los parques»?
2. ¿En qué punto del cuento encontramos que lo ficticio se convierte en lo real?
3. ¿Cómo se mantiene el elemento de tensión en la obra?
4. Hay un marcado cambio de ritmo al final del cuento. ¿Qué efecto produce en el lector este cambio?
5. Encontramos que todos los verbos en el cuento se refieren al pasado, menos el último: «la cabeza del hombre en el sillón *leyendo* una novela». ¿Qué nos puede sugerir esto?

PERSPECTIVA PERSONAL

1. ¿Se han mezclado en su vida alguna vez la realidad y la ficción?
2. ¿Cree Ud. que la realidad se puede reducir a blanco o negro, o que existen otras posibilidades?
3. Muchos autores del siglo XX nos han presentado una «verdad» que es ambigua. ¿Qué repercusiones cree Ud. que ha tenido este hecho en nuestras vidas?

BIBLIOGRAFÍA

Epple, Juan Armando. "La actitud lúdica en el cuento de Cortázar." *Explicación de textos literarios*, 5 (1976): 165–173.

García Méndez, Javier. "De un cuento de Cortázar y de la teoría de lo fantástico." *Plural*, 9 (October 1979): 20–24.

Tittler, Jonathan. "La continuidad en 'Continuidad de los parques.'" *Crítica Hispánica*, 6 (1984): 167–174.

VOCABULARIO—"Continuidad de los parques"

SUSTANTIVOS

la altura	*height*
el(la) amante	*lover*
la cabaña	*cabin*
la caricia	*caress*
el mayordomo	*steward, foreman*
el puñal	*dagger*
el roble	*oak*
la senda/el sendero	*path*
el terciopelo	*velvet*
la trama	*plot*

VERBOS

dibujar	*to draw*
disuadir	*to dissuade*
gozar de	*to enjoy*
ladrar	*to bark*
molestar	*to bother*
rechazar	*to reject*
retener	*to retain*

ADJETIVOS

receloso(a)	*suspicious*

El almohadón de plumas

"El almohadón de plumas," first published in *Caras y caretas* in 1907, is one of Quiroga's earliest stories and one of the best examples of his skill with the Gothic horror story. The startling revelation of the last paragraph has stunned readers for generations. But beyond the conventions of the horror genre, the story can be read on a more symbolic plane. Here is one interpretation.

> The effects of horror, something mysterious and perverse pervading the atmosphere, are all there from the beginning of the story, and Quiroga skillfully, gradually readies the terrain, so that we are somewhat prepared for, though we do not anticipate, the sensational revelation at the end. But this story takes on much more meaning and subtlety when we realize that the anecdote can be interpreted on a symbolical level: the ailing Alicia suffers from hallucinations brought on by her husband's hostility and coldness, for he is the real monster.*

ANTES DE LEER

PALABRAS IMPORTANTES Y MODISMOS

al día siguiente	on the following day
a media voz	in a low voice
a ratos	at times
dejar caer	to let fall
de repente	suddenly
encogerse de hombros	to shrug one's shoulders
influir en	to influence
no obstante	nevertheless
por su parte	as far as he/she is/was concerned
volver (ue) en sí	to come to, regain consciousness

ESTRATEGIAS PARA LEER

Lexical Choices (El léxico)

If one understands, in a very broad sense, that a story is a narrative about situations or events, then one must remember that these narratives represent very specific choices of words and phrases, *lexical* choices. At times, then, the very sounds of certain words or the broader meanings of the words used in the text become extremely important. These linguistic decisions of the author help to make the narrative more profound.

Although the title to Quiroga's "El almohadón de plumas" (*The large feather pillow*) certainly creates an image, the reader finds that the very first sentence of the story adds, in no small way, to its meaning. The relationship between **almohadón** and **luna de miel** (*honeymoon*) can be understood somewhat unproblematically. This understanding, however, is quickly violated by the end of the sentence, which creates a situation that would seem to be paradoxical: a

---

*George D. Schade, "Introduction," in Horacio Quiroga, *The Decapitated Chicken and Other Stories*, trans. M.S. Peden (Austin, Tex.: The University of Texas Press, 1976), xi.

honeymoon fraught with fear. By extension, then, we see linked at this point the **almohadón**, marriage, and a negative tone.

Another interesting word choice is found in line 40 of the text. While **ahogaba** (*drowned*) is most certainly an appropriate verb to depict how a carpet muffles one's footsteps, one might consider that the author could easily have selected a word that did not conjure up the horrifying and morbid image of drowning. The use of this verb, given the context being developed by the narrative, would seem to imply a conscious lexical decision.

In order to become more aware of the importance of lexical choices, read lines 17–19 before your first reading of the story, focusing in particular on the phrase, "**En ese extraño nido de amor**." What lexical choices has the author made that help to convey the particular tone or feeling that comes from this paragraph? After having read the entire story, this paragraph, and especially this phrase, will acquire a very specific meaning.

El almohadón de plumas

SU LUNA DE miel[1] fue un largo escalofrío.[2] Rubia, angelical y tímida, el carácter duro de su marido heló sus soñadas niñerías de novia. Ella lo quería mucho, sin embargo, aunque a veces con un ligero estremecimiento[3] cuando volviendo de noche juntos por la calle, echaba una furtiva mirada a la alta
5   estatura de Jordán, mudo desde hacía una hora. Él, por su parte, la amaba profundamente, sin darlo a conocer.

Durante tres meses —se habían casado en abril—, vivieron una dicha[4] especial. Sin duda hubiera ella deseado menos severidad en ese rígido cielo de amor; más expansiva e incauta ternura;[5] pero el impasible semblante de su marido la
10   contenía siempre.[6]

La casa en que vivían influía no poco en sus estremecimientos. La blancura del patio silencioso —frisos,[7] columnas y estatuas de mármol— producía una otoñal impresión de palacio encantado. Dentro, el brillo glacial del estuco,[8] sin el más leve rasguño en las altas paredes,[9] afirmaba aquella sensación de desapacible[10] frío. Al
15   cruzar de una pieza a otra, los pasos hallaban eco en toda la casa, como si un largo abandono hubiera sensibilizado su resonancia.[11]

En ese extraño nido[12] de amor, Alicia pasó todo el otoño. Había concluido, no obstante, por echar un velo[13] sobre sus antiguos sueños, y aun vivía dormida en la casa hostil, sin querer pensar en nada hasta que llegaba su marido.
20   No es raro que adelgazara.[14] Tuvo un ligero ataque de influenza que se arrastró[15] insidiosamente días y días; Alicia no se reponía nunca. Al fin una tarde pudo salir al jardín apoyada en el brazo de su marido. Miraba indiferente a uno y otro lado. De pronto Jordán, con honda ternura, le pasó muy lento la mano por la cabeza, y Alicia rompió en seguida en sollozos,[16] echándole los brazos al cuello.[17]
25   Lloró largamente todo su espanto callado, redoblando el llanto a la más leve caricia de Jordán. Luego los sollozos fueron retardándose, y aun quedó largo rato escondida en su cuello, sin moverse ni pronunciar palabra.

[1]*luna... bodeymoon* [2]*shiver* [3]*ligero... slight shiver* [4]*happiness* [5]*incauta... incautious tenderness* [6]*el... her husband's stern manner always restrained her* [7]*friezes* [8]*stucco* [9]*sin... the completely bare, high walls* [10]*unpleasant* [11]*como... as if long abandonment had sensitized its resonance* [12]*nest* [13]*veil* [14]*she grew thin* [15]*se... dragged on* [16]*sobs* [17]*neck*

Source: Horacio Quiroga, "El almohadón de plumas," from *Caras y caretas.*

Fue ése el último día que Alicia estuvo levantada. Al día siguiente amaneció desvanecida.[18] El médico de Jordán la examinó con suma atención, ordenándole

30 calma y descanso absolutos.

—No sé— le dijo a Jordán en la puerta de calle. —Tiene una gran debilidad que no me explico. Y sin vómitos, nada... si mañana se despierta como hoy, llámeme en seguida.

Al día siguiente Alicia amanecía peor. Hubo consulta. Constatóse una anemia

35 de marcha agudísima,[19] completamente inexplicable. Alicia no tuvo más desmayos,[20] pero se iba visiblemente a la muerte. Todo el día el dormitorio estaba con las luces prendidas y en pleno silencio. Pasábanse horas sin que se oyera el menor ruido. Alicia dormitaba.[21] Jordán vivía casi en la sala, también con toda la luz encendida. Paseábase sin cesar de un extremo a otro, con incansable obstinación.

40 La alfombra[22] ahogaba sus pasos. A ratos entraba en el dormitorio y proseguía su mudo vaivén[23] a lo largo de la cama, deteniéndose un instante en cada extremo a mirar a su mujer.

Pronto Alicia comenzó a tener alucinaciones,[24] confusas y flotantes al principio, y que descendieron luego a ras del suelo.[25] La joven, con los ojos desmesurada-

45 mente[26] abiertos, no hacía sino mirar la alfombra a uno y otro lado del respaldo[27] de la cama. Una noche quedó de repente con los ojos fijos. Al rato abrió la boca para gritar, y sus narices y labios se perlaron de[28] sudor.

—¡Jordán! ¡Jordán!— clamó, rígida de espanto, sin dejar de mirar la alfombra. Jordán corrió al dormitorio, y al verlo aparecer Alicia lanzó un alarido[29] de

50 horror.

—¡Soy yo, Alicia, soy yo!

Alicia lo miró con extravío,[30] miró la alfombra, volvió a mirarlo, y después de largo rato de estupefacta confrontación, volvió en sí. Sonrió y tomó entre las suyas[31] la mano de su marido, acariciándola[32] por media hora, temblando.

55 Entre sus alucinaciones más porfiadas,[33] hubo un antropoide[34] apoyado en la alfombra sobre los dedos, que tenía fijos en ella los ojos.

Los médicos volvieron inútilmente. Había allí delante de ellos una vida que se acababa, desangrándose[35] día a día, hora a hora, sin saber absolutamente cómo. En la última consulta Alicia yacía en estupor mientras ellos la pulsaban, pasándose de

60 uno a otro la muñeca inerte.[36] La observaron largo rato en silencio, y siguieron al comedor.

— Pst...— se encogió de hombros desalentado[37] el médico de cabecera.[38] —Es un caso inexplicable... Poco hay que hacer...

—¡Sólo eso me faltaba!— resopló[39] Jordán. Y tamborileó[40] bruscamente sobre

65 la mesa.

Alicia fue extinguiéndose en subdelirio de anemia, agravado de tarde, pero que remitía[41] siempre en las primeras horas. Durante el día no avanzaba su enferme-dad, pero cada mañana amanecía lívida, en síncope casi.[42] Parecía que únicamente de noche se le fuera la vida en nuevas oleadas[43] de sangre. Tenía siempre al

70 despertar la sensación de estar desplomada[44] en la cama con un millón de kilos encima. Desde el tercer día este hundimiento[45] no la abandonó más. Apenas podía mover la cabeza. No quiso que le tocaran la cama, ni aun que le arreglaran el

[18]*feeling faint* [19]*Constatóse... It was decided she had advanced anemia* [20]*fainting spells*
[21]*dozed* [22]*rug* [23]*proseguía... continued his silent pacing* [24]*hallucinations* [25]*a... to floor level* [26]*excessively* [27]*head* [28]*se... were bathed in* [29]*scream* [30]*con... confusedly* [31]*entre... in her hands* [32]*caressing them* [33]*persistent* [34]*anthropoid (resembling an ape)* [35]*bleeding to death* [36]*muñeca... listless wrist* [37]*discouraged* [38]*de... in charge* [39]*sighed* [40]*he drummed (his fingers)* [41]*got better* [42]*amanecía... she woke up pale, almost in a faint* [43]*waves* [44]*weighted down* [45]*sinking*

almohadón. Sus terrores crepusculares avanzaban ahora en forma de monstruos que se arrastraban hasta la cama, y trepaban dificultosamente por la colcha.[46]

75   Perdió luego el conocimiento. Los dos días finales deliró sin cesar a media voz. Las luces continuaban fúnebremente encendidas en el dormitorio y la sala. En el silencio agónico de la casa no se oía más que el delirio monótono que salía de la cama, y el sordo retumbo[47] de los eternos pasos de Jordán.

    Alicia murió al fin. La sirvienta, cuando entró después a deshacer la cama, sola 80 ya, miró un rato extrañada el almohadón.

    —¡Señor!— llamó a Jordán en voz baja. —En el almohadón hay manchas que parecen de sangre.

    Jordán se acercó rápidamente y se dobló[48] sobre aquél. Efectivamente, sobre la funda,[49] a ambos lados del hueco que había dejado la cabeza de Alicia, se veían 85 manchitas oscuras.

    —Parecen picaduras[50]— murmuró la sirvienta después de un rato de inmóvil observación.

    —Levántelo a la luz— le dijo Jordán.

    La sirvienta lo levantó; pero en seguida lo dejó caer, y se quedó mirando a 90 aquél, lívida y temblando. Sin saber por qué, Jordán sintió que los cabellos se le erizaban.[51]

    —¿Qué hay?— murmuró con la voz ronca.[52]

    —Pesa mucho— articuló la sirvienta, sin dejar de temblar.

    Jordán lo levantó; pesaba extraordinariamente. Salieron con él, y sobre la mesa 95 del comedor Jordán cortó funda y envoltura de un tajo.[53] Las plumas superiores volaron, y la sirvienta dio un grito de horror con toda la boca abierta, llevándose las manos crispadas a los bandós:[54] —sobre el fondo, entre las plumas, moviendo lentamente las patas velludas,[55] había un animal monstruoso, una bola viviente y viscosa. Estaba tan hinchado que apenas se le pronunciaba la boca.[56]

100   Noche a noche, desde que Alicia había caído en cama, había aplicado sigilosamente[57] su boca —su trompa,[58] mejor dicho— a las sienes de aquélla, chupándole[59] la sangre. La picadura era casi imperceptible. La remoción[60] diaria del almohadón sin duda había impedido al principio su desarrollo; pero desde que la joven no pudo moverse, la succión fue vertiginosa. En cinco días, en cinco noches, 105 había el monstruo vaciado a Alicia.

    Estos parásitos de las aves, diminutos en el medio habitual, llegan a adquirir en ciertas condiciones proporciones enormes. La sangre humana parece serles particularmente favorable, y no es raro hallarlos en los almohadones de plumas.

---

[46]trepaban... *climbed upon the bedspread* [47]sordo... *soft patter* [48]se... *bent over* [49]*pillowcase* [50]*bites* [51]los... *his hair stood on end* [52]*hoarse* [53]funda... *the covering and the pillowcase with one cut* [54]*headband* [55]patas... *hairy legs* [56]apenas... *one could barely see its mouth* [57]*secretly* [58]*snout* [59]*sucking* [60]*fluffing*

𝒟ESPUÉS DE LEER

CUESTIONARIO

1. ¿Cómo fue la luna de miel de Alicia?
2. ¿Cómo se llamaba el esposo de Alicia?
3. ¿Cómo era la casa en que vivían?
4. ¿Por qué no era raro que Alicia adelgazaba?
5. ¿Qué le ordenó a Alicia el médico de Jordán?

6. ¿Qué cosa aparecía en sus alucinaciones más persistentes?
7. ¿Cuándo era más fuerte la enfermedad de Alicia?
8. ¿Qué notó la sirvienta en el almohadón de Alicia?
9. ¿Qué había en el almohadón?
10. ¿De qué murió Alicia?

ESTUDIO DE PALABRAS

A. Complete las oraciones con palabras o expresiones de **Palabras importantes y modismos.**

1. Aunque su familia había rechazado a Alicia, Jordán _____ la amaba profundamente.
2. La enfermedad de su esposa _____ mucho en su actitud hacia la vida.
3. Alicia había decidido _____ seguir con sus actividades normales a pesar de las amenazas del médico.
4. Ése fue el último día que Alicia estaba bien. _____ estaba peor.
5. Después de un largo desmayo, Alicia _____.
6. Jordán entraba en el dormitorio para ver a Alicia de cuando en cuando. Es decir que entraba _____ para verla.
7. Cuando Jordán vio a Alicia delirando en la cama _____ se echó a llorar.
8. El médico no sabía qué hacer. En este momento _____ y salió desanimado del cuarto.
9. Hablaba en voz baja, es decir, _____.
10. La sirvienta levantó el almohadón; pero en seguida lo _____.

B. Empareje las palabras o expresiones con sus sinónimos.

1. _____ dormitorio
2. _____ sirvienta
3. _____ parásitos
4. _____ terror
5. _____ marido
6. _____ alucinaciones
7. _____ inexplicable
8. _____ no obstante
9. _____ mirar
10. _____ en seguida

a. sin embargo
b. esposo
c. inmediatamente
d. visiones
e. animales
f. sala de dormir
g. criada
h. horror
i. observar
j. incomprensible

CONSIDERACIONES

1. Describa las relaciones entre estos dos que se amaban «mucho» y «profundamente».
2. El narrador dice que es extraño el «nido de amor» (línea 17) que tienen Alicia y Jordán y lo es en doble sentido. Comente.
3. Describa con sus propias palabras lo que ocurre el último día en que Alicia estuvo levantada y los dos paseaban por el jardín.
4. ¿Establece o sugiere el texto una relación entre Jordán y la enfermedad que sufre Alicia?
5. ¿Cómo es el animal que Jordán encontró dentro del almohadón? ¿Por qué era tan grande?
6. Al final del texto descubrimos la razón de la enfermedad de Alicia. Repase el texto, ahora que Ud. sabe la causa, y haga una lista de las frases que anuncian el final y sirven como prefiguración.

ANÁLISIS DEL TEXTO

1. Discuta el papel que hace el ambiente otoñal en «El almohadón de plumas». ¿Cómo es la casa en que los protagonistas vivían?
2. Discuta la figura de Jordán en función del contraste con la de Alicia.
3. ¿Puede hablarse de una *doble* presencia del horror en este cuento? ¿Cómo?
4. Discuta la función de las alucinaciones de Alicia como prefiguración del desenlace.
5. Discuta la importancia del último párrafo de «El almohadón de plumas». ¿Cómo lleva Quiroga al lector hacia el desenlace final?

PERSPECTIVA PERSONAL

1. ¿Ha experimentado Ud. una sensación de horror similar a la que sintió la sirvienta en este cuento?
2. ¿Cree Ud. que —en cierto sentido— «existen» animales similares al animal descrito en esta narración?
3. «En el *New York Times* del 25 de mayo de 1973, se narra el caso de Rimpy Mundi, niño de cuatro años, paralizado durante cinco días y a punto de morir. Los médicos del hospital no sabían a qué atribuir su enfermedad. Afortunadamente una enfermera, que días antes había asistido a una conferencia sobre reznos y garrapatas (*parasitic larvae and ticks*), espulgó a Rimpy y le sacó una garrapata. El enfermito recuperó su salud horas más tarde.»[*] Discuta Ud. esta cita con relación al cuento «El almohadón de plumas».

BIBLIOGRAFÍA

Arango L., Manuel Antonio. "Lo fantástico en el tema de la muerte en dos cuentos de Horacio Quiroga: 'El almohadón de plumas' y 'La insolación.'" *Explicación de textos literarios,* 8 (1979–1980): 183–190.

Etcheverry, José E. "La retórica del almohadón." In *Aproximaciones a Horacio Quiroga,* edited by Ángel Flores, 215–219. Caracas: Monte Ávila, 1976.

Gambarini, Elsa K. "El discurso y su transgresión: 'El almohadón de plumas', de Horacio Quiroga." *Revista Iberoamericana,* 46 (July–December 1980): 443–457.

Veiravé, Alfredo. "El almohadón de plumas, lo ficticio y lo real." In *Aproximaciones a Horacio Quiroga,* edited by Ángel Flores, 209–214. Caracas: Monte Ávila, 1976.

---

[*]José E. Etcheverry, "La retórica del almohadón," in *Aproximaciones a Horacio Quiroga,* ed. Ángel Flores (Caracas, Monte Ávila, 1976), 215–219.

VOCABULARIO

SUSTANTIVOS

el almohadón de plumas	*feather pillow*
la anemia	*anemia*
el antropoide	*anthropoid*
las aves	*birds*
la desilusión	*disillusion*
la funda	*pillowcase*
la luna de miel	*honeymoon*
la mancha	*stain*
el mármol	*marble*
el nido	*nest*
el parásito	*parasite*
la ternura	*tenderness*

VERBOS

desangrarse	*to bleed profusely, to death*
llorar	*to cry*
manchar	*to stain*
pesar	*to weigh*
vaciar	*to empty, drain*

ADJETIVOS

desplomado(a)	*weighted down*
hinchado(a)	*swollen*
mudo(a)	*silent*
viscoso(a)	*viscous, sticky*

EXPRESIONES Y CONCEPTOS

chuparle la sangre	*to suck one's blood*
dar a conocer	*to make known*

Gabriel García Márquez

Gabriel García Márquez (1928–   ) was born in Aracataca, a small village near the Atlantic coast of Colombia. He was raised by his maternal grandparents, who would satisfy his inquisitive nature by telling him stories and making him aware of his surroundings. His recollections of those childhood experiences have served as the source for many of his tales. García Márquez studied law in Bogotá and in 1948 began a career in journalism. During the fifties he traveled extensively in eastern Europe and, after a stay in Paris, continued his travels within Latin America.

The appearance of La bojarasca *(1955),* El coronel no tiene quien le escriba *(1958),* La mala hora *(1962), and the collection of short stories* Los funerales de la Mamá Grande *(1962), brought him recognition in the literary world. In those works he created the mythical setting of Macondo and began developing characters and situations that would appear in his literary masterpiece,* Cien años de soledad *(1967), a novel considered to be one of the best of the twentieth century. Its financial success allowed García Márquez to dedicate himself exclusively to his writing. A later collection of short stories,* La increíble y triste historia de la cándida Eréndira y de su abuela desalmada *(1972) shows García Márquez's continuing interest in the literature of the fantastic.*

More recent novels include El otoño del patriarca *(1975),* Crónica de una muerte anunciada *(1981),* El amor en los tiempos del cólera *(1985)* and El general en su laberinto *(1989). In 1982, García Márquez was awarded the Nobel Prize for Literature.*

Together with Mario Vargas Llosa, Julio Cortázar, Juan Rulfo, Alejo Carpentier, and Carlos Fuentes, García Márquez has been acclaimed as contributing to the modern "boom" in the Latin American narrative. After almost 150 years of servile adherence to European models, the Latin American novel has come of age. Although these "boom" novelists are typically Colombian, Argentinean, Peruvian, Mexican, or Cuban, their works transcend regional or national preoccupations and are read and appreciated the world over. García Márquez's novels, as well as those of his contemporaries, have been translated into the major languages of the world.

Latin America is finding a new language,, and with it each country is trying to answer vital questions from its own perspective. In his works, García Márquez implies that the old values imposed on Latin American society are no longer valid. Armed with an ironic vision, he destroys myths, underscores our desire to find solace in this world, and lures this readers into sharing a new reality. Although readers may delight in some of the characters that inhabit his world or enjoy the ironic humor of many situations, they will always find beneath the surface the suggestion that social and cultural stagnation lie at the root of Latin America's ills.

Un señor muy viejo con unas alas enormes

"Un señor muy viejo con unas alas enormes" first appeared in the collection titled *La increíble y triste historia de la cándida Eréndira y de su abuela desalmada*. García Márquez had intended these stories to be the nucleus of a children's book, but he soon abandoned that idea. In this selection, a common
everyday reality blends with fantastic and magical elements to such a point that
the fantastic is accepted as real. The story also reveals García Márquez's underly-
ing concern with metaphysical and social problems. As you read this story, study
the reactions of the characters when they are confronted with fantastic happen-
ings. Pay particular attention to the symbolism of the departure of the angel who
had become a nuisance to many and who had been neglected by all.

ANTES DE LEER

PALABRAS IMPORTANTES Y MODISMOS

a causa de	because of
acostumbrarse a	to get used to
cuidarse de + *infinitivo*	to take care to (*do something*)
darle los buenos días a alguien	to say hello to someone
gritar fuera de quicio	to shout violently
hacer conjeturas	to conjecture
hacerse cargo de	to take charge of
pasar por alto	to disregard
sacar a escobazos a alguien	to kick someone out
soportar	to endure, put up with

ESTRATEGIAS PARA LEER

Characterization (Caracterización)

The very brief duration of the short story, of course, necessarily precludes
lengthy character descriptions, at least to the degree and in the ways quite often
seen in novels. Because a more protracted type of characterization is generally
the result of direct observation or commentary, whether by the characters involved or by the narrative voice (or voices), short story authors tend to forgo the
extensive use of direct characterization. Indeed, the writer of short stories fre-
quently turns to more indirect methods for making characters profound. But
even the use of very indirect methods of characterization allows for a great degree of narrative truth, as well as psychological and thematic depth, in spite of
the length constraints imposed on the short story. For example, something as
simple as the use of the imperfect verb tense can point to the ongoing nature of
certain actions (repetition signaling a character trait); or a particular speech habit
may invite the reader to infer something about a character. Regardless of the
techniques used, all are significant to the development of character and story.

As you read "Un señor muy viejo con unas alas enormes," pay particular attention to the reactions of those who must make sense of this man with wings.
Also, be aware of how this man with wings is integrated into the thought pro-
cesses of those who form society. As just mentioned, these understandings may

be exposed in rather indirect ways. It will also prove helpful to understand in what ways this angel is like the humans of the community and in what ways he is not. Aside from the obvious distinction, how is the angel different? Finally, what is the impact and consequent importance of including a **feria errante** (*circus sideshow*)?

Un señor muy viejo con unas alas enormes

AL TERCER DÍA de lluvia habían matado tantos cangrejos dentro de la casa, que Pelayo tuvo que atravesar su patio anegado para tirarlos en el mar, pues el niño recién nacido había pasado la noche con calenturas[1] y se pensaba que era a causa de la pestilencia. El mundo estaba triste desde el martes. El
5   cielo y el mar eran una misma cosa de ceniza, y las arenas de la playa, que en marzo fulguraban como polvo de lumbre, se habían convertido en un caldo de lodo y mariscos podridos.[2] La luz era tan mansa al mediodía, que cuando Pelayo regresaba a la casa después de haber tirado los cangrejos, le costó trabajo[3] ver qué era lo que se movía y se quejaba en el fondo del patio. Tuvo que acercarse mucho
10 para descubrir que era un hombre viejo, que estaba tumbado boca abajo en el lodazal,[4] y a pesar de sus grandes esfuerzos no podía levantarse, porque se lo impedían sus enormes alas.

Asustado por aquella pesadilla,[5] Pelayo corrió en busca de Elisenda, su mujer, que estaba poniéndole compresas al niño enfermo, y la llevó hasta el fondo del
15 patio. Ambos observaron el cuerpo caído con un callado estupor. Estaba vestido como un trapero.[6] Le quedaban apenas unas hilachas descoloridas[7] en el cráneo pelado y muy pocos dientes en la boca, y su lastimosa condición de bisabuelo ensopado[8] lo había desprovisto de toda grandeza. Sus alas de gallinazo grande, sucias y medio desplumadas, estaban encalladas[9] para siempre en el lodazal. Tanto
20 lo observaron, y con tanta atención, que Pelayo y Elisenda se sobrepusieron muy pronto del asombro y acabaron por encontrarlo familiar. Entonces se atrevieron a hablarle, y él les contestó en un dialecto incomprensible pero con una buena voz de navegante. Fue así como pasaron por alto el inconveniente de las alas, y concluyeron con muy buen juicio que era un náufrago solitario de alguna nave
25 extranjera abatida por el temporal. Sin embargo, llamaron para que lo viera a una vecina que sabía todas las cosas de la vida y la muerte, y a ella le bastó con una mirada para sacarlos del error.

—Es un ángel— les dijo. —Seguro que venía por el niño, pero el pobre está tan viejo que lo ha tumbado la lluvia.

30 Al día siguiente todo el mundo sabía que en casa de Pelayo tenían cautivo un ángel de carne y hueso. Contra el criterio de la vecina sabia, para quien los ángeles de estos tiempos eran sobrevivientes fugitivos de una conspiración celestial, no habían tenido corazón para matarlo a palos.[10] Pelayo estuvo vigilándolo toda la tarde desde la cocina, armado con un garrote[11] de alguacil, y antes de acostarse lo
35 sacó a rastras[12] del lodazal y lo encerró con las gallinas en el gallinero alambrado. A media noche, cuando terminó la lluvia, Pelayo y Elisenda seguían matando cangrejos. Poco después el niño despertó sin fiebre y con deseos de comer. Entonces

[1] *a fever* [2] *se... had been converted into a muddy broth of rotten shellfish* [3] *le... he found it difficult* [4] *estaba... he was lying face down in the mud* [5] *nightmare* [6] *ragpicker* [7] *hilachas... colorless strands* [8] *soaking wet* [9] *estaban... were bogged down* [10] *para... to club him to death* [11] *club* [12] *lo... he dragged him out*

Source: Gabriel García Márquez, "Un señor muy viejo con unas alas enormes." Copyright © Gabriel García Márquez, 1962 and 1968. Reprinted by permission.

se sintieron magnánimos y decidieron poner al ángel en una balsa con agua dulce y provisiones para tres días, y abandonarlo a su suerte en altamar. Pero cuando salieron al patio con las primeras luces, encontraron a todo el vecindario frente al gallinero, retozando[13] con el ángel sin la menor devoción y echándole cosas de comer por los huecos de las alambradas, como si no fuera una criatura sobrenatural sino un animal de circo.

El padre Gonzaga llegó antes de las siete alarmado por la desproporción de la noticia. A esta hora ya habían acudido[14] curiosos menos frívolos que los del amanecer, y habían hecho toda clase de conjeturas sobre el porvenir del cautivo. Los más simples pensaban que sería nombrado alcalde del mundo. Otros, de espíritu más áspero, suponían que sería ascendido a general de cinco estrellas para que ganara todas las guerras. Algunos visionarios esperaban que fuera conservado como semental[15] para implantar en la tierra una estirpe de hombres alados y sabios que se hicieran cargo del universo. Pero el padre Gonzaga, antes de ser cura, había sido leñador macizo.[16] Asomado a las alambradas repasó en un instante su catecismo, y todavía pidió que le abrieran la puerta para examinar de cerca a aquel varón de lástima que más bien parecía una enorme gallina decrépita entre las gallinas absortas. Estaba echado en un rincón, secándose al sol las alas extendidas, entre las cáscaras de frutas y las sobras de desayunos que le habían tirado los madrugadores. Ajeno a las impertinencias del mundo, apenas si levantó sus ojos de anticuario y murmuró algo en su dialecto cuando el padre Gonzaga entró en el gallinero y le dio los buenos días en latín. El párroco tuvo la primera sospecha de su impostura[17] al comprobar que no entendía la lengua de Dios ni sabía saludar a sus ministros. Luego observó que visto de cerca resultaba demasiado humano: tenía un insoportable olor de intemperie,[18] el revés de las alas sembrado de algas parasitarias y las plumas mayores maltratadas por vientos terrestres, y nada de su naturaleza miserable estaba de acuerdo con la egregia dignidad de los ángeles. Entonces abandonó el gallinero, y con un breve sermón previno[19] a los curiosos contra los riesgos de la ingenuidad. Les recordó que el demonio tenía la mala costumbre de recurrir a artificios de carnaval para confundir a los incautos. Argumentó que si las alas no eran el elemento esencial para determinar las diferencias entre un gavilán y un aeroplano, mucho menos podían serlo para reconocer a los ángeles. Sin embargo, prometió escribir una carta a su obispo, para que éste escribiera otra a su primado y para que éste escribiera otra al Sumo Pontífice, de modo que el veredicto final viniera de los tribunales más altos.

Su prudencia cayó en corazones estériles. La noticia del ángel cautivo se divulgó[20] con tanta rapidez, que al cabo de pocas horas había en el patio un alboroto de mercado,[21] y tuvieron que llevar la tropa con bayonetas para espantar el tumulto que ya estaba a punto de tumbar la casa. Elisenda, con el espinazo torcido de tanto barrer basura de feria, tuvo entonces la buena idea de tapiar[22] el patio y cobrar cinco centavos por la entrada para ver al ángel.

Vinieron curiosos hasta de la Martinica. Vino una feria ambulante con un acróbata volador, que pasó zumbando varias veces por encima de la muchedumbre, pero nadie le hizo caso porque sus alas no eran de ángel sino de murciélago sideral.[23] Vinieron en busca de salud los enfermos más desdichados del Caribe: una pobre mujer que desde niña estaba contando los latidos de su corazón y ya no le alcanzaban los números,[24] un jamaiquino que no podía dormir porque lo atormentaba el ruido de las estrellas, un sonámbulo que se levantaba de noche a deshacer

---

[13]*playing* [14]*arrived* [15]*breeding stock* [16]*leñador... a hardy woodsman* [17]*fraud* [18]*tenía... be bad an unbearable, weathered smell* [19]*be warned* [20]*se... was spread* [21]*un... an air of excitement like that of a marketplace* [22]*de... to enclose* [23]*murciélago... a heavenly bat* [24]*una... a poor woman who had been counting the beats of her heart since she was a child and had already run out of numbers*

las cosas que había hecho despierto, y muchos otros de menor gravedad. En medio
de aquel desorden de naufragio que hacía temblar la tierra, Pelayo y Elisenda
estaban felices de cansancio, porque en menos de una semana atiborraban de
plata los dormitorios,[25] y todavía la fila de peregrinos que esperaban turno para
90 entrar llegaba hasta el otro lado del horizonte.

El ángel era el único que no participaba de su propio acontecimiento. El tiempo
se le iba a buscar acomodo en su nido prestado, aturdido por el calor de infierno de
las lámparas de aceite y las velas de sacrificio que le arrimaban a las alambradas. Al
principio trataron de que comiera cristales de alcanfor,[26] que, de acuerdo con la
95 sabiduría de la vecina sabia, era el alimento específico de los ángeles. Pero él los
despreciaba, como despreció sin probarlos los almuerzos papales que le llevaban
los penitentes, y nunca se supo si fue por ángel o por viejo que terminó comiendo
nada más que papillas de berenjena.[27] Su única virtud sobrenatural parecía ser la
paciencia. Sobre todo en los primeros tiempos, cuando lo picoteaban las gallinas
100 en busca de los parásitos estelares que proliferaban en sus alas, y los baldados[28] le
arrancaban plumas para tocarse con ellas sus defectos, y hasta los más piadosos le
tiraban piedras tratando de que se levantara para verlo de cuerpo entero. La única
vez que consiguieron alterarlo fue cuando le abrasaron el costado con un hierro de
marcar novillos,[29] porque llevaba tantas horas de estar inmóvil que lo creyeron
105 muerto. Despertó sobresaltado, despotricando[30] en lengua hermética y con los ojos
en lágrimas, y dio un par de aletazos que provocaron un remolino de estiércol de
gallinero y polvo lunar, y un ventarrón de pánico que no parecía de este mundo.
Aunque muchos creyeron que su reacción no había sido de rabia sino de dolor,
desde entonces se cuidaron de no molestarlo, porque la mayoría entendió que su
110 pasividad no era la de un héroe en uso de buen retiro sino la de un cataclismo en
reposo.

El padre Gonzaga se enfrentó a la frivolidad de la muchedumbre con fórmulas
de inspiración doméstica, mientras le llegaba un juicio terminante sobre la naturaleza del cautivo. Pero el correo de Roma había perdido la noción de la urgencia. El
115 tiempo se les iba en averiguar si el convicto tenía ombligo, si su dialecto tenía algo
que ver con el arameo, si podía caber muchas veces en la punta de un alfiler, o si
no sería simplemente un noruego con alas. Aquellas cartas de parsimonia[31] habrían
ido y venido hasta el fin de los siglos, si un acontecimiento providencial no hubiera
puesto término a las tribulaciones del párroco.

120 Sucedió que por esos días, entre muchas otras atracciones de las ferias errantes
del Caribe, llevaron al pueblo el espectáculo triste de la mujer que se había convertido en araña por desobedecer a sus padres. La entrada para verla no sólo
costaba menos que la entrada para ver al ángel, sino que permitían hacerle toda
clase de preguntas sobre su absurda condición, y examinarla al derecho y al
125 revés,[32] de modo que nadie pusiera en duda la verdad del horror. Era una tarántula
espantosa del tamaño de un carnero y con la cabeza de una doncella triste. Pero lo
más desgarrador no era su figura de disparate,[33] sino la sincera aflicción con que
contaba los pormenores de su desgracia; siendo casi una niña se había escapado
de la casa de sus padres para ir a un baile, y cuando regresaba por el bosque
130 después de haber bailado toda la noche sin permiso, un trueno pavoroso abrió el
cielo en dos mitades, y por aquella grieta salió el relámpago de azufre que la
convirtió en araña. Su único alimento eran las bolitas de carne molida que las almas

[25]atiborraban... *the bedrooms were full of money* [26]cristales... *camphor crystals* [27]papillas... *mashed
eggplant* [28]*crippled* [29]le... *they burned his side with a branding iron* [30]*ranting and raving* [31]de...
discreet [32]examinarla... *to scrutinize her thoroughly* [33]lo... *the most heartrending thing was not her
foolish appearance*

caritativas quisieran echarle en la boca. Semejante espectáculo, cargado de tanta verdad humana y de tan temible escarmiento, tenía que derrotar sin pro-
135 ponérselo al de un ángel despectivo que apenas si se dignaba mirar a los mortales. Además los escasos milagros que se le atribuían al ángel revelaban un cierto desorden mental, como el del ciego que no recobró la visión pero le salieron tres dientes nuevos, y el del paralítico que no pudo andar pero estuvo a punto de ganarse la lotería, y el del leproso a quien le nacieron girasoles en las heridas.
140 Aquellos milagros de consolación que más bien parecían entretenimientos de burla, habían quebrantado ya la reputación del ángel cuando la mujer convertida en araña terminó de aniquilarla. Fue así cómo el padre Gonzaga se curó para siempre del insomnio, y el patio de Pelayo volvió a quedar tan solitario como en los tiempos en que llovió tres días y los cangrejos caminaban por los dormitorios.
145   Los dueños de la casa no tuvieron nada que lamentar. Con el dinero recaudado construyeron una mansión de dos plantas, con balcones y jardines, y con sardineles[34] muy altos para que no se metieran los cangrejos del invierno, y con barras de hierro en las ventanas para que no se metieran los ángeles. Pelayo estableció además un criadero de conejos muy cerca del pueblo y renunció para siempre a su
150 mal empleo de alguacil, y Elisenda se compró unas zapatillas satinadas de tacones altos y muchos vestidos de seda tornasol,[35] de los que usaban las señoras más codiciadas en los domingos de aquellos tiempos. El gallinero fue lo único que no mereció atención. Si alguna vez lo lavaron con creolina y quemaron las lágrimas de mirra en su interior, no fue por hacerle honor al ángel, sino por conjurar la pesti-
155 lencia de muladar[36] que ya andaba como un fantasma por todas partes y estaba volviendo vieja la casa nueva. Al principio, cuando el niño aprendió a caminar, se cuidaron de que no estuviera muy cerca del gallinero. Pero luego se fueron olvidando del temor y acostumbrándose a la peste, y antes de que el niño mudara los dientes se había metido a jugar dentro del gallinero, cuyas alambradas podridas se
160 caían a pedazos. El ángel no fue menos displicente[37] con él que con el resto de los mortales, pero soportaba las infamias más ingeniosas con una mansedumbre de perro sin ilusiones. Ambos contrajeron la varicela[38] al mismo tiempo. El médico que atendió al niño no resistió a la tentación de auscultar[39] al ángel, y le encontró tantos soplos en el corazón y tantos ruidos en los riñones, que no le pareció
165 posible que estuviera vivo. Lo que más le asombró, sin embargo, fue la lógica de sus alas. Resultaban tan naturales en aquel organismo completamente humano, que no podía entenderse por qué no las tenían también los otros hombres.
    Cuando el niño fue a la escuela, hacía mucho tiempo que el sol y la lluvia habían desbaratado el gallinero. El ángel andaba arrastrándose por acá y por allá
170 como un moribundo sin dueño. Lo sacaban a escobazos de un dormitorio y un momento después lo encontraban en la cocina. Parecía estar en tantos lugares al mismo tiempo, que llegaron a pensar que se desdoblaba, que se repetía a sí mismo por toda la casa, y la exasperada Elisenda gritaba fuera de quicio que era una desgracia vivir en aquel infierno lleno de ángeles. Apenas si podía comer, sus ojos
175 de anticuario se le habían vuelto tan turbios que andaba tropezando con los horcones, y ya no le quedaban sino las cánulas peladas[40] de las últimas plumas. Pelayo le echó encima una manta y le hizo la caridad de dejarlo dormir en el cobertizo, y sólo entonces advirtieron que pasaba la noche con calenturas delirando en trabalenguas[41] de noruego viejo. Fue ésa una de las pocas veces en que se alarmaron,
180 porque pensaban que se iba a morir, y ni siquiera la vecina sabia había podido decirles qué se hacía con los ángeles muertos.

[34]*brick walls* [35]*iridescent* [36]pestilencia... *smell of a dungheap* [37]*disagreeable* [38]la... *chicken pox* [39]*to examine with a stethoscope* [40]cánulas... *bare shafts* [41]*tongue twisters*

Sin embargo, no sólo sobrevivió a su peor invierno, sino que pareció mejor con los primeros soles. Se quedó inmóvil muchos días en el rincón más apartado del patio, donde nadie lo viera, y a principios de diciembre empezaron a nacerle en las alas unas plumas grandes y duras, plumas de pajarraco viejo,[42] que más bien parecían un nuevo percance[43] de la decrepitud. Pero él debía conocer la razón de esos cambios, porque se cuidaba muy bien de que nadie los notara, y de que nadie oyera las canciones de navegantes que a veces cantaba bajo las estrellas. Una mañana, Elisenda estaba cortando rebanadas de cebolla para el almuerzo, cuando un viento que parecía de altamar se metió en la cocina. Entonces se asomó por la ventana, y sorprendió al ángel en las primeras tentativas del vuelo. Eran tan torpes, que abrió con las uñas un surco de arado en las hortalizas y estuvo a punto de desbaratar[44] el cobertizo con aquellos aletazos indignos que resbalaban en la luz y no encontraban asidero en el aire.[45] Pero logró ganar altura. Elisenda exhaló un suspiro de descanso, por ella y por él, cuando lo vio pasar por encima de las últimas casas, sustentándose de cualquier modo con un azaroso aleteo de buitre senil.[46] Siguió viéndolo hasta cuando acabó de cortar la cebolla, y siguió viéndolo hasta cuando ya no era posible que lo pudiera ver, porque entonces ya no era un estorbo en su vida, sino un punto imaginario en el horizonte del mar.

[42]pajarraco... *a big old ugly bird* [43]*misfortune* [44]*destroying* [45]no... *couldn't find a hold on the sky* [46]con... *with the hazardous flapping of a senile vulture*

$\mathcal{D}$ESPUÉS DE LEER

CUESTIONARIO

1. Describa la condición física del viejo.
2. ¿Por qué llamaron a una vieja vecina?
3. ¿Cómo se dio cuenta el padre Gonzaga de que el viejo resultaba demasiado humano?
4. ¿Por qué vinieron muchos curiosos a la casa de Pelayo y Elisenda?
5. ¿Cuál era la comida preferida del ángel?
6. ¿Por qué se había convertido la mujer en araña?
7. Describa algunos de los milagros que se le atribuían al ángel.
8. Cuando el ángel deliraba con calenturas, ¿qué idioma hablaba?
9. ¿Cómo volaba el ángel?

ESTUDIO DE PALABRAS

Complete las oraciones con palabras o expresiones de **Palabras importantes y modismos.**

1. El niño estaba enfermo y se pensaba que era _____ la pestilencia.
2. La exasperada mujer estaba histérica y _____ que era una desgracia vivir en aquella casa.
3. El padre Gonzaga _____ al ángel saludándole con su sombrero.
4. Pelayo, el dueño de la casa, decidió _____ de todo lo relacionado con el ángel.
5. El ángel no podía _____ las insultas y por consecuencia se echó a llorar.
6. La gente olvidó el temor y gradualmente _____ al espectáculo del ángel caído a la tierra.
7. Puesto que el niño estaba tan enfermo su madre _____ no molestarlo.
8. Elisenda decidió echar al ángel de su casa y a la mañana siguiente le _____ al pobre ángel de su dormitorio.

9. Elisenda y Pelayo no querían hablar del milagro del ángel. Así _____ las noticias en el periódico.

10. Los curiosos _____ sobre el porvenir del ángel.

CONSIDERACIONES

1. Describa el ambiente marino de este cuento.
2. En el cuento aparecen muchas opiniones sobre la naturaleza del ángel que encontraron en el fondo del patio. Haga una lista de algunas de ellas y compárelas.
3. Describa en unas frases el proceso que sigue el cura para averiguar la naturaleza del ángel.
4. ¿Quiénes eran todos los curiosos que fueron a verlo?
5. El ángel tenía una enorme paciencia. Escriba algunas frases sobre los límites de esta paciencia.
6. ¿Qué efecto tiene el dinero sobre la pareja de este cuento?
7. Describa algunas de las atracciones de las ferias errantes del Caribe.
8. ¿Qué tipo de persona es el padre Gonzaga?
9. ¿Cómo se lleva el ángel con el niño?

ANÁLISIS DEL TEXTO

1. ¿Cuáles son los elementos fantásticos de este cuento?
2. ¿Cómo se describe la condición humana en esta obra? ¿Cuáles temas predominan?
3. Se le pueden atribuir al ángel ciertos rasgos mesiánicos. ¿Cuáles son? ¿Qué función tienen en la obra?
4. ¿Qué papel tiene el representante de la Iglesia Católica en este cuento? ¿Qué actitud le demuestra el narrador?
5. ¿Por qué cree Ud. que el autor ha pintado al ángel de una manera tan decrépita y desolada?
6. Discuta el efecto producido por la presencia del ángel sobre los varios miembros de la sociedad.
7. ¿Qué puede simbolizar el ángel en su último vuelo?

PERSPECTIVA PERSONAL

1. ¿Tiene Ud. ciertas ideas sobre la vida y la cultura latinoamericanas? ¿Cómo se comparan con las que presenta el autor?
2. ¿Cree Ud. que la visión aquí presentada por el autor coincide con la realidad latinoamericana?
3. ¿Qué emociones suscitó en Ud. la lectura del cuento?
4. Si Ud. fuera uno de los vecinos, ¿cómo actuaría en estas circunstancias?

BIBLIOGRAFÍA

Carrillo, Germán Darío. "Desenfado y comicidad: Dos técnicas mágicorrealistas de García Márquez en 'Un hombre muy viejo con unas alas enormes.'" *Nueva narrativa hispanoamericana* (September 1971): 123–132.

González Del Valle, Luis, and Cabrera, Vicente. *La nueva ficción hispanoamericana*. New York: Eliseo Torres, 1972. See especially 131–139 and 141–148.

Shivers, George R. "La visión mágico-mesiánica en tres relatos de Gabriel García Márquez." *Arbor, 354* (June 1975): 192–201.

VOCABULARIO

SUSTANTIVOS

el aceite	*oil*
el acomodo	*employment*
el acontecimiento	*happening*
el ala (fem.)	*wing*
el alcalde	*mayor*
el alguacil	*policeman*
el alimento	*food*
el alma (fem.)	*soul*
el amanecer	*dawn*
el anticuario	*antique dealer*
el arameo	*Aramaic*
la araña	*spider*
la arena	*sand*
el asombro	*amazement*
el azufre	*sulfur*
la balsa	*raft*
la burla	*mockery*
el caldo	*soup*
la calentura	*fever*
el cangrejo	*crab*
el carnero	*sheep*
las cáscaras	*skins, hulls*
la ceniza	*ash*
el cobertizo	*shed*
el criadero de conejos	*rabbit hutch*
el cura	*priest*
la desgracia	*misfortune*
el escarmiento	*moral lesson*
el escobazo	*sweeping stroke with a broom*
el esfuerzo	*effort*
el espinazo	*spine*
el estiércol	*manure*
la estirpe	*line (family stock)*
el estorbo	*obstacle, annoyance*
la fiebre	*fever*
la fila	*row, line*
el fondo	*back*
el gallinazo	*big chicken*
el gallinero alambrado	*fenced in chicken coop*
el gavilán	*hawk*
el girasol	*sunflower*
la grieta	*crack*
la herida	*wound*
el hierro	*iron*

el horcón	*beam*
la hortaliza	*vegetable*
el juicio	*judgment*
la lágrima	*tear*
el leproso	*leper*
el lodo	*mud*
la mansedumbre	*tameness*
la manta	*blanket*
el milagro	*miracle*
la mirra	*myrrh*
la mitad	*half*
la muchedumbre	*crowd*
el náufrago	*shipwrecked person*
la nave	*ship*
el nido	*nest*
el obispo	*bishop*
el ombligo	*navel*
el párroco	*parish priest*
los pedazos	*pieces*
la peste	*bad smell*
la planta	*floor (of a building)*
el polvo	*powder*
el pormenor	*detail*
el porvenir	*future*
la punta de un alfiler	*the head of a pin*
la rabia	*anger*
la rebanada	*slice*
el relámpago	*lightning*
el remolino	*whirlpool*
el riesgo	*risk*
el rincón	*corner*
el riñón	*kidney*
las sobras	*leftovers*
el soplo	*puff, gust*
el surco de arado	*plowed furrow*
el tacón	*heel*
el tamaño	*size*
el trueno	*thunderclap*
la uña	*fingernail*
la vela	*candle*
la virtud	*virtue*

VERBOS

aniquilar	*to annihilate*
arrancar	*to pull out*
arrastrarse	*to drag oneself*

arrimar	*to place near*
asomarse a	*to look out of*
atravesar	*to cross*
atreverse a	*to dare to*
averiguar	*to find out*
bastar	*to suffice, to be enough*
caber	*to fit*
cobrar	*to charge*
comprobar	*to prove*
derrotar	*to defeat*
despreciar	*to scorn*
enfrentarse a	*to confront*
espantar	*to frighten*
fulgar	*to sparkle*
hacerle caso a alguien	*to pay attention to someone*
hacerse cargo de	*to take charge of*
lograr	*to succeed in*
merecer	*to deserve*
pasar por alto	*to disregard*
quebrantar	*to break*
quemar	*to burn*
recurrir	*to have recourse to*
resbalar	*to slip, slide*
soportar	*to tolerate*
tirar	*to throw*
tropezar con	*to bump into*
tumbar	*to overturn, to knock down*
zumbar	*to buzz*

ADJETIVOS

abatido	*overturned*
ajeno a	*alien to*
anegado	*flooded*
áspero	*rough*
asustado	*frightened*
aturdido	*stunned*
caritativo	*charitable*
codiciadas	*desired*
desbarratado	*wrecked*
desdichado	*unfortunate*
desgarrador	*frightening*
despectivo	*contemptuous*
desprovisto	*devoid*
egregio	*illustrious*
escaso	*scarce*
espantoso	*frightening*

hermética	*secretive*
incauto	*gullible*
molido	*ground*
noruego	*Norwegian*
pavoroso	*terrifying*
piadoso	*pious*
recaudado	*collected*
torcido	*twisted*
torpe	*clumsy*
varón	*male*

ADVERBIOS

a pesar de	*in spite of*
al cabo de	*at the end of*
al revés de	*the opposite side of*
apenas	*hardly*
fuera de quicio	*beside oneself*

La noche boca arriba

"La noche boca arriba," included in the first edition of *Final del juego,* plays with two distinct levels of reality: the conscious, or "real" world, and the subconscious, or dream world. As you read the story, pay particular attention to the techniques used to maintain tension between those two worlds. Focus on the language employed to create an atmosphere of fear and confusion.

*A*NTES DE LEER

PALABRAS IMPORTANTES Y MODISMOS

agacharse	to crouch
a tientas	gropingly
costarle (ue) a alguien + *infinitivo*	to be difficult for someone to (*do something*)
de cuando en cuando	from time to time
defenderse	to defend oneself
esconderse	to hide
hacer una seña	to signal
hacer un buche	to wet one's mouth
ir ganando	to overcome
tratar de + *infinitivo*	to try to (*do something*)

ESTRATEGIAS PARA LEER

Themes (Temas)

Although a work concretely presents the subject matter or action of its story, its theme or themes are often found on levels that are more abstract. Even though the themes might actually be stated overtly, quite often this does not prove to be the case. The need for greater understanding or brotherhood, for example, could be seen as one of several themes arising from conflicts that normally lead to physical violence. In this particular scenario, the theme need not be stated directly, while the conflicts or physical violence *would* be mentioned.

The theme of "La noche boca arriba" (*"The Night Face Up"*) is similar to that of many of Cortázar's stories in that one's understanding of reality is questioned. As you read the story quickly for the first time, take special note of the different realities that alternate in this story—the conscious or "real" world and the subconscious or "dream" world—and of how these realities are linked in the story. What causes the temporal and spatial shifts from one reality to the other? This movement between two seemingly disparate realities, a movement that can be seen as a destabilizing force, is a source of great tension in the story. Although you will ultimately see what triggers the shifts between realities, the tension remains until the very end of the story when the theme is more fully elaborated. In other words, you will discover that your role as reader has been more active than passive.

Try to answer the following questions before your second reading. In what ways are you, the reader, suddenly, forced at the end, forced to confront the assumptions that you made earlier while reading? How is the theme more fully explored at the end of the story? After you reread "La noche boca arriba," you will find that the implications of the theme become much more profound.

La noche boca arriba

 Y salían en ciertas épocas a cazar enemigos; le llamaban la guerra florida.[1]

A mitad del largo zaguán del hotel pensó que debía ser tarde, y se apuró a salir a la calle y sacar la motocicleta del rincón donde el portero de al lado le permitía guardarla. En la joyería de la esquina vio que eran las nueve menos diez; llegaría
5　con tiempo sobrado adonde iba.[2] El sol se filtraba entre los altos edificios del centro, y él —porque para sí mismo, para ir pensando, no tenía nombre— montó en la máquina saboreando el paseo. La moto ronroneaba[3] entre sus piernas, y un viento fresco le chicoteaba[4] los pantalones.

10　　Dejó pasar los ministerios[5] (el rosa, el blanco) y la serie de comercios con brillantes vitrinas de la calle Central. Ahora entraba en la parte más agradable del trayecto, el verdadero paseo: una calle larga, bordeada de árboles, con poco tráfico y amplias villas que dejaban venir los jardines hasta las aceras, apenas demarcadas por setos[6] bajos. Quizá algo distraído, pero corriendo sobre la derecha como
15　correspondía, se dejó llevar por la tersura,[7] por la leve crispación[8] de ese día apenas empezado. Tal vez su involuntario relajamiento le impidió prevenir el accidente. Cuando vio que la mujer parada en la esquina se lanzaba a la calzada[9] a pesar de las luces verdes, ya era tarde para las soluciones fáciles. Frenó con el pie y la mano, desviándose a la izquierda; oyó el grito de la mujer, y junto con el choque
20　perdió la visión. Fue como dormirse de golpe.

　　Volvió bruscamente del desmayo. Cuatro o cinco hombres jóvenes lo estaban sacando de debajo de la moto. Sentía gusto a sal y sangre, le dolía una rodilla, y cuando lo alzaron gritó, porque no podía soportar la presión en el brazo derecho. Voces que no parecían pertenecer a las caras suspendidas sobre él, lo alentaban
25　con bromas y seguridades. Su único alivio fue oír la confirmación de que había estado en su derecho al cruzar la esquina. Preguntó por la mujer, tratando de dominar la náusea que le ganaba la garganta.[10] Mientras lo llevaban boca arriba hasta una farmacia próxima, supo que la causante del accidente no tenía más que rasguños en las piernas. «Usté la agarró apenas, pero el golpe le hizo saltar la
-30　máquina de costado...» Opiniones, recuerdos, despacio, éntrenlo de espaldas,[11] así va bien, y alguien con guardapolvo[12] dándole a beber un trago que lo alivió en la penumbra de una pequeña farmacia de barrio.

　　La ambulancia policial llegó a los cinco minutos, y lo subieron a una camilla[13] blanda donde pudo tenderse a gusto. Con toda lucidez, pero sabiendo que estaba
35　bajo los efectos de un shock terrible, dio sus señas al policía que lo acompañaba. El brazo casi no le dolía; de una cortadura en la ceja goteaba sangre por toda la cara.

[1]la... *ritualistic Aztec wars in which victims were offered up as a sacrifice to the gods* [2]llegaría... *he would arrive at his destination in plenty of time* [3]*purred* [4]*whipped* [5]*government office buildings* [6]*hedges* [7]*polish* [8]*element of tension* [9]se... *thrust herself into the street* [10]tratando... *trying to control the nausea that was getting the better of him* [11]éntrenlo... *take him in backwards* [12]*dustcoat* [13]*stretcher*

Una o dos veces se lamió[14] los labios para beberla. Se sentía bien, era un accidente, mala suerte; unas semanas quieto y nada más. El vigilante le dijo que la motocicleta no parecía muy estropeada.[15] «Natural», dijo él. «Como que me la ligué encima...»[16]

40 Los dos se rieron, y el vigilante le dio la mano al llegar al hospital y le deseó buena suerte. Ya la náusea volvía poco a poco; mientras lo llevaban en una camilla de ruedas hasta un pabellón del fondo, pasando bajo árboles llenos de pájaros, cerró los ojos y deseó estar dormido o cloroformado.[17] Pero lo tuvieron largo rato en una pieza con olor a hospital, llenando una ficha, quitándole la ropa y vistiéndolo con

45 una camisa grisácea y dura. Le movían cuidadosamente el brazo, sin que le doliera. Las enfermeras bromeaban todo el tiempo, y si no hubiera sido por las contracciones del estómago se habría sentido muy bien, casi contento.

Lo llevaron a la sala de radio,[18] y veinte minutos después, con la placa todavía húmeda puesta sobre el pecho como una lápida negra,[19] pasó a la sala de opera-

50 ciones. Alguien de blanco, alto y delgado, se le acercó y se puso a mirar la radiografía. Manos de mujer le acomodaban la cabeza, sintió que lo pasaban de una camilla a otra. El hombre de blanco se le acercó otra vez, sonriendo, con algo que le brillaba en la mano derecha. Le palmeó la mejilla e hizo una seña a alguien parado atrás.

55 Como sueño era curioso porque estaba lleno de olores y él nunca soñaba olores. Primero un olor a pantano,[20] ya que a la izquierda de la calzada empezaban las marismas,[21] los tembladerales[22] de donde no volvía nadie. Pero el olor cesó, y en cambio vino una fragancia compuesta y oscura como la noche en que se movía huyendo de los aztecas. Y todo era tan natural, tenía que huir de los aztecas que

60 andaban a caza de hombre, y su única probabilidad era la de esconderse en lo más denso de la selva, cuidando de no apartarse de la estrecha calzada que sólo ell[os] los motecas,[23] conocían.

Lo que más lo torturaba era el olor, como si aun en la absoluta aceptación del sueño algo se rebelara contra eso que no era habitual, que hasta entonces no había

65 participado del juego. «Huele a guerra», pensó, tocando instintivamente el puñal de piedra atravesado en su ceñidor de lana tejida. Un sonido inesperado lo hizo agacharse y quedar inmóvil, temblando. Tener miedo no era extraño, en sus sueños abundaba el miedo. Esperó, tapado por las ramas de un arbusto[24] y la noche sin estrellas. Muy lejos, probablemente del otro lado del gran lago, debían

70 estar ardiendo fuegos de vivac;[25] un resplandor rojizo teñía esa parte del cielo. El sonido no se repitió. Había sido como una rama quebrada. Tal vez un animal que escapaba como él del olor de la guerra. Se enderezó despacio, venteando.[26] No se oía nada, pero el miedo seguía allí como el olor, ese incienso dulzón[27] de la guerra florida. Había que seguir, llegar al corazón de la selva evitando las ciénagas.[28] A

75 tientas, agachándose a cada instante para tocar el suelo más duro de la calzada, dio algunos pasos. Hubiera querido echar a correr, pero los tembladerales palpitaban a su lado. En el sendero en tinieblas, buscó el rumbo. Entonces sintió una bocanada horrible del olor que más temía, y saltó desesperado hacia adelante.

—Se va a caer de la cama— dijo el enfermo de al lado. —No brinque tanto,[29]

80 amigo.

[14]se... be licked [15]damaged [16]Como... That's because it fell on top of me... [17]anesthetized [18]sala... X-ray room [19]con... with the still-wet X-ray picture on top of his chest like a black tombstone [20]olor... swampy smell [21]a... to the left of the causeway the marshes began [22]quagmires [23]adversaries of the Aztecs in ritual wars [24]shrub [25]fuegos... bivouac fires [26]sniffing [27]incienso... sweetish incense [28]marshes [29]No... Don't jump around so much

Abrió los ojos y era de tarde, con el sol ya bajo en los ventanales de la larga sala. Mientras trataba de sonreír a su vecino, se despegó casi físicamente de la última visión de la pesadilla. El brazo, enyesado, colgaba de un aparato con pesas y poleas.[30] Sintió sed, como si hubiera estado corriendo kilómetros, pero no querían darle mucha agua, apenas para mojarse los labios y hacer un buche. La fiebre lo iba ganando despacio y hubiera podido dormirse otra vez, pero saboreaba el placer de quedarse despierto, entornados los ojos, escuchando el diálogo de los otros enfermos, respondiendo de cuando en cuando a alguna pregunta. Vio llegar un carrito blanco que pusieron al lado de su cama, una enfermera rubia le frotó con alcohol la cara anterior del muslo y le clavó una gruesa aguja conectada con un tubo que subía hasta un frasco lleno de líquido opalino. Un médico joven vino con un aparato de metal y cuero que le ajustó al brazo sano para verificar alguna cosa. Caía la noche, y la fiebre lo iba arrastrando blandamente a un estado donde las cosas tenían un relieve como de gemelos de teatro,[31] eran reales y dulces y a la vez ligeramente repugnantes; como estar viendo una película aburrida y pensar que sin embargo en la calle es peor; y quedarse.

Vino una taza de maravilloso caldo de oro oliendo a puerro, a apio, a perejil. Un trocito de pan, más precioso que todo un banquete, se fue desmigajando poco a poco.[32] El brazo no le dolía nada y solamente en la ceja, donde lo habían suturado, chirriaba a veces una punzada caliente y rápida. Cuando los ventanales de enfrente viraron a manchas de un azul oscuro, pensó que no le iba a ser difícil dormirse. Un poco incómodo, de espaldas, pero al pasarse la lengua por los labios resecos y calientes sintió el sabor del caldo, y suspiró de felicidad, abandonándose.

Primero fue una confusión, un atraer hacia sí todas las sensaciones por un instante embotadas[33] o confundidas. Comprendía que estaba corriendo en plena oscuridad, aunque arriba el cielo cruzado de copas de árboles era menos negro que el resto. «La calzada», pensó. «Me salí de la calzada.» Sus pies se hundían en un colchón de hojas y barro, y ya no podía dar un paso sin que las ramas de los arbustos le azotaran el torso y las piernas. Jadeante, sabiéndose acorralado a pesar de la oscuridad y el silencio, se agachó para escuchar. Tal vez la calzada estaba cerca, con la primera luz del día iba a verla otra vez. Nada podía ayudarlo ahora a encontrarla. La mano que sin saberlo él aferraba el mango del puñal, subió como el escorpión de los pantanos hasta su cuello, donde colgaba el amuleto protector.[34] Moviendo apenas los labios musitó la plegaria del maíz que trae las lunas felices,[35] y la súplica a la Muy Alta, a la dispensadora de los bienes motecas. Pero sentía al mismo tiempo que los tobillos se le estaban hundiendo despacio en el barro, y la espera en la oscuridad del chaparral[36] desconocido se le hacía insoportable. La guerra florida había empezado con la luna y llevaba ya tres días y tres noches. Si conseguía refugiarse en lo profundo de la selva, abandonando la calzada más allá de la región de las ciénagas, quizá los guerreros no le siguieran el rastro. Pensó en los muchos prisioneros que ya habrían hecho. Pero la cantidad no contaba, sino el tiempo sagrado. La caza continuaría hasta que los sacerdotes dieran la señal del regreso. Todo tenía su número y su fin, y él estaba dentro del tiempo sagrado, del otro lado de los cazadores.

Oyó los gritos y se enderezó de un salto, puñal en mano. Como si el cielo se incendiara en el horizonte, vio antorchas moviéndose entre las ramas, muy cerca. El olor a guerra era insoportable, y cuando el primer enemigo le saltó al cuello casi sintió placer en hundirle la hoja de piedra en pleno pecho. Ya lo rodeaban las

---

[30]pesas... *weights and pulleys* [31]tenían... *were brought into focus as if seen through opera glasses* [32]se... *was crumbling, little by little* [33]*dull* [34]amuleto... *good luck charm* [35]musitó... *he mumbled the prayer to the Indian corn that brings many happy moons* [36]*thicket*

luces, los gritos alegres. Alcanzó a cortar el aire una o dos veces, y entonces una
130 soga lo atrapó desde atrás.

  —Es la fiebre —dijo el de la cama de al lado. —A mí me pasaba igual cuando
me operé del duodeno. Tome agua y va a ver que duerme bien.

  Al lado de la noche de donde volvía, la penumbra tibia de la sala le pareció
deliciosa. Una lámpara violeta velaba en lo alto de la pared del fondo como un ojo
135 protector. Se oía toser, respirar fuerte, a veces un diálogo en voz baja. Todo era
grato y seguro, sin ese acoso, sin... Pero no quería seguir pensando en la pesadilla.
Había tantas cosas en que entretenerse. Se puso a mirar el yeso del brazo,[37] las
poleas que tan cómodamente se lo sostenían en el aire. Le habían puesto una
botella de agua mineral en la mesa de noche. Bebió del gollete,[38] golosamente.
140 Distinguía ahora las formas de la sala, las treinta camas, los armarios con vitrinas.
Ya no debía tener tanta fiebre, sentía fresca la cara. La ceja le dolía apenas, como un
recuerdo. Se vio otra vez saliendo del hotel, sacando la moto. ¿Quién hubiera
pensado que la cosa iba a acabar así? Trataba de fijar el momento del accidente, y
le dio rabia advertir que había ahí como un hueco, un vacío que no alcanzaba a
145 rellenar. Entre el choque y el momento en que lo habían levantado del suelo, un
desmayo o lo que fuera no le dejaba ver nada. Y al mismo tiempo tenía la sensación de que ese hueco, esa nada, había durado una eternidad. No, ni siquiera
tiempo, más bien como si en ese hueco él hubiera pasado a través de algo o
recorrido distancias inmensas. El choque, el golpe brutal contra el pavimento. De
150 todas maneras al salir del pozo negro había sentido casi un alivio mientras los
hombres lo alzaban del suelo. Con el dolor del brazo roto, la sangre de la ceja
partida, la contusión en la rodilla; con todo eso, un alivio al volver al día y sentirse
sostenido y auxiliado. Y era raro. Le preguntaría alguna vez al médico de la oficina.
Ahora volvía a ganarlo el sueño, a tirarlo despacio hacia abajo. La almohada era tan
155 blanda, y en su garganta afiebrada la frescura del agua mineral. Quizá pudiera
descansar de veras, sin las malditas pesadillas. La luz violeta de la lámpara en lo
alto se iba apagando poco a poco.

  Como dormía de espaldas, no lo sorprendió la posición en que volvía a reconocerse, pero en cambio el olor a humedad, a piedra rezumante de filtraciones,[39] le
160 cerró la garganta y lo obligó a comprender. Inútil abrir los ojos y mirar en todas
direcciones; lo envolvía una oscuridad absoluta. Quiso enderezarse y sintió las
sogas en las muñecas y los tobillos. Estaba estaqueado en el suelo, en un piso de
lajas[40] helado y húmedo. El frío le ganaba la espalda desnuda, las piernas. Con el
mentón buscó torpemente el contacto con su amuleto, y supo que se lo habían
165 arrancado. Ahora estaba perdido, ninguna plegaria podía salvarlo del final. Leja-
namente, como filtrándose entre las piedras del calabozo,[41] oyó los atabales[42] de la
fiesta. Lo habían traído al teocalli,[43] estaba en las mazmorras[44] del templo a la
espera de su turno.

  Oyó gritar, un grito ronco que rebotaba en las paredes. Otro grito, acabando en
170 un quejido. Era él que gritaba en las tinieblas, gritaba porque estaba vivo, todo su
cuerpo se defendía con el grito de lo que iba a venir, del final inevitable. Pensó en
sus compañeros que llenarían otras mazmorras, y en los que ascendían ya los
peldaños del sacrificio. Gritó de nuevo sofocadamente, casi no podía abrir la boca,
tenía las mandíbulas agarrotadas[45] y a la vez como si fueran de goma y se abrieran
175 lentamente, con un esfuerzo interminable. El chirriar de los cerrojos lo sacudió

---

[37]yeso... *cast on bis arm* [38]*long-necked bottle* [39]olor... *damp, musty smell* [40]Estaba... *He was
staked to the ground, on a stone slab floor* [41]*cell* [42]*kettledrums* [43]*Aztec ceremonial building*
[44]*underground dungeons* [45]*stiff*

como un látigo. Convulso, retorciéndose, luchó por zafarse de las cuerdas[46] que se le hundían en la carne. Su brazo derecho, el más fuerte, tiraba hasta que el dolor se hizo intolerable y tuvo que ceder. Vio abrirse la doble puerta, y el olor de las antorchas le llegó antes que la luz. Apenas ceñidos con el taparrabos[47] de la cere-
180   monia, los acólitos[48] de los sacerdotes se le acercaron mirándolo con desprecio. Las luces se reflejaban en los torsos sudados, en el pelo negro lleno de plumas. Cedieron las sogas, y en su lugar lo aferraron manos calientes, duras como bronce; se sintió alzado, siempre boca arriba, tironeado[49] por los cuatro acólitos que lo llevaron por el pasadizo. Los portadores de antorchas iban adelante, alumbrando
185   vagamente el corredor de paredes mojadas y techo tan bajo que los acólitos debían agachar la cabeza. Ahora lo llevaban, lo llevaban, era el final. Boca arriba, a un metro del techo de roca viva que por momentos se iluminaba con un reflejo de antorcha. Cuando en vez de techo nacieran las estrellas y se alzara frente a él la escalinata incendiada de gritos y danzas, sería el fin. El pasadizo no acababa nunca,
190   pero ya iba a acabar, de repente olería el aire lleno de estrellas, pero todavía no, andaban llevándolo sin fin en la penumbra roja, tironeándolo bruscamente, y él no quería, pero cómo impedirlo si le habían arrancado el amuleto que era su verdadero corazón, el centro de la vida.

     Salió de un brinco a la noche del hospital, al alto cielo raso dulce, a la sombra
195   blanda que lo rodeaba. Pensó que debía haber gritado, pero sus vecinos dormían callados. En la mesa de noche, la botella de agua tenía algo de burbuja, de imagen traslúcida contra la sombra azulada de los ventanales. Jadeó, buscando el alivio de los pulmones, el olvido de esas imágenes que seguían pegadas a sus párpados. Cada vez que cerraba los ojos las veía formarse instantáneamente, y se enderezaba
200   aterrado pero gozando a la vez del saber que ahora estaba despierto, que la vigilia lo protegía, que pronto iba a amanecer, con el buen sueño profundo que se tiene a esa hora, sin imágenes, sin nada... Le costaba mantener los ojos abiertos, la mo-dorra[50] era más fuerte que él. Hizo un último esfuerzo, con la mano sana esbozó un gesto[51] hacia la botella de agua; no llegó a tomarla, sus dedos se cerraron en un
205   vacío otra vez negro, y el pasadizo seguía interminable, roca tras roca, con súbitas fulguraciones rojizas, y él boca arriba gimió apagadamente porque el techo iba a acabarse, subía, abriéndose como una boca de sombra, y los acólitos se endereza-ban y de la altura una luna menguante[52] le cayó en la cara donde los ojos no querían verla, desesperadamente se cerraban y abrían buscando pasar al otro lado,
210   descubrir de nuevo el cielo raso protector de la sala. Y cada vez que se abrían era la noche y la luna mientras lo subían por la escalinata, ahora con la cabeza colgando hacia abajo, y en lo alto estaban las hogueras, las rojas columnas de humo perfu-
-    mado, y de golpe vio la piedra roja, brillante de sangre que chorreaba, y el vaivén de los pies del sacrificado que arrastraban para tirarlo rodando por las escalinatas
215   del norte. Con una última esperanza apretó los párpados, gimiendo por despertar. Durante un segundo creyó que lo lograría, porque otra vez estaba inmóvil en la cama, a salvo del balanceo cabeza abajo. Pero olía la muerte, y cuando abrió los ojos vio la figura ensangrentada del sacrificador que venía hacia él con el cuchillo de piedra en la mano. Alcanzó a cerrar otra vez los párpados, aunque ahora sabía
220   que no iba a despertarse, que estaba despierto, que el sueño maravilloso había sido el otro, absurdo como todos los sueños; un sueño en el que había andado por extrañas avenidas de una ciudad asombrosa, con luces verdes y rojas que ardían

---

[46]luchó... *he fought to break loose from the ropes*   [47]*loincloth*   [48]*acolytes; temple attendants*
[49]*hauled*   [50]*drowsiness*   [51]esbozó... *he made an attempt*   [52]*waning*

sin llama ni humo, con un enorme insecto de metal que zumbaba bajo sus piernas. En la mentira infinita de ese sueño también lo habían alzado del suelo, también alguien se le había acercado con un cuchillo en la mano, a él tendido boca arriba, a él boca arriba con los ojos cerrados entre las hogueras.

225

Después de leer

Cuestionario

1. ¿Cómo trató el hombre de evitar el accidente?
2. Describa la condición del hombre después del accidente.
3. ¿Cuál es el papel de los olores en el sueño del hombre?
4. ¿Qué le hizo la enfermera rubia al hombre?
5. ¿Qué le pasó al hombre después de haber tomado una taza del maravilloso caldo?
6. Describa el ambiente de este segundo sueño.
7. ¿Cómo pensaba salvarse el hombre de la guerra florida?
8. ¿Por qué tuvo dificultad el hombre al tratar de determinar el momento exacto del accidente?
9. ¿Por qué no pudo enderezarse el hombre?
10. ¿Cómo estaban vestidos los acólitos?
11. ¿Qué hicieron con el hombre los portadores de antorchas?
12. ¿Cómo era la última escena del sacrificio?

Estudio de palabras

Complete las oraciones con palabras o expresiones de **Palabras importantes y modismos**.

1. El hombre quería comunicarnos algo y por necesidad _____ con las manos.
2. Su única probabilidad de salvarse era la de _____ en lo más denso de la selva.
3. Oyó un sonido inesperado y _____, temblando.
4. El enfermo _____ con un poco de agua.
5. La fiebre _____ al enfermo despacio.
6. El hombre no podía ver bien y _____ dio algunos pasos.
7. El hombre _____ despegarse de la visión de la pesadilla.
8. Cuando llegaron para sacrificarlo _____ con las manos, resistió hasta el último momento.
9. Los médicos entraban a veces en su cuarto, es decir entraban _____.
10. Tenía sueño y por eso _____ mantener los ojos abiertos.

Consideraciones

1. Describa detalladamente el paseo de la calle Central.
2. Describa con sus propias palabras cómo ocurrió el accidente.
3. ¿Cuáles son las palabras que describen los efectos del estado de shock en el hombre?
4. ¿Qué palabras describen los olores que permeaban el ambiente de la guerra florida?
5. Haga una lista de todos los verbos en el pretérito que se relacionan con las sensaciones del protagonista mientras esperaba su turno en el templo.

6. ¿Qué importancia le da el hombre a su amuleto?
7. ¿Qué diferencias básicas hay entre las dos realidades?
8. ¿Qué palabras se utilizan para describir el estado del protagonista cuando se entera de que no está soñando?

ANÁLISIS DEL TEXTO

1. ¿Cómo se crea el ambiente de terror en este cuento?
2. Explique la función de las descripciones del medio ambiente en cuanto a su relación con los dos niveles de la realidad presentados en el cuento.
3. ¿Cuál es el punto culminante del cuento?

PERSPECTIVA PERSONAL

1. ¿Con qué frecuencia sueña Ud.? ¿Qué importancia tienen para Ud. sus sueños?
2. ¿Cómo se siente Ud. en las ocasiones en que no tiene un control completo sobre sus acciones o su destino?
3. La religión de los aztecas incluía sacrificios humanos. ¿Qué opina Ud. de una religión que practique este tipo de sacrificios?
4. ¿Hay aspectos de su religión con los que Ud. no está de acuerdo? Explique.

BIBLIOGRAFÍA

Gyurko, Lanin A. "Cyclic Time and Blood Sacrifice in Three Stories by Cortázar." *Revista Hispánica Moderna*, 4 (October–December 1969): 341–342.

VOCABULARIO

SUSTANTIVOS

los acólitos	*acolytes*
el amuleto	*amulet, charm*
los aztecas	*Aztec Indians*
la calzada	*causeway; road*
la cortadura	*cut*
el choque	*collision*
el frasco	*flask, bottle*
la guerra florida	*"flowery war"*
el incienso	*incense*
el insecto	*insect*
las marismas	*marshes*
los motecas	*an Indian tribe*
la motocicleta	*motorcycle*
el olor	*smell, scent*
la pesadilla	*nightmare*
la pirámide	*pyramid*
el puñal	*dagger, knife*
los rasguños	*scratches*
el sacerdote	*priest*
el sacrificio	*sacrifice*
las sogas	*ropes*
el templo	*temple*

VERBOS

arrancar	*to seize, pull*
atrapar	*to trap*
cazar	*to hunt*
gritar	*to scream*
huir (huyo, etc.)	*to flee*
oler (hue)	*to smell; to stink*
soñar (ue) con	*to dream about*
zumbar	*to buzz (insect)*

ADJETIVOS

enyesado(a)	*in a plaster cast*
parado(a)	*standing*
sagrado(a)	*sacred*

Appendix

Preguntas narratológicas